Serviço Social no Brasil
História de resistências e de ruptura com o conservadorismo

EDITORA AFILIADA

*Conselho Editorial da
área de Serviço Social*

Ademir Alves da Silva
Dilséa Adeodata Bonetti (Conselheira Honorífica)
Elaine Rossetti Behring
Ivete Simionatto
Maria Lúcia Carvalho da Silva
Maria Lucia Silva Barroco

Dados Internacionais de Catalogação na Publicação (CIP)
(Câmara Brasileira do Livro, SP, Brasil)

Serviço social no Brasil : história de resistências e de ruptura com o conservadorismo / Maria Liduína de Oliveira e Silva (org.). -- São Paulo : Cortez, 2016.

Vários autores.
Bibliografia.
ISBN 978-85-249-2446-0

1. Assistentes sociais - Brasil 2. Movimentos sociais 3. Política social 4. Relações sociais 5. Serviço social - Brasil - História 6. Serviço social como profissão I. Silva, Maria Liduína de Oliveira e.

16-02871   CDD-361.981

Índices para catálogo sistemático:
1. Brasil : Serviço social   361.981
2. Serviço social brasileiro   361.981

Maria Liduína de Oliveira e Silva (Org.)

Serviço Social no Brasil

História de resistências e de ruptura com o conservadorismo

1ª edição
1ª reimpressão

Serviço Social no Brasil: história de resistências e de ruptura com o conservadorismo
Maria Liduína de Oliveira e Silva (org.)

Capa: de Sign Arte Visual sobre obra de Candido Portinari entitulada Colheita de Fumo 1938 FCO 1937, pintura a têmpera / papel kraft, 45 x 44,5 cm.
Direito de reprodução gentilmente cedido por João Candido Portinari.
Revisão: Ana Paula Luccisano
Preparação de originais: Jaci Dantas de Oliveira e Ana Paula Luccisano
Diagramação: Linea Editora Ltda.
Assessoria editorial: Maria Liduína de Oliveira e Silva
Editora-assistente: Priscila F. Augusto
Coordenação editorial: Danilo A. Q. Morales

Nenhuma parte desta obra pode ser reproduzida ou duplicada sem autorização expressa da organizadora e do editor.

© 2016 by Organizadora

Direitos para esta edição
CORTEZ EDITORA
R. Monte Alegre, 1074 – Perdizes
05014-001 – São Paulo – SP
Tel. (5511) 3864-0111; 3611-9616
cortez@cortezeditora.com.br
www.cortezeditora.com.br

Impresso no Brasil – fevereiro de 2017

Dedico esta Coletânea a três pessoas muito queridas, com reverência às suas trajetórias no Serviço Social e pelas presenças seguras na minha vida:

- **Maria Carmelita Yazbek**, que, de modo único e significativo nos inspira, difunde experiências, conhecimentos, valores e feitos que favorecem e constroem a história do Serviço Social no Brasil e fora dele.

- **José Xavier Cortez**, um batalhador pela educação, defensor convicto e apaixonado por sua origem e pela cultura brasileira; com uma trajetória consagrada no Serviço Social e que este ano — como o Serviço Social — também completa 80 anos.

- **Myrian Veras Baptista** (*in memoriam*), de uma generosidade inigualável e uma história de lutas — que se eterniza — comprometida com a profissão e com a defesa de direitos de crianças e adolescentes; prossigo na busca da sabedoria que me foi transmitida por você.

SUMÁRIO

Nota do editor — *José Xavier Cortez* 11

Prefácio — *Maria Carmelita Yazbek* 15

Apresentação — *Maria Liduína de Oliveira e Silva* 25

CAPÍTULO 1
Para uma história nova do Serviço Social no Brasil
   José Paulo Netto 49

CAPÍTULO 2
"Questão social" e Serviço Social no Brasil
   Ney Luiz Teixeira de Almeida 77

CAPÍTULO 3
Serviço Social, lutas e movimentos sociais: a atualidade de um legado histórico que alimenta os caminhos de ruptura com o conservadorismo
   Maria Lúcia Duriguetto e Katia Marro 97

CAPÍTULO 4
Serviço Social e política social: 80 anos de uma relação visceral
    Elaine Rossetti Behring e Ivanete Boschetti 119

CAPÍTULO 5
O Serviço Social como totalidade histórica em movimento no Brasil contemporâneo
    Franci Gomes Cardoso 141

CAPÍTULO 6
Serviço Social brasileiro: insurgência intelectual e legado político
    Ana Elizabete Mota 165

CAPÍTULO 7
Rupturas, desafios e luta por emancipação: a ética profissional no Serviço Social brasileiro
    Priscila Fernandes Gonçalves Cardoso e Andrea Almeida Torres 183

CAPÍTULO 8
Projeto profissional e organização política do Serviço Social brasileiro: lições históricas e lutas contemporâneas
    Sâmya Rodrigues Ramos e Silvana Mara de Morais dos Santos 209

CAPÍTULO 9

A formação profissional em Serviço Social e a mediação da Associação Brasileira de Ensino e Pesquisa em Serviço Social (ABEPSS): as diretrizes curriculares/1996 em relação à perspectiva emancipatória no âmbito do avanço do conservadorismo

Marina Maciel Abreu 235

CAPÍTULO 10

Do conhecimento teórico sobre a realidade social ao exercício profissional do assistente social: desafios na atualidade

Cláudia Mônica dos Santos 265

CAPÍTULO 11

Nas pegadas dos 80 anos de história do Serviço Social: o debate da instrumentalidade como marco

Yolanda Guerra 287

CAPÍTULO 12

O Movimento de Reconceituação do Serviço Social na América Latina como marco na construção da alternativa crítica na profissão: a mediação da organização acadêmico-política e o protagonismo do Serviço Social brasileiro

Josefa Batista Lopes 311

CAPÍTULO 13
Revista *Serviço Social & Sociedade* e os 80 anos do Serviço Social brasileiro: a marca da renovação
    **Maria Carmelita Yazbek, Maria Lúcia Martinelli,
Mariangela B. Wanderley e Raquel Raichelis** 345

CAPÍTULO 14
Serviço Social português e Serviço Social brasileiro: 50 anos de contribuições históricas
    Alcina Martins e Maria Rosa Tomé 365

Sobre os autores 389

NOTA DO EDITOR

A particularidade da relação Cortez Editora e Serviço Social: 37 anos de história e construção.

A criação da Cortez Editora decorreu da existência prévia da livraria Cortez & Moraes, fundada em 1968 nas dependências da PUC-SP. Nesta Universidade, eu e Moraes fomos alunos e sócios até 1979, ano em que foi desfeita a sociedade.

A memória daqueles anos sempre reaparece tingida pelas sombras da ditadura. E era justamente a situação de arbítrio uma das principais razões pelas quais a circulação de livros críticos estava restrita e, muitas vezes, até arriscada. Isso valia para a bibliografia nacional e importada, que eram escassas e sofriam censura.

Neste contexto, o Serviço Social da PUC/SP inaugurava seu Programa de Estudos Pós-Graduados. E os estudantes deste Programa, juntamente com os professores pioneiros da pós, demandavam por uma formação mais crítica e especializada, presente naqueles livros de difícil acesso que conseguíamos comercializar.

Foi no diálogo com muitos daqueles/as professores/as, entre os/as quais destaco a professora Myrian Veras Baptista, que aflorou o projeto de criação de nossa Editora.

Em 1975, foi fundada a Editora Cortez & Moraes, e os primeiros livros publicados resultaram de dissertações de mestrado nas áreas de Serviço Social e Educação.

Em janeiro de 1980, após desfeita a Sociedade Cortez & Moraes, juntamente com minha família, criamos a Cortez Editora e Livraria, cuja razão social permanece até hoje.

Foram tempos de muito trabalho, arrojo e construção. De forma quase artesanal e sem conhecimento das particularidades do mercado editorial, nós ousamos, e foi possível ousar porque contávamos com o apoio de muitos/as professores/as, e também dos/as pós-graduandos/as que nos estimulavam a publicar suas produções.

Diálogo e pensamento crítico sempre suscitaram a produção acadêmica que a Cortez Editora começava a publicar na forma de livro, fruto da produção de mestrandos/as e doutorandos/as e que passava a circular nas diversas instituições de ensino.

No entanto, essa é uma história que não diz respeito somente à publicação de muitos livros. É também a história de um reconhecido periódico, a Revista *Serviço Social & Sociedade*.

Ainda em 1978, fizemos algumas reuniões com os/as professores/as para traçar os prós e contras para criação da Revista. Em seguida, criamos o primeiro Conselho Editorial da Revista *Serviço Social & Sociedade*, a saber: Aldaíza de Oliveira Sposati; José Pinheiro Cortez (*in memoriam*); Luiza Erundina de Souza; Mariângela Belfiore; Maria Carmelita Yazbek; Maria Lúcia Martinelli; Mário da Costa Barbosa (*in memoriam*); Myrian Veras Baptista (*in memoriam*); Raquel Raichelis e Sérgio Fuhrmann. Contamos, ainda hoje, com a contribuição de alguns membros desse Conselho originário.

Formado o Conselho, aproveitando a experiência editorial que já começávamos a acumular, contratamos um profissional da área editorial e em setembro de 1979 editamos o primeiro número da Revista. Este foi lançado com grande sucesso no 3º *Congresso Brasileiro de Assistentes Sociais* (CBAS), emblematicamente, chamado de "Congresso da Virada".

A experiência de organizar e manter um Conselho Editorial se estendeu à produção de livros na área de Serviço Social da Editora. O primeiro Conselho Editorial de livros foi formalizado com os/as seguintes Conselheiros/as: Ademir Alves da Silva; Dilséa Adeodata Bonetti; Maria Lúcia Carvalho Silva; Maria Lúcia Barroco; Maria Rosângela Batistoni.

Ainda hoje, também, contamos com a colaboração da maioria dos membros deste Conselho.

Além dos dois Conselhos Editoriais, temos procurado aperfeiçoar o nosso diálogo com a área. E assim, há 20 anos, decidimos ter entre nós a presença de uma assistente social, especificamente, para nos prestar assessoria editorial.

Nessa trajetória, o Serviço Social sempre defendeu uma linha de publicação crítica e progressista tanto na Revista quanto nos livros, que expressa argumentos densos para defesa de outra ordem social, com a qual a Editora se identifica, sobretudo, também, pela minha história de ter sido punido pelo regime ditatorial.

Consideramos importante destacar que ao longo desses 37 anos — da primeira Revista publicada em setembro de 1979 e, agora, a de número 125, em fevereiro de 2016 — foram publicados 125 números ininterruptos; o total de revistas impressas e reimpressas é de 840.000 (oitocentos e quarenta mil) exemplares, com total de páginas de 230.000 (duzentos e trinta mil) páginas. Total de artigos é 1.472 (mil quatrocentos e setenta e dois), sendo 1.372 (mil trezentos e setenta e dois) brasileiros e 100 (cem) do exterior. O ano de 2010 constitui-se um marco na história da Revista *Serviço Social & Sociedade*: ao ser indexada ao Scielo, foi elevada para Qualis A1/Capes. É, a partir do número 105, de março de 2011, que passa ser publicada *on-line*. Em 2015, e ainda em 2016, a Revista está passando por novo redimensionamento no sentido de qualificá-la ainda mais como periódico científico, no estrato *Qualis* A1/Capes. Dentre as mudanças destacamos: Editorial Científico; Conselho Editorial Científico; Comitê Editorial; submissão *on-line* no Sistema *Scielo*; avaliação *ad hoc*; chamadas públicas; fluxo contínuo e periodicidade, passando de trimestral para quadrimestral. Com base na página do Scielo, entre os anos de 2010 a 2015, o total de acessos no Brasil e no mundo foram de 2.510.677 (dois milhões, quinhentos e dez mil e seiscentos e setenta e sete).

Referente aos livros — dados da 1ª edição —, foram publicados 245 (duzentos e quarenta e cinco) títulos. Atualmente, o Catálogo do Serviço Social conta com 185 títulos disponíveis. Os demais estão esgotados.

Não é ocasional a presença do Serviço Social — como relevante área de conhecimento — e de sua produção intelectual acolhida pelo acervo de publicações da Cortez Editora. Há uma comunhão de ideais e projeto societário a que aspiramos coletivamente, por uma sociedade mais humanizada e menos desigual. Neste percurso editorial de 37 anos, construímos um vínculo histórico com o Serviço Social, com a disseminação da produção intelectual do Serviço Social.

Nessa interlocução, temos mantido compromisso e regularidade na publicação da Revista e de livros, graças ao trabalho, dedicação e empenho da assessoria editorial e dos/as Conselheiros/as que compõem os dois Conselhos Editoriais, que avaliam os artigos e livros recebidos com autonomia e compromisso exclusivo com a qualidade e densidade da produção acadêmica a ser publicada.

Nesse percurso, expandimos nossas ações e até cruzamos fronteiras, pois lançamos uma coleção em espanhol, a Biblioteca Latinoamericana de Servicio Social, com 14 títulos, cujos autores quase na sua totalidade são brasileiros.

Dentre outras publicações, destacamos a Coleção Biblioteca Básica de Serviço Social, hoje com seis volumes e que teve o grande mérito de fomentar a formação profissional no âmbito da graduação.

Marcando este momento histórico dos 80 anos do Serviço Social, para nós é um privilégio publicar esta coletânea *Serviço Social no Brasil: história de resistências e de ruptura com o conservadorismo*, concebida e organizada não somente como um momento de celebração, mas, especialmente, pelo seu valor histórico, cultural, político, científico e profissional; além de ser uma verdadeira obra-prima, de tão renomados/as autores/as que nos presenteiam com seus estudos e análises.

Por fim, é uma honra para a Cortez Editora fazer parte dessa história, porque, como Editor, acreditei e acredito nessa profissão, na sua densidade, no compromisso com o ser humano e na importância fundamental do Serviço Social na sociedade brasileira.

José Xavier Cortez

PREFÁCIO

Serviço Social no Brasil:
História de Resistências e de Ruptura com o Conservadorismo

MARIA CARMELITA YAZBEK

Esta coletânea enfrenta o desafio de examinar, sob múltiplos aspectos, o Serviço Social em seu processo histórico, na sociedade brasileira, e suas possíveis contribuições à construção de respostas às demandas, interesses e necessidades das classes subalternas em suas lutas nesta sociedade. O desafio de recuperar algumas marcas e marcos dos 80 anos que a profissão comemora, neste ano de 2016, coloca-nos diante de um quadro caracterizado pela diversidade e heterogeneidade. Entendemos a história como processo de múltiplas e contraditórias dimensões, e assim sendo ao mesmo tempo em que se gesta uma direção, uma tendência, um caminho ou movimento, emergem reações e contraposições, pois a história não é linear ou evolutiva e expressa os antagonismos de classes em suas relações.

Nessa perspectiva, a concepção de profissão que orienta essas reflexões foi buscada em Iamamoto (1982), com sua análise teórico-metodológica do caráter contraditório do trabalho profissional no processo de reprodução das relações sociais. Nessa direção inaugurada pela autora, como tantas vezes afirmamos, a profissão só pode ser desvendada em sua inserção na sociedade, ou seja, a análise da profissão, de sua trajetória histórica, suas demandas, tarefas e atribuições em si mesmas não permite desvendar a lógica no interior da qual essas demandas, tarefas e atribuições ganham sentido. Assim sendo, é preciso ultrapassar a análise do Serviço Social em si mesmo para situá-lo no contexto de relações mais amplas que constituem a sociedade capitalista, particularmente, no âmbito das respostas que esta sociedade e o Estado constroem, frente à questão social[1] e às suas manifestações, em múltiplas dimensões. Essas dimensões constituem a sociabilidade humana e estão presentes no cotidiano da prática profissional, condicionando-a e atribuindo-lhe características particulares.

O processo histórico de reprodução da totalidade das relações sociais na sociedade é um processo complexo, que contém a possibilidade do novo, do diverso, do contraditório, da mudança. Não há momentos históricos que sejam homogêneos, como não há espaços sem contradição. Nessa perspectiva, não há para o Serviço Social neutralidade, ou possibilidade de deixar de participar desse processo, cuja direção está sempre em disputa. Estamos inseridos em uma totalidade em permanente reelaboração, na qual o mesmo movimento que cria as condições para a reprodução da sociedade de classes cria e recria os conflitos resultantes dessa relação e as possibilidades de sua superação. Analisar o Serviço Social nessa perspectiva permite, em primeiro lugar, apreender as implicações políticas do exercício profissional que se desenvolve no contexto de relações entre classes. Ou seja, compreender que o trabalho profissional do assistente social é necessariamente polarizado pelos interesses de classes sociais em relação, não podendo ser pensada fora dessa trama.

---

1. A Questão Social é expressão das desigualdades sociais constitutivas do capitalismo. Suas diversas manifestações são indissociáveis das relações entre as classes sociais que estruturam esse sistema e nesse sentido a Questão Social se expressa também na resistência e na disputa política.

Obviamente a profissão, ao se colocar como uma força social em movimento, nesse percurso de 80 anos no Brasil, foi assumindo posições heterogêneas em face dos desafios a ela colocados, mas, assumiu também, sempre, posições hegemônicas, que expressaram, no contexto de projetos em disputa, diversas visões societárias e direções, seja no rumo do conservadorismo, seja na busca de novos caminhos e de ruptura com o pensamento conservador. Cabe destacar que nesse movimento fomos nos construindo com a colaboração de muitas gerações, de muitas lutas, de confrontos entre projetos, mas sempre numa arquitetura coletiva, pois uma marca dessa profissão são suas entidades organizativas, que desde os anos iniciais da criação das primeiras escolas em São Paulo e no Rio de Janeiro buscaram articular e qualificar o processo de formação (ABESS) e o exercício profissional (ABAS). Basta lembrar que, já juntas essas entidades promovem em São Paulo em 1947 o 1º Congresso de Serviço Social no país e, em 1953, o 2º Congresso Brasileiro de Serviço Social. Há muito a celebrar nessa história de lutas e de ações coletivas com o pensamento conservador sempre rondando.

Como é possível observar pela diversidade de abordagens que compõem essa coletânea, não é tarefa fácil abordar a profissão, nesse seu percurso histórico das origens à contemporaneidade na sociedade capitalista, especialmente frente às profundas transformações societárias que a interpelaram ao longo dessas décadas sob vários aspectos, diversos, porém entrelaçados. Ao abordá-la, somos obrigados a repensar o passado, "acomodá-lo ao presente" como dizia Ianni, manifestar a diversidade de experiências, suas continuidades, suas rupturas e os caminhos de sua renovação.

É certo que os avanços e mudanças na profissão não decorrem de simples evolução linear do tempo histórico, mas derivam de matrizes teórico-políticas diferentes ou de diversas fontes de inspiração, mas é igualmente válido que as concepções dominantes expressam um tempo histórico confrontado por outro com sua ordem econômica e seus componentes ideológicos, culturais e políticos, âmbito em que nos movemos.

Podemos aqui muito rapidamente destacar alguns marcos e marcas da profissão nestes 80 anos. Começamos com a gênese, que nos revela que o Serviço Social profissional institucionaliza-se e legitima-se como um dos recursos mobilizados pelo Estado e pelo empresariado, com o suporte da Igreja Católica, na perspectiva do enfrentamento da questão social, a partir dos anos 1930. Trata-se de um contexto de expansão do capital monopolista que recoloca em novo patamar as contradições que configuram a ordem burguesa. É, pois, quando ganham visibilidade no país as manifestações da questão social, seja pelas iniciativas de resistência e organização da classe trabalhadora, seja pela precarização das condições de vida dos trabalhadores brasileiros e dos segmentos mais empobrecidos da população, e quando as ações de caráter assistencial, religioso e filantrópico mostram-se insuficientes para dar conta das necessidades sociais dessa população, que o Estado intervém na condução de políticas econômicas e sociais. Terá particular importância na estruturação do perfil da emergente profissão no país a Igreja Católica, responsável pelo ideário, pelos conteúdos e pelo processo de formação dos primeiros assistentes sociais brasileiros. Esta relação vai imprimir à profissão que se inicia no país, com a criação da primeira Escola de Serviço Social em 1936 (a atual Faculdade de Serviço Social da PUC-SP), um caráter conservador sustentado em uma abordagem da questão social como problema moral, sob a responsabilidade individual dos sujeitos que o vivem. Trata-se de um enfoque individualista, psicologizante e moralizador da questão, que terá como referenciais orientadores do pensamento e da ação da emergente profissão o pensamento social da Igreja de cunho humanista conservador e contrário aos ideários liberal e marxista. É necessário assinalar que esta matriz se encontra na gênese da profissão em quase toda a América Latina, embora com particularidades diversas e coexistindo com outras tendências, como, por exemplo, na Argentina e no Chile, onde vai somar-se ao racionalismo higienista — ideário do movimento de médicos higienistas que exigiam a intervenção ativa do Estado sobre a questão social pela criação da assistência pública que deveria assumir um amplo programa preventivo na área sanitária, social e moral.

Um segundo marco consistiu na inserção do Serviço Social brasileiro no denominado Movimento de Reconceituação do Serviço Social latino-americano, quando, nos anos 1960, a profissão questiona seus referenciais e assume as inquietações e insatisfações dessa conjuntura histórica em um amplo movimento de busca de renovação profissional em diferentes níveis: teórico, metodológico, técnico operativo e político. Heterogêneo e plural, em todo o continente, este movimento coloca o Serviço Social frente à particular conjuntura dos anos 1960, que assinala o início de redefinições da ordem capitalista internacional e do próprio processo civilizatório, que se irradia por todas as esferas da vida social. Basta lembrar o "maio de 1968", expressão de profundas mudanças na esfera cultural e política que questionam a ordem burguesa e o conjunto de suas instituições. Na América Latina, esse processo se cruza com expectativas de mudança desencadeadas a partir da Revolução Cubana.

É no bojo deste movimento e em seus desdobramentos históricos que se definem e se confrontam diferentes tendências para a profissão, quer do ponto de vista de seus fundamentos teóricos e metodológicos, quer do ponto de vista de sua intervenção social e política. No Brasil, esse movimento impõe aos assistentes sociais a necessidade de construir um novo projeto profissional, comprometido com as demandas e interesses da população usuária de seus serviços. Uma marca significativa resultante desse processo foi o denominado "Congresso da Virada" que vai potencializar as condições para a construção do projeto ético-político, teórico-metodológico e técnico-operativo do Serviço Social brasileiro.

Como um terceiro marco, colocamos o processo de interlocução com o marxismo. É sobretudo com Iamamoto (1982) no início dos anos 1980 que a teoria social de Marx inicia sua efetiva interlocução com a profissão. É no âmbito da adoção do marxismo como referência analítica, que se torna hegemônica no Serviço Social no país a abordagem da profissão como componente da organização da sociedade inserida na dinâmica das relações sociais, participando do processo de reprodução dessas relações (cf. Iamamoto, 1982).

Esse referencial, a partir dos anos 1980 e avançando até os dias atuais, vai imprimir, não sem confrontos, direção ao pensamento e à ação do Serviço Social no país. Vai permear as ações voltadas à formação de assistentes sociais na sociedade brasileira (o currículo de 1982 e as atuais diretrizes curriculares); os eventos acadêmicos e aqueles resultantes da experiência associativa dos profissionais, como suas Convenções, Congressos, Encontros e Seminários; está presente na regulamentação legal do exercício profissional e em seu Código de Ética, e é fundamento da construção do projeto ético-político do Serviço Social brasileiro que, na passagem anos 1980 para os anos 1990, alcança, de acordo com Netto, outro intelectual que traz Marx para o Serviço Social, um nível de maturação que expressa rupturas com o seu tradicional conservadorismo.

Maturação que ganhou visibilidade na sociedade brasileira pela intervenção dos assistentes sociais, através de seus organismos representativos, nos processos de elaboração e implementação das Políticas Públicas no país, apesar do fato de que os anos 1980 e 1990 foram anos adversos para as políticas sociais e se constituíram em terreno particularmente fértil para o avanço da regressão neoliberal, que erodiu as bases dos sistemas de proteção social e redirecionou as intervenções do Estado em relação à questão social, trazendo para a profissão novos desafios.

Nesses anos em que as políticas sociais são objeto de um processo de reordenamento, subordinado às políticas de estabilização da economia, em que a opção neoliberal na área social passa pelo apelo à filantropia e à solidariedade da sociedade civil e por programas seletivos e focalizados de combate à pobreza no âmbito do Estado (apesar da Constituição de 1988), novas questões se colocam ao Serviço Social, quer do ponto de vista de sua intervenção, quer do ponto de vista da construção de seu corpo de conhecimentos.

Nesse contexto, as principais marcas ou os elementos que impulsionaram a construção do projeto foram: a busca de ruptura com o histórico conservadorismo no pensamento e na ação profissional, na perspectiva de comprometer a profissão com os interesses e necessidades de seus usuários. Essa busca desencadeou um processo de renovação da profissão amplo e plural e que se expressou nas instâncias de ensino e pesquisa, nas organizações representativas dos assistentes sociais e nos espaços organizacionais do mercado de trabalho do assistente social.

Destaca-se aqui o avanço da produção de conhecimentos no âmbito do Serviço Social, sobretudo, com a expansão da Pós-Graduação na área que vem expressando-se em significativa produção teórica do Serviço Social brasileiro, gerando uma massa crítica expressa, entre outros aspectos, por uma bibliografia própria, que vem sendo publicada em livros, revistas e cadernos no país e no exterior.

Efetivamente na Pós-Graduação, o Serviço Social brasileiro vai desenvolver-se na pesquisa, estabelecer o diálogo e se apropriar do debate intelectual contemporâneo no âmbito das ciências sociais do país e do exterior, obtendo o respeito de seus pares no âmbito interdisciplinar, alcançando visibilidade na interlocução com as ciências sociais e humanas (cf. Yazbek, 2009).

É nesse contexto histórico, pós-Constituição de 1988, que os profissionais de Serviço Social iniciam o processo de ultrapassagem da condição de executores de políticas sociais para assumir posições de planejamento e gestão dessas políticas em uma conjuntura econômica dramática, dominada pela distância entre minorias abastadas e massas miseráveis (Yazbek, 2009, p. 153).

No cenário mais recente, desde o início do milênio, o Serviço Social brasileiro ainda enfrenta a difícil herança do final do século anterior, agravada pela crise que se inicia em 2008, com seus processos de globalização, com sua valorização do capital financeiro, suas grandes corporações transnacionais, seus mercados, suas mídias, suas estruturas mundiais de poder e as graves consequências dessa conjuntura para o tecido social em geral, configurando novos desafios no âmbito da questão social, em que destacamos a precariedade, a insegurança e a vulnerabilidade do trabalho e das condições de vida dos trabalhadores que perdem suas proteções e enfrentam problemas como o desemprego, o crescimento do trabalho informal e precarizado, além de se confrontarem com uma nova sociabilidade competitiva, individualista e pressionada pelo pensamento conservador que cresce na sociedade global.

Para pensar o Serviço Social e sua inserção nas políticas sociais desse início de século, o pressuposto é que há uma

[...] profunda relação entre as transformações, em andamento, nas últimas décadas no regime de acumulação na ordem capitalista, especialmente as mudanças que caracterizam a esfera da produção e o mundo do trabalho, associadas à nova hegemonia liberal-financeira, e as transformações que ocorrem nas políticas sociais com o advento, por um lado, da ruptura trabalho/proteção social, e, por outro, com a recomposição das políticas sociais que se tornam cada vez mais focalizadas e condicionadas. Ou seja, trazem a lógica do *workfare* ou da contrapartida por parte dos que recebem algum benefício (Yazbek, 2013, p. 2).

Inserido neste contexto, desafiado pelas mudanças em andamento, operacionalizando em seu cotidiano essas políticas, o assistente social brasileiro trava, não sem ameaças, o embate a que se propõe: o de avançar na construção de seu projeto ético-político na direção de uma sociabilidade mais justa, mais igualitária e na qual direitos sociais sejam observados.

Sem dúvida, o assistente social é um profissional habilitado para enfrentar os novos desafios que encontra nesse processo de propor, elaborar e executar políticas, programas e serviços no campo da iniciativa governamental, empresarial e/ou da sociedade civil organizada. Sabemos que as políticas sociais têm-se constituído historicamente numa das mediações fundamentais para o trabalho profissional. Assim nós estamos envolvidos diretamente com a construção cotidiana dessas políticas, operamos dentro de seus limites e de suas possibilidades. E muitas vezes interferimos na definição de seu perfil. Nesse processo historicamente:

— enfrentamos conjunturas adversas, confrontamos a sociabilidade do capital e construímos mediações para enfrentar as desigualdades e intervir na vida cotidiana dos indivíduos sociais com os quais trabalhamos;
— construímos nossas estratégias, nossas "trincheiras" para enfrentar manifestações da Questão Social: as "novas" e as de

sempre — comprometidos com os interesses das classes subalternizadas, lutamos por seus direitos e para atender a suas demandas;

— deparamo-nos com o aumento da demanda por políticas públicas por parte de um número crescente da população que vivencia situações de pobreza, de injustiça, de violência, de exclusão e subalternização. Com a crise atual, teremos agravados os abusos aos direitos sociais, sobretudo o direito ao trabalho e à proteção a ele vinculada.

Convivemos cotidianamente com a despolitização da política, com o crescimento do ideário conservador, a criminalização dos movimentos sociais e de suas lideranças, a violência social e doméstica da qual são vítimas mulheres, crianças, adolescentes, idosos; a droga, a AIDS, a discriminação por questões de gênero e etnia, a moradia na rua ou em habitações precárias e insalubres, as crianças e adolescentes sem proteção, os doentes mentais, as dificuldades dos portadores de deficiência, o envelhecimento sem recursos, a fome e a alimentação insuficiente e outras tantas questões relativas à injustiça resultantes da questão social brasileira.

Apesar de se tratar de um contexto bastante difícil, sombrio, de grandes incertezas, caracterizado por profundas transformações na esfera econômica e sobretudo na política, nesse difícil contexto as particularidades do exercício profissional do assistente social nos colocam frente a mais um desafio: a busca da consolidação do projeto e a defesa dos direitos sociais no difícil contexto de aprisionamento pela agenda desestruturadora do neoliberalismo, que, particularmente na última década, projetou-se para a frente, como um ideário, confundindo tudo e nos aprisionando. E, até os dias presentes, permanecemos "tentando desatar os nós legados por ela, o que entretanto não formata uma pauta hegemônica, mas uma quase impenetrável 'passagem na neblina' que confunde todos" nós (Paoli, 2002, p. 15) com consequências devastadoras para a política. Vivemos, dessa forma, uma era de despolitização da questão social e da estrutural desigualdade brasileira.

APRESENTAÇÃO

Serviço Social no Brasil:
referências aos 80 anos

Maria Liduína de Oliveira e Silva

> "Os homens fazem sua própria história, mas não fazem arbitrariamente, nas condições escolhidas por eles, mas nas condições diretamente dadas e herdadas do passado."
>
> Karl Marx — 18 Brumário de Luís Bonaparte

O Serviço Social completa 80 anos no Brasil, nessa conjuntura contemporânea caracterizada pelos determinantes das forças produtivas do capitalismo mundializado em tempos de acumulação flexível, de reafirmação do domínio do capital sobre o trabalho, de transformações no mundo do trabalho, da reestruturação produtiva, das contrarreformas (Educação, Trabalhistas e Previdência); pelo avanço da direita conservadora na Europa e no mundo; pelos impactos neoliberais nas políticas sociais, nos direitos sociais e humanos, nas relações trabalhistas, nos sindicalismos, nas lutas sociais e na vida dos sujeitos individuais e coletivos — a maioria à margem da proteção social — e caracterizada também por uma sociabilidade marcada pela desigualdade social, pela barbárie, pelo acirramento da questão social, derrocada dos direitos, preconceitos, julgamentos morais, judicialização das relações sociais, violência de homens contra as mulheres, violações contra negros, indígenas, crianças, adolescentes, jovens, idosos, e crescentes movimentos xenofóbicos e homofóbicos e outros, que se reverberam nas múltiplas dimensões da vida, na formação e no trabalho do assistente social.

Em que pese esta conjuntura, 2016 é um ano especial para o Serviço Social. Este ano se constitui como um marco de celebração da profissão porque reúne diferentes acontecimentos históricos: 80 anos de Serviço Social, 70 anos da ABESS/ABEPSS, 30 anos do Código de Ética Profissional (1986 e reformulado em 1993) e 20 anos das Diretrizes Curriculares para graduação em Serviço Social da ABEPSS. Neste ano também acontecerão os eventos máximos da categoria profissional: XXV CBAS — "80 anos do Serviço Social no Brasil: a certeza na frente e a história na mão"[1] — e o XV ENPESS — *"20 anos de diretrizes curriculares, 70 de ABEPSS e 80 de Serviço Social no Brasil. Formação e trabalho profissional — reafirmando as diretrizes curriculares da ABEPSS".*[2] Ambas as temáticas estão relacionadas à história, formação, trabalho, profissão, análises de conjuntura, fortalecimento e rumos da profissão. O 9º Seminário Anual de Serviço Social da Cortez, "Serviço Social no Brasil: 80 anos de história",[3] também dará continuidade a esse debate. Os cursos de Serviço Social e os Conselhos Regionais de Serviço Social presentes nas regiões brasileiras, muito provavelmente, comemorarão o dia do assistente social (15 de maio) também com essa temática. O CFESS organizou a **Agenda Assistente Social 2016** tendo essa ideia como horizonte. Portanto, 2016 será um ano voltado para os 80 anos da profissão.

---

1. Acontecerá de 5 a 9 de setembro de 2016, no Centro de Convenções de Olinda, em Pernambuco.

2. A ser realizado no período de 4 a 10 de dezembro de 2016, no Centro de Convenções de Ribeirão Preto-SP.

3. Será realizado no Teatro TUCA/PUC-SP, no dia 16 de maio deste ano.

Pensar a profissão é também evocar história, memórias, trajetórias, protagonismos, relíquias, pelejas, legados, valores, referenciais, lutas e histórias de sujeitos que construíram e constroem o Serviço Social. Uma profissão cuja história foi e é tecida por muitas mãos. Muitos sujeitos e diferentes gerações de distintas regiões do Brasil, norte, nordeste, centro-oeste, sudeste e sul, apostaram no Serviço Social como profissão, disputaram e compartilharam ações, ideologias, conhecimentos, práticas e projetos coletivos e, sobretudo, se preocuparam — em diferentes temporalidades — com a dimensão social e com a qualidade de vida da população da sociedade brasileira. Dedicamos, assim, nossas homenagens para todas as gerações: das pioneiras às juventudes — representam a nova geração dessa profissão — passando pela geração de intelectuais maduras/os do Serviço Social na atualidade. Gerações das quais nos orgulhamos e com as quais temos muito que aprender.

Este será um ano de conjuntura tensa, provavelmente, de desdobramentos políticos imprevisíveis para o país, marcada pela incerteza em torno dos alcances e limites dos mecanismos de representação democrática no Brasil; pelos desdobramentos das denúncias de corrupção, de tráfico de influência no alto escalão do governo, expressos nas operações Lava Jato, Mensalão, Petrolão e a luta pelo *impeachement* do atual presidente da Câmara dos Deputados. Além do reajuste fiscal, contingenciamento do orçamento da União, profundos cortes econômicos e sociais, arrocho salarial e precarização de condições de trabalho das/os trabalhadoras/res. Será uma conjuntura de chão duro, conflituosa pelos tensionamentos de diferentes setores da sociedade, que podem gerar possibilidades — por menores que sejam — de ações políticas e resistências. E, nesse sentido, os processos sociais, as causas, os ideais não estão esgotados. Não é o fim da história. Ao contrário, é momento de construir lutas comuns no âmbito dos interesses da classe trabalhadora, que vem sendo provocada a construir respostas coletivas e societárias na perspectiva de recusar as artimanhas do capital e articular sujeitos e entidades que coadunem com a defesa de um projeto anticapitalista, livre e humanizador.

Refletir, problematizar e comemorar os 80 anos do Serviço Social neste contexto não é pouca coisa; é também um ato de resistência e resulta de sínteses históricas de correlações de forças em diferentes conjunturas temporais. Trata-se de um Serviço Social que exige construir-se como profissão e como área de conhecimento, histórica e criticamente, mediada por ações de sujeitos, por projetos societários e que situa, acima de regulações normativas institucionais, os sujeitos individuais e coletivos, a luta das/os trabalhadoras/es — a razão de ser, a história e a direção social dessa profissão: a emancipação humana.

Sem perder de vista essa difícil conjuntura, sinto-me feliz e honrada em viver e conviver, juntamente com a categoria profissional, este momento histórico de celebração, de retrospectivas e de prospectivas — em diferentes dimensões do Serviço Social. E estar à frente, hoje, da assessoria editorial da área de Serviço Social na Cortez Editora[4] e também pela minha trajetória de militância no Serviço Social, particularmente, no campo da formação profissional; esses lugares e percursos exigiram-me a responsabilidade, o compromisso e a ousadia de organizar esta Coletânea — com a rica contribuição de autoras e autores — denominada *Serviço Social no Brasil: história de resistências e de ruptura com o conservadorismo*, como uma singela contribuição à literatura do Serviço Social.

A proposta desta Coletânea tem por objetivos: refletir, problematizar e contextualizar uma visão panorâmica do acúmulo produzido em diferentes ângulos que a profissão conquistou, ao longo dessa rica trajetória octogenária; instigar e pensar em tendências e desafios contemporâneos para o Serviço Social no século XXI e, ao mesmo tempo, reafirmar o *ethos* profissional que se consolida com as demandas e lutas da classe trabalhadora. Trata-se também de um registro, de uma alusão a esse marco, que se reveste de emoção, história, memórias, trajetórias, lutas, resistências, rupturas e prospectivas, e possui significados histórico, político, acadêmico, científico e profissional da maior relevância para a profissão.

---

4. Primeira editora da área de Serviço Social. Historicamente — e, sobretudo, com a contribuição histórica e de grande magnitude de Elisabete Borgianni, por 18 anos, assessora editorial da área — essa Editora adota como política editorial o pensamento crítico e plural e o compromisso com o Serviço Social e outras áreas de atuação.

É pensando nessa ontológica relação história, lutas de classes e Serviço Social, na história do Serviço Social, nos fundamentos da profissão, na interlocução com as ciências sociais e humanidades, no contexto da formação e do trabalho profissional, nas mediações e apreensão dos desafios contemporâneos, que esta Coletânea se apresenta como uma contribuição à profissão, necessária à reafirmação do nosso Projeto Ético-Político — ante o avanço do conservadorismo — que tem no horizonte as transformações das relações sociais de produção, supressão da estrutura opressora e desigual, própria da sociedade capitalista.

A Coletânea tem como chave explicativa convergente o contexto societário, os tensionamentos das lutas sociais de classes na sociedade capitalista para a compreensão do sentido histórico, político, social, acadêmico e científico do Serviço Social, e como essa profissão se constrói e é construída nesse processo sócio-histórico da sociedade. Nesse sentido, o fio condutor vincula e articula história, política, lutas sociais e Serviço Social no contexto das relações sociais do capitalismo brasileiro e mundial, e o Serviço Social ocupa centralidade e nexos, nessa análise, a partir de processos e mediações constituídas na formação sócio-histórica da sociedade brasileira. É, pois, nesse processo sócio-histórico que o Serviço Social vem se constituindo, como profissão e como área de conhecimento. Assim, a referência das análises dos capítulos — articulados entre si — desta Coletânea se dá à luz de formulações alinhadas na teoria social crítica.

> [...] o fundamento das profissões é a realidade social. Assim, parte do pressuposto de que a profissão só pode ser entendida no movimento histórico da sociedade. Sociedade que é produto das relações sociais, de ações recíprocas entre homens, no complexo processo de reprodução social da vida. É dessa forma que entendemos o surgimento do Serviço Social como profissão na sociedade brasileira, seu assalariamento e a ocupação de um espaço na divisão social e técnica do trabalho, bem como a estruturação de um mercado de trabalho particular, resultante de relações históricas, sociais, políticas e econômicas que moldaram sua necessidade social e definiram os seus usuários (Yazbek, 2008, p. 17).

A partir deste pressuposto, compreende-se o Serviço Social como uma construção sócio-histórica mediada pelas relações sociais produzidas na esfera capitalista. Nessa linha, considera-se que uma das chaves explicativas centrais para apreender a concretude do Serviço Social como profissão fundamenta-se na questão social — produzida na desigual relação entre capital e trabalho, no confronto de classes, portanto, conforma-se na contradição dos processos sociais, na formação sócio-histórica do Brasil — sua origem, desenvolvimento e consolidação como profissão.

Em outras palavras, é a questão social que dá concretude à profissão que conforma as necessidades e direitos, bem como define os sujeitos atendidos pela profissão. E nesses processos de tensionamentos, contraditórios, concretiza-se a base para a compreensão do sentido histórico, social, político, econômico, cultural, acadêmico, científico e profissional do Serviço Social. Ao mesmo tempo, o projeto profissional se constrói e é construído, dialeticamente, no tenso processo sócio-histórico das lutas sociais materializado na formação sócio-histórica do Brasil.

Conceber trabalho e questão social como base ontológica da sociedade capitalista, sobretudo porque estruturam a desigualdade social — o acirramento e a metamorfose da questão social incidem no Serviço Social; nessa linha, é necessária a apropriação desses conceitos como fundantes e constitutivos do estatuto teórico da profissão. A centralidade desses conceitos perpassa diferentes relações da profissão, seja no campo da ética, da política, pesquisa, produção de conhecimento, academia, Estado, sociedade, direitos, políticas sociais, movimentos sociais, espaços sócio-ocupacionais, dentre outros.

Iamamoto (2014), em seu livro *Relações sociais e Serviço Social no Brasil*, revolucionou a concepção de Serviço Social como uma profissão, compreendendo-o no contexto das relações sociais mais amplas da sociedade, inscrevendo-o nos processos sociais vinculados à esfera da reprodução social como um trabalho especializado, inserido na divisão social e técnica do trabalho coletivo na sociedade capitalista; como uma profissão que intervém na realidade, na dinâmica das relações sociais de reprodução da vida na sociedade. E é nesse processo contraditório que o Serviço Social se afirma, se consolida e se legitima perante o Estado, o mercado, a universidade e a sociedade. Portanto, é no tensionamento da reprodução das relações sociais que a/o assistente social exerce seu trabalho, ao mesmo tempo, faz história, resistências, produz mudanças na vida dos sujeitos e contribui com o pensamento crítico. Trabalha nas mediações das relações sociais produzidas na sociedade capitalista, tendo como mediação as políticas sociais, a proteção social, a luta pelos direitos humanos, a produção de conhecimento, a democracia, a liberdade. É uma profissão que atua de modo significativo, intervindo na dinâmica das expressões da questão social; disputa processos sociais na esfera de reprodução da vida no âmbito de seu protagonismo intelectual, político e/ou como profissão.

Torna-se impossível dimensionar o tamanho do Serviço Social no Brasil. No entanto, buscando contribuir com o atual cenário da profissão, arrisca-se destacar alguns traços, acontecimentos e dados que expressam histórias, concepções, construções, marcas, legados, referências teórico-metodológicas, ético-políticas e técnico-operativas; passado, presente e futuro, que circulam em tendências e desafios:

— São 80 anos de Serviço Social (1936); 70 anos de ABESS/ABEPSS (1946); 20 anos das Diretrizes Curriculares para a formação profissional (1996); 30 anos do Código de Ética (1986, reformulado em 1993); 51 anos do Movimento de Reconceituação (1965); 45 anos de Pós-graduação (1971); 40 anos de reconhecimento do Serviço Social como área de conhecimento (década de 1980); 60 anos de regulamentação profissional (1956); 23 anos da atual Lei de Regulamentação da Profissão (1993); e 37 anos do Congresso da Virada (1979), o que significa um árduo processo de resistência, impulsionando lutas democráticas. Enfim, nessa trajetória, tendo como referência esse Congresso, o Serviço Social construiu seu Projeto Ético--Político que, a partir da década de 1990, está claramente definido, sobretudo, expresso nas Diretrizes Curriculares, no Código de Ética e na Lei de Regulamentação da profissão.

— No Brasil, existem 161.023[5] assistentes sociais inscritos e ativos, distribuídos em 26 Conselhos Regionais de Serviço Social.[6] Esses dados são referentes ao mês de agosto de 2015. O maior contingente de profissionais está no estado de São Paulo, com 19,70%; posteriormente, vêm os estados de Rio de Janeiro e Minas Gerais, com as mesmas porcentagens, 9,77%. E o menor contingente está na Região do Amapá, com 0,44%.

— No âmbito da graduação em Serviço Social no Brasil tem-se os seguintes dados:[7] Total de 429 instituições ativas no Brasil que oferecem o curso de Serviço Social.[8] Das 429 instituições educacionais, 403 (93,24%) oferecem o curso presencial e 26 (6,06%) a distância. Os 403 cursos presenciais por região estão distribuídos: Norte, 38 (9,42%); Nordeste, 120 (29,77%); Centro-Oeste, 29 (7,19%); Sudeste, 150 (37,22%); Sul, 66 (16,3%). E as 26 empresas de ensino a distância, por região, estão: Norte, 1 (3,84%); Nordeste, 5 (19,23%); Centro-Oeste, 3 (11,53%); Sudeste, 12 (46,15%); Sul, 5 (19,23%). Dos 403 presenciais, 51 (12,6%) estão na esfera pública e 352 (87,3%) na privada. Os 51 cursos presenciais públicos estão distribuídos por região: Norte, 5 (9,80%); Nordeste, 17 (33,33%); Centro--Oeste, 3 (5,88%); Sudeste, 14 (27,45%); Sul, 12 (23,52%). Os 352 cursos presenciais privados estão distribuídos por região: Norte, 33 (9,37%); Nordeste, 103 (29,26%); Centro-Oeste, 26 (7,38%); Sudeste, 136 (38,63%); Sul, 54 (15,34%). Nordeste

---

5. Dados informados pela secretária executiva do CFESS, em fevereiro de 2016.

6. Nos CRESS 1ª Reg. PA 5.887 (3,66%); 2ª Reg. MA 3.766 (2,34%); 3ª Reg. CE 6.470 (4,00%); 4ª Reg. PE 5.120 (3,18%); 5ª Reg. BA 13.329 (8,28%); 6ª Reg. MG 15.881 (9,87%); 7ª Reg. RJ 15.882 (9,87%); 8ª Reg. DF 2.052 (1,28%); 9ª Reg. SP 31.716 (19,70%); 10ª Reg. RS 7.982 (4,96%); 11ª Reg. PR 7.167 (4,46%); 12ª Reg. SC 4.787 (2,98%); 13ª Reg. PB 4.901 (3,05%); 14ª Reg. RN 2.996 (1,87%); 15ª Reg. AM/RR 5.846 (3,64%); 16ª Reg. AL 3.192 (1,98%); 17ª Reg. ES 4.782 (2,96%); 18ª Reg. SE 2.255 (1,40%); 19ª Reg. GO 2.553 (1,58%); 20º Reg. MT 3.196 (1,98%); 21ª Reg. MS 2.934 (1,82%); 22ª Reg. PI 2.764 (1,71%); 23ª Reg. RO 1.333 (0,82%); 24ª Reg. AP 714 (0,44%); 25ª Reg. TO 2.249 (1,39%); e 26ª Reg. AC 1.269 (0,78%).

7. Agradeço a Klaus Werner Funfzig, assistente de marketing da Cortez Editora, pela significativa contribuição no levantamento dos dados referentes à graduação aqui apresentados.

8. Disponível em: <http://emec.mec.gov.br/>.

e Sudeste concentram com 287 (66,89%) a formação em Serviço Social. 87,3% dos cursos presenciais estão nas Instituições de Ensino Superior (IES) privadas, não sem explicação, trata-se da tendência de aprofundamento da mercantilização e precarização da formação profissional. Não foram localizados dados oficiais, no site do INEP, especificamente sobre ensino a distância. No entanto, segundo dados da Associação Brasileira de Educação a Distância (ABED),[9] foram efetivadas 85,1 mil inscrições no curso de Serviço Social a distância, no ano de 2013.

De acordo com o Censo Educação Superior de 2014, divulgado pelo INEP,[10] o curso de Serviço Social foi um dos 10 mais procurados. Ocupou as seguintes posições: nona referente à matrícula,[11] com 180.379 estudantes; décima, referente aos ingressantes,[12] com 67.222; e sétima referente aos concluintes,[13] com 25.472.

— Os números acima expressam a gravidade do quadro da graduação, o que, seguramente, tem impactos no âmbito do exercício profissional. Nos dias atuais, evidencia-se cenário de formação aligeirada, flexível, tecnicista (centrado em competências e habilidades), precarizada, produtivista, sem valorização da pesquisa, extensão e ensino voltado para o mercado; enfim, é notória a vigência de um modelo de educação do Banco Mundial, com o peso da Declaração de Bolonha (1999), que atinge drasticamente a graduação, reverberando também na pós-graduação.

---

9. Disponível em: <http://www.abed.org.br/site/pt/midiateca/clipping_abed/1350/ead_cresce_so_na_rede_privada>.

10. Divulgado no dia 3-2-2016. Disponível em: <http://portal.inep.gov.br/>.

11. Apenas ficou atrás dos cursos de Direito, Administração, Pedagogia, Ciências Contábeis, Engenharia Civil, Enfermagem, Psicologia e Gestão com Pessoas (RH).

12. Apenas ficou atrás dos cursos de Administração, Direito, Pedagogia, Ciências Contábeis, Engenharia Civil, Gestão com Pessoas (RH), Enfermagem, Psicologia e formação de professor em Educação Física.

13. Apenas ficou atrás dos cursos de Administração, Pedagogia, Direito, Ciências Contábeis, Gestão com Pessoas (RH) e Enfermagem.

— Na pós-graduação em Serviço Social[14] existem, hoje, 35 Programas de Pós-Graduação em Serviço Social distribuídos da seguinte forma: 13 (37,14%), na região Sudeste;[15] 11 (31,42%), no Nordeste; 6 (17,14%), na região Sul; 3 (8,57%), no Centro-Oeste e 2 (5,71%) no Norte. 68,56% (24) dos Programas estão concentrados nas regiões Sudeste e Nordeste. 100% (35) dos Programas têm mestrado e 45,71% (16) possuem doutorado. Todos (100%) os Programas de Pós-Graduação são acadêmicos, não havendo, portanto, nem mestrado nem doutorado profissional na área. Das 48 áreas de conhecimento existentes na CAPES, apenas Arqueologia e Serviço Social não têm mestrado profissional. 80% dos programas estão localizados na IES públicas; 5,71% (2) nas universidades privadas e 14,28% (5) nas comunitárias. A recente expansão dos Programas de Pós-Graduação nas instituições estaduais passou de 3, em 2010, para 8, em 2015, o que representa 166% de aumento na esfera pública estadual. Em 2014, havia 545[16] e 1.681 discentes matriculados. Nesse ano, foram titulados 107 doutores e 400 mestres.

— É surpreendente a crescente privatização dos cursos de graduação, com 87,3%, enquanto, inversamente, 80% dos Programas de Pós-Graduação estão na esfera pública. Esses índices reforçam, no interior do Serviço Social, a luta em defesa da educação superior pública, laica e de qualidade e também da criação de curso de Serviço Social público presencial. Somam-se a essas lutas o desafio de criação da área de Serviço Social — enquanto área de conhecimento — na Fundação de Amparo à Pesquisa do Estado de São Paulo (FAPESP). O movimento em torno da defesa da qualidade da graduação exige pensar

---

14. Nosso agradecimento à professora Maria Lúcia Teixeira Garcia, coordenadora da área de Serviço Social na Capes (2014-2017), pelo fornecimento, no início de fevereiro de 2016, de todos os dados aqui registrados referentes à Pós-Graduação em Serviço Social.

15. Inclui-se o recém-criado Mestrado na Unifesp, aprovado em final de 2015.

16. Destes, 387 são docentes permanentes.

em investimento ainda maior no campo dos processos pedagógicos e também nos desafios postos com os programas de assistência estudantil, seja moradia, creche, apoio pedagógico, cotas, acesso, permanência e conclusão do curso e ações afirmativas para as/os estudantes trabalhadoras/es e no âmbito da raça/etnia e gênero em ambiente universitário.

— O Congresso da Virada (1979) foi realizado em uma conjuntura de enfrentamento, tendo, de um lado, a Ditadura Civil-militar, e, de outro, a organização das trabalhadoras e trabalhadores, movimentos sociais, sindicalismo e luta dos assistentes sociais por sua organização sindical. Proporcionou ruptura com o pensamento conversador e o profundo impacto na mudança de paradigma da formação e do trabalho profissional e no âmbito de organização das entidades da categoria.

— "A criação das entidades nacionais provocou um avanço na organização política da categoria: a ABEPSS (1946), o CFESS (primeiro Código em 1947, primeira lei e criação do CFAS em 1957), a ENESSO (1º Encontro Nacional de Estudantes em 1978; SESSUNE em 1988-1993; ENESSO em 1993); a ANAS (1983-1989). Tais entidades nacionais se articulam e possibilitam, após 1979, a construção do Projeto Ético-Político Profissional" (Boschetti, 2009, p. 742).

— O protagonismo das entidades da categoria CFESS/CRESS, ABEPSS e ENESSO constroem Agenda Política e interlocução com os coletivos de esquerda e, nessa trajetória, muitas lutas são conquistadas, como: jornada semanal de 30 horas de trabalho; Plano de Lutas em Defesa do Trabalho e da Formação e Contra a Precarização do Ensino Superior; campanhas contra opressões no campo étnico/racial, gênero e orientação sexual; posicionamentos contrários ao Exame de Proficiência obrigatório na profissão, às práticas terapêuticas no âmbito do Serviço Social, ao ENADE, ao ensino de graduação a distância e ao mestrado profissional no Serviço Social, sendo esses compreendidos como estratégias de resistências e enfretamento ao acelerado processo de expansão de cursos de graduação e precarização da formação e do exercício profissional.

— Atual Lei de Regulamentação, de 1993, resultou de amplo processo de discussão e dispõe sobre o exercício profissional, competências, atribuições privativas e outros ordenamentos que concretizam o Projeto Ético-Político.

— A profissão tem uma trajetória com cinco Códigos de Ética Profissional (1947, 1965, 1975, 1986 e 1993). O Código de 1986 foi reformulado em 1993 e este último estabelece princípios, fundamentos, valores como a liberdade, comprometida com a autonomia, a emancipação dos sujeitos, os direitos humanos, a recusa dos preconceitos, defende a equidade e justiça social, além de reconhecer a pessoa como sujeito de direitos.

— Na década de 1980, o Serviço Social é reconhecido pelo CNPq e pela CAPES como área de conhecimento — a partir da criação dos Programas de Pós-Graduação, protagonismo de intelectuais, representantes da área no CNPq e na CAPES e das gestões da ABESS/ABEPSS —, fortalecendo a interlocução com as ciências sociais e humanidades na consolidação da pesquisa e produção de conhecimento na área.

— Destaca-se que o Serviço Social avançou significativamente nas articulações e nas cooperações internacionais junto à Associação Latino-americana de Ensino e Pesquisa em Serviço Social (ALAEITS) e Federação Internacional de Trabalhadores Sociais (FITS).

— Historicamente, a ABESS/ABEPSS é legitimada como principal mediadora e articuladora da política de formação profissional que estabelece os nexos ensino, pesquisa e extensão e articula graduação e pós-graduação. Tem construído diversas ações históricas de resistência na busca da qualidade da formação. Nos últimos dez anos, reafirma-se a luta pela consolidação do Serviço Social como área de conhecimento, o fortalecimento das Diretrizes Curriculares no âmbito dos fundamentos, ensino, estágio, pesquisa, sobretudo com a institucionalização da Política Nacional de Estágio, dos Grupos Temáticos de Pesquisa (GTPs) e do Projeto ABEPSS Itinerante.

— O Currículo Mínimo de 1982 constituiu-se como marca histórica de ruptura com o modelo positivista, funcionalista e tecnicista da formação profissional, adequada à modernização conservadora. Superou o debate de caso, grupo e comunidade; introduziu história, teoria, metodologia, pesquisa, estágio supervisionado e políticas sociais, e estabeleceu a dimensão política no âmbito da formação.

— As Diretrizes Curriculares (1996) da ABEPSS refinaram o Currículo Mínimo de 1982 na linha do Projeto Ético-Político. Formularam a indissociável relação formação e trabalho profissional; reafirmaram as bases políticas, a transversalidade da ética e da investigação/pesquisa na formação e trabalho profissional. Introduziram conjuntos de conhecimentos articulados à fundamentação do Serviço Social: teórico-metodológicos da vida social; formação sócio-histórica da sociedade brasileira e do trabalho profissional que possibilitam a compreensão das expressões da questão social, com a quais estudantes e profissionais se deparam no cotidiano da reprodução da vida social.

— Os Grupos Temáticos de Pesquisa[17] — GTPs (2010) — compõem a estrutura orgânica, política e acadêmico-científica da ABEPSS, a partir de sete eixos temáticos que configuram a relação do Serviço Social e suas respostas perante a realidade. Têm importância no âmbito da reflexão teórica e da produção de conhecimento; propõem-se a ser espaço de interlocução e articulação de pesquisadores e grupos de pesquisas, de modo a impulsionar o protagonismo intelectual e político para o fortalecimento do Serviço Social como área de conhecimento.

---

17. GTPs: Trabalho, Questão Social e Serviço Social; Política Social e Serviço Social; Serviço Social: fundamentos, formação e trabalho profissional; Movimento Social e Serviço Social; Questões Agrárias, Urbana, Ambiental e Serviço Social; Serviço Social, Relações Sociais de Exploração/Opressão de Gênero, Raça/Etnia e Sexualidades e Ética, Direitos Humanos e Serviço Social.

— Na Pós-Graduação, atualmente, vivencia-se o debate sobre o documento elaborado pela ABEPSS denominado "Contribuição da ABEPSS para o Fortalecimento dos Programas de Pós-Graduação em Serviço Social no Brasil" (2014), que vem contribuir para revigorar, fortalecer e articular os Programas dos cursos *stricto sensu*; problematizar o Plano Nacional de Pós-Graduação (2011-2010) — CAPES, que responde às demandas dos organismos internacionais, com ênfase na lógica do produtivismo e do mestrado profissional; na contracorrente disso, o documento propõe pensar a Pós-Graduação como um legado da pesquisa, da formação para discentes, docentes e da produção de conhecimento, comprometido com os valores fundantes do Projeto Ético-Político da profissão.

— Nessa trajetória de 70 anos da ABESS/ABEPSS, destaca-se o acúmulo na formação profissional e o avanço nesta formação, seja no âmbito da Graduação seja da Pós-Graduação em Serviço Social, com expressiva e densa produção intelectual, a ampliação e a qualificação dos periódicos na área de Serviço Social; a vasta literatura que expressa pluralidade de concepções teórico-metodológicas, ideopolíticas e profissionais. As resistências e lutas devem ser comuns e articuladas no campo da graduação/pós-graduação para o fortalecimento da formação profissional e resistência à tendência dominante da política de educação.

— A emergência, desenvolvimento e consolidação do Serviço Social passou e passa por uma construção coletiva e histórica da profissão, que revela sua natureza, competência, atribuição, significado social, acadêmico, científico, político e direção social atada à luta dos trabalhadores. Assim, o *ethos* da profissão está centrado na defesa dos direitos sociais e humanos, das lutas sociais, no protagonismo intelectual, político e na produção de conhecimentos a serviço da classe trabalhadora. É uma profissão respeitada nacional e internacionalmente, particularmente na América Latina, Europa e em alguns países da

África, pela história e trajetória no campo da formação e exercício profissional, na produção de conhecimento e organização da categoria profissional.

— Desde o seu início, em 1936, com a fundação das primeiras Escolas de Serviço Social,[18] a profissão fortaleceu sua participação na dinâmica e em momentos importantes do país. Rompeu com o Serviço Social tradicional, assistencialista e conservador, e se apresenta inspirada na tradição marxista constitutiva do Projeto Ético-Político do Serviço Social, e pressupõe que trabalho é o elemento fundante da constituição do ser social, da sociabilidade humana.

— Como profissão, fundamenta-se e estrutura-se na dinâmica do tensionamento das lutas sociais no Brasil, apropriando-se da questão social como fundamento; compreende a política social como resposta ao enfrentamento da questão social na tensão Estado e sociedade capitalista. Assim, as políticas sociais constituem mediação fundamental no âmbito do trabalho do profissional, sendo que esse trabalho produz resultados concretos nas condições de vida dos sujeitos sociais, e, portanto, seu significado histórico e social e as competências e atribuições são tecidos no contexto das relações sociais mais amplas.

O Serviço Social como profissão intervém no âmbito das políticas socioassistenciais, na esfera pública e/ou privada, desenvolvendo tanto atividades que envolvem abordagem direta com a população (entrevistas, atendimentos de plantão social, visita domiciliar, orientações, encaminhamentos, reuniões, trabalho com indivíduos, famílias, grupos, comunidades, assembleias, ações de educação e organização popular etc.), como trabalhos de pesquisa, administração, planejamento, supervisão, consultorias e gestão de programas sociais (Yazbek, 2008, p. 18).

---

18. Primeira Escola (confessional) surge em São Paulo, em 1936; atualmente, curso de Serviço Social vinculado à Faculdade de Ciências Sociais da PUC-SP. A primeira escola pública de Serviço Social surge no Rio de Janeiro, hoje, Faculdade de Serviço Social vinculada à UFRJ.

— É fato que a profissão ampliou-se significativamente na direção do ensino, extensão, pesquisa, gestão e trabalho profissional propriamente dito em instituições no âmbito público e privado. Alargaram-se as demandas de formação e trabalho profissional e também demandas por educação permanente do trabalho profissional, com o crescimento dos espaços sócio-ocupacionais: instituições de ensino e pesquisa; órgãos que integram os Sistemas de Proteção Social e também de Garantia de Direitos, como CRAS, CREAS, Casas de Acolhidas, OS, ONGs, Ministério Público, Defensoria Pública, Tribunal de Justiça dos Estados, Delegacia de Mulheres, Delegacia de Idosos etc. O alargamento desses espaços de trabalho respondem ao cumprimento de Legislações Sociais e à efetivação dos Sistemas Unificados de Atendimentos, com a implementação do Sistema Único de Saúde (SUS), Sistema Único de Assistência Social (SUAS), Sistema Nacional de Atendimento Socioeducativo (SINASE), Sistema Nacional da Habitação de Interesse Social (SNHIS), Estatuto da Criança e do Adolescente (ECA), Conselho Tutelar, Conselhos de Direitos, Lei Orgânica da Assistência Social (LOAS), Política Nacional de Assistência Social, Nova Lei de Adoção, Plano Nacional de Convivência Familiar e Comunitária, Lei Maria da Penha, Estatuto do Idoso, Estatuto da Juventude. Desse modo, o Serviço Social está presente em diferentes políticas sociais e em diversos espaços sócio-ocupacionais da profissão.

Como registrado anteriormente, destacaram-se traços, acontecimentos, dados, enfim, expressões que retratam acúmulo, história, lutas, resistências, rupturas, conquistas, mudanças e os movimentos determinantes para a apreensão das particularidades do Serviço Social, na totalidade das relações sociais na reprodução da vida humana. São oito décadas de trajetória marcada pelo movimento da realidade brasileira, organicamente relacionada com os projetos políticos existentes na sociedade, como, por exemplo, em determinado momento vinculados à Ação Católica, ao Estado desenvolvimentista, às lutas democráticas e articuladas às demandas dos trabalhadores.

Nessa linha, é importante demarcar que os 14 capítulos que compõem esta Coletânea partem de um tempo presente, estabelecendo nexos e recorrências descontínuas e contínuas aos processos históricos e não na linearidade dos acontecimentos. Os capítulos foram encomendados, privilegiando alguns recortes temáticos convergentes entre si e iluminam determinados debates na profissão, a saber: questão social, formação profissional, conjuntura e história, ética, lutas e movimentos sociais, organização política do Serviço Social, protagonismo intelectual e político, política social, Movimento de Reconceituação na América Latina, conhecimento e intervenção profissional, dimensão da instrumentalidade, Serviço Social como expressão da totalidade, bem como a interlocução do Serviço Social brasileiro e português e a contribuição da Revista *Serviço Social & Sociedade* na disseminação do pensamento crítico na área.

Os capítulos, de modo geral, refletem a imbricada relação Serviço Social, questão social, lutas sociais e realidade brasileira, fundamental para a problematização e desnaturalização da produção das relações sociais e do conhecimento, e recusam as relações de classes, hegemônicas na sociedade do capital. Recuperam marcas da profissão, histórias de resistências, rupturas e fundamentos no contexto da configuração das relações sociais, como exigência imprescindível para a compreensão e ações de mudanças no âmbito macrossocietário e na profissão. Buscam compreender a realidade na contemporaneidade, as tendências e desafios postos ao Serviço Social em face do conservadorismo, mediados pelas lutas sociais. Problematizam que essa nova fase do avanço do capitalismo é destrutiva da sociabilidade humano-genérica, transformando sujeitos em objetos, tecendo retrocessos das políticas sociais e dos direitos sociais e humanos; uma fase em que impera o controle social do capital. Esse conjunto de opressões invade — não sem resistências — o cotidiano profissional e a reflexão sobre elas.

Os capítulos também problematizam a complexidade, sutileza e gravidade do pensamento conversador, hoje, incidindo no âmbito do

Serviço Social e, ao mesmo tempo, mostram os enfretamentos, a luta permanente e histórica do Serviço Social pela ruptura com a tradição conservadora na profissão, inaugurada com o movimento de renovação, tributário do pensamento social de Marx.

Assim, propõe-se, nesta Coletânea, o fortalecimento do pensamento crítico, reflexões, resistências e estratégias que vêm sendo construídas no âmbito do Serviço Social e no conjunto das lutas dos trabalhadores. Reafirmam-se os fundamentos e a direção social do Projeto Ético-Político da profissão, identificam-se e recuperam-se os determinantes sociais, políticos, econômicos e culturais latentes na formação econômica e social do Brasil.

No século XXI, problematizar o Serviço Social neste contexto de mudanças conservadoras e reacionárias, que alteraram os valores, as relações sociais, significados de ciência e tecnologia, condições de trabalho, direitos, políticas sociais, condições de subjetividade dos trabalhadores, exige — grande desafio — pensar e reafirmar o Serviço Social, a partir da crítica da economia política.

O conjunto de conteúdos desta Coletânea está organizado em 14 capítulos.

No Capítulo 1, *Para uma história nova do Serviço Social no Brasil*, o autor José Paulo Netto parte de uma avaliação positiva da trajetória do Serviço Social no Brasil ao longo de 80 anos de existência. Esse texto defende a necessidade acadêmico-profissional da elaboração de uma história nova — ou de *histórias novas* — da profissão, para a(s) qual(is) sugere problemáticas a serem tratadas.

No Capítulo 2, *"Questão Social" e Serviço Social no Brasil*, o autor Ney Luiz Teixeira de Almeida aborda a emergência e o desenvolvimento do Serviço Social como profissão no Brasil, a partir de sua vinculação estruturante com a dinâmica das classes sociais fundamentais num país de capitalismo periférico e dependente. Compreende o processo histórico de produção das respostas, reflexões e formas de organização profissionais como expressão da constituição de um sujeito profissional coletivo que se posiciona e se relaciona frente às estratégias de controle social do capital e do Estado sobre os modos de reprodução da classe trabalhadora em diferentes contextos das lutas sociais.

No Capítulo 3, *Serviço Social, lutas e movimentos sociais: a atualidade de um legado histórico que alimenta os caminhos de ruptura com o conservadorismo*, as autoras Katia Marro e Maria Lúcia Duriguetto tratam da reconstrução histórica da relação do Serviço Social com os movimentos sociais a partir do final dos anos 1970 aos dias de hoje. E abordam essa relação na organização da categoria, na produção do conhecimento e na intervenção profissional, explicitando os principais avanços, dilemas e desafios da profissão na sua relação com as lutas sociais.

No Capítulo 4, *Serviço Social e política social: 80 Anos de uma relação visceral*, as autoras Elaine Rossetti Behring e Ivanete Boschetti registram o significado da relação entre política social e Serviço Social nos 80 anos de história da profissão no Brasil, destacando as inflexões históricas nessa relação que, ademais, é ontológica — determinada pela condição do trabalho e a emersão da questão social como questão econômica e política decorrente da subsunção do trabalho ao capital. O texto indica elementos constitutivos dessa trajetória desde 1936, e finaliza com as características da política social hoje e os grandes desafios que se colocam para o Serviço Social em tempos de crise do capital, com impactos deletérios sobre os trabalhadores e seus direitos, e consequentemente para as políticas que os materializam.

No Capítulo 5, *O Serviço Social como totalidade histórica em movimento no Brasil contemporâneo*, a autora Franci Gomes Cardoso faz uma abordagem inicial de aportes da teoria social de Marx e da tradição marxista, privilegiando categorias fundamentais — história, totalidade, contradição e práxis — em conexão com outras pertencentes ao mesmo quadro de referências teórico-metodológicas, para pensar o Serviço Social em sua configuração totalizante no Brasil contemporâneo.

No Capítulo 6, *Serviço Social brasileiro: insurgência intelectual e legado político*, a autora Ana Elizabete Mota aborda a unidade do Serviço Social como profissão e área de produção do conhecimento, ressaltando sua dimensão intelectual e qualificando-a como uma particularidade nos âmbitos continental e mundial do Serviço Social. Defende que essa "insurgência" teórico-metodológica, ideológica e política produziu uma cultura que se contrapõe à hegemonia dominante, em orgânica articulação com a esquerda marxiana no Brasil, apresentando-se como um dos principais legados dos seus 80 anos de existência.

No Capítulo 7, *Rupturas, desafios e luta por emancipação: a ética profissional no Serviço Social brasileiro*, as autoras Andrea Torres e Priscila Cardoso trabalham uma das particularidades que marcam a trajetória do Serviço Social brasileiro em seus 80 anos: a ética profissional. Apresentam a constituição de dois diferentes *ethos* profissional: conservador/tradicional e de ruptura/emancipatório, demarcam suas diferenças e reafirmam a perspectiva hegemônica nos últimos 30 anos. Retomam, ainda, os valores e princípios que constituem a teleologia do projeto ético-político expressa no atual Código de Ética, apresentando sua importância diante dos desafios postos à profissão no enfrentamento ao conservadorismo na atualidade.

No Capítulo 8, *Projeto profissional e organização política do Serviço Social brasileiro: lições históricas e lutas contemporâneas*, as autoras Sâmya Rodrigues Ramos e Silvana Mara de Morais dos Santos analisam contribuições da organização política da categoria de assistentes sociais que são possíveis apreender, sob a perspectiva do projeto ético-político, com ênfase na inserção da defesa dos direitos humanos (DH) na agenda do Serviço Social no Brasil.

No Capítulo 9, *A formação profissional em Serviço Social e a mediação da Associação Brasileira de Ensino e Pesquisa em Serviço Social (ABEPSS): as diretrizes curriculares/1996 em relação à perspectiva emancipatória no âmbito do avanço do conservadorismo*, a autora Marina Maciel Abreu desenvolve uma recuperação histórica da formação profissional em Serviço Social no Brasil, orientada pela perspectiva emancipatória da classe trabalhadora e de toda a humanidade, nas contradições que particularizam e movem o Serviço Social, nas últimas quatro décadas, com ênfase para as condições sociopolíticas institucionais, forjadas pela política de educação superior no país; destaca a mediação da Associação Brasileira de Ensino e Pesquisa em Serviço Social (ABEPSS) como um dos principais sujeitos das transformações profissionais nesse período.

No Capítulo 10, *Do conhecimento teórico sobre a realidade social ao exercício profissional do assistente social: desafios na atualidade*, a autora Cláudia Mônica dos Santos problematiza a relação teoria/prática no Serviço Social. Parte do suposto de que as afirmativas da categoria de que "na prática a teoria é outra" e de que "a formação profissional não habilita para a ação" referem-se à não apreensão das mediações entre os conhecimentos teóricos sobre a realidade social e a intervenção profissional do assistente social. Referem-se à dificuldade de relacionar o conhecimento teórico como referencial analítico. Nesse contexto, traz os desafios postos à profissão na atualidade.

No Capítulo 11, *Nas pegadas dos 80 anos de história do Serviço Social: o debate da instrumentalidade como marco*, a autora Yolanda Guerra concebe o debate da instrumentalidade como um dos marcos na trajetória do Serviço Social brasileiro e, quiçá, latino-americano, significando tomá-lo como processo, instância de passagem, mediação e avanço na profissão.

No Capítulo 12, *O Movimento de Reconceituação do Serviço Social na América Latina como marco na construção da alternativa crítica na profissão: a mediação da organização acadêmico-política e o protagonismo do Serviço Social brasileiro*, a autora Josefa Batista Lopes trata sobre o protagonismo do Serviço Social brasileiro no Movimento de Reconceituação do Serviço Social na América Latina, na particularidade da organização acadêmico-política do Serviço Social, uma das mediações centrais na construção, a partir desse movimento, da alternativa crítica na profissão orientada pela necessidade histórica de emancipação.

No Capítulo 13, Revista *Serviço Social & Sociedade e os 80 anos do Serviço Social brasileiro: a marca da renovação*, as autoras Maria Carmelita Yazbek, Maria Lúcia Martinelli, Mariangela B. Wanderley e Raquel Raichelis tratam da gênese e desenvolvimento da revista *Serviço Social & Sociedade*, desde sua criação em 1979 até o momento atual. Buscam evidenciar a importância desse periódico no cenário editorial da profissão a partir da estreita interlocução com o desenvolvimento histórico do Serviço Social brasileiro, em sua vertente crítica de ruptura com o conservadorismo burguês e com o adensamento das bases que fundamentam a direção estratégica do projeto ético-político profissional.

No Capítulo 14, *Serviço Social Português e Serviço Social Brasileiro: 50 anos de contribuições históricas*, as autoras Alcina Martins e Maria Rosa Tomé estabelecem uma aproximação ao estudo das relações e às contribuições do Serviço Social brasileiro no contexto do Serviço Social português, notadamente no campo da formação acadêmica e da investigação em Serviço Social.

Com gratidão às autoras e autores pela produção desses textos refinados, densos e exigentes, aprecio suas capacidades de conhecimentos, experiências e interlocuções que, nessa trajetória octogenária, adensam ao Serviço Social sólida e respeitada história, com cultura democrática e referenciais teóricos consistentes que alimentam, enaltecem e aprazem a categoria profissional.

Por fim, parafraseando Milton Nascimento: "Se muito vale o já feito, mais vale o que será. E o que foi feito é preciso conhecer para melhor prosseguir. [...] Outros outubros virão. Outras manhãs plenas de luz e de sol".[19] Assim, importantes lutas e desafios são lançados à categoria profissional que celebra — nessa construção sócio-histórica de acúmulos e amadurecimento — uma história de resistências, ruptura, reconhecimento, conhecimento, legitimidade, consolidação e conquistas que fortalecem as demandas da classe trabalhadora. E segue o rumo da profissão de continuar inscrever e escrever a história do Serviço Social nas lutas sociais, que não são quaisquer lutas, mas aquelas que apontam um horizonte emancipatório.

---

19. Ver Iamamoto (2014).

REFERÊNCIAS BIBLIOGRÁFICAS

ABEPSS. *Contribuição da ABEPSS para o fortalecimento dos Programas de Pós-Graduação, gestão 2013/2014*. UFRN, 2014.

_____. Documento Grupos Temáticos de Pesquisa (GTP). Disponível em: <http://www.abepss.org.br/paginas/ver/20>. Acesso em: 28 jan. 2016.

_____. Diretrizes gerais para o curso de Serviço Social. (Com base no currículo mínimo aprovado em Assembleia Geral Extraordinária de 8 de novembro de 1996.) Formação profissional: trajetória e desafios. *Caderno ABEPSS*, São Paulo, n. 7, p. 58-76, 1996. Edição especial.

_____. *Projeto ABEPSS Itinerante*: as diretrizes curriculares e o projeto de formação profissional do Serviço Social. Juiz de Fora, 2011.

_____. *Política Nacional de Estágio da Associação Brasileira de Ensino e Pesquisa em Serviço Social* (ABEPSS). Brasília, 2009. Disponível em: <http://www.abepss.org.br/briefing/documentos/politica-nacional-estagio.pdf>. Acesso em: 29 jan. 2016.

ABREU, Marina Maciel. ABEPSS 2009-2010: a formação profissional e o fortalecimento do Serviço Social como área de conhecimento: estratégias e desafios da ABEPSS no biênio 2007-2008. *Temporalis*, Brasília, ABEPSS, n. 22, p. 67-80, 2011.

BEHRING, Elaine Rossetti. ABEPSS 2009-2010: estágio, pesquisa e consolidação institucional. *Temporalis*, Brasília, ABEPSS, n. 22, p. 81-98, 2011.

BOSCHETTI, Ivanete (CFESS). Começaria tudo outra vez se preciso fosse. *Serviço Social & Sociedade*, São Paulo, n. 100, p. 740-748, out./dez. 2009.

CAPES. *Plano Nacional de Pós-Graduação 2011-2020* (PNPG). Documentos Setoriais, 2010. v. II. Disponível em: <http://www.capes.gov.br/images/stories/download/Livros-PNPG-Volume-I-Mont.pdf>. Acesso em: 2 jan. 2016.

_____. *Plano Nacional de Pós-Graduação 2011-2020* (PNPG). Documentos Setoriais, 2010 v. II. Disponível em: <http://www.capes.gov.br/images/stories/download/PNPG_Miolo_V2.pdf>. Acesso em: 15 jan. 2016.

FALEIROS, Vicente de Paula. O Serviço Social no cotidiano: fios e desafios. *Serviço Social & Sociedade*, São Paulo, n. 120, p. 706-722, out./dez. 2014.

IAMAMOTO, Marilda Vilela. A formação acadêmico-profissional no Serviço Social brasileiro. *Serviço Social & Sociedade,* São Paulo, n. 120, p. 609-639, out./dez. 2014a.

_____. Relações sociais e Serviço Social no Brasil: esboço de uma interpretação histórico-metodológica. In: _____;CARVALHO, Raul de. 40. ed. São Paulo: Cortez, 2014b.

_____. A questão social no capitalismo. *Temporalis*, Brasília, ABEPSS, n. 3, p. 9-32, 2001.

MOTA, Ana Elizabete Mota. Espaços sócio-ocupacionais e dimensões políticas da prática do assistente social. *Serviço Social & Sociedade*, São Paulo, n. 120, p. 694-705, out./dez. 2014.

NETTO, José Paulo. Transformações societárias e Serviço Social — notas para uma análise prospectiva da profissão no Brasil. *Serviço Social & Sociedade*, São Paulo, n. 50, p. 87-132, abr. 1996.

_____. III CBAS: algumas referências para sua contextualização. *Serviço Social & Sociedade*, São Paulo, n. 100, p. 650-678, out./dez. 2009.

_____. Cinco notas a propósito da "questão social". *Temporalis*, Brasília, ABEPSS, n. 3, p. 41-45, 2001.

YAZBEK, Carmelita. In: CRESS-SP. *Legislação brasileira para o Serviço Social*. Coletânea de leis, decretos e regulamentos para instrumentação da(o) assistente social. 3. ed. São Paulo, 2008.

http://emec.mec.gov.br/

http://portal.inep.gov.br/

Capítulo 1

Para uma história nova do Serviço Social no Brasil

José Paulo Netto

> A exigência de abandonar as ilusões sobre sua condição é a exigência de abandonar uma condição que necessita de ilusões.
>
> K. Marx

2016 marca a passagem dos 80 anos da fundação da primeira escola de Serviço Social no Brasil, ou seja: marca a passagem do octogésimo aniversário do Serviço Social em terras brasileiras. Certamente haverá eventos comemorativos, como sempre ocorre em datas significativas — e, também certamente, como é da tradição profissional, tais eventos terão nítido caráter celebrativo.

É fato que a categoria profissional tem o que comemorar. Da ação da pioneira escola de São Paulo (a atual Faculdade de Serviço Social da Pontifícia Universidade Católica de São Paulo) aos dias de hoje, o contingente de assistentes sociais saltou das poucas dezenas que se contavam nos dedos das mãos nos anos 1940 para a casa de muitos milhares (a última estimativa a que tive acesso apontava para a cifra de cerca de 160.000 profissionais, massa só inferior ao exército de assistentes sociais norte-americanos). Dos cursos que funcionavam no país no início dos anos 1940, menos de meia dúzia, temos hoje mais de três centenas.[1] Se, na segunda metade daquele decênio, tinha-se a nascente articulação das escolas presentes ao I Congresso Brasileiro de Serviço Social (foram mais outros dois desses eventos até meados dos anos 1960), atualmente a organização da categoria profissional, das agências de formação e do alunado (conjunto CFESS/CRESS, ABEPSS e ENESSO), está consolidada e é muito atuante, realizando eventos/ congressos com frequência regular e registrando expressiva e sustentada participação de assistentes sociais, docentes e estudantes. E é de ressaltar que, pouco mais de 20 anos depois de criada a sua primeira escola, os diplomas legais mínimos necessários ao reconhecimento jurídico-formal da profissão já entravam em vigência.

Poder-se-ia elencar uma série de outros indicadores que permitem constatar que, em oito décadas de existência no Brasil, o Serviço Social

---

1. Este somatório, inflado pela designada *educação a distância* e assentado especialmente na mercantilização privatista da educação superior (aberta a capitais forâneos), permite supor uma "superprodução" a curto prazo de profissionais que, dadas as projeções que podem ser feitas sobre o futuro imediato da economia brasileira, enfrentarão um mercado de trabalho com remunerações extremamente aviltadas (tornando-se também vítimas da precarização dos seus vínculos de trabalho e do decorrente *multi-emprego*). Informações sobre o mercado privado do ensino superior encontram-se em Sécca e Leal (2009); para análises sobre a mercantilização privatista (cf., entre outros, Chaves 2010); sobre a *educação a distância* (cf. Pereira, em Pereira e Almeida, 2012); a posição de entidades dos assistentes sociais, principalmente em face da *educação a distância*, está expressa em CFESS (2014).

Parece-me que é de apontar para um possível desdobramento da mercantilização aqui referida (que foi elevada a patamar superior com a criação dos governamentais *Prouni/Programa Universidade para Todos* e *FIES/Fundo de Financiamento Estudantil*): a provável emergência de um "mercado de financiamento" — obviamente privado — para estudantes de nível superior nas instituições particulares (algumas delas, já hoje, começam a esboçar alternativas desse gênero). A médio prazo, as consequências dessa previsível emergência serão onerosíssimas para os tomadores de empréstimos (e não só para eles) — veja-se, a propósito, o endividamento assombroso dos estudantes nos Estados Unidos: em maio de 2012, a dívida dos universitários norte-americanos chegava a *um trilhão de dólares*, dívida caracterizada em 2015 por respeitados economistas como "irresgatável" e que tem mobilizado os estudantes em campanhas nacionais pela sua anulação (essa é uma das palavras de ordem do movimento *Million Student March*).

percorreu uma trajetória exitosa. Lembre-se, por exemplo, de que a sua efetiva inserção no circuito universitário, embora tardia,[2] logo propiciou a emergência da formação pós-graduada (1972) que, por seu turno e em relativamente pouco tempo, permitiu o surgimento de um acervo documental/bibliográfico responsável por inscrever o campo acadêmico-profissional como área de produção de conhecimento entre as ciências sociais aplicadas (1984).[3] E que, consolidada a Pós-Graduação, o Serviço Social brasileiro passou a incidir sensivelmente no exterior (nomeadamente no Cone Sul latino-americano e em Portugal). Ou, se considere ainda, e esse é um indicador a merecer análise específica, a *visibilidade social* alcançada nacionalmente pela profissão em especial a partir de finais dos anos 1980 — com um até então inédito e crescente protagonismo de vários dos seus sujeitos (individuais e/ou coletivos: assistentes sociais, agências de formação e entidades da categoria) na sociedade e no Estado.[4]

Em razão da trajetória do Serviço Social nesses 80 anos de Brasil, resultante dos empenhos dos pioneiros dos anos 1930, continuados pelos seus discípulos das gerações seguintes e amplamente vitalizados e transformados nas três últimas décadas do século XX — e tanto mais quanto os esforços de personalidades que deixaram suas marcas singulares na história da profissão foram potencializados pelo trabalho coletivo —, em razão dessa trajetória, os assistentes sociais brasileiros têm motivos suficientes para as celebrações que, suponho, vão se suceder ao longo de 2016.

---

2. Inserção que foi, com efeito, uma implicação da refuncionalização da universidade operada pela ditadura civil-militar (imposta ao povo brasileiro em 1964) com a reforma de 1968, como assinalei há muito — cf. Netto (2015a; 1. ed.: 1990).

3. Sobre a Pós-Graduação em Serviço Social no Brasil, cf. Carvalho e Silva (Orgs.) (2005) e Guerra (2011).

4. Pesquisa elucidativa consistiria na análise do papel mais recente de profissionais do Serviço Social na elaboração/condução/avaliação e, sobretudo, na legitimação de políticas públicas em macroescala, considerando-se, por exemplo, seu desempenho político e técnico em âmbito nacional a partir do *Ministério do Desenvolvimento Social e Combate à Fome* (criado em 2004).

Memória e história do Serviço Social no Brasil

Estamos confrontados com os 80 anos de *história* do Serviço Social — que, como toda história, não pode ser reduzida, confundida e/ou identificada à *memória* (melhor: às *memórias*) que se tem dela.

Essa memória, realmente, *não* é o fundamento sobre o qual se deve assentar o procedimento qualificado para desvendar e trazer à luz o processo histórico efetivo: a memória (individual e coletiva, aquela dos sujeitos singulares e aquela de categorias profissionais, grupos e classes sociais) é parte constitutiva da história profissional e incide sobre ela; mas a memória não se elabora a partir de parâmetros lógicos e racionais: é uma construção ideal que recupera *vivências* — no sentido do "vivido" conceptualizado por H. Lefebvre — não necessariamente filtradas intelectiva e analiticamente. Há *memórias* distintas, e até colidentes, dos mesmos eventos e processos históricos. Ora, a *reconstrução analítica* — suposto da reprodução teórica — do processo histórico efetivo, na pesquisa da sua gênese e do seu desenvolvimento para alcançar o seu conhecimento verdadeiro, demanda operações e procedimentos específicos e rigorosos, próprios da *ciência histórica*.[5]

Há indicações de que, em período recente, ademais de alguns esforços já empreendidos a partir dos anos 1970, verifica-se, em vários

---

5. Entendo a concepção de *ciência histórica* tal como a formula Kofler (2010); cf. ainda Schaff (1995) — autores que não reduzem a história ao conhecimento do *passado*; os marxistas têm clareza, desde as formulações metodológicas do "jovem" Lukács (2003), que o *presente como história* constitui um problema central para o pensamento burguês.

É desnecessário dizer que a concepção de *ciência* histórica aqui assumida (e, logo, de conhecimento da *verdade histórica*) colide frontalmente com as teorias pós-modernas, quer aquelas que reduzem a reprodução teórica de história a "narrativas", indistintas até mesmo em face da ficção — cf. Hutcheon (1988) e White (1992) —, quer aquelas, inteiramente compatíveis e inclusive complementares a essas, que retiram da verdade qualquer estatuto de objetividade, considerando-a uma *retórica* — cf. Santos (2000); esse autor, prestigiadíssimo também no Serviço Social brasileiro, escreve à p. 96 da obra citada que, para o "conhecimento emancipatório pós-moderno", "a verdade é retórica, uma pausa mítica (*sic*) numa batalha argumentativa contínua e interminável travada entre vários discursos de verdade".

pontos do país, um empenho em recuperar e preservar a memória do Serviço Social, com o registro (e, em muitos casos, com a publicitação) de depoimentos de profissionais de distintas gerações e diferenciadas inserções na estrutura ocupacional.[6] Pelas mais diversas razões, entendo que cabe estimular essas iniciativas, uma vez que o acervo assim acumulado haverá de ser uma fonte de relevância — se tratado adequadamente — para a reconstrução analítica de que resultarão *histórias* da profissão.

Nesse caso, como no da produção da memória, trata-se mesmo de *histórias* (no plural): a exposição do processo histórico do Serviço Social variará (no Brasil e em qualquer outro espaço nacional)[7] conforme os quadros teórico-metodológicos de referência dos pesquisadores e, também, conforme os recursos documentais dados e as técnicas empregadas para seu exame. E mais: de quadros teórico-metodológicos muito semelhantes (e, no limite, dos mesmos quadros) podem derivar reconstruções analíticas diferentes, uma vez que a pesquisa histórica é também *interpretação*, que varia ainda segundo a qualificação do pesquisador, a riqueza da sua bagagem cultural, a sua imaginação histórica etc.[8] Porém, desta *pluralidade* de histórias (que, no seu confronto, podem contribuir para indicar lacunas e dilemas a merecer tratamento mais atento) não se conclua, relativisticamente, que todas são igualmente valiosas; há aquelas que apreendem a essencialidade do processo a que remetem e aquelas que dele tomam aspectos laterais ou epi-

---

6. Um exemplo dentre vários: na PUC-SP, Myriam Veras Baptista, mestra de gerações de assistentes sociais, pelo menos desde o início dos anos 1990, preocupou-se com a recolha de depoimentos de profissionais e docentes.

7. Apenas três exemplos dessa variação na análise do processo histórico do Serviço Social: no caso norte-americano, faça-se o cotejo entre as obras de Lubove (1977), Leiby (1978) e Ehrenreich (1985); no caso francês, entre os trabalhos de Verdès-Leroux (1978) e Rater-Garcette (1996); no caso argentino, comparem-se os estudos de Alayón (1992), Parra (2002) e Oliva (2008). Veja-se, ainda, tal variação nas contribuições à obra dirigida por Jovelin (2008).

8. Considerem-se, por exemplo, as *teorias do Brasil* formuladas por Caio Prado Jr. e Nelson Werneck Sodré.

Não se pense, é claro, a *imaginação histórica* como a "narrativa ficcional" suposta por alguns pós-modernos — ela deve ser aproximada à *imaginação sociológica* tematizada por C. W. Mills (1968).

dérmicos, aquelas que o reconstroem substantiva e verazmente e aquelas que tergiversam suas dimensões estruturais[9] — e a *verdade* que extraem do processo histórico não é problema a ser equacionado por um eventual juízo "consensuado" no interior de "comunidades científicas", mas a ser posto em questão mediante exames documentais, confrontos críticos e pelas lutas e práticas sociais que tendencialmente decorrem daquele processo ou a ele se vinculem.

Pelo que até aqui se explicitou nessas poucas linhas, deve ficar claro também que entre memória e reconstrução analítica de processos históricos há relações de dupla via: a primeira, ademais de incidir nos processos históricos efetivos, pode rebater — desde que tratada criticamente — na reconstrução analítica; e essa, por seu turno, uma vez exposta de modo adequado e tornada pública, pode refratar-se nas (re)elaborações da memória. Vale dizer: se a memória pode subsidiar a reconstrução histórica, esta pode fomentar um redimensionamento da memória. Contudo, mesmo na sua interação, elas — *memória e história — não se identificam na sua gênese e, menos ainda, no seu desenvolvimento e na sua significação/funcionalidade para o evolver da profissão.*

Como observei, nos anos mais recentes, uma atenção maior vem sendo dedicada à *memória* do Serviço Social no Brasil — tendência que, e também o sublinhei, deve ser estimulada. No que tange à *história* do Serviço Social em nosso país, a mim me parece — e posso, ainda que não o creia, estar lavrando em erro — que se verificam, designadamente desde meados dos anos 1990, dois movimentos distintos e assimétricos: (1) cresce visivelmente o quantitativo de estudos *localizados e particulares* acerca da fundação de escolas e cursos, de áreas de intervenção profissional, de instituições/organizações demandantes de assistentes sociais, de eventos significativos etc.; (2) são praticamente inexistentes os estudos que visam à elaboração de *abordagens abrangentes, inclusivas,* do Serviço Social no Brasil como um todo.[10]

---

9. Compare-se o trato marxiano do golpe de Estado de Luís Bonaparte (Marx, 2011a) com as reflexões sobre o mesmo exaradas por Tocqueville (1991).

10. Como o demonstram vários indicadores, dos quais é muito relevante (mas nem de longe o único: vejam-se também os diversos periódicos vinculados aos cursos de Pós-Graduação,

Evidentemente, não há que esperar ou propor quaisquer equalização e simetria no desenvolvimento desses dois níveis, o dos estudos históricos localizados/particulares e o dos ensaios de totalização para uma visão da história do Serviço Social em escala nacional; a distinção entre esses níveis e a sua assimetria não são, em si, fenômenos anômalos. Na realidade, tais níveis de elaboração têm dinâmicas próprias, se complementam e se retroalimentam (até independentemente das perspectivas teórico-metodológicas que os sustentam): uma documentação expressiva no quadro de estudos históricos localizados/particulares é fonte muito importante para uma história abrangente do Serviço Social no país; e uma história abrangente, nacional, propicia uma *linha interpretativa* que oferece elementos fundamentais para que estudos históricos localizados/particulares ganhem uma significação social e profissional que transcenda os seus limites.

O fenômeno que a mim me parece muito perceptível nos dias correntes refere-se ao *diferencial* de acúmulo constatável nesses dois níveis: o crescimento quantitativo dos estudos localizados/particulares é exponencialmente maior que os ensaios de totalização histórica; se, apesar do crescimento dos estudos localizados/particulares nos anos mais recentes, muito haja a fazer no seu âmbito, *há ainda muitíssimo mais por fazer no âmbito da história inclusiva do Serviço Social no país*. Se essa observação for pertinente, está se configurando entre nós *um preocupante quadro de hipertrofia de estudos localizados/particulares e de atrofia das abordagens históricas abrangentes e macroscópicas.*

A história competentemente *nacional* do nosso Serviço Social tem o seu ponto de partida no trabalho que Carvalho redigiu, com Iamamoto, há mais de 30 anos (Iamamoto e Carvalho, 1983) — mas estou convencido de que essa obra seminal permanece, até hoje, *enquanto empreendimento de análise histórica*, sem continuidade entre nós.[11] Para

---

além de anais de congressos/seminários/encontros, de livros e outras publicações da área, como a revista *Serviço Social & Sociedade*, há décadas editada pela Cortez, em São Paulo) o *Banco de teses* da CAPES/MEC.

11. *Relações sociais e Serviço Social no Brasil* é um raro sucesso editorial. Entretanto, não se produziu nenhum outro texto com as mesmas características do ensaio redigido por R. de Carvalho

ser curto e grosso: carecemos — hoje, quando estudos particulares/localizados já oferecem elementos significativos de que Iamamoto e Carvalho, ao tempo de sua pesquisa, não dispuseram — de uma história (de *histórias*) do Serviço Social no Brasil que nos ofereça(m), com o rigor e a precisão possíveis, o inteiro processo dos 80 anos que em 2016 se comemoram.

UMA HISTÓRIA NOVA:
TRABALHO COLETIVO

Parece-me claríssima a urgência de uma história nova (de histórias novas)[12] do Serviço Social, desenvolvendo, estendendo e revisando a pesquisa histórica exposta por Raul de Carvalho, cobrindo o efetivo processo histórico da profissão nos seus 80 anos no Brasil (melhor: ao longo do século XX). Não há nenhum texto disponível que ofereça aos estudantes[13] — e não só a eles, mas também a profissionais e aos novos docentes, sem mencionar o público potencial de profissionais e pesquisadores de áreas afins — uma visão histórica articulada e abrangen-

---

(relembro que o meu *Ditadura e Serviço Social...* [Netto, 2015] limita-se basicamente à análise da produção documental/bibliográfica do período 1965-1985 e sua contextualização histórica). Ademais, Carvalho não voltou a contribuir com o debate do Serviço Social, ao contrário de Iamamoto, que continuou produzindo muito — encontram-se, em vários passos do seu trabalho posterior, elementos pertinentes à elucidação da história profissional mais recente (cf., p. ex., Iamamoto, 2007).

12. Note-se que me refiro a uma (ou várias) história(s) nova(s), sem remissão necessária aos padrões da *nova história* — sobre esta, cf. Dosse (1992).

13. Chama a minha atenção o fato de a coleção "Biblioteca Básica de Serviço Social", importante iniciativa da Cortez Editora, já com quase uma década de existência, não apresentar até hoje um volume que tematize a história do nosso Serviço Social.

Por outra parte, mesmo sem contar com uma pesquisa específica sobre o tema — de fato, só posso me valer neste passo de impressões que decorrem da minha experiência docente —, atrevo-me a observar que parcela não desprezível de estudantes (e não só de graduação) apresenta um espantoso desconhecimento de momentos cruciais dessa história.

te, de fato genética e sistemática, do Serviço Social em nosso país de 1936 à entrada do século XXI.[14]

Uma tal história (e, daqui em diante, para não me repetir, não voltarei a indicar a sua mais que possível pluralidade — as histórias —, embora sempre a considere), nas circunstâncias atuais, dificilmente será tarefa de/para um pesquisador individual: haverá de ser, com efeito, uma *tarefa coletiva, trabalho de equipe*.[15]

Existem as condições objetivas necessárias, nos dias correntes, para coletivamente projetar, implementar e levar a cabo esta tarefa: condições *intelectuais* (pense-se no plantel de pesquisadores, alguns muito reconhecidos, com que conta hoje a profissão), condições *institucionais* (especialmente os espaços acadêmicos da Pós-Graduação, com seus programas podendo/devendo desenvolver projetos integrados) e condições *interinstitucionais* (levem-se em conta as articulações já operantes entre universidades, o conjunto CFESS/CRESS, a ABEPSS). Ademais, somam-se outros componentes favoráveis — por exemplo, o fato de inúmeros pesquisadores da área do Serviço Social terem rompido com a endogenia tradicional da sua formação, abrindo o caminho para consolidar uma fecunda interlocução com docentes e pesquisadores de áreas afins[16] ou, ainda, a grande mobilidade de docentes e pesquisadores em escala nacional, que propicia (além de um intercâmbio de ideias e de experiências muito vivo) uma nova percepção, mais intensa, das particularidades regionais do país.[17]

---

14. É de se supor que a demanda de uma tal visão histórica não entusiasme particularmente aos docentes/assistentes sociais abrigados sob o enorme guarda-chuva das teorias pós-modernas — no mínimo, a referência já feita a "ensaios de totalização" lhes causa os arrepios próprios a quem associa *totalidade* a "totalitarismo" e pensa que qualquer reconstrução analítica em macroescala da história é uma anacrônica "metanarrativa".

15. Não está excluída, em princípio, a possibilidade de um (ou dois) pesquisador(es) tomar(em) a peito a tarefa e a levar(em) a bom termo. No entanto, afigura-se-me bem mais viável o êxito do trabalho em equipe.

16. Penso que a elaboração da história do Serviço Social cabe a assistentes sociais — mas a colaboração/consultoria/assessoria de outros cientistas sociais, em especial historiadores, deve ser requisitada, e a interlocução mencionada facilita esta requisição.

17. Essa mobilidade não é fenômeno recente — registra-se, pelo menos, desde a década de 1960. Mas o que hoje lhe dá outra relevância não é apenas a sua maior escala: é o fato, a meu

Requisições da/para a história nova

Quer-me parecer que uma história nova do Serviço Social no Brasil é, especialmente nas circunstâncias atuais, uma requisição tanto estritamente acadêmica quanto político-profissional, vale dizer, referida à *direção social da profissão*. Penso — e sendo esta apenas uma hipótese ainda não provada, posso também aqui estar lavrando em equívoco — que a perceptível atrofia no âmbito da reconstrução analítica (abrangente, inclusiva) da história do nosso Serviço Social desde, pelo menos, duas décadas, pode relacionar-se a uma inflexão na sua direção social. Detenhamo-nos, mesmo rapidamente, nestes dois pontos (aliás obviamente interligados).

No que toca ao primeiro ponto, é meridianamente claro que uma nova história do Serviço Social no Brasil não será tão somente a mediação necessária para o conhecimento apenas do passado. Na mais estrita fidelidade ao seu objeto real,[18] ela visa à reprodução ideal (teórica) do processo histórico efetivo da profissão — a sua funcionalidade social na sua emergência e no seu desenvolvimento, a sua incorporação de ideias e práticas surgidas noutros espaços, a sua relação com as ciências sociais e humanas, as tendências e as colisões próprias do seu movimento, o evolver do seu público-alvo e dos seus objetos de intervenção, as formas da sua reprodução, as suas bases tanto sociais quanto ideopolíticas e teórico-metodológicas e as alterações delas, a sua inserção na divisão social e técnica do trabalho, a extração social dos seus sujeitos e seus percursos posteriores, a construção da sua autoimagem

---

ver positivo e devido a vária ordem de causas (entre as quais o crescimento quantitativo, claro que posterior aos anos 1960, de cursos de Serviço Social no sistema universitário público), de estar rompida a anterior centralidade de São Paulo e do Rio de Janeiro. Com efeito, já é bem visível um "policentrismo" no âmbito do Serviço Social brasileiro, com o protagonismo em expansão de universidades de diferentes regiões do país.

18. Ou, no que um marxista designaria, no processo de pesquisa, como "fidelidade do sujeito ao objeto".

e as modalidades pelas quais buscou e encontrou a sua legitimação social. Vê-se, pois, que uma tal reprodução tem que articular a dinâmica própria da constituição profissional (o seu movimento interno) com a dinâmica da sociedade brasileira que lhe é contemporânea (a contextualidade em face da qual a profissão se expressa como uma resposta específica e especializada a demandas que não são postas por ela mesma).

Para atender a tais exigências, colocadas pela natureza histórica do Serviço Social, supõe-se, entre outros requisitos, que o pesquisador (ou o coletivo de pesquisadores) opere com um quadro de referências rico e amplo, que envolve o domínio de categorias teórico-sociais basilares (aptas a apreender a dinâmica societária macroscópica, mobilizada pelas lutas sociais, primordialmente as lutas de classes) e também um seguro controle da cultura conexa ao Serviço Social (das suas protoformas à sua institucionalização).[19] Não se configura, aqui, obviamente, o caso de um conjunto apriorístico, preconcebido, de ideias/fórmulas a inserir, à força e desde o exterior, no tratamento do objeto

---

19. Remeto, novamente, à matriz que inaugurou o trato adequado (*o que não quer dizer concluso, e menos ainda exaustivo*) da história do Serviço Social no Brasil — em *Relações sociais e Serviço Social no Brasil*, a apresentação da análise histórica por Carvalho segue-se à explicitação da elaboração teórica por Iamamoto e essa ordenação expositiva, a meu juízo, não é acidental ou aleatória: são as referências teóricas formuladas por Iamamoto que orientam/sustentam a reconstrução analítica da história posta por Carvalho. Assim, como esclarecem os autores na abertura do livro, se a responsabilidade final pela *redação/exposição* das partes teórica e histórica foi individualizada, a *investigação* de que resultou a obra se fez efetivamente em trabalho a dois — ambos os pesquisadores basicamente compartilhavam um mesmo quadro de referência teórico-metodológico (ainda que oriundos de formações profissionais distintas e sem prejuízo de suas singularidades intelectuais).

Com o recurso à experiência de pesquisa objetivada em *Relações sociais e Serviço Social no Brasil*, volto à questão de uma história nova a ser elaborada coletivamente. Uma equipe de pesquisadores que eventualmente venha a assumir tal tarefa necessita, à partida, de compartilhar — como Iamamoto e Carvalho — um mesmo quadro de referência teórico-metodológico; e precisamente porque não é pensável a vigência de um único quadro de referência teórico-metodológico no universo profissional do Serviço Social, torna-se realista pensar-se em *histórias novas*. Saliente-se que é inegável a possibilidade de que equipes constituídas por pesquisadores com diferentes posturas teórico-metodológicas possam contribuir para o conhecimento da história profissional, mas é igualmente inegável o risco de produzirem elaborações fortemente viciadas pelo ecletismo.

pesquisado: antes, são elementos heurísticos já acumulados que, testados em face do objeto, fornecem (ou não) o suficiente instrumental de análise — claro que, nessa consideração, estão fora de cogitação investigações que se restringem à recolha/ordenação de dados factuais/empíricos ou que, angelical e/ou ineptamente, façam *tabula rasa* do acervo já existente.

Dois parágrafos acima, anotei que a história nova do Serviço Social (e essa é uma característica de *toda* história qualificada) será mais que uma mediação sem a qual não se conhecerá o passado da profissão — conhecimento que é o seu objetivo precípuo. É fato que, na possível e necessária história nova, a reconstrução analítica do processo efetivo da constituição e do evolver do Serviço Social operar-se-á a partir de um estágio do seu desenvolvimento em que tendências contidas em sua gênese e em momentos anteriores do movimento da profissão já se explicitaram plenamente e/ou se atrofiaram; por isso, o pesquisador situar-se-á num patamar que lhe oferece a vantagem de poder identificar com clareza as tendências mais estruturais — e sabemos, numa ótica determinada da ciência histórica, *radicalmente antipositivista*, que são os estágios de maior desenvolvimento (mais complexos) que esclarecem os de desenvolvimento mais incipiente (menos complexos)[20]. E não só: a referencialidade teórico-metodológica do pesquisador, se este é de fato qualificado, recolherá os avanços analíticos atuais[21]. Ora, ademais dos requisitos já arrolados precedentemente para proceder à investigação histórica do Serviço Social, esta particular inserção (num estágio mais complexo da história da profissão e da sociedade na qual ele se inscreve e com um arsenal heurístico mais avançado) do pesquisador condiciona a sua *interpretação* do desenvolvimento da profissão em face dos dilemas *contemporâneos* e de *alternativas futuras*. Em síntese

---

20. Acerca desta problemática — aludida plasticamente pelo pai da dialética moderna: "A coruja de Minerva só levanta voo ao entardecer" (Hegel, 1998, p. 88) —, cf. a clássica passagem marxiana, de 1857, sobre a natureza das categorias e seu desenvolvimento (Marx, 2011b, esp. p. 79-86).

21. A utilização de referências teórico-metodológicas contemporâneas não implica, absolutamente, o anacronismo de atribuir ao passado traços do presente.

apertada: a nova história do Serviço Social, tácita ou explicitamente, reproduzirá idealmente (teoricamente) o movimento da profissão *tomando partido* frente ao seu presente e também detectando/esboçando algo do seu devir[22] — igualmente, por essa razão, *nenhuma história é "neutra", "imparcial" ou "inocente"* ou tem por objeto exclusivo o passado. Aqui se põe o segundo ponto sobre o qual cabe refletir e que possui, mais além de suas implicações teórico-acadêmicas, uma *dimensão político-profissional* que diz respeito à *direção social* da profissão.

Projeto ético-político e atrofia da reconstrução histórica

A história nova que é imperativo elaborar justifica-se, penso, sem maiores debates do ponto de vista teórico-acadêmico — dada a indiscutível necessidade de aprofundar o conhecimento do passado da profissão e de recuperá-lo nos seus momentos mais próximos e mesmo contemporâneos (o processo vivido por ela no último quartel do século XX e na primeira década do século XXI). Mas é preciso assinalar que a história nova se vê exigida, nos dias atuais, pela urgência de, *sobre novas bases*, revisar/consolidar (ou negar/reverter) a direção social que ganhou força e larga ponderação no universo profissional nas duas últimas décadas do século XX.

Não é possível resgatar, neste artigo compulsoriamente breve, como se engendrou no Serviço Social brasileiro a direção social em questão

---

22. Volto, mais uma vez, a *Relações sociais e Serviço Social no Brasil*: nessa obra, a sua fundamentação (o ensaio de Iamamoto) expressa, sem deixar margem a dúvidas, uma *posição* diante do Serviço Social brasileiro e suas possibilidades e limites, e a reconstrução histórica (o ensaio de Carvalho) traz incorporada essa posição; e tal posição revela-se na análise especificamente histórica, mesmo se examinada sem a leitura da elaboração teórico-metodológica que a precede. A *posição* assumida na obra tem tudo a ver com a *direção social* que as vanguardas profissionais defenderam nos anos 1980 e incidiu, posterior e ponderavelmente, na constituição do que ficou conhecido como o *projeto ético-político* do Serviço Social brasileiro — que será tangenciado a seguir.

(cuja análise profunda, aliás, caberá à possível nova história).[23] Basta aqui recordar que, respondendo à conjuntura da crise da ditadura civil-militar instaurada em 1964 e ao processo de democratização que o Brasil experimentou entre o fim dos anos 1970 e meados dos anos 1980,[24] o Serviço Social viveu uma extraordinária efervescência.[25] O universo profissional passou por um notável *aggiornamento*: o monopólio exercido por décadas pelo conservadorismo foi amplamente vulnerabilizado, criticou-se com frontalidade a falsa e puramente formal assepsia ideológica exibida pela profissão, organismos profissionais foram redimensionados, expressivos segmentos da categoria profissional vincularam-se a movimentos sociais populares, instituições acadêmicas e profissionais passaram a dialogar e a interagir mais vivamente com setores progressistas do Serviço Social latino-americano,[26] reformulou-se

---

23. Há documentação acessível acerca da direção social configurada no projeto ético-político.

24. Sobre esta conjuntura, cf. Netto (2014, caps. 3 e 4).

25. Um dos primeiros sinais visíveis dessa efervescência foi o III Congresso Brasileiro de Assistentes Sociais, realizado em São Paulo, em 1979 — cf. VV. AA. (2009) e CFESS (2012).

26. O diálogo com o Serviço Social latino-americano, esboçado em meados dos anos 1960, viu-se praticamente interrompido ao final desta década; sua retomada, nas novas condições criadas pela agonia da ditadura instaurada em 1964 e pela crise ulterior das outras ditaduras do Cone Sul, foi extremamente enriquecedora (para nós e nossos vizinhos) e propiciou a ativa participação de assistentes sociais brasileiros em organizações de âmbito continental (como a *Asociación Latinoamericana de Escuelas de Trabajo Social*/ALAETS, depois *Asociación Latinoamericana de Investigación y Enseñanza en Trabajo* Social/ALAIETS).

Aos observadores mais atentos, chama a atenção o fato de que a nossa atual abertura ao pensamento profissional latino-americano — positiva e fecunda — não tenha sido acompanhada por um movimento similar em face da literatura profissional norte-americana e europeia (especialmente, mas não só, aquela de língua inglesa ou nela vertida). Nos últimos anos, quando as transformações por que passam os sistemas de proteção social e o Serviço Social na Europa e nos Estados Unidos são notáveis, impressiona a quase ausência de interlocução do nosso Serviço Social com os seus congêneres dessas áreas — parece que nada temos a aprender ou a criticar (eu enfatizaria o *criticar*, que supõe, naturalmente, o *conhecimento* do que se critica) com o que há, para ficar com poucos exemplos, em Clarke, ed. (1993), Parton, ed. (1996), Lorenz (1994 e 2006), Adams et al. (Eds.) (1998), Chopart, dir. (2000), Dominelli (2004), Fortunato et al. (Eds.) (2008) e Payne Askeland (2008). E suspeito não sejam muito utilizados, em nossos meios acadêmicos, periódicos como *British Journal of Social Work* (Reino Unido), *Social Service Review* (EUA), *Canadian Social Work Review* (Canadá), *Transnational Social Review* (Alemanha), *The New Social Worker* (EUA), *European Journal of Social Work* (Reino Unido), *Revue Française de Service Social* (França), *Lien Social* (França), entre outros.

a grade curricular, consolidou-se a formação pós-graduada, as práticas profissionais se diversificaram, ganhou carta de cidadania na profissão o pluralismo político e teórico — e mais um sem-número de processos e eventos que transformaram a face do Serviço Social no país.

Em uma década, a de 1980, gestou-se e se desenvolveu uma determinada direção social no campo do Serviço Social — direção que, produto de esforços coletivos e sendo substantivamente inovadora, conquistou uma clara hegemonia formal e se constituiu, em meados da década seguinte, no que foi depois designado como o *projeto ético--político do Serviço Social*.[27] Deste projeto, é possível dizer que nele se condensa a direção social que se propôs para a formação e a prática profissionais dos assistentes sociais brasileiros.[28]

Entendo (como adiantei na nota 22) que na base dessa direção social ocupa lugar significativo a concepção de Serviço Social e da sua história que se refratou na tantas vezes citada obra de Iamamoto e Carvalho: a *posição* ali sustentada em face do passado e do presente é parte integrante e inalienável da cultura profissional que desaguou no projeto ético-político. Esta me parece ser, entre tantas outras, uma prova cabal de como a reprodução teórica da história incide na construção do presente e do futuro.[29]

Mas não é a falta de interlocução que responde pela *estranheza* com que muitos europeus e norte-americanos percepcionam, em eventos de caráter internacional, as atuais posições brasileiras — estranham é a *direção social* assumida pelo nosso Serviço Social, que colide com as posições dominantes em suas concepções profissionais (dominantes, mas não monopólicas: também o Serviço Social europeu e o norte-americano não constituem universos homogêneos — neles coexistem diversas concepções, algumas avançadas e próximas da direção social que se constituiu no Serviço Social brasileiro no curso dos anos 1980).

27. Brevíssima digressão sobre o *projeto ético-político* encontra-se em Netto (2015b), mas é significativa a documentação sobre ele, facilmente acessível.

28. No fim da primeira década do presente século, esboçou-se uma discussão sobre a efetividade da hegemonia do projeto ético-político, aberta, salvo erro, por artigos de Netto e de Braz divulgados em CFESS (2007) — e deve-se a Moura (2015) um sugestivo balanço dessa discussão. De minha parte, *continuo convencido de que a hegemonia do projeto ético-político prossegue ameaçada* — mas esta não é a oportunidade para dar continuidade ao debate.

29. Outra, dentre as inúmeras provas dessa incidência, é a relação entre os estudos — chamemo-los históricos — de Balbina O. Vieira e o Serviço Social brasileiro dos anos 1950.

Dada essa compatibilidade (e, mesmo, complementaridade) entre a posição expressa por Iamamoto e Carvalho e a direção social encarnada no projeto ético-político que ganhou hegemonia, seria de esperar uma extensa/intensa exploração da via histórico-interpretativa da elaborada na obra publicada em 1983. Tal expectativa não se realizou: ela, a meu ver, não é verificável concretamente no exame da documentação profissional publicitada nacionalmente nos últimos 20 anos. Se é fato que, nessa documentação, multiplicaram-se estudos localizados/particulares cuja importância é variável para a reconstrução analítica da história e se, em vários deles, centrados em objetos bem específicos, seja visível um trato de natureza histórica,[30] é igualmente factual que não se trouxe a público a elaboração de nenhuma síntese totalizadora da história, ou sequer de uma panorâmica sistematizada, do Serviço Social brasileiro no último quartel do século XX. No que se divulgou nesse período e nos anos mais recentes, a dimensão histórica, embora com grande frequência referenciada formalmente, não é evidenciada realmente como tal: quando é explicitada, é-o mais como *moldura externa* do objeto estudado do que como um seu *constituinte interno e imanente*. Tem-se a clara impressão de que, na agenda profissional, a história contemporânea da profissão desfruta de parca atenção, aparecendo dissolvida no tratamento oferecido a temáticas específicas frequentemente autonomizadas, carentes de referências econômico-políticas.[31] A história da profissão (de fato, a sua *natureza histórica*), enfim, não comparece com destaque e concreção na ordem do dia e o seu

---

30. Dentre vários exemplos, cite-se o trabalho coordenado por Silva (1995).

31. Crise dos sistemas públicos de proteção social, execução de políticas públicas (setoriais: basicamente assistência e saúde), direitos humanos, práticas profissionais junto a sujeitos sociais particularmente vulneráveis (crianças, adolescentes, terceira idade), relações familiares, de gênero e étnicas — sem mencionar sérias questões emergentes (p. ex., as referentes à territorialidade e à sustentabilidade) e temáticas equívocas (o *empoderamento*) ou, inclusive, mistificadoras (da *filantropia empresarial* expressando a *"responsabilidade social"* das empresas ao *empreendedorismo*). No tocante a políticas públicas, é flagrante o privilégio conferido àquelas que, nos dias correntes, exibem nítido corte assistencialista-filantrópico, no processo em curso do que, com vistas a outro objeto, Yazbek (1995) designou como "refilantropização da assistência" e para cujas implicações sociais e profissionais já se chamou a atenção (cf., entre outros, Netto, 2013; em registro diverso, mais amplo, cf. Mota [Org.], 2006).

desfavor se espelha igualmente nas grades curriculares dos cursos de graduação (e parece que também na formação pós-graduada).

Há fortíssimas indicações de que, mesmo dando-se por suposto que a hegemonia do projeto ético-político não se encontra em causa, *atrofia-se* o labor histórico-analítico que tem por objeto o processo de constituição e, especialmente, do desenvolvimento recente do nosso Serviço Social — labor que, reitere-se, está entre os fundamentos do projeto. Uma tal atrofia, entre outras implicações, afeta significativamente a incidência da pesquisa histórica no direcionamento social da profissão e pode sinalizar, como que premonitoriamente, uma *inflexão* na direção social que se considera hegemônica.

Penso que essa atrofia não pode ser divorciada da emergência de vetores ideopolíticos e teórico-metodológicos que, sobretudo indiretamente, põem em questão a substancialidade do projeto ético-político.[32] Não tive provas, nos últimos anos, de nenhum *questionamento direto* significativo a esse projeto; o que tenho constatado é que a forma de pô-lo em causa não tem consistido em enfrentá-lo abertamente: consiste em proclamá-lo e em invocá-lo como se fora um projeto cujo *pluralismo* não tem fronteiras e que, portanto, comporta ilimitadas possibilidades de concretização teórica e prática. Ora, só a ingenuidade ou a mistificação podem conceber um "pluralismo" sem fronteiras; um tal "pluralismo" é, de fato, um *liberalismo* sem limites — e, até que se afirme e se (com)prove o contrário, o pluralismo de que o projeto ético-político se nutre, sendo radicalmente *democrático*, nada tem de *liberal*.[33] Como até agora, ao que sei, tais afirmação e comprovação ainda não foram publicizadas, reina um consenso segundo o qual a hegemonia do projeto ético-político está assegurada.

---

32. Estou intencionalmente deixando de explicitar as condições sociopolíticas e ideológicas que, desde os primeiros anos do presente século, vêm suportando e fomentando esses vetores erosivos — tenho discutido tais condições, publicamente, desde janeiro de 2003, em várias instâncias e oportunidades, e os limites necessários deste artigo justificam que as omita aqui.

33. Um exame cuidadoso e sério de uma das *peças capitais* do projeto ético-político, *O Código de Ética Profissional* de 1993 (CRESS/7ª Região, 2000), especificamente dos seus 11 "princípios fundamentais", não deixa qualquer margem a dúvidas quanto a esta questão nuclear.

Ocorre que, nos últimos anos, invocando o mencionado "pluralismo", projetos/experiências da mais variada procedência e com objetivos os mais díspares (sem falar nas "metodologias" utilizadas) se remetem, como que de modo ritual, ao projeto ético-político — praticamente tudo o que se faz no domínio da intervenção (da "prática") se apresenta como parametrado pelo projeto ético-político (que já é amavelmente designado pela sigla "PEP"). Um quadro de tamanha "consensualidade" deveria, a meu ver, despertar algumas dúvidas e várias interpelações.

Antecedendo de pouco esse movimento, no plano da elaboração acadêmica, um vetor de efetiva erosão das bases do projeto ético-político começou a ganhar densidade, articulando num *campo neoconservador* vertentes de pensamento também diversificadas.[34] Nesse campo, que possui variadas expressões, filtra-se a filiação superficial e vulgar a posições pós-modernas,[35] na busca de "novos paradigmas" que possibilitem a ultrapassagem (segundo seus defensores, exigida pelas transformações societárias das últimas décadas) dos padrões da "superada" ciência social "do século XIX" (leia-se: prioritariamente, da tradição marxista).[36] Também aqui parece que há a preocupação em não colidir

---

34. Se alguns assistentes sociais já produziram bons subsídios na análise do conservadorismo — seja do conservadorismo clássico (cf., p. ex., Netto, 2011), seja do seu rebatimento no Serviço Social (cf., p. ex., Iamamoto, 1992, p. 17-39) —, só recentemente nossos colegas começaram a tratar do neoconservadorismo (Santos, 2007).

35. Pensando no Serviço Social, é quase obrigatória a ênfase de que se trata de *filiação superficial* porque, assim como durante largo tempo se barateou/vulgarizou o essencial da tradição marxista, também as fundamentações epistemológicas das teorias pós-modernas (uma vez que não existe *a teoria* pós-moderna: existem *teorias* pós-modernas) são pouco discutidas seriamente. Ainda que não creia que esse fato diga respeito apenas ao Serviço Social, estou convencido de que a maioria dos assistentes sociais que se aproximam de um "paradigma pós-moderno" oculta, na sua filiação pós-moderna, tão somente o seu pouco ou nenhum conhecimento da história e do desenvolvimento da teoria social *moderna*.

36. Confrontos ideais são perfeitamente normais e compreensíveis na arena acadêmica: na universidade (especialmente quando se experimenta um mínimo clima de tolerância política) se enfrentam visões de mundo e projetos sociais que exprimem interesses e aspirações de grupos e classes sociais e seus embates — na academia trava-se a batalha das ideias, trava-se a luta ideológica. Quanto a essa, só tolos e mistificadores ignoram que o "fim das ideologias" é uma das mais caras criações ideológicas do pensamento conservador e liberal-conservador do século XX.

abertamente com o projeto ético-político — assim, "novos paradigmas" se apresentam como compatíveis com ele e até como necessários complementos para fazê-lo avançar. E o que se constata na produção acadêmica desses anos de incidência neoconservadora é *o ecletismo tornado cânone metodológico, o relativismo como postura científica básica e a reintronização do empirismo*. A atrofia da elaboração histórica — para mim, conexa às influências pós-modernas[37] — afigura-se-me, também, mas não só, uma implicação dessa incidência neoconservadora.

Está clara a hipótese subjacente às reflexões aqui formuladas: o neoconservadorismo próprio às posturas pós-modernas constituiu e constitui um vetor de erosão das bases do projeto ético-político e vem conferindo verniz e legitimação a concepções e práticas que, invocando este projeto, tendem efetivamente a pô-lo em questão. E, por via de consequência, não creio ser irrazoável — se avançar sem contraposição a influência neoconservadora, notadamente a pós-moderna, mais a resiliência dos condicionantes sociopolíticos que a fomentam — vislumbrar *a emergência de uma inflexão na atual direção social da profissão, reversão que, a meu juízo, instaurará o quadro de uma profunda regressividade no movimento do Serviço Social no Brasil.*

UM DESAFIO MOBILIZADOR

Como aqui se disse repetidamente, a demanda de uma nova história (de novas histórias, como vimos) do Serviço Social no Brasil é uma demanda tanto teórico-acadêmica quanto político-profissional.

A ênfase na sua urgência, todavia, é, desde este último ponto de vista, um *desafio* colocado àqueles setores para os quais a efetiva defesa da direção social condensada no projeto ético-político não se basta

---

37. Não foi por acaso que, polemizando contra posições pós-modernas, Foster se tenha colocado "em defesa da história" (Wood e Foster [Orgs.], 1999).

na sua mera reiteração, exigindo mais que a sua invocação retórica. É preciso, junto a esses setores, insistir em que um forte investimento na pesquisa e na elaboração conducentes a uma nova história é mais do que necessário, dados os sinais, em evidência desde meados da primeira década do século XXI, de que o movimento do Serviço Social experimenta condições que são, elas mesmas, novas ou pelo menos muito diversas das vigentes no decurso dos anos 1980/1990, período de gestação e constituição do projeto ético-político. Há que se considerar e estudar o impacto com que as mudanças econômicas, sociais e ideopolíticas mais recentes rebateram no Serviço Social,[38] e há que se considerar e estudar como a dinâmica interna da profissão processou tal impacto; mas parece desde já muito procedente afirmar que tanto a sociedade brasileira quanto o Serviço Social *não se movem* como se moviam há 20 anos.

A sociedade brasileira e o Serviço Social da segunda década do século XXI não são os mesmos dos decênios 1980/1990.

Os setores profissionais que se empenham na defesa e na implementação do projeto ético-político devem ter a clareza de que mudanças como as que estão em curso não significam a sua obsolescência ou caducidade, mas demandam uma análise cuidadosa das necessidades, dos constrangimentos e das possibilidades novas que se põem à profissão para que a sua (do projeto) vigência seja efetiva, garantida e ampliada — e é muito provável que uma tal análise, sólida e objetiva, conduza a uma *revisão crítica* do projeto,[39] trazendo à luz os seus reais

---

38. Não me deterei aqui (cf., *supra*, a nota 32) nessas mudanças. Mas há farta documentação que indica alterações profundas no perfil da economia brasileira, bem como de estudos referidos à sua condução política. No plano político, é clara uma nova dinâmica na movimentação das classes e de estratos de classes e, no plano ideológico, já se começa a compreender a dimensão do desastre, para a esquerda socialista, em que se saldou o *ciclo petista* (e o Partido dos Trabalhadores/PT, recorde-se, polarizou amplamente as vanguardas do Serviço Social nos anos 1980/1990).

39. Não me amedronta a palavra *revisão* — aprendi há muito, com Mariátegui (1988) referindo-se ao "revisionismo" que atormentava os marxistas dos anos 1920, que há *revisionismos*: aqueles que abandonam os fundamentos de uma teoria e aqueles que, mantendo tais fundamentos, adequam uma teoria a novas situações. É uma revisão deste último tipo que me parece necessária em relação ao projeto ético-político — para concretizar: não está em jogo qualquer revisão dos "princípios fundamentais" do *Código* de 1993.

e eventuais estrangulamentos. Para dar curso a essa alternativa, a reconstrução analítica do passado recente, com a identificação das suas tendências no presente e as suas prospecções possíveis, é um instrumento da maior importância para avaliar o processamento real do projeto ético-político. Colocar essa reconstrução analítica — via da reprodução teórica, da nova história do Serviço Social — entre as prioridades da agenda acadêmico-profissional não significará tão somente aceitar o desafio que referi: significará torná-lo um produtivo *desafio mobilizador* dos quadros intelectuais do Serviço Social, com imenso potencial para rebater no adensamento/desenvolvimento do projeto ético-político. Com efeito, nada é objetivamente mais desmobilizador do que considerar que *tudo continua como dantes no quartel de Abrantes* — dando por pressuposto suficiente e sem problemas o processamento do projeto ético-político e como bastante para sustentá-lo o acervo já consolidado da nossa história, marginalizando assim a pesquisa do passado recente e do presente, que é uma das vias essenciais para a compreensão do que está se transformando no Serviço Social brasileiro contemporâneo.

À reconstrução analítica que o movimento real do Serviço Social requer hoje se colocam tarefas de vulto[40] — o que, para levá-la a bom termo, faz com que se tornem praticamente imperativos os trabalhos conduzidos coletivamente.

Numa primeira aproximação, pode-se arrolar como passo inicial a revisão da bibliografia histórico-profissional existente, procedendo à sua crítica, a mais circunstanciada possível, indicando — com o recurso ao exame da documentação disponível e aos pertinentes estudos localizados/particulares acessíveis — suas lacunas e omissões, seus eventuais erros historiográficos e, sobretudo, a concepção de profissão nela incorporada. Deve ainda, essa revisão crítica, esclarecer as mediadas conexões entre as concepções de profissão identificadas e os processos histórico-sociais. Isso feito, é preciso avançar na investigação do

---

40. Na sua generalidade arroladas acima, no segundo parágrafo do item "Requisições da/para a história nova".

processo do movimento profissional na segunda metade do século XX, revisando particularmente as relações entre as mudanças ocorridas na profissão e o ciclo ditatorial em seus diferentes momentos — aqui, o exame rigoroso dessas relações certamente alterará a memória coletiva profissional e permitirá avaliar com mais cuidado as lutas democráticas travadas por uns poucos, *pouquíssimos*, segmentos profissionais.[41] Em especial, cumpre desmistificar a noção (claramente autovitimizadora e, pois, autojustificativa) de que, sob a ditadura, eram "impossíveis" elaborações e ações de cariz crítico.[42] Na sequência, visível a crise e a derrota da ditadura, cumpre analisar a rápida, intensa, politização à esquerda das vanguardas profissionais,[43] as modalidades das suas vinculações a partidos políticos e a movimentos sociais populares — e recuperar as incidências delas na dinâmica interna do Serviço Social; *cumpre, sobretudo, trazer à luz a dialética entre continuidade e ruptura na profissão, operante nesse momento da mais significativa inflexão na sua direção social*. Enfim, na consideração histórica do movimento do Serviço Social após a constitucionalização do país (1988), põe-se o trabalho de dilucidar a sua recepção de novas ideias, o seu trato com as instâncias políticas e governativas decorrentes da democratização, a renovação e o desenvolvimento das concepções profissionais (teóricas e práticas), a diversificação das suas práticas e as bases dos confrontos teóricos emergentes.

---

41. Parte significativa dessa memória tem um nítido viés *heroicista*, com o corpo profissional visualizado como um bastião da resistência democrática. De fato, o que se passou sob o ciclo ditatorial foi algo bem diferente — basta recorrer ao exame dos posicionamentos de organismos como os antigos CFAS e CRASS e compará-los com os de outras entidades para verificar as deformações abrigadas nessa memória.

42. Que foram minoritárias, sem dúvida, e mesmo asfixiadas, mas que *existiram* e abriram a via ao futuro — pense-se, para tomar a elaboração então mais decisiva, na experiência acadêmica de que resultou o "método B.H.".

43. No Brasil (como, aliás, em todos os espaços nacionais), o Serviço Social *sempre foi politizado* — e mais: no Brasil, *sempre foi partidarizado* (basta recordar, nos anos 1930, as suas vinculações com a *direita católica* e, no período posterior a 1945, as relações entre expoentes profissionais e o PDC/Partido Democrata Cristão). O que os conservadores puseram e põem em questão, frente às vanguardas dos anos 1979-1980 e seguintes, não foi a *politização* — mas a politização *à esquerda*.

Vê-se: a reconstrução analítica em questão é mesmo um trabalho hercúleo — considerado, ainda, o requisito, conforme já expresso, de articular a dinâmica própria da constituição profissional (o seu movimento interno) com a dinâmica da sociedade brasileira que lhe é contemporânea (a contextualidade em face da qual a profissão se expressa como uma resposta específica e especializada a demandas que não são postas por ela mesma). Entretanto, uma avaliação realista do que o Serviço Social acumulou — teórica e praticamente — nesses 80 anos de Brasil permite prospectar que essa reconstrução analítica da sua história é hoje objetivamente possível e viável, demandando a *vontade política* das organizações acadêmicas e profissionais da categoria para que um empreendimento tão necessário mobilize as energias de que dispõe o Serviço Social brasileiro.

80 ANOS DO SERVIÇO SOCIAL NO BRASIL: DOIS MODOS DE CELEBRÁ-LOS

Serei esquemático: como se estivéssemos num veículo em movimento, há pelo menos dois modos de celebrar o octogésimo aniversário do Serviço Social brasileiro — como há, para dizê-lo também de forma esquemática, pelo menos dois modos de observar o curso do nosso mundo, a trajetória do nosso itinerário pessoal, as elipses da nossa vida intelectual e dos projetos (em) que (nos) fizemos, as parábolas dos nossos amores e paixões —: mirando pelo retrovisor ou procurando vislumbrar o que à frente se situa.

No primeiro modo, contabilizam-se os ganhos e as conquistas realizadas, louvam-se as jornadas percorridas, lembram-se os obstáculos superados, recordam-se as instituições mais expressivas, evocam-se os companheiros mais ilustres e conclui-se com um olhar altaneiro sobre o presente, avaliado positivamente, nem sempre com a fina e doce ironia de Giuseppe Tornatore (1990): *Stanno tutti bene*. No segundo modo, o retrovisor não deixa de existir, mas é apenas meio suplementar para partir do ganho e do conquistado no intento de identificar, em face do presente, as alternativas possíveis e desejáveis do futuro — e conclui-se com um passo do Lukács da *Teoria do romance* (2000), em que fica nítida a distinção entre o caminho percorrido e a viagem a começar. São modos diferentes, ambos legítimos.

Se este artigo, na sua despretensão, procurou seguir pelo segundo modo, foi apenas para realçar que, na história do Serviço Social, o amanhã deve contar mais que o ontem — este, não podemos modificá-lo, mas aquele pode ser transformado pelo que fizermos hoje.

Lisboa, inverno de 2016

REFERÊNCIAS BIBLIOGRÁFICAS

ADAMS, R. et al. (Eds.). *Social work*: themes, issues and critical debates. Basingstoke: Macmillan, 1998.

ALAYÓN, N. *Historia del trabajo social en Argentina*. Buenos Aires: Espacio, 1992.

CARVALHO, D. B. B.; SILVA, M. O. S. (Orgs.). *Serviço Social, pós-graduação e produção de conhecimento no Brasil*. São Paulo: Cortez, 2005.

CFESS. *Revista Inscrita*. Brasília: CFESS, n. 10, 2007.

_____. *Seminário Nacional*: 30 anos do Congresso da Virada. Brasília: CFESS, 2012.

_____. *CFESS Manifesta*. Brasília: CFESS, 2014.

CHAVES, V. L. J. Expansão da privatização/mercantilização do ensino superior brasileiro: a formação dos oligopólios. *Educação & Sociedade*, Campinas, v. 31, n. 111, abr./jun. 2010.

CHOPART, J.-N. (Dir.). *Les mutations du travail social*. Paris: Dunod, 2000.

CLARKE, J. (Ed.). *A crisis in care? Challenges to social work*. London: Sage, 1993.

CRESS/7ª Região. *Assistente social*: ética e direitos. Coletânea de leis e resoluções. Rio de Janeiro: CRESS/7ª Região, 2000.

DOMINELLI, L. *Social work*: theory and practice for a changing profession. Cambridge: Polity Press, 2004.

DOSSE, F. *A história em migalhas. Dos* Annales *à Nova História.* São Paulo/Campinas: Ensaio/Ed. da UNICAMP, 1992.

EHRENREICH, J. E. *The altruist imagination*: a history of social work and social policy in the United States. Ithaca: Cornell University Press, 1985.

FORTUNATO, V. et al. (Eds.). *Social work in restrutured European welfare systems*. Roma: Carocci, 2008.

GUERRA, Y. A pós-graduação em Serviço Social no Brasil: um patrimônio a ser preservado. *Temporalis*, revista da Associação Brasileira de Ensino e Pesquisa em Serviço Social. Brasília, ano 11, n. 22, jul./dez. 2011.

HEGEL, G. F. W. *Principes de la philosophie du droit*. Paris: PUF, 1998. Trad. port.: *Princípios da filosofia do direito.* Lisboa: Guimarães Eds., 1990.

HUTCHEON, L. *A poetics of postmodernism*: history, theory, fiction. New York: Routledge, 1988.

IAMAMOTO, M. *Renovação e conservadorismo no Serviço Social*: ensaios críticos. São Paulo: Cortez, 1992.

_____. *Serviço Social em tempos de capital fetiche. Capital financeiro, trabalho e questão social.* São Paulo: Cortez, 2007.

_____; CARVALHO, R. *Relações sociais e Serviço Social no Brasil*: esboço de uma interpretação histórica-metodológica. São Paulo: Cortez/CELATS, 1983.

JOVELIN, E. (Dir.). *Histoire du travail social en Europa*. Paris: Vuibert, 2008.

KOFLER, L. *História e dialética*: estudos sobre a metodologia da dialética marxista. Rio de Janeiro: Ed. da UFRJ, 2010.

LEIBY, J. *A history of social welfare and social work in the United States*. New York: Columbia University Press, 1978.

LORENZ, W. *Social work in a changing Europe*. London: Routledge, 1994.

_____. *Perspectives on European social work*. Opladen: Barbara Budrich Publishers, 2006.

LUBOVE, R. *The professional altruist*: the emergence of social work as career. New York: Atheneum, 1977.

LUKÁCS, G. *A teoria do romance*. São Paulo: Duas Cidades/Editora 34, 2000.

_____. *História e consciência de classe. Estudos sobre a dialética marxista*. São Paulo: Martins Fontes, 2003.

MARIÁTEGUI, J. C. *Defensa del marxismo*. Lima: Amauta, 1988.

MARX, K. *O 18 brumário de Luís Bonaparte*. São Paulo: Boitempo, 2011a.

_____. *Grundrisse. Manuscritos econômicos de 1857-1858*: esboços da crítica da economia política. São Paulo/Rio de Janeiro: Boitempo/Ed. da UFRJ, 2011b.

MILLS, C. W. *A imaginação sociológica*. Rio de Janeiro: Zahar, 1968.

MOTA, A. (Org.). *O mito da assistência social*: ensaios sobre Estado, política e sociedade. Recife: Editora Universitária UFPE, 2006.

MOURA, J. S. Atualização contemporânea sobre o debate da crise de hegemonia do projeto ético-político do Serviço Social. In: ENCONTRO INTERNACIONAL DE POLÍTICA SOCIAL, 3./ENCONTRO NACIONAL DE POLÍTICA SOCIAL, 10., *Anais*... Disponível em: <www.periodicos.ufes.br/EINPS>.

NETTO, L. E. *O conservadorismo clássico*: elementos de caracterização e crítica. São Paulo: Cortez, 2011.

NETTO, J. P. Assistencialismo e regressividade profissional no Serviço Social. *Intervenção Social*, Lisboa, Universidade Lusíada, n. 41, 1. sem. 2013.

_____. *Pequena história da ditadura brasileira (1964-1985)*. São Paulo: Cortez, 2014.

_____. *Ditadura e Serviço Social*: uma análise do Serviço Social no Brasil pós-64. São Paulo: Cortez, 2015a.

_____. O projeto ético-político profissional do Serviço Social brasileiro. *Intervenção Social*, Lisboa, Universidade Lusíada, n. 42/45, 2015b.

OLIVA, A. *Trabajo social y lucha de clases*. Buenos Aires: Opera Mundi, 2008.

PARRA, G. *Antimodernidad y trabajo social*: orígenes y expansión del trabajo social argentino. Buenos Aires: Espacio, 2002.

PARTON, N. (Ed.). *Social theory, social change and social work*. London: Routledge, 1996.

PAYNE, M.; ASKELAND, G. A. *Globalization and international social work*. Farham (UK): Ashgate, 2008.

PEREIRA, L. D. Expansão dos cursos de Serviço Social na modalidade EAD no Brasil: análise da tendência à desqualificação profissional. In: _____; ALMEIDA, N. L. T. (Orgs.). *Serviço Social e educação*. Rio de Janeiro: Lumen Juris, 2012.

RATER-GARCETTE, C. *La professionalisation du travail social*: 1880/1920. Paris: L'Harmattan, 1996.

SANTOS, B. S. *Para um novo senso comum*: a ciência, o direito e a política na transição paradigmática. 1. A crítica da razão indolente. Contra o desperdício da experiência. São Paulo: Cortez, 2000.

SANTOS, J. S. *Neoconservadorismo pós-moderno e Serviço Social brasileiro*. São Paulo: Cortez, 2007.

SCHAFF, A. *História e verdade*. São Paulo: Martins Fontes, 1995.

SÉCCA, R. X.; LEAL, R. M. Análise do setor de ensino superior privado no Brasil. *BNDES. Boletim Setorial*, Rio de Janeiro, BNDES, n. 30, 2009.

SILVA, M. O. S. (Coord.). *O Serviço Social e o popular. Resgate teórico--metodológico do projeto profissional de ruptura*. São Paulo: Cortez, 1995.

TOCQUEVILLE, A. de. *Lembranças de 1848. As jornadas revolucionárias em Paris*. São Paulo: Companhia das Letras, 1991.

TORNATORE, G. *Stanno tutti bene*. Itália/França: Angelo Rizzoli Jr., 1990 (título da versão bras.: *Estamos todos bem*).

VV. AA. *Serviço Social & Sociedade*, São Paulo, n. 100, out./dez. 2009.

VERDÈS-LEROUX, J. *Le Travail Social*. Paris: Minuit, 1978 (Trad. bras., não integral: *Trabalhador social*: prática, hábitos, ethos, formas de intervenção. São Paulo: Cortez, 1986).

WHITE, H. *Meta-história*: a imaginação histórica do século XIX. São Paulo: EDUSP, 1992.

WOOD, E. M.; FOSTER, J. B. (Orgs.). *Em defesa da história*: marxismo e pós-modernismo. Rio de Janeiro: Jorge Zahar, 1999.

YAZBEK, M. C. A política social brasileira nos anos 90: a refilantropização da questão social. *Cadernos ABONG-CNAS*. Subsídios à I Conferência Nacional de Assistência Social. São Paulo/Brasília: ABONG-CNAS, 1995.

Capítulo 2

"Questão social" e Serviço Social no Brasil

NEY LUIZ TEIXEIRA DE ALMEIDA

INTRODUÇÃO

Abordar a relação entre "questão social" e Serviço Social no Brasil como parte de uma reflexão coletiva sobre os 80 anos de história dessa profissão não constitui uma tarefa fácil. A opção pela recuperação da trajetória do Serviço Social, ainda que centrada nos seus principais marcos históricos, de imediato se mostra problemática. Primeiro pelo risco de elegermos determinados períodos que não seriam suficientemente explorados nos limites desta publicação, além, é óbvio, do árduo, porém inevitável, processo de demarcações temporais que, ao mesmo tempo que registra determinadas ênfases, também gera inquietantes dúvidas sobre as ocultações produzidas. E, em segundo lugar, como decorrência do que aprendemos no diálogo com a teoria crítica, reconhecemos que a riqueza de uma análise teórica da profissão está muito mais em compreendê-la no movimento histórico do que em um inventário interno acerca de sua própria história.

Abordar essa relação hoje, portanto, justifica a opção não pelo formato de um balanço histórico, mas pela formulação de uma interrogação ancorada na história: a de quais são os principais desafios a serem enfrentados na atualidade transcorridos 80 anos do Serviço Social no Brasil? Um questionamento que emerge do processo de constituição de um sujeito coletivo profissional profundamente marcado pelas contradições de classes peculiares a um país de capitalismo periférico e dependente e que é acionado majoritariamente pelo Estado para atuar junto a diferentes manifestações da "questão social", decorrentes de reiterados processos de expropriação do trabalho pelo capital. Tal indagação se inscreve no horizonte de preocupações teóricas, ideológicas e políticas que marcam os processos de produção de conhecimento, organização da categoria e consolidação do projeto ético-político profissional em curso ao longo das últimas décadas. Desse modo, nos marcos dessa reflexão, objetiva-se contribuir com alguns apontamentos que possam reforçar o processo de aproximação e articulação com as lutas sociais empreendidas pelos trabalhadores, que desde a gênese da profissão constituem o sujeito político com a qual trabalhamos diretamente e sobre o qual incidem os resultados de nossa ação.

Para tanto, organizamos o presente texto articulando três momentos. Primeiramente, apresentamos as bases de sustentação teórica de nossa abordagem acerca das particularidades da "questão social" no Brasil, considerando como elemento norteador o modo como se instaurou o processo de dominação burguesa de base autocrática, a partir do qual a modernização das relações capitalistas, subordinadas ao processo de expansão do capital financeiro, se deu sob um forte conservadorismo político e intensificação dos processos de expropriação. Em um segundo momento, tratamos da constituição do sujeito profissional a partir da análise das relações entre as classes sociais e o Estado no Brasil, sublinhando os significados políticos, econômicos e ideológicos da progressiva inserção das/os assistentes sociais no âmbito das políticas sociais como tendência do processo de expansão capitalista em sua fase monopolista. Por último, abordamos a maturidade política e teórica alcançada pela categoria profissional frente à dinâmica da luta de classes e às expressões contemporâneas da questão social, refletindo sobre os seus desafios atuais diante da reatualização dos traços que particularizam as formas de intensificação da expropriação do trabalho pelo capital no Brasil.

"Questão social", classes sociais e Estado no contexto de surgimento do Serviço Social no Brasil

O reconhecimento de que a "questão social" determina o processo de constituição e desenvolvimento do Serviço Social como profissão se deu a partir de um rigoroso exame de como as condições de vida e trabalho da classe trabalhadora, subordinada ao jogo de forças e interesses fulcrais à acumulação incessante do capital, se agudizam a partir da intensificação dos mecanismos de exploração da única fonte de produção da riqueza social: o trabalho. As condições nas quais o pauperismo foi alçado de fenômeno social circunstanciado às injunções morais, privadas e sazonais dos modos de produção precedentes a de componente intrínseco ao processo de produção e apropriação privada da riqueza social que particulariza o sistema metabólico do capital, foram desveladas por Marx em sua análise da "Lei Geral da Acumulação Capitalista". Nela o autor disseca o processo de acumulação do capital evidenciando teórica e empiricamente a lógica estruturadora desse sistema societário que se constitui e se expande aprofundando as desigualdades econômicas, sociais e políticas de forma contínua e progressiva.

A produção de valor e, em particular de valor excedente — trabalho realizado e não pago —, é apropriada pela burguesia como parte do processo de produção da riqueza social materializada na produção de mercadorias, forma social através da qual se dá a valorização do capital a partir da exploração do trabalho que produz valores de uso cujo valor de troca contém mais valor que o investido em sua produção. Essa forma de organização social da produção precisa se reproduzir continuamente e sempre em escala progressivamente maior, como condição de sua própria existência como modo particular de metabolismo social, de reprodução das relações sociais que sustentam a produção e acumulação de capital. Como o trabalho vivo se constitui na única possibilidade de criar valor que contenha mais-valia, as condições de reprodução do próprio capital dependem, sobremaneira, da reprodução das condições de exploração do trabalho humano. Mas não só da simples reprodução das condições de exploração, e sim de sua extensão — posto que ela não se esgota na reprodução de um único ciclo de exploração — e um contínuo processo de exploração que se amplia como elemento fundante da acumulação incessante.

A reprodução em sentido amplo do capital pressupõe e se sustenta na reprodução das condições de exploração do próprio trabalhador, na qualidade de detentor da força de trabalho que irá se converter em fermento vivo do processo de valorização do capital. Um de seus alicerces, portanto, é a reprodução da força de trabalho e de suas condições de vida, ou seja, a reprodução das necessidades sociais que empurram a classe trabalhadora para a venda de sua força de trabalho no mercado de acordo com as requisições impostas pelo processo de acumulação do capital.

Dessa forma, Marx identifica que além da produção do excedente de valor pelos trabalhadores no processo de trabalho capitalista, do incremento da força produtiva do trabalho, o capital necessita, de forma vital, também da produção de excedente de força de trabalho, componente central da expropriação que continuamente o capital produz.

> Mas, se a população trabalhadora excedente é produto necessário da cumulação ou do desenvolvimento da riqueza no sistema capitalista, ela se torna, por sua vez, a alavanca da acumulação capitalista e, mesmo condição de existência do modo de produção capitalista. Ela

constitui um exército industrial de reserva disponível, que pertence ao capital de maneira tão absoluta como se fosse criado e mantido por ele (1998, p. 735).

As condições de exploração que marcam a relação capital-trabalho são, nesta ordem, estruturais e colocam em polos antagônicos os interesses de continuidade e superação desta ordem societária, acirrando os processos de luta que conformam as classes sociais fundamentais. O pauperismo adquire então uma feição histórica nova, vinculada à contraditória dinâmica na qual a ampliação da produção da riqueza social só se efetiva mediante a ampliação da pobreza e da progressiva destituição do trabalhador das condições próprias de sua reprodução. Os processos de luta protagonizados pela classe trabalhadora contra as precárias condições de vida e trabalho no transcurso do século XIX, mais particularmente, a partir dos eventos de 1848 na Europa, marcam uma inflexão importante no processo de consciência política do proletariado, de crítica à ordem burguesa, culminando em um novo estágio de denúncia e esforços de superação da exploração peculiar ao regime do capital, por conseguinte da situação de miséria que se acentua quanto maior é a riqueza socialmente produzida.

A análise marxiana fornece assim os elementos teóricos centrais para a compreensão de que a "questão social" não se encontra desvinculada das condições de produção da riqueza social e da apropriação privada dela, assim como das condições de reprodução dessa forma de produção que requer o controle dos modos de reprodução da miséria em escala ampliada e, muito menos, da luta de classes em torno da manutenção/superação dessa ordem societária.

Assim, nos termos postos por Netto (2006a, p. 157), "o desenvolvimento capitalista produz, compulsoriamente, a "questão social" — diferentes estágios capitalistas produzem diferentes manifestações da 'questão social'. Ele a torna não um desdobramento indesejável ou temporário, mas uma dimensão 'constitutiva do desenvolvimento do capitalismo". Essa forma de compreensão da "questão social" do ponto de vista histórico tem como ponto de partida a dinâmica capitalista, tomada em seus diferentes estágios, como também no que concerne ao seu desigual desenvolvimento, aspecto fundamental para levarmos em conta, nesse caso, as particularidades do capitalismo no Brasil em sua inserção periférica e dependente.

A emergência da "questão social" no Brasil encontra-se enraizada no particular processo de transição da produção de base escravocrata para uma ancorada na efetiva generalização do trabalho livre. O processo de manifestação dos antagonismos de classe no início do século XX no Brasil assumiu formas que ao mesmo tempo configuravam a tipicidade das relações sociais próprias ao capitalismo competitivo, assim como expressavam a permanência de traços herdados de um passado colonial. Florestan Fernandes identifica em suas análises sobre a "Revolução Burguesa no Brasil" que ela produziu transformações histórico-sociais que determinaram a desagregação do regime escravocrata e a formação de uma sociedade classista a partir de um padrão distinto daqueles que caracterizaram o modelo europeu, em particular, o da "Revolução Francesa" (2005). Nesse percurso, próprio a um país dependente e na periferia do capitalismo mundial, a consolidação da burguesia como classe dominante não se deu a partir de nenhuma pactuação interclassista, não alargou os horizontes da democracia para além dos interesses das oligarquias nem promoveu avanços civilizatórios no campo da legislação e dos direitos sociais. Ao contrário, a burguesia com sua "estrutura compósita" converteu-se em classe dominante forjando processos políticos e culturais de afastamento de qualquer perspectiva de mudança, mesmo aquelas denominadas por Fernandes como "revolucionárias dentro da ordem", advindas de outras frações da burguesia (fora dos círculos oligárquicos) ou da classe trabalhadora.

A consolidação das legislações sociais decorrentes do movimento de reivindicação dos trabalhadores se manteve num quadro de reconhecimento dos direitos de seletos grupos de trabalhadores, majoritariamente vinculados aos setores agroexportadores, que restringiam em muito os já conhecidos limites da "cidadania burguesa". A organização de um polo industrial, sobretudo, no eixo Rio-São Paulo, diretamente associado ao processo de diversificação dos investimentos decorrentes do excedente advindo da produção e comercialização do café, fundou as bases sociais e econômicas a partir das quais a "questão social" se manifestou nos grandes centros urbano-industriais como decorrência tanto da ampliação numérica como das formas de organização do proletariado.

Cabe destacar que no que tange ao recente ingresso na cena política por parte do proletariado urbano, às ações repressivas do Estado se somou a "iniciativa de grupos e frações de classe, que se manifestam, principalmente, por intermédio da Igreja Católica" (Iamamoto e Carvalho, 1996, p. 129), constituindo parte significativa de suas estratégias de enfrentamento da "questão social". Neste percurso de desenvolvimento do Movimento Laico, a Igreja cumpriu importante função no processo de recrutamento e formação das primeiras assistentes sociais. O posicionamento e atuação da Igreja Católica frente à "questão social" expressavam parte de seu esforço em recuperar sua hegemonia no campo moral e intelectual, posicionando-se numa zona de confronto com as influências do liberalismo, presente na conformação do Estado e do ideário comunista difundido por parcela do movimento sindical.

Destarte, o contexto histórico no qual surgem as primeiras escolas de Serviço Social no Brasil,[1] a partir da segunda metade dos anos 1930, evidencia que o processo de luta protagonizado pelo proletariado urbano desencadeou tanto reações de cunho repressivo, como a tentativa de cooptação e controle dos trabalhadores a partir do corporativismo estatal e, ainda, a mobilização de setores da sociedade civil imbuídos do forte propósito de ajustamento moral do operariado, evidenciando os traços constitutivos do processo de construção da dominação burguesa, no qual as relações arcaicas e o conservadorismo constituem componente central do processo de modernização das relações capitalistas. A institucionalização do Serviço Social no período deu-se sob a influência da doutrina social da Igreja Católica, a partir da ampliação

---

1. São Paulo (1936), Rio de Janeiro (1937), Pernambuco (1940), Paraná (1944), Rio Grande do Sul e Rio Grande do Norte (1945) estão entre as primeiras, conforme destacam Iamamoto e Carvalho (1996).

do aparato estatal e empresarial de assistência social associado a uma dinâmica de classe na qual parte de seus conflitos foi levada para o interior do Estado, institucionalizando canais de regulação deles, enquanto outra parte assumia formas de organização sindical e partidária, duramente reprimidas pelo Estado Novo.

A CONSTITUIÇÃO DO SUJEITO PROFISSIONAL NA DINÂMICA DE CLASSE E AMPLIAÇÃO DAS FUNÇÕES DO ESTADO

A consolidação de um padrão de organização social da produção sobre bases tipicamente capitalistas, ou seja, alicerçada na generalização do trabalho assalariado como requisito fundamental do processo de produção e apropriação do valor excedente pelo capital dinamizou ciclos importantes de expansão industrial sem que se alterassem as relações de dependência periférica do Brasil aos centros do capitalismo mundial. Segundo Florestan Fernandes (2005) a "convergência de interesses burgueses internos e externos" contribuiu para que a dominação burguesa se constituísse numa "fonte de estabilidade econômica e política" necessária ao processo de crescimento econômico.

Contudo, as pressões internas, advindas tanto do proletariado como das massas populares, associadas ao processo de expansão da intervenção direta do Estado na economia, determinaram um novo cenário de ameaça à continuidade daquele padrão de exploração da força de trabalho, necessário ao processo de acumulação que se gestava a partir da transição do capitalismo competitivo ao monopolista no Brasil. As alternativas forjadas do ponto de vista histórico pela burguesia desencadearam um movimento de continuidade e ruptura que, de acordo com Netto (1996, p. 27), reforçou os traços de "heteronomia e exclusão" que marcam fortemente a tradição política brasileira na busca por soluções acordadas "pelo alto", mas que teve como novidade a constituição do Estado em "centro articulador e coesionador da autocracia burguesa".

A conquista de uma nova posição de força da burguesia a partir do golpe de 1964, que instala uma cruel (em sentido lato) ditadura civil-militar, propiciou as condições políticas e materiais de continuidade de sua dominação, de modernização tecnológica e aprofundamento do processo de acumulação, sedimentando as relações de subordinação ao domínio do capital financeiro, resultado da fusão do capital industrial e bancário determinada pela expansão monopolista. Para Florestan Fernandes:

> A burguesia ganhava, assim, as condições mais vantajosas possíveis (em vista da situação interna): 1º) para estabelecer uma associação mais íntima com o capitalismo financeiro internacional; 2º) para reprimir, pela violência ou pela intimidação, qualquer ameaça operária ou popular de subversão da ordem (mesmo como uma "revolução democrático-burguesa"); 3º) para transformar o Estado em instrumento exclusivo do poder burguês, tanto no plano econômico quanto nos planos social e político (2005, p. 255).

A consolidação da ordem monopólica impõe ao Estado uma maior capilarização em relação à vida social, decorrente da necessidade de preservação e controle da força de trabalho ocupada e excedente, o que lhe determina uma profunda ampliação de suas funções econômicas e políticas, imbricando-as de tal forma que assegure as condições necessárias ao processo de reprodução ampliada do capital, assim como a intensificação do processo de produção e apropriação de mais-valia nos limites da superexploração, mas de modo que não ameace a sua própria continuidade (Mandel, 1985). Esse movimento expansionista da fase monopolista ocorre também mediante uma enorme tendência de mercantilização da vida social e da ampliação das funções intermediárias que determinam a expansão dos setores terciários, dentre os quais o de serviços públicos e privados. Promovem alterações de longo alcance na esfera da reprodução social, muitas delas centrais para a compreensão de como a dinâmica das políticas sociais se altera progressivamente, duas décadas mais tarde, assumindo racionalidades derivadas da esfera privada empresarial (Almeida e Alencar, 2010).

Observa-se que é a partir do ciclo de modernização sob o comando do grande capital e do Estado autocrático burguês que se instaura uma ampliação em larga escala de intervenção social manifesta na diversificação das políticas sociais setoriais como formas de enfrentamento recortadas das sequelas da "questão social". A modernização conservadora coloca sob a égide da tecnologia e da burocracia as justificativas para a racionalização das políticas sociais e dos mecanismos de acesso aos direitos sociais, sem desvelar a real natureza do processo de refuncionalização do Estado. Configura-se, desse modo, o estabelecimento de novas racionalidades no campo do planejamento e de sua execução que impactam decisivamente na "consolidação do mercado nacional de trabalho", cujo primeiro surto de expansão se deu nos anos 1940 a partir da organização do aparato assistencial montado pelo Estado e pelo empresariado, e na "diferenciação e especialização das próprias atividades dos assistentes sociais" (Netto, 1996).

O processo de constituição do corpo profissional se dinamiza a partir da intervenção sistemática do Estado autocrático burguês no campo das políticas sociais setoriais, mobilizando-as em suas diferentes funções: 1) econômicas; com o intuito de dirigir investimentos que reduzam as dificuldades decorrentes da supercapitalização; 2) políticas; com a finalidade de controlar os mecanismos de mobilização e acesso dos trabalhadores aos seus meios de subsistência; e 3) ideológicas; produzindo rotinas institucionais que conformem processos de internalização próprios à sociabilidade burguesa, em particular no que se refere às formas de apreensão e enfrentamento da pobreza pela via moral, despolitizando as expressões da "questão social". Segundo José Paulo Netto, o enquadramento profissional no campo das políticas sociais nesse período, ou seja, nas estratégias forjadas de enfrentamento da "questão social" decorrentes da dinâmica das classes e relação ao Estado, não resultou de imediato num "complexo operacional" que discriminasse as particularidades de sua inscrição, nem de sua prática profissional, no trato das refrações da "questão social" (2006a).

Não obstante, no período em tela forjou-se o início do processo de renovação do Serviço Social brasileiro, produzindo a instauração do pluralismo teórico, ideológico e político; a diferenciação das concepções profissionais; a sintonia do debate teórico-metodológico profissional ao processo em curso no âmbito das chamadas ciências sociais; e a constituição de uma vanguarda profissional que passou a investir nos processos de investigação, conforme sintetiza José Paulo Netto (1996). Dentre as tendências decorrentes desse processo, há de se destacar aquela denominada pelo próprio autor de "Intenção de Ruptura",[2] visto que é a partir dela que são produzidas as formulações teóricas que dão sustentação ao esclarecimento da inserção da profissão na divisão social e técnica do trabalho, sua localização ocupacional, funções ideológica e política nos processos de produção e reprodução das relações sociais, na dinâmica entre as classes e o Estado. A singular contribuição teórica decorrente do esforço interpretativo formulado de modo inaugural por Marilda Iamamoto, no início dos anos 1980, abriu para a categoria profissional um campo de problematização sobre o significado social da profissão e do exame das condições objetivas a partir das quais as/os assistentes sociais se inscrevem no circuito do assalariamento generalizado peculiar à expansão monopólica.

A trajetória de constituição da categoria profissional tem, portanto, uma importante ancoragem: na dinâmica que se estabelece entre as bases de consolidação do mercado de trabalho, em termos nacionais, deflagrado a partir da sistemática intervenção do Estado nos processos de controle ideológico e material das condições de reprodução da força de trabalho; nos processos de autorrepresentação forjados a partir do movimento de renovação do Serviço Social brasileiro; assim como na produção das condições de compreensão do lugar socioinstitucional das/os assistentes sociais nas estratégias das classes sociais fundamentais e do Estado no enfrentamento das expressões da "questão social". Mais do

---

2. Além da "Intenção de Ruptura", localiza também o autor a "Perspectiva Modernizadora" e a denominada como "Reatualização do Conservadorismo", que diferentemente da primeira implicam percursos teóricos e ideológicos, com graus diferenciados de respostas e elaborações profissionais, que não propõem uma crítica contundente à ordem societária burguesa.

que atingir um novo patamar de compreensão das condições de vida e de reprodução social da força de trabalho, o percurso empreendido na constituição do corpo profissional enquanto sujeito coletivo possibilitou um processo de consciência de sua condição de classe. Do mesmo modo que contribuiu para o desvelamento dos vínculos identitários e políticos que mantém com a classe trabalhadora (ainda que mediados na divisão social e técnica do trabalho pelas políticas sociais), a natureza classista das lutas sociais e, sobretudo, as possibilidades de organização política que lhes são comuns e necessárias à construção de outra ordem societária.

Cabe sinalizar que ao longo desse ciclo de dominação burguesa, a constituição do corpo profissional, enquanto sujeito coletivo não superou o conservadorismo presente na trajetória profissional, ao contrário, se verificou uma modernização de seus discursos e práticas. Mas, inegavelmente, nela se identificam distintos movimentos alicerçados na ação profissional e política em direção aos movimentos sociais e sindicais. Desde o início dos anos 1960, essa inclinação vem sendo observada, contudo, ela alcança maior estatura política nos períodos de recrudescimento da ditadura civil-militar, quando se torna alvo da violência institucionalizada nos aparatos de repressão do Estado, e posteriormente na dinâmica de mobilização de diferentes forças do campo democrático-popular a partir das quais se constroem as principais formas de resistência ao regime militar e de crítica ao capitalismo que adentram a década de 1980.

O SUJEITO PROFISSIONAL EM CENA E OS DESAFIOS POLÍTICO-PROFISSIONAIS DIANTE DAS FORMAS CONTEMPORÂNEAS DE EXPROPRIAÇÃO DO TRABALHO

A construção do que se denominou Projeto Ético-Político do Serviço Social decorre historicamente da articulação produzida entre a afirmação de um sentido de classe, que orientasse as ações profissionais em diferentes flancos, e os processos de luta e organização política dos trabalhadores em torno da crítica e superação da ordem burguesa. Consideramos que o alcance dos debates e disputas internas ao corpo profissional lastreou mudanças expressivas que redirecionaram: 1) o processo de formação profissional como veio a se expressar no Currículo Mínimo de 1982 e mais tarde nas Diretrizes para a Formação Profissional dos Assistentes Sociais, particularmente a que é aprovada em 1996 pela própria categoria profissional; 2) o conjunto dos valores partilhados com outras categorias profissionais e sujeitos políticos expresso nos Códigos de Ética Profissional de 1986 e 1993; 3) os rumos e espaços das discussões sobre as formas de organização da categoria que engendraram a Comissão Executiva Nacional de Entidades Sindicais de Assistentes Sociais (CENEAS), de 1978 a 1983, e a Associação Nacional dos Assistentes Sociais (ANAS), de 1983 a 1988;[3] 4) o conjunto normativo e regulador do exercício profissional contido na Lei de Regulamentação da Profissão de 1993; 5) as pautas e o alcance político dos Congressos Brasileiros de Assistentes Sociais, particularmente a partir do III Congresso realizado em 1979, que ficou conhecido como "Congresso da Virada", exatamente pela afirmação do compromisso profissional com a classe trabalhadora; 6) a atuação das principais entidades do Serviço Social como: a Associação Brasileira de Ensino e Pesquisa em Serviço Social (ABEPSS), os Conselhos Federal e Regional de Serviço Social (que configuram o conjunto CFESS/CRESS), além da Executiva Nacional dos Estudantes de Serviço Social (ENESSO), considerando-se também os seus respectivos fóruns e espaços de discussão, gestão e deliberação acerca dos elementos centrais que orientam a relação do Serviço Social com as demais forças sociais.

Trata-se de um complexo campo institucional de mobilização e organização do corpo profissional que ocorre em um país de dimensões

---

3. Particularmente acerca do significado dessas entidades no percurso de constituição do sujeito coletivo profissional e de seus vínculos orgânicos com as lutas e embates travados no plano político e sindical, recomendamos a leitura da produção elaborada por Abramides e Reis Cabral (1995).

continentais e que, nos últimos 37 anos, ou seja, quase metade do percurso histórico do Serviço Social brasileiro, "acompanhou a curva ascendente do movimento democrático-popular" (Netto, 2006b). Nessa trajetória de constituição do sujeito profissional também teve peso significativo o processo de mudança experimentado por alguns dos principais sujeitos políticos que nos anos 1980 capitanearam, em âmbito nacional, o processo de articulação de diferentes forças sociais anticapitalistas, particularmente pela Central Única dos Trabalhadores (CUT) e pelo Partido dos Trabalhadores (PT), com os quais parte da categoria profissional se vinculou organicamente nas lutas sociais pela redemocratização e ampliação dos direitos sociais. Contudo, no percurso do processo de ascensão ao poder e, mas especificamente a partir do primeiro mandato do governo Lula em 2002, o PT passou a atuar mais ativamente na ampliação do processo de consentimento dos trabalhadores às novas necessidades de acumulação ditadas pelo capital financeiro, construindo um campo de defesa política em torno de um projeto autointitulado como "neodesenvolvimentismo".

Importa destacar que se produziu uma significativa mudança no campo de alianças e composição das forças sociais no qual se forjaram as principais lutas sociais desde a ditadura civil-militar. Além do fato de que, ao longo dos últimos quinze anos, a hegemonia do capital financeiro se articula dinamicamente com frações da classe trabalhadora que historicamente protagonizaram críticas e articulações ao próprio capitalismo, ainda que não levadas a cabo em toda a sua extensão política e coesão teórica. Dessa forma, as bases de sustentação legal, tecnológica, política e ideológica da intensificação dos processos de acumulação requeridos pelo grande capital têm sido gerenciadas pelo Estado a partir de um significativo avanço do conservadorismo e do desmantelamento dos direitos sociais. A direção assumida pela política econômica neste período não deixa margem de dúvida acerca do significado que a combinação de políticas sociais, cada vez mais focalizadas com a produção de superávits primários elevados, adquire no sentido de contribuir com os processos de concentração de recursos e de intensificação da extração de mais-valia promovidos pelo capital financeiro.

A agudização das condições de vida da classe trabalhadora, sejam suas parcelas ocupadas na esfera produtiva ou aquelas que constituem o excedente necessário à acumulação capitalista, evidencia o papel estratégico das políticas sociais na consolidação do ideário neoliberal. A política de assistência social, em particular, constitui-se em componente central de elevação dos padrões de consumo direto e indireto de parcela da população que não se inscreve no circuito de compra e venda da força de trabalho. Ainda no campo da seguridade social, a previdência social e a saúde mobilizam recursos insuficientes para se assegurar o conjunto de direitos previstos constitucionalmente, amparadas em discursos que sustentam a "cultura da crise" (Mota, 1995) que atravessa essas áreas como justificativa para a promoção de mudanças que ampliam o campo de ação dos grupos privatistas e acentuam os processos de redução dos direitos sociais. Nas áreas de educação, habitação e saneamento, entre outras, experimenta-se um amplo processo de empresariamento da ação pública, seja pela adoção de práticas de gestão próprias à esfera produtiva, seja pela subordinação da lógica de prestação dos serviços públicos à lógica da produção de mercadoria. Neste último caso, destacamos que em diversas situações os serviços deixam de ser públicos e assumem efetivamente a forma de mercadoria, viabilizando novos nichos de valorização do capital (Almeida e Alencar, 2010).

Virgínia Fontes (2010, p. 59) reconhece nesse processo formas de expropriação contemporâneas, as quais "tornaram-se extremamente agressivas e revelam-se potencialmente ilimitadas, ainda que colocando em risco a existência humana". Para a autora, tem-se produzido um "discurso de urgência visando moldar argumentos de persuasão e apetrechos coercitivos", no sentido de que o capital possa se apropriar "de novos elementos para produzir atividades capazes de produzir valor, implicando numa inimaginável mercantilização da vida social".

É nesse cenário de aprofundamento das condições de expropriação e intensificação dos processos de extração da mais-valia sob a hegemonia do capital financeiro, em meio a mudanças nas bases de organização do projeto societário de superação da ordem burguesa, que destacamos as principais expressões de continuidade e mudança no que se configurou o esquadro político da dominação burguesa e da formulação das estratégias de enfrentamento das expressões contemporâneas da questão social.

E quanto aos desafios: onde estão os sujeitos políticos portadores da vontade de transformação social?

Dentre os inúmeros desafios postos ao sujeito coletivo profissional em seu processo de organização e luta, não podemos deixar de considerar que o alcance e o escopo das mudanças na condução das políticas sociais afetam não só os espaços ocupacionais onde atuam as/os assistentes sociais, mas também as bases técnicas e os conteúdos nos quais encontram importante suporte na execução de seu trabalho. O processo e precarização das condições de trabalho, o rebaixamento salarial impulsionado pela desproporcionalidade entre a oferta de trabalho temporário e o aumento do excedente de assistentes sociais, assim como a capilarização das políticas sociais na esfera municipal, majoritariamente carente de recursos próprios para manter seu quadro técnico, ensejam uma realidade na qual a sua condição de trabalhador não escapa aos mecanismos de expropriação já aludidos ao longo deste texto.

A extensão dessas mudanças reconfigura, de outro lado, os processos de reprodução dessa própria força de trabalho especializada, na medida em que os processos de aligeiramento, massificação e mercantilização da educação superior elevaram o contingente de assistentes sociais formados em patamares acadêmicos extremamente distanciados dos pressupostos afirmados nas Diretrizes produzidas pela própria categoria. Não se trata, portanto, de uma mudança na quantidade, mas na qualidade da formação dos quadros profissionais.

As margens de autonomia profissional dependem, cada vez mais, do respaldo coletivo da categoria profissional, seja na afirmação dos valores que as orientam, nas competências teórico-metodológicas e operativas, como nas prerrogativas legais (Iamamoto, 2007). O que torna ainda mais complexo o campo de ação das entidades representativas da categoria profissional e que acaba concorrendo com o hercúleo esforço de articulação política nos diversos espaços de controle social das políticas sociais, nas lutas travadas pelos diferentes movimentos sociais, no campo da ação parlamentar e nas estratégias de recomposição da correlação de forças no campo democrático-popular.

A indagação central que mobiliza e desafia o processo de consolidação do sujeito profissional coletivo se forjou desde a primeira página da presente reflexão, a partir do reconhecimento da "questão social" como expressão politizada da luta de classes e de que o próprio processo de consciência e organização de classe é determinado historicamente. Desse modo, as conquistas alcançadas na trajetória do Serviço Social brasileiro não dirimiram as tensões e disputas internas; a hegemonia produzida na construção do Projeto Ético-Político Profissional não se sustenta apenas no complexo aparato institucional erguido ao longo dos últimos 30 ou 40 anos, na medida em que foi forjada na e pela luta de classes, da qual as/os assistentes derivam enquanto produto histórico na condição de trabalhador, como categoria profissional, enquanto sujeito coletivo em construção permanente, imerso nas contradições que particularizam as relações sociais capitalistas, conforme sublinham Iamamoto e Carvalho (1986).

As expressões atuais da "questão social", deste modo, encerram mais do que as estratégias governamentais viabilizadas pelas políticas sociais em relação à pobreza, ao desemprego, à redução dos direitos sociais e aos novos aportes tecnológicos advindos de complexos sistemas nos quais o público ou se dilui ou se subordina à esfera privada. Encerram indagações sobre a classe trabalhadora, suas metamorfoses, sua cultura, sobre sua heterogeneidade, sobre a função do partido político na construção de uma vontade coletiva, mas, sobretudo, sobre os sujeitos portadores da vontade de superação dessa ordem societária. Sobre como se encontra o sujeito histórico revolucionário no atual quadro de dominação do capital financeiro? A construção do sujeito profissional coletivo coloca hoje o desafio de buscar teórica e politicamente caminhos para essas questões, sem cair numa abstração desvinculada da dinâmica da própria realidade na qual adquire significado histórico.

REFERÊNCIAS BIBLIOGRÁFICAS

ABRAMIDES, M. Beatriz C.; REIS CABRAL, M. Socorro. *O novo sindicalismo e o Serviço Social*: trajetória de luta de uma categoria (1978-1988). São Paulo: Cortez, 1995.

ALMEIDA, Ney Luiz T. de; ALENCAR, Mônica Maria T. de. *Serviço Social, trabalho e políticas públicas*. São Paulo: Saraiva, 2010.

FERNANDES, Florestan. *A revolução burguesa no Brasil*: ensaio de interpretação sociológica. 5. ed. São Paulo: Globo, 2005.

FONTES, Virgínia. *O Brasil e o capital-imperialismo*: teoria e história. 3. ed. Rio de Janeiro: EPSJV/Editora UFRJ, 2010.

IAMAMOTO, Marilda Villela; CARVALHO, Raul de. *Relações sociais e Serviço Social no Brasil*: esboço de uma interpretação histórico-metodológica. 11. ed. São Paulo/Lima: Cortez/CELATS, 1986.

IAMAMOTO, Marilda Villela. *Serviço Social em tempo de capital fetiche*: capital financeiro, trabalho e questão social. São Paulo: Cortez, 2007.

MANDEL, Ernest. *O capitalismo tardio*. 2. ed. São Paulo: Nova Cultural, 1985. (Col. Os economistas.)

MARX, Karl. *O capital*: crítica da economia política. Rio de Janeiro: Civilização Brasileira, 1998. Livro I.

MOTA, Ana Elizabete. *Cultura da crise e seguridade social*: um estudo sobre as tendências da previdência e da assistência social brasileira nos anos 80 e 90. São Paulo: Cortez, 1995.

NETTO, José Paulo. *Ditadura e Serviço Social*: uma análise do Serviço Social no Brasil pós-64. 3. ed. São Paulo: Cortez, 1996.

_____. *Capitalismo monopolista e Serviço Social.* 5. ed. São Paulo: Cortez, 2006a.

_____. A construção do Projeto Ético-Político do Serviço Social. In: MOTTA, Ana Elizabete et al. (Orgs.). *Serviço Social e saúde*: formação e trabalho profissional. São Paulo: Cortez/OPAS/OMS/Ministério da Saúde, 2006b.

Capítulo 3

Serviço Social, lutas e movimentos sociais:
a atualidade de um legado histórico que alimenta os caminhos de ruptura com o conservadorismo

Maria Lúcia Duriguetto
Katia Marro

Apresentação

A relação da profissão com as lutas e movimentos sociais das classes subalternas perpassa o processo histórico de construção do projeto ético-político profissional, constituindo um elemento essencial na ruptura com o conservadorismo. Este projeto teve, como um dos móveis centrais para o seu desenvolvimento, a força política e organizativa de um conjunto variado de lutas, movimentos e organizações dos trabalhadores no campo da sociedade civil brasileira a partir dos finais da década de 1970. Força política que foi incorporada — em suas necessidades e reivindicações — e apreendida — teórico e operativamente — pelos setores progressistas da profissão. Coube ao protagonismo desses segmentos progressistas as transformações no conteúdo do processo formativo dos assistentes sociais; a reformulação dos princípios e valores do nosso Código de Ética; a densidade teórica e qualificada da produção acadêmica e do debate teórico-político; a solidez político-organizativa e classista de nossas entidades representativas. O fortalecimento das diretivas do projeto profissional, que nos imputam uma função de *sujeitos profissionais*, especialmente nas condições atuais que lhe parecem tão adversas, depende tanto do avanço das organizações e lutas das classes subalternas, quanto da vontade majoritária do campo profissional (Netto, 2004). Por essa razão, neste artigo buscamos reconstruir historicamente o vínculo político e profissional entre o Serviço Social e os movimentos sociais, que vem se materializando nas últimas décadas, ainda que com graus diferenciados de profundidade na formação acadêmica, na organização da categoria, na produção do conhecimento e na intervenção profissional.

A RELAÇÃO DA PROFISSÃO COM AS LUTAS DOS TRABALHADORES NO CONTEXTO DA DÉCADA DE 1980

A aproximação do Serviço Social com as lutas, organizações e movimentos sociais que portam a defesa dos direitos, interesses e projetos societários das classes subalternas data do início da década de 1960 com o Movimento de Reconceituação latino-americano.[1] A con-

---

1. É importante ressaltar que a relação do Serviço Social com os conflitos sociais de classe e os segmentos subalternos organizados perpassa a profissão desde a sua gênese, ainda que esta relação fosse permeada pelo controle do seu cotidiano, a reprodução da dominação e o apaziguamento desses sujeitos (cf. Iamamoto e Carvalho, 1986; Netto, 1997; Abreu, 2002). Essa relação começa a ser objeto de críticas sistemáticas com o processo de Reconceituação, que demarcou a erosão das bases do "Serviço Social tradicional", entendido como "prática empirista, reiterativa,

dição para esta primeira aproximação foi a formação e a atuação política de movimentos e organizações dos trabalhadores[2] que se desenvolveram em meio à conjuntura internacional de uma contrarrevolução preventiva do capital que teve agudos rebatimentos no continente.[3] É nessa conjuntura de efervescência social que segmentos de vanguarda da categoria passam a repensar a função da profissão em face das contradições sociais e sintonizam-se com o universo das lutas e das demandas dos trabalhadores, atuando na direção de minar as bases tradicionais da profissão na sua dimensão teórico-metodológica,[4] organizativa[5] e interventiva.[6]

---

paliativa e burocratizada, orientada por uma ética liberal-burguesa, que, de um ponto de vista claramente funcionalista, visava enfrentar as incidências psicossociais da 'questão social' sobre indivíduos e grupos, sempre pressuposta a ordenação capitalista da vida social como dado factual ineliminável" (Netto, 2005, p. 6).

2. Não se trata aqui de recuperar os processos macroscópicos que impactaram e delinearam as características da dinâmica das organizações e dos conteúdos da luta de classes na conjuntura mundial no contexto do exaurimento do padrão de desenvolvimento capitalista da chamada "época de ouro". Trata-se, aqui, apenas de assinalar alguns processos que incidiram sobre a profissão que potencializaram, especialmente pela ação de seus segmentos de vanguarda, a erosão de seu tradicionalismo no continente. Neste sentido, destacamos a eclosão das lutas pela libertação nacional e contra o imperialismo e a dependência; as experiências reformistas, a Revolução Cubana, as lutas das guerrilhas e os movimentos políticos vinculados ao socialismo, como a experiência chilena.

3. Nesse cenário, a contrarrevolução preventiva objetivava "adequar os padrões de desenvolvimento nacionais ao novo quadro de inter-relacionamento econômico capitalista, marcado por um ritmo e uma profundidade maiores de internacionalização do capital; golpear e imobilizar os protagonistas habilitados a resistir a esta reinserção mais subalterna no sistema capitalista; e, enfim, dinamizar em todos os quadrantes as tendências que podiam ser catalisadas contra a revolução e o socialismo" (Netto, 1991, p. 16).

4. É no processo reconceituador que o referencial marxista é incorporado pelo Serviço Social. Entretanto, essa incorporação se deu por condutos teóricos de um *marxismo vulgar*, ao qual se mesclou posturas messiânicas e militantistas do fazer profissional (Iamamoto 1998, p. 211). Essa incorporação colocou como horizonte profissional o rompimento com os ditames político-econômicos imperialistas e com a derrocada do capitalismo o que hipotecava à profissão "aos próprios rumos da revolução em escala continental" (Netto, 1981, p. 61).

5. Destaca-se a criação da Asociación Latino Americana de Escuelas de Trabajo Social (ALAETS), em 1965, que constituiu a base da criação do Centro Latino-Americano de Trabajo Social (CELATS) em 1974. Em muitos países foram criadas ou recriadas entidades de organização da categoria que passaram a se articular com os movimentos populares, sindicais e com outras profissões.

6. A vinculação do Serviço Social latino-americano com as demandas dos movimentos populares é posta por uma possibilidade revolucionária da ação profissional. Esse idealismo,

No cenário político-econômico brasileiro, observam-se profundas transformações quando do desenvolvimento do processo reconceituador no continente. O período 1961-1964 é marcado pela presença de movimentos populares e sindicais urbanos e rurais, setores progressistas da igreja vinculados à teologia da libertação e organizações político-partidárias revolucionárias. A predominância das mobilizações girava em torno das chamadas "reformas de base", e é na sintonia com este universo de organizações e demandas que se gesta, na profissão, uma perspectiva crítica que constitui a base para a crise do Serviço Social tradicional.[7]

Uma primeira materialização desta crise está nas práticas e representações de alguns profissionais vinculados aos projetos de Desenvolvimento de Comunidade,[8] práticas e representações que foram abortadas pela instauração do regime autocrático-burguês, que neutralizou os "protagonistas sociopolíticos comprometidos com a democratização da sociedade e do Estado, cortando os efetivos suportes que poderiam dar um encaminhamento crítico e progressista à crise em andamento no Serviço Social tradicional [...]" (Netto, 1991, p. 141). Mas, paradoxalmente, foi neste contexto que se gestaram os determinantes para a tardia difusão dos aportes teórico-metodológicos e interventivos do movimento reconceituador no Serviço Social brasileiro, edificados no que Netto denomina perspectiva de "Intenção de Ruptura", cujo primeiro desenvolvimento se dá no início dos anos 1970.[9]

---

aliado ao marxismo vulgar, acabou por obscurecer "as fronteiras entre a profissão e o militantismo — donde a hipostasia das dimensões políticas do exercício profissional, posto como fazer heroico e/ou messiânico [...]" (Netto, 1991, p. 149).

7. Como observa Netto (1991, p. 139-40), propiciam, também essa crise, a relação profissional de setores da categoria com equipes multiprofissionais; a influência da esquerda católica na militância estudantil das Escolas de Serviço Social, com destaque para a Juventude Universitária Católica (JUC) e Ação Popular (AP) e o referencial teórico, em difusão nas Ciências Sociais, de conteúdos críticos e nacional-populares.

8. Profissionais que, influenciados pela esquerda católica, atuavam no Movimento de Educação de Base (MEB), organizado pela Conferência Nacional de Bispos do Brasil (CNBB), desenvolvendo ações de conscientização e politização dos setores populares, com destacada influência do pensamento de Paulo Freire.

9. A emersão da perspectiva de "Intenção de Ruptura" está no desenvolvimento do chamado Método BH, formulado por docentes da Universidade Católica de Minas Gerais, na

Mas é a partir do final dos anos de 1970 e no decorrer da década de 1980 que, no cenário nacional, a relação do Serviço Social com as organizações, movimentos e projetos societários dos trabalhadores se substantiva de forma mais orgânica, possibilitada por determinações socioconjunturais e teórico-políticas, das quais destacamos: a) a reinserção da classe operária no cenário político nacional na segunda metade dos anos 1970,[10] o que repôs a dinâmica política da luta de classes a partir do universo fabril e catalisou as demandas econômico-sociais dos movimentos sociais,[11] também emergentes neste período, nos processos de alavancagem da derruição do regime autocrático burguês (Netto, 2009, p. 25); b) a recorrência à teoria marxiana e à tradição marxista, superando a remissão a manuais simplificadores do marxismo por meio de uma crítica voltada para a superação dos influxos teóricos mecanicistas, economicistas e, em termos políticos, o combate às posturas voluntaristas, basistas e messiânicas;[12] c) a dimensão sócio-ocupacional;[13]

---

primeira metade dos anos 1970. Para uma análise dos rebatimentos teórico-metodológicos e interventivos herdados do processo reconceituador latino-americano nesta experiência (cf. Netto, 1991, p. 276-89).

10. Expressão desta reinserção é o chamado "novo sindicalismo", que deságua na criação da Central Única dos Trabalhadores (CUT), em 1983. No campo partidário, destaca-se a criação do Partido dos Trabalhadores, em 1980.

11. Movimentos de bairro com lutas por serviços de saúde, creches; transportes coletivos; contra a carestia; organizações de luta pela redemocratização, movimento dos sem terra, de mulheres, estudantil, étnico-raciais, criança e adolescente, entre outros. Muitas das demandas por políticas e serviços sociais desses movimentos inscreveram-se, no campo da lei, na Carta de 1988. Como atesta Iamamoto (1998, p. 50-1), "os assistentes sociais não ficaram a reboque desses acontecimentos. Ao contrário, tornaram-se um dos seus coautores, coparticipantes desse processo de lutas democráticas na sociedade brasileira. Encontra-se aí a base social da reorientação da profissão nos anos 1980". Também Netto (1995) explicita que o conjunto das lutas sociais, com o protagonismo do movimento operário, constituiu a primeira condição, *a condição política*, para a constituição de um novo projeto profissional.

12. Recorrência que possibilitou o tratamento qualificado, pelo debate acadêmico, de diversificadas temáticas tais como a do Estado, políticas sociais, *movimentos sociais*, significado social da profissão na divisão sociotécnica do trabalho, seus fundamentos e perspectivas metodológicas.

13. O assistente social passou a defrontar-se, nos seus espaços sócio-ocupacionais, com as demandas por políticas e direitos advindas das lutas dos movimentos sociais e sindicais, o que colocou novas demandas para a ação profissional na direção de contribuir e apoiar essas lutas e os processos de ação coletiva (Silva e Silva, 2011, p. 60). O profissional também passou a se perceber como parte da classe trabalhadora, tanto pelas modificações de sua origem socioeconô-

d) a consolidação acadêmica[14] e político-organizativa da profissão. São esses processos que constituíram a possibilidade de contestação do histórico conservadorismo profissional e que edificaram o constructo do que denominamos projeto ético-político do Serviço Social.

Dos processos explicitados, gostaríamos de enfatizar, especialmente, o *político-organizativo* e o debate desenvolvido no âmbito da consolidação acadêmica, da dimensão *ideopolítica* do Serviço Social.

No final da década de 1970, os assistentes sociais, influenciados pelo movimento de revitalização do sindicalismo brasileiro, iniciaram um processo de reorganização e/ou reativação de suas entidades sindicais e pré-sindicais. Nesse cenário, foi criada a Comissão Executiva Nacional de Entidades Sindicais de Assistentes Sociais (CENEAS), com o objetivo de inserir a profissão no movimento sindical mais geral e suas lutas, como a questão salarial, condições de trabalho e emprego; e o encaminhamento de lutas específicas, com destaque para o salário mínimo profissional. Foi em meio a esse contexto de organização dos assistentes sociais, *como trabalhadores e com os trabalhadores*, que, em 1979, realizou-se o III Congresso Brasileiro de Assistentes Sociais (III CBAS), conhecido como o "Congresso da Virada". Segundo Abramides e Cabral (1995, p. 170), este congresso significou um momento de ruptura da categoria, sob a direção das entidades sindicais, com as posições conservadoras que estavam à frente do evento e há muito detinham as direções do conjunto CFAS/CRAS.[15] Questões referentes à

---

mica, vinculada às camadas médias e baixas da classe trabalhadora, quanto pela precarização de suas relações e condições de trabalho.

14. Inserção da formação profissional no espaço universitário, já em ascensão em meados da década de 1960; ingresso de novos quadros docentes, muitos destes iniciaram sua formação na década de 1960, sendo atuantes em organizações da esquerda católica e já com acúmulo de leituras do marxismo; criação dos cursos de pós-graduação *stricto sensu*; desenvolvimento da pesquisa e da produção acadêmica e a revisão curricular dos cursos de graduação em 1982.

15. CFAS — Conselho Federal de Assistentes Sociais; CRAS — Conselho Regional de Assistentes Sociais, que em 1993, deram lugar ao conjunto CFESS/CRESS — Conselho Federal de Serviço Social e Conselho Regional de Serviço Social. É necessário destacar, como afirma Netto (2009, p. 30; grifos do autor), "*a tardia manifestação opositiva à ditadura por parte das instâncias e fóruns representativos da categoria profissional* [...] nas suas expressões imperaram, até o III CBAS, o silêncio e a omissão em face da ditadura". Afirma o autor que é "exatamente na ruptura dessa

programação, organização e direção política do evento foram questionadas pela CENEAS, que em parceria com a Associação Brasileira de Ensino em Serviço Social (ABESS) e os estudantes, realizou uma assembleia deliberando por alterações significativas na condução do congresso.[16] A CENEAS existiu como um mecanismo de articulação sindical nacional no Serviço Social de 1979 a 1983. Nesse ano, foi constituída a Associação Nacional Pró-Federação dos Assistentes Sociais — ANAS — e em 1985, foi aprovada a filiação da ANAS à CUT.[17] A partir de 1989 — ao encontro das tendências e dos debates desenvolvidos pela CUT para a construção de uma nova estrutura sindical por ramos de atividade como estratégia de unificação da classe trabalhadora e de rompimento dos corporativismos das estruturas sindicais —, as entidades da categoria deliberaram, de forma coletiva e majoritária, pela dissolução da ANAS, processo que se efetivou em 1994.[18]

---

deletéria alienação que reside a significação essencial do III Congresso". Mas é necessário ressaltar que essa viragem só foi possibilitada pela *reinserção das lutas do movimento operário e do conjunto dos movimentos sociais na vida política nacional*, condição que possibilitou a manifestação de tendências e posicionamentos, no III CBAS, que levaram à retirada do "monopólio conservador nas instâncias e fóruns da categoria profissional [...]" (idem, ibidem, p. 31).

16. Criticou-se, por exemplo, a falta de democracia no processo de sua construção e o repúdio ao convite feito aos representantes do governo autocrático-burguês para participarem da comissão de honra. Deliberou-se que os homenageados seriam "todos os trabalhadores que lutaram e morreram pelas liberdades democráticas", sendo construída uma nova comissão de honra para o encerramento do congresso com líderes sindicais, representantes de movimentos populares e de entidades sindicais dos assistentes sociais. Alterações também foram realizadas na programação, tanto no conteúdo a ser abordado, como nos componentes das mesas e painéis, em que seriam neles incluídos participantes de movimentos de base, lideranças sindicais e movimentos sociais (Abramides e Cabral, 1995).

17. A filiação à CUT demonstrou a sintonia da ANAS com o que havia de mais classista e combativo na época. Além de garantir o encaminhamento das demandas específicas da categoria — como a implantação do Plano de Cargos, Carreiras e Salários dos servidores públicos federais (PCC); a luta por melhores condições de trabalho, o salário mínimo profissional e carga horária —, a ANAS vinculou-se às lutas gerais das organizações sindicais e dos movimentos sociais dos trabalhadores, como a luta pela Reforma Sanitária e implantação do Sistema Único de Saúde (SUS); pela Reforma Urbana; o combate à discriminação e opressão de classe, gênero, raça, etnia e orientação sexual; entre outras. Também é nesse contexto que grupos de profissionais engajam-se em uma maior participação na política partidária.

18. Ao longo da década de 1990, setores de nossa categoria profissional participaram de discussões sobre a relevância ou não da manutenção dos sindicatos de assistentes sociais. Em meio a essas discussões, em dezembro de 2000, alguns sindicatos remanescentes fundaram a

O movimento de "intenção de ruptura" com o conservadorismo e de sintonia com as organizações populares e sindicais impactou também o conjunto CFAS/CRAS, pois vários assistentes sociais articulados às entidades sindicais começaram a disputar as direções dos conselhos. Temos, assim, ao longo da década de 1980, uma alteração na condução política do conjunto CFAS/CRAS, que foi fundamental, ao lado da ABESS[19] e do movimento estudantil para a aprovação do novo Código de Ética[20] e para a elaboração e aprovação da nova Lei de Regulamentação da Profissão, em 1993.

As determinações sócio-históricas, suas mediações e rebatimentos na viragem profissional para a defesa dos interesses das classes subalternas produziram, ao longo da década de 1980, o aprofundamento do debate em torno do componente *ideopolítico* do Serviço Social — colocado de forma germinal no processo de Reconceituação latino-americano. Este debate, desenvolvido por segmentos da categoria, centrou-se em propostas de intervenção orientadas *por um compromisso com os setores populares*, considerando como espaços de intervenção profissional as instituições estatais, empresas privadas e os movimentos sociais. Como estratégias na direção desta intervenção, destacam-se:[21] formação

---

Federação Nacional dos Assistentes Sociais (FENAS), que tem como objetivo a reorganização sindical dos assistentes sociais que é, atualmente, filiada à CUT. O conjunto CFESS/CRESS, a ABEPSS e a ENESSO defendem uma posição crítica em relação à organização sindical por categoria, mantendo a defesa dos sindicatos por ramo de atividade, compreendendo que esse tipo de organização constitui-se em uma fundamental estratégia de unificação dos trabalhadores.

19. No período de 1993 a 1996, a Associação Brasileira de Ensino em Serviço Social — ABESS — que passa a se denominar Associação Brasileira de Ensino e Pesquisa em Serviço Social — ABEPSS — em 1998, foi responsável por um amplo movimento que articulou um número significativo de unidades de ensino em torno da proposta de elaborar novas diretrizes curriculares para os cursos de Serviço Social.

20. O novo Código de Ética reafirma o compromisso com valores e princípios colocados no horizonte de um projeto de superação da ordem burguesa; a consolidação da democracia, como socialização da política e da riqueza socialmente produzida; e a defesa da equidade e justiça social como universalização do acesso a bens e serviços relativos aos programas e políticas sociais e à sua gestão democrática (ABEPSS, 1996, p. 146-7).

21. Sistematização dos componentes referentes à dimensão ideopolítica realizada por Silva e Silva (2001) a partir de sua pesquisa na produção acadêmica, publicações do CBCISS e da Revista *Serviço Social & Sociedade*, Anais e Relatórios dos Congressos na década de 1980.

de alianças;[22] educação popular;[23] investigação-ação[24] e assessoria aos setores populares.[25] Podemos sintetizar que essas dimensões representam proposições de ações "com o objetivo de, por um lado, instrumentar a população para exigir melhoria na prestação de serviços por parte do poder público e, por outro, conjugar este processo com o fortalecimento dos mecanismos coletivos de organização popular" (Raichelis, 1982, p. 79).

Não obstante o avanço destas proposições dos componentes da dimensão ideopolítica da ação profissional, problematizações em relação às suas imprecisões e equívocos foram desenvolvidas tanto em relação às categorias e conceitos incorporados[26] quanto às particularidades da intervenção profissional. Nesta, destacamos, especialmente, a

---

22. Consiste em ações que visam alterar a correlação de forças nos espaços institucionais para neles fortalecer os interesses dos setores populares, bem como ações extrainstitucionais de apoio às lutas dos movimentos sociais. No espaço institucional, essa estratégia objetiva desenvolver ações de defesa e incorporação das demandas dos usuários nas políticas e serviços implementados por meio de alianças com outros profissionais e pelo apoio às reivindicações das organizações populares por direitos. A formação de alianças com outros profissionais, usuários e com as organizações e movimentos populares implicaria o conhecimento da correlação de forças e relações de poder das instituições; da análise das determinações conjunturais e da ação das classes sociais.

23. Método desenvolvido com forte base nos constructos teóricos de Paulo Freire — pedagogo cujo pensamento foi marcante no Movimento de Reconceituação e nas ações dos movimentos sociais vinculados à Igreja Católica, em especial as CEBs. O foco é o desenvolvimento de ações profissionais educativas voltadas para a apreensão e troca de conhecimentos e experiências com os setores populares, de modo a contribuir para a construção de um *saber popular* voltado para a transformação social. Caberia ao assistente social, como "intelectual orgânico educador", apreender o cotidiano de vida e trabalho e apoiar as formas de organização e reivindicação da população, engajando-se em seus movimentos e organizações, no sentido de apoiar diretamente suas lutas.

24. A investigação-ação é o procedimento metodológico a ser utilizado na implementação das ações educativas da ação profissional com os movimentos sociais na direção da perspectiva da educação popular.

25. A atuação do Serviço Social no exercício de assessoria seria o desenvolvimento de ações voltadas para a conscientização, mobilização e organização da população para que ela seja sujeito da transformação social.

26. O tema das classes populares e os movimentos sociais assumem centralidade como elementos teóricos de fundamentação do projeto profissional. No entanto, constatou-se a inexistência de estudos mais sistemáticos desses temas, bem como uma qualificação do que se entende como "compromisso com os setores populares" (cf. Silva e Silva, 2001, p. 180-1, 195-6).

noção do assistente social como "educador popular," como "intelectual orgânico"[27] e a transformação social como objetivo profissional[28].

A RELAÇÃO DA PROFISSÃO COM OS PROCESSOS DE MOBILIZAÇÃO E ORGANIZAÇÃO POPULAR NA CONTEMPORANEIDADE

A partir da década de 1990, o Serviço Social brasileiro consolidou os aportes que edificaram o projeto ético-político profissional. Paradoxalmente, em concomitância a essa consolidação, temos o desenvolvimento dos processos de "restauração do capital" à sua crise estrutural, especialmente a que se manifestou na abertura dos anos 1970, e que tiveram na acumulação flexível[29] e nas políticas de ajustes neoliberais[30] seus elementos centrais.

---

27. A noção de intelectual orgânico gramsciana é transposta para a ação profissional, a qual cumpriria a função de educar e organizar a população. Iamamoto distingue-se do debate travado no período, contrapondo-se a essa identificação e explicitando a necessária distinção entre esta categoria gramsciana (e sua função partidária e militante) e sua particularidade na ação profissional (2004, p. 38). Equívoco semelhante reside na transposição da metodologia da educação popular para a ação profissional, incorrendo na reatualização do basismo e do militantismo (cf. Duriguetto e Baldi, 2014).

28. Opera-se, aqui, uma reatualização de equívocos da reconceituação ao diluírem-se as particularidades e as fronteiras entre profissão e militância política.

29. Em linhas gerais, as mudanças no padrão de acumulação impõem a *flexibilização da produção* (precarização do emprego — trabalho em tempo parcial, temporário ou subcontratado e o trabalho informal) *e das relações de trabalho* (redução e/ou eliminação dos direitos trabalhistas); e "uma extraordinária economia de trabalho vivo" produzindo "*o crescimento da força de trabalho excedentária* [...]" (Netto, 2012, p. 417; destaques do autor). A flexibilização e a precarização do emprego acirram a fragmentação não só "no nível objetivo das relações de trabalho", mas também, como explicita Mattos (2009, p. 27), "no plano da consciência de classe".

30. Políticas de ajuste e suas decorrentes contrarreformas na esfera estatal que, no campo particular das políticas sociais, vêm assumindo contornos acentuadamente privatistas, focalistas, de retirada das coberturas sociais públicas, corte nos direitos sociais e direcionamento do fundo público para especuladores e proprietários e sua retirada do âmbito das políticas sociais públicas pela via do ajuste fiscal (*superávit* primário, a Lei de Responsabilidade Fiscal e a Desvinculação das Receitas da União [DRU]). No âmbito dessas contrarreformas, assume destaque a acentuação da face penal do Estado, em que a repressão "vem se tornando um estado de guerra *permanente*,

Estas transformações societárias redimensionaram a natureza e as formas de expressão dos conflitos de classe, em que destacamos a regressividade das organizações e das lutas clássicas dos trabalhadores, seja no campo sindical (no qual há uma hegemonia de um sindicalismo colaborador nos processos de "gestão" da crise e a conversão de dirigentes sindicais, a partir dos governos petistas, em gestores dos interesses capitalistas), seja no dos movimentos sociais (hegemonizado por ações defensivas na órbita do possibilismo e demandas corporativas e localistas, que muitas vezes se vestem de governismo) (cf. Braga, 2012; Abramides e Duriguetto, 2014).[31]

As diretivas neoliberais, todavia, não se implantaram sem resistências. O desenvolvimento dos movimentos e conflitos de classe, por exemplo, na América Latina das últimas décadas, nos permite constatar a emergência de lutas que transbordam largamente as tensões clássicas do mundo do trabalho e expressam a proliferação de diferentes sujeitos do antagonismo de classes. Nessa direção, é possível observar elementos comuns nas rebeliões populares e crises que envolveram mobilizações de massas nas décadas de 1990 e 2000, em países como Argentina, Equador, México, Bolívia, Paraguai, Chile, Venezuela, mostrando o protagonismo de movimentos indígenas, camponeses e de desempregados.

É neste quadro latino-americano que irrompem as mobilizações de massa de junho de 2013, evidenciando os efeitos deletérios das políticas neoliberais sobre as condições de reprodução das massas

---

dirigido aos pobres, aos 'desempregados estruturais', aos 'trabalhadores informais' [...]" (Netto, 2012, p. 427) e, também, na criminalização dos movimentos sociais.

As respostas profissionais à configuração contemporânea das políticas sociais vêm sendo caracterizadas pelo pragmatismo, pela reatualização da "psicologização da questão social" e pela "valorização do empirismo". Esse direcionamento "tende a enaltecer a dimensão técnica do Serviço Social [...], subtraindo *sua dimensão intelectual*" (Motta e Amaral, 2014, p. 34-35, grifos meus). É *no campo dessa cultura profissional* que destacamos que a centralidade da assistencialização no âmbito da proteção social vem imputando à intervenção profissional uma lógica de "administração da miséria", subtraindo *sua dimensão intelectual* (Duriguetto, 2014, p. 182).

31. Esse recuo das lutas clássicas dos trabalhadores ao longo da década de 1990 se expressa, por exemplo, na diminuição do número de greves, que passam de 4.000 em 1989, para 1.228 em 1996, decrescendo ainda mais para 525 em 2000 e 299 em 2005 (Mattos, 2014).

trabalhadoras, vinculados à intensa mercantilização das cidades;[32] à precarização das políticas sociais (em especial, educação e saúde); à superexploração da força de trabalho e o desemprego; à violência das classes dominantes que apela sistematicamente ao extermínio policial.

Nesse sentido, observam-se interessantes intervenções de movimentos urbanos (como o Movimento Passe Livre), os Comitês Populares da Copa, as greves de trabalhadores que rompem com suas desgastadas direções sindicais — nos belíssimos exemplos dos garis no carnaval carioca de 2014 e os metroviários em São Paulo.[33] Destacam-se, também, as resistências à desapropriação de terras do povo guarani no Mato Grosso do Sul; a mobilização dos atingidos por barragens na denúncia de tragédias ambientais no Pará, Paraná, Minas Gerais; a organização das mulheres em diversificados movimentos que vêm enfrentando o machismo, a violência de gênero e a regressão de direitos ameaçados pela composição ultraconservadora do congresso nacional; a pedagógica experiência de mobilização da juventude nas escolas estaduais públicas paulistas em 2015.

Ressaltamos que estas manifestações convivem com outras tantas de grande heterogeneidade ideológica, espontâneas e contraditórias — e seria precipitado sugerir que esta dinâmica de movimentação estaria abrindo uma nova conjuntura das lutas de massa. Mais do que isso, apontamos uma série de cenários possíveis colocados por essa conjuntura, destacando: a aproximação à vida política por parte de alguns segmentos da juventude, cuja reprodução social vem sendo marcada pela falta de acesso à educação e ao trabalho; a politização das expressões da questão social em uma conjuntura caracterizada pelo crescimento da criminalização da pobreza, a homofobia, a violência contra a mulher e o racismo; a possibilidade de pautar a agenda de

---

32. As mobilizações trouxeram à tona o processo de mercantilização das cidades, denunciando a utilização do fundo público para a produção de megaeventos; as remoções; o aumento do custo de vida e do valor do transporte público etc. (cf. Harvey, Maricato e Zizek, 2013).

33. É importante lembrar que o número de greves vem aumentando desde 2010, sendo que em 2013 observa-se um aumento de 134% em relação às greves de 2012 — com um total de 2.050 paralisações. Nesse cenário, destacam-se as greves protagonizadas por segmentos do funcionalismo público federal nos anos 2012 e 2015 (Mattos, 2014).

debates públicos sobre temas de extrema relevância como o déficit habitacional, a concentração fundiária e da terra; uma maior visibilidade ao genocídio policial da população pobre e negra nas favelas etc.

Pelo exposto, podemos afirmar que neste cenário societário de profundas regressões políticas, econômicas e sociais, é fundamental reconhecer a importância da organização das massas trabalhadoras. Trata-se de um conjunto de conflitos de classe que estão na base da configuração de boa parte das demandas profissionais, constituindo referências fundamentais para problematizar o significado social da profissão.

É nesse contexto de transformações que deve ser compreendida a relação do Serviço Social com as lutas, organizações e movimentos sociais dos trabalhadores, seja no âmbito da produção do conhecimento, da organização da categoria ou da intervenção profissional.

Na conjuntura pós-anos 1990, constata-se que a tematização da relação do Serviço Social com os movimentos e organizações dos trabalhadores — seja no âmbito da produção do conhecimento, seja no âmbito da intervenção profissional — apresenta uma retração frente à tendência ascendente verificada nos anos 1980. Constata-se, a partir da década de 1990, *uma quase oculta produção teórica da profissão sobre as organizações, movimentos e lutas sociais, bem como sistematização/relatos de experiência da intervenção profissional com as organizações, movimentos e lutas sociais*.[34]

---

34. De acordo com Iamamoto (2008, p. 461), com base na categorização dos eixos temáticos dos projetos de pesquisa dos Programas de Pós-Graduação em Serviço Social: "A área temática de menor investimento na pesquisa refere-se aos 'conflitos e movimentos sociais, processos organizativos e mobilização popular'". Marques (2010) constata que entre os 162 trabalhos publicados nos Anais dos CBAS e do ENPESS, realizados entre 1995 e 2008, 3% tematizam os movimentos sociais. Nesse conjunto, somente 6% expõem experiências de intervenção profissional junto aos movimentos sociais. Silva e Silva (2009, p. 615) constata o decréscimo da produção sobre o tema nos artigos da revista *Serviço Social & Sociedade*: a produção é de 6,6% do total da produção nos anos 1979/1989, 5,4% nos anos 1989/1999 e 1,7% nos anos 2000/2009. Dados referentes à produção de conhecimento sobre o tema no espaço acadêmico — grupos de pesquisa; projetos de extensão: e nas produções da Pós-Graduação que atestam também a retração da tematização da relação da profissão com os movimentos e lutas sociais estão em Abramides, et al., 2014a. Algumas tendências são constatadas nos conteúdos desse debate, algumas das quais

No campo da *intervenção profissional* também se constata reduzida inserção profissional "[...] em organizações e associações próprias da classe trabalhadora, por elas criadas e geridas, assim como a falta de vínculos sólidos com seus movimentos sociais autônomos" (Iamamoto, 2004, p. 47). Os relatos dessa inserção circunscrevem-se, em sua maioria, em experiências extensionistas realizadas em algumas universidades públicas.[35]

No âmbito das *entidades representativas da profissão*, temos a continuidade e a acentuação da visibilidade de um vasto e diversificado campo de expressão de denúncias reveladoras da inexistência de direitos, de recrudescimento do conservadorismo, das reivindicações por políticas e serviços sociais públicos, universais e de qualidade na direção da construção de uma nova hegemonia dos interesses do trabalho com a erradicação de todas as formas de exploração, dominação e opressão. Essas denúncias e lutas estão especialmente presentes nas campanhas temáticas do conjunto CFESS/CRESS e/ou nas publicações coletivas de manifestos e moções realizadas pelas entidades e/ou em

---

já identificadas no debate profissional dos anos 1980: crescimento da incorporação das premissas teóricas pós-modernas e a decorrente leitura fragmentada/focalizada das lutas sociais; recorrência ao ecletismo; utilização de categorias de Gramsci, como hegemonia e intelectual orgânico, como constitutivas dos fundamentos do exercício profissional, o que incorre na tênue fronteira entre profissão e militância política; centralidade das análises nos espaços institucionais dos conselhos de direitos; recorrência à incorporação da "metodologia" da "educação popular" para a atuação profissional sem a explicitação das diferentes concepções de educação popular (por exemplo, a questão do "basismo") e a ausência de problematizações da sua transposição direta, como "metodologia", para a intervenção profissional; permanência do "messianismo", que hipertrofia a potencialidade das intenções do sujeito profissional (Duriguetto, 2014, p. 187-188). *A necessidade do fortalecimento das relações e intervenções profissionais no universo das organizações e lutas dos trabalhadores* está explicitada em artigos contidos em Abramides e Duriguetto (2014). Cf. também Abreu e Cardoso (2009) e Cardoso e Lopes (2009).

35. Os artigos publicados na revista *Serviço Social & Sociedade* (1996-2013) revelam a inexistência de análises que tratam da relação da profissão com os movimentos e organizações das classes subalternas e da intervenção profissional nesses espaços. A tematização desse tema está em dois artigos: um a aborda pela via da adoção da "metodologia" da educação popular e outro trata dos espaços conselhistas e faz menção à intervenção profissional. Cf. Duriguetto e Bazarello (2014). Marques (2010) elucida que nos trabalhos do ENPESS e CBAS (1995-2008), há relatos de experiências de assessoria com movimentos sociais por meio de programas de pesquisa, estágio e extensão que revelam resultados bastante exitosos para a formação profissional, para a função pública das universidades e para a própria organização dos movimentos e lutas sociais.

parceria com outras organizações e movimentos sociais. É incontestável a sintonia dos compromissos éticos e políticos assumidos pelas entidades do Serviço Social brasileiro, nessas últimas décadas, com o movimento de resistência e de lutas dos trabalhadores pelos seus direitos e pela construção de um projeto societário emancipador.

INDICAÇÕES CONCLUSIVAS

A recente intensificação dos processos de mobilização e organização dos trabalhadores não dá indícios significativos de reversão das relações de força em favor das classes subalternas, inclusive, são ainda insuficientes para enfrentar o conjunto das estratégias econômicas e políticas que continuam afirmando um avanço inconteste da hegemonia burguesa. O déficit habitacional; a não realização da reforma agrária; as políticas de ajuste que implicam o desfinanciamento e precarização das políticas sociais; a mercantilização dos serviços públicos; o avanço de legislações pautadas em valores retrógrados e preconceitos de classe, raciais e de gênero[36] são alguns dos fenômenos que encontram a resistência de diversos grupos subalternos, que assim visibilizam refrações da questão social que estão na base de configuração das demandas profissionais.

Nesse sentido, ressaltamos alguns elementos que são centrais na problematização e qualificação da relação da profissão com as lutas sociais:[37]

---

36. Referimo-nos, especialmente, ao Estatuto da Família (PL n. 6.583/2013); à Redução da Maioridade Penal (PEC n. 171/1993); à Criminalização da Vítima de Violência Sexual (PL n. 5.069/2013) e à Lei Antiterrorismo (PL n. 2.016/2015).

37. Uma agenda dos desafios da relação entre a profissão e os processos de mobilização e organização popular, no campo da pesquisa, está em Abramides et al. (2014a). Destacamos, nessa agenda, a análise dos movimentos sociais no âmbito da formação profissional. Nesta, a temática dos movimentos sociais é inserida como um dos conteúdos que compõem o núcleo dos Fundamentos da Formação Sócio-Histórica da sociedade brasileira. A análise da tematização dos movimentos sociais na formação profissional — tanto no que tange às tendências teóricas predominantes no debate dos movimentos sociais nas disciplinas que abordam o tema, quanto

1) A relação entre o Serviço Social e as lutas das classes subalternas é um componente inelimínavel da nossa profissão, uma vez que a sua constituição sócio-histórica tem na *questão social* — e nas suas determinações centrais[38] — a sua explicação fundante.

Neste sentido, compreender as *expressões da questão social a partir dos processos de luta, organização e resistência de classe é uma perspectiva de análise fundamental para o Serviço Social por tais processos constituírem uma das determinações centrais da demanda profissional*. O fato de que nem sempre exista uma relação imediata ou visível entre as expressões da questão social, que demandam a intervenção profissional e as lutas organizadas dos movimentos sociais, não pode nos levar a subestimar o caráter conflitivo e antagônico daquelas.[39] Daí que exista uma relação entre lutas/conflitos de classe e demanda profissional que precisa ser decifrada nas suas mediações históricas, teóricas e interventivas.

2) Destacamos, também, a necessidade de identificar as resistências, as formas de organização e as potencialidades de mobilização e de luta que os sujeitos desenvolvem em contraposição às expressões das desigualdades sociais que vivenciam. Essa identificação nos possibilita

---

à relação da profissão com os processos de mobilização e organização popular nos campos de estágio, oficinas e laboratórios — ainda é um desafio a ser enfrentado.

38. Questão social é aqui apreendida como o conjunto das expressões da desigualdade social que tem na produção coletiva da riqueza e na sua apropriação privada sua explicação fundante. Ou seja, sua *determinação econômica* está na lei geral da acumulação capitalista, que responde pela produção potenciada de riqueza simultânea e necessariamente acompanhada pela produção da pauperização relativa e absoluta. Mas a questão social também tem uma *determinação política*: representa a luta dos trabalhadores que, por meio da pressão política ao Estado e ao patronato, evidencia um conjunto de reivindicações que vão desde o acesso aos direitos até a apropriação da riqueza socialmente produzida. Cf. Iamamoto (2001) e Netto (2001).

39. Nem sempre os fenômenos como a fome, o desemprego, a violência de gênero, a falta de acesso das classes subalternas do campo e da cidade aos direitos sociais ou outras tantas demandas profissionais encontram relação direta com as lutas dos sujeitos coletivos. Entretanto, isso se deve também ao efeito vitorioso de estratégias de dominação que coagulam as expressões da questão social em meras "demandas individuais" e interditam a relação com as lutas de diversos movimentos sociais. Ao propor, na análise da questão social, uma ênfase especial nos traços de luta e resistência que estão presentes nas suas expressões, destacamos a necessidade de reconstruir a relação — mais ou menos visível, mais ou menos direta — que existe entre as demandas profissionais e as lutas das classes subalternas — tanto em termos teóricos, como das perspectivas concretas que essa relação pode descortinar para a intervenção profissional.

construirmos análises *dos padrões de intervenção do Estado e das frações das classes dominantes em face da questão social,* assim como *observar os "focos" do conflito social que serão alvo das estratégias de formulação e operacionalização de políticas sociais* que venham a ser acionadas como respostas preventivas a eles. *Essa perspectiva de análise do significado político das políticas sociais a partir das lutas sociais dos subalternos* possibilita dar visibilidade a disputas e contradições que perpassam o seu processo de formulação e implementação: as políticas sociais são sempre produto de relações de força que expressam tensões de classe. Mergulhar no movimento das resistências e lutas das classes subalternas é uma condição para problematizar os significados da nossa intervenção profissional nos diversos espaços sócio-ocupacionais e, neles, nas diversas expressões dos conflitos de classes.

3) *Identificar perspectivas de trabalho e atuação profissional que podem ser desenvolvidas nos diversos espaços sócio-ocupacionais em articulação com as lutas sociais das classes subalternas.* Essa identificação pode possibilitar o tensionamento da individualização do acesso a serviços e políticas — que reforçam a perspectiva de subalternização e do apassivamento —, potencializando a construção de estratégias coletivas para o encaminhamento das necessidades e demandas dos trabalhadores, bem como a atuação profissional nas suas organizações e movimentos. Trata-se de alianças e articulações que fortalecem o protagonismo político das reivindicações e interesses das classes subalternas nas políticas sociais e nos espaços institucionais nos quais intervimos, desafiando as demandas e mandatos institucionais.

Ainda que algumas destas estratégias profissionais reatualizem debates já presentes na década de 1980, é importante reconhecer, na atuação das entidades da categoria, crescentes investimentos para o aprofundamento do vínculo profissional com os movimentos sociais, na perspectiva de novas demandas, conhecimentos e habilidades que representam para a atuação do Serviço Social.[40] Nessa direção, mencionamos algumas dessas perspectivas:

---

40. Referimo-nos a um conjunto de perspectivas de intervenção que se relacionam com as lutas e organizações das classes subalternas reunidas, por exemplo, em documentos como: "Pa-

a) Desenvolvimento de ações de assessoria em organizações e movimentos, na perspectiva de identificação de demandas, na discussão e na formulação de estratégias para a defesa e acesso ao conjunto de políticas públicas como sujeitos coletivos, na qualificação da relação com o poder público; estimulando também a articulação com outros movimentos e organizações de trabalhadores para a troca de experiências e formação de ações conjuntas.

b) Desenvolvimento de ações de assessoria e acompanhamento técnico para a elaboração de projetos de assentamento e moradias urbanas.

c) Desenvolvimento de ações de assessoria ao processo de auto-organização interna das famílias em assentamentos e acampamentos, acompanhando a construção de formas coletivas de resolução dos conflitos e processos de organização.

d) Promoção de estratégias de articulação entre movimentos e organizações para a troca de experiências e construção de ações conjuntas.

e) Atuação profissional em fóruns, conselhos de direitos, conferências, contribuindo com a politização das políticas sociais, atribuindo transparência e visibilidade às situações de inexistência, oferta precária ou violação dos direitos.

f) Formação política[41] e apoio ao processo de auto-organização dos trabalhadores.

g) Construção de estratégias de intervenção orientadas às mulheres, negros(as) e aos jovens, pautando as relações e a desigualdade de

---

râmetros para a atuação de assistentes sociais na política de assistência social" e "Parâmetros para a atuação de assistentes sociais na saúde". Brasília: CFESS, 2009. Também, devemos mencionar a importância da criação dos Grupos de Trabalho e Pesquisa da ABEPSS — neste caso, do GTP Serviço Social e Movimentos Sociais, como parte das iniciativas coletivas da categoria profissional que objetivam a consolidação e articulação de pesquisas qualificadas e referenciadas socialmente na luta dos trabalhadores.

41. Não poderíamos deixar de mencionar a participação dos assistentes sociais nos cursos de formação da Escola Nacional Florestan Fernandes; assim como, também, a existência de cursos de Serviço Social para assentados da reforma agrária e outros movimentos sociais, construídos em parceria com as universidades federais, expressando a conquista do acesso desses sujeitos às políticas públicas de educação.

gênero, o machismo, o preconceito e as desigualdades raciais e a homofobia.

h) Realização de estudos socioeconômicos e de saúde, com o objetivo de conhecer as condições de reprodução dos trabalhadores, suas necessidades e reivindicações, sua trajetória de luta, para subsidiar a luta por direitos sociais fundamentais.[42]

i) Participação de assistentes sociais em diversas lutas e espaços de organização coletiva dos trabalhadores e sujeitos subalternos — frentes populares; movimentos sociais; partidos políticos de esquerda; lutas sindicais desenvolvidas nos seus ramos de atividade,[43] entre outros.

Acreditamos que essas perspectivas de pesquisa, de intervenção e de inserção política — que vêm sendo afirmadas por segmentos profissionais — nos fortalecem e reforçam nossa condição de *sujeitos profissionais, no sentido de atuarmos para além das políticas institucionais, tensionando seus limites, a precariedade do acesso aos direitos dos trabalhadores e as estratégias de apassivamento e controle dos sujeitos coletivos*. Essas perspectivas *nos sintonizam com o universo das lutas, das resistências e das organizações da classe trabalhadora*, sendo esta uma das condições centrais para darmos vitalidade ao nosso projeto profissional nos tempos que correm.

---

42. Esses estudos, construídos por meio de parcerias interdisciplinares com profissionais da saúde, são fundamentais para conhecer e dar visibilidade às condições singulares de existência, à dinâmica de reprodução social da classe e às tendências societárias em curso. Ao sistematizar informações sobre as condições de vida, de saúde, a relação com o trabalho, a habitação, as características da infraestrutura urbana e social, o grau de acesso às políticas sociais e aos serviços sociais fundamentais, esses estudos nos permitem conhecer as principais necessidades dos sujeitos para subsidiar os processos de auto-organização e as diversas lutas por direitos.

43. Em sua condição de trabalhador assalariado, o assistente social vivencia, como classe trabalhadora, a flexibilização das relações de trabalho e da precarização do emprego. Sua participação nas organizações sindicais de seu ramo de atividade é fundamental para, ao lado de outros segmentos profissionais, criar estratégias de resistência e de enfrentamento à precarização de suas condições de trabalho e de renda. O conjunto CFESS/CRESS defende uma posição crítica em relação à organização sindical por categoria, mantendo a defesa dos sindicatos por ramo de atividade, compreendendo que esse tipo de organização se constitui em uma fundamental estratégia de unificação dos trabalhadores. Os assistentes sociais, como parte da classe trabalhadora, têm demandas que se inserem no interior do quadro mais amplo das demandas gerais desta classe, o que implica desenvolvermos lutas e construirmos reivindicações junto a outros trabalhadores a partir dos processos de trabalho aos quais estamos vinculados.

REFERÊNCIAS BIBLIOGRÁFICAS

ABEPSS. Proposta básica para o projeto de formação profissional. *Serviço Social & Sociedade*, São Paulo, n. 50, 1996.

ABRAMIDES, M. B. C.; CABRAL, M. S. R. *O novo sindicalismo e o Serviço Social*. São Paulo: Cortez, 1995.

_____ et al. Relatório síntese do GTP Movimentos Sociais e Serviço Social. *Temporalis*, Brasília, ano 13, n. 26, 2014.

_____. *Movimentos sociais e Serviço Social*: uma relação necessária. São Paulo: Cortez, 2014a.

ABREU, M. M. *Serviço Social e a organização da cultura*: perfis pedagógicos da prática profissional. São Paulo: Cortez, 2002.

_____; CARDOSO, F. G. Mobilização social e práticas educativas. In: ABEPSS; CFESS (Orgs.). *Serviço Social*: direitos sociais e competências profissionais. Brasília: CFESS/ABEPSS, 2009.

BALDI, L.; DURIGUETTO, M. L. Educação popular e Serviço Social: um diálogo possível? In: MOLJO, C.; SANTOS, C. M. (Orgs.). *Serviço Social e questão social*. Juiz de Fora: Ed. da UFJF, 2014.

BRAGA, R. *A política do precariado*. São Paulo: Boitempo, 2012.

CARDOSO, F. G.; LOPES, J. B. O trabalho do assistente social nas organizações da classe trabalhadora. In: ABEPSS; CFESS (Orgs.). *Serviço Social*: direitos sociais e competências profissionais. Brasília: CFESS/ABEPSS, 2009.

DIEESE. Balanço das greves em 2013. *Estudos e Pesquisas*, São Paulo, n. 79, dez. 2015. Disponível em: <www.dieese.org.br>. Acesso em: jan. 2016.

DURIGUETTO, M. L. Movimentos sociais e Serviço Social no Brasil pós-anos 1990: desafios e perspectivas. In: _____; ABRAMIDES, M. B.; (Orgs.). *Movimentos sociais e Serviço Social*: uma relação necessária. São Paulo: Cortez, 2014.

DURIGUETTO, M. L.; BAZARELLO, R. Movimentos sociais e Serviço Social: termos do debate. *Temporalis*, Brasília, ABEPSS, n. 29, 2015.

HARVEY, D.; MARICATO, E.; ZIZEK, S. et. al. *Cidades rebeldes*: passe livre e as manifestações que tomaram as ruas do Brasil. São Paulo: Boitempo, 2013.

IAMAMOTO, M. V.; CARVALHO, R. *Relações sociais e Serviço Social no Brasil*. São Paulo: Cortez, 1986.

_____. *O Serviço Social na contemporaneidade*. São Paulo: Cortez, 1998.

_____. A questão social no capitalismo. *Temporalis*, ano II, n. 3, jan./jun. 2001.

_____. *Renovação e conservadorismo no Serviço Social*. São Paulo: Cortez, 2004.

_____. As dimensões ético-políticas e teórico-metodológicas no Serviço Social contemporâneo. In: MOTA, A. E. et al. *Serviço Social e saúde*. São Paulo: Cortez, 2006.

MARRO, K. *Serviço Social em movimento*: experiências universitárias de trabalho e articulação com movimentos e organizações das classes subalternas na contemporaneidade. Relatório de Pesquisa. Rio das Ostras: Ed. da UFF, 2011.

MARQUES, M. G. A relação do Serviço Social com os movimentos sociais na contemporaneidade. In: ENPESS, 12., *Anais...*, Rio de Janeiro, ABEPSS, 2010. [CD-Rom.]

MATTOS, M. B. *Reorganizando em meio ao refluxo*. Rio de Janeiro: Vício de Leitura, 2009.

_____. Greves no Brasil: o despertar de um novo ciclo de lutas? *Correio da Cidadania*, 23 maio 2014. Disponível em: <http://www.correiocidadania.com.br/index.php?option=com_content&view=article&id=9641:submanchete230514&catid=72:imagens-rolantes>. Acesso em: jun. 2014.

MOTA, A. E.; AMARAL, A. Serviço Social brasileiro: cenário e perspectivas nos anos 2000. In: _____; _____. *Serviço Social brasileiro nos anos 2000*: cenários, pelejas e desafios. Recife: Ed. da UFPE, 2014.

NETTO, J. P. *Ditadura e Serviço Social*: uma análise do Serviço Social no Brasil pós-64. São Paulo: Cortez, 1991.

_____. Notas sobre o marxismo e Serviço Social, suas relações no Brasil e a questão de seu ensino. *Caderno ABESS*, 1995.

_____. Cinco notas a propósito da questão social. *Temporalis*, Brasília, ABEPSS, ano 2, n. 3, 2001.

_____. A conjuntura brasileira: o Serviço Social posto à prova. *Serviço Social & Sociedade*, São Paulo: Cortez, n. 79, 2004.

_____. O movimento de reconceituação 40 anos depois. *Serviço Social & Sociedade*, São Paulo: Cortez, n. 84, 2005.

_____. III CBAS: Algumas referências para a sua contextualização. In: CFESS (Org.). *30 anos do Congresso da Virada*. Brasília, 2009.

_____. Crise do capital e consequências societárias. *Serviço Social & Sociedade*, São Paulo: Cortez, n. 111, 2012.

RAICHELIS, R. Considerações a respeito da prática do Serviço Social em movimentos sociais: fragmentos de uma experiência. *Serviço Social & Sociedade*. São Paulo: Cortez, 1982.

SILVA E SILVA, M. O. Trinta anos da revista *Serviço Social & Sociedade*: contribuições para a construção e o desenvolvimento do Serviço Social no Brasil. *Serviço Social & Sociedade*. São Paulo: Cortez, n. 100, 2009.

_____. *O Serviço Social e o popular*: resgate teórico-metodológico do Projeto Profissional de Ruptura. São Paulo: Cortez, 2011.

Capítulo 4

Serviço Social e política social: 80 anos de uma relação visceral

ELAINE ROSSETTI BEHRING
IVANETE BOSCHETTI

Neste ano de 2016, em que estão em curso várias comemorações e debates em torno do Serviço Social brasileiro que se torna octogenário,[1] fomos instigadas pela organização desta coletânea a redigir as linhas que seguem acerca da relação entre o Serviço Social e a Política Social nestes 80 anos de história, bem como pensar os desafios que se colocam para a profissão nos anos vindouros na sua relação com as políticas sociais nesses tempos de crise econômica e política. Vale registrar que o Serviço Social no Brasil hoje tem uma grande responsabilidade pelo tema da política social, seja como área de conhecimento, seja como

---

1. Das quais destacamos a realização do XV ENPESS, com o tema *20 anos de diretrizes curriculares, 70 de ABEPSS e 80 de Serviço Social no Brasil. Formação e trabalho profissional — reafirmando as diretrizes curriculares da ABEPSS* (Ribeirão Preto, dezembro de 2016); o 15º CBAS, com o tema *80 Anos do Serviço Social no Brasil — a certeza na frente e a história na mão* (Olinda, setembro de 2016); a *Agenda Assistente Social 2016*, construída pelo CFESS em torno dos 80 Anos do Serviço Social no Brasil; e o Seminário Anual de Serviço Social da Cortez Editora (São Paulo, maio de 2016), que publica esta coletânea.

campo de exercício profissional, já que as políticas sociais são as maiores empregadoras de assistentes sociais. O GTP de Política Social e Serviço Social da ABEPSS em seu Relatório Biênio 2013/2014[2] informa, por exemplo, que de 442 grupos de pesquisa relacionados à política social em todo o Brasil, no Diretório Grupos do CNPq, 120 (27,15%) são da área de Serviço Social. Entre 2010 e 2014, o GTP levantou ainda que foram produzidas 59 teses e 294 dissertações sobre política social pela área, bem como 3.239 artigos em periódicos no mesmo período, sem falar dos livros publicados. Pode-se por essa breve aproximação ter noção do significado do tema da política social para o Serviço Social.

Para desenvolver algumas sínteses a respeito de um tema tão vasto e tão importante na nossa trajetória como profissão e produção de conhecimento, faremos um percurso que parte de um resgate teórico-histórico sobre os nexos ontológicos que vinculam a profissão ao Estado Social, para na sequência tratar dos caminhos distintos do desenvolvimento dessa relação no Brasil, onde evidenciamos o trânsito de uma relação de controle sobre a classe trabalhadora subjacente a uma postura pragmática e conservadora para a perspectiva da luta por direitos no campo da emancipação política como mediação para a emancipação humana, que marca a ruptura com o conservadorismo, finalizando com uma caracterização da condição atual da política social no Brasil e os desafios para o Serviço Social.

1. Serviço Social e política social: um vínculo ontológico

No trabalho intitulado *Política social: fundamentos e história* (Behring e Boschetti, 2006), fizemos um debate sobre a relação entre política

---

2. Trabalho realizado pela Comissão Coordenadora do GTP de Política Social e Serviço Social da ABEPSS no Biênio 2013/2014, composta pelas professoras Ana Paula Mauriel, Elaine Rossetti Behring, Ivanete Boschetti e Maria Ozanira da Silva e Silva.

social e Serviço Social, que recuperamos aqui brevemente como um pressuposto para todo o debate que segue. Quando nos referimos a um vínculo ontológico entre esses processos, trata-se de falar de uma requisição do movimento da realidade, ou seja, a relação entre a possibilidade histórica da profissão e do Estado Social com suas políticas sociais está relacionada ao movimento da totalidade concreta, o modo de produção capitalista, generalizando-se na passagem do capitalismo de livre concorrência para o capitalismo monopolista (Behring, 1998 e Netto, 1992). Portanto, busca-se observar essa relação na história e não a partir de si mesma. A condição geral do trabalho assalariado, subsumido ao capital, e que para se valorizar precisa extrair daquele o mais-valor, base para o processo de acumulação; a emersão do pauperismo daqueles que não se inserem no assalariamento e conformam um exército de reserva ou superpopulação relativa; bem como a presença na cena pública dos trabalhadores em luta colocando em foco a questão social em suas diversas expressões (Netto, 2001; Iamamoto, 2008; Behring e Santos, 2009; Santos, 2012) são alguns dos processos históricos centrais que vão requisitar respostas do Estado e da burguesia. Dentre essas respostas estão as políticas sociais, indo além da repressão pura e simples do Estado gendarme pós-lutas de 1848 e da liberal Lei dos Pobres de 1834, voltados a disciplinar a força de trabalho para inserção na sua nova condição de expropriada, separada dos meios de produção, "livre como os pássaros" (Marx, 1988).

Elas são resultado da luta política dos trabalhadores, e após uma primeira vitória da economia política do trabalho *versus* a do capital, com a aprovação das Leis Fabris conforme a caracterização de Marx em seu belo capítulo sobre a jornada de trabalho em O *Capital* (1982), tem-se que no final do século XIX começam a pulular na Europa as primeiras medidas de proteção social. Destaca-se aqui o modelo bismarckiano do seguro social que surge como uma resposta à presença do trabalho organizado, inclusive com presença no parlamento alemão por meio do Partido Social-Democrata. Duas guerras e a crise de 1929, bem como a Revolução Russa de 1917, vão exigir respostas mais contundentes, sob pena de o capitalismo ser superado por novas revoluções que ademais se anunciaram na Alemanha e na Espanha, por exemplo.

Assim, já em 1942, a formulação do Plano Beveridge na Inglaterra orientou a expansão do Estado Social no pós-guerra, materializando direitos sociais que seriam impensáveis no ambiente liberal que vigorou até a crise de 1929/32. Nesse processo de expansão de direitos e das políticas sociais que os materializam, diga-se com diferenças temporais e estruturais entre os países a depender de sua condição periférica ou central na economia capitalista mundial e da luta de classes interna, começa a surgir uma nova especialização do trabalho coletivo (Iamamoto e Carvalho, 1982), o Serviço Social, inicialmente operador das políticas sociais, com seus serviços e benefícios, mas com o passar do tempo e a partir de um processo de qualificação crescente que acompanhou a ampliação e complexificação dos padrões de proteção social, também formulador e avaliador deles.

No Brasil, esse processo não ocorreu de forma muito diferente, mas tem particularidades, seja pelo ritmo temporal, seja pela cobertura sempre aquém da demanda, o que se relaciona à condição do trabalho entre nós, diga-se, à inexistência do pleno emprego keynesiano, sustentáculo do *Welfare State* dos chamados Anos Gloriosos (1946-1970). Se estamos falando de 80 anos da profissão, a referência é à fundação da primeira unidade de formação de assistentes sociais, em 1936, hoje a PUC-SP. O contexto não poderia ser mais propício: desde o início do século XX as lutas dos trabalhadores, com destaque para São Paulo, Rio de Janeiro e Pernambuco, vinham ganhando novos contornos. A combinação entre o peso e o fim do escravismo com suas inúmeras contradições, a imigração trazendo para cá uma força de trabalho com experiência política, a urbanização e o início da industrialização era explosiva. Os ares da Revolução Russa de 1917 também chegaram por aqui e, em 1922, é fundado o Partido Comunista Brasileiro (PCB). Havia ainda uma efervescência cultural, com a Semana de Arte Moderna, também em 1922, bem como uma inquietação com o projeto de nação, como bem ilustra a experiência da Coluna Prestes entre 1925 e 1927, percorrendo o país com críticas contundentes à República Velha. Pouco antes, em 1917 e 1920, explodiram greves gerais importantes, frente às condições angustiantes de vida e trabalho naquele período de "liberalismo excludente", bem descritas por Iamamoto e Carvalho (1982, p. 129). Assim, estava posta na pauta a questão social à brasileira.

Os impactos da crise de 1929/32 foram avassaladores para o Brasil, um país que tinha 70% de seu PIB vinculado à monocultura do café, o que se traduzia em poder político (Fausto, 1975). Nesse passo, as oligarquias insatisfeitas se reúnem em torno de Getúlio Vargas, para depor Washington Luís, no que se denominou como Revolução de 1930. Por dentro da dinâmica que se instaura a partir dessa inflexão histórica, a questão social passa a ser tratada como questão política mais efetivamente, porém sem dispensar nunca a polícia, evidentemente, já que a violência é uma marca trágica da sociedade e do Estado no Brasil (Chaui, 2000). Desde 1919, com a lei sobre acidentes de trabalho, e 1923, com a Lei Eloy Chaves que institui obrigatoriamente as Caixas de Aposentadoria e Pensão (CAPs) para algumas categorias estratégicas de trabalhadores, há iniciativas mais consistentes de desenho do Estado Social no Brasil. Mas é a partir de 1930, com a criação do Ministério do Trabalho, da Carteira de Trabalho e dos Institutos de Aposentadoria e Pensão, além de outras instituições, que se podem identificar passos mais consistentes naquela direção. A relação entre Igreja Católica e Estado no Brasil, bastante explorada na pesquisa de Iamamoto e Carvalho (1982), também é constitutiva desse giro no trato da questão social. Suas soluções antiliberais e antidemocráticas, além de seu anticomunismo atávico, mantêm uma espécie de afinidade eletiva com o corporativismo varguista e o espírito estado-novista a partir de 1937. Para Iamamoto e Carvalho (1982), inicia-se ali o segundo ciclo do movimento católico laico no país, em busca dos privilégios perdidos com a queda da República Velha. É exatamente dessa combinação entre reação católica, projeto varguista e a questão social na cena pública impondo a necessidade de antecipar as possibilidades de insurgência e cooptar parcelas dos trabalhadores, que nasce o Serviço Social no Brasil. Nesse sentido, o trabalho de Iamamoto e Carvalho (1982), hoje um clássico da área de Serviço Social, é elucidativo desses nexos que não precisamos desenvolver aqui. Esse breve percurso fez-se necessário apenas para sublinhar a relação necessária e visceral entre trabalho, questão social, lutas de classe, política social e Serviço Social, que o curso da história demonstra plenamente.

2. Caminhos distintos dessa relação no Brasil

Desencadeada a formação e a inserção desses novos profissionais no mercado de trabalho a partir de fins dos anos 1930, podemos identificar caminhos distintos dessa relação com a política social, considerando as alterações das requisições profissionais neste âmbito em função do trânsito para o capitalismo monopolista no Brasil e sua consolidação, os processos de urbanização combinados à industrialização, o adensamento político e material da classe trabalhadora, e também o elemento subjetivo, qual seja, a correlação de forças entre as classes e seu impacto sobre o *ethos*, o processamento do trabalho e a formação profissional.

Inicialmente, sob a égide da Igreja Católica, e na relação com as escolas belga e francesa, se tratava de impulsionar grupos de senhoras interessadas em desenvolver sua "vocação educadora e caridosa" (Iamamoto e Carvalho, 1982, p. 171) numa lida sistemática com o meio operário e popular brasileiro na perspectiva de um controle dos comportamentos para que a classe trabalhadora em formação estivesse apta para o trabalho e protegida dos impulsos anarquistas e comunistas. Em geral, esta ação se deu por meio dos centros operários e círculos católicos. Porém, cada vez mais este novo profissional será requisitado para a operação da nova institucionalidade em construção, as políticas sociais. Isso vai ter impacto em dois sentidos: a fundação de novas unidades de formação em outros estados da federação, inclusive mais distantes da influência católica, como foi o caso da Faculdade de Serviço Social hoje da UERJ, na antiga capital federal e em articulação mais direta com as políticas sociais em curso (Veloso et al., 2014); e a cooptação de quadros para além das senhoras católicas vinculadas às classes dominantes, ou seja, nos segmentos médios e nos meios operários e populares o que, ao longo do tempo, alterará o perfil e os vínculos de classe das(os) assistentes sociais. Vinte e um anos após a fundação da primeira escola de Serviço Social, em 1957, a profissão é regulamentada por lei federal, o que é um tempo histórico relativamente curto e mostra uma densidade maior da categoria profissional no país e sua capacidade de pautar a regulamentação no contexto da ordem democrática limitada (Santos, 1979).

Esse crescimento da profissão caminhou *pari passu* com a emersão das grandes instituições e o avanço da não clássica revolução brasileira, diga-se, do processo de modernização capitalista com a introdução dos monopólios (Netto, 1991 e 1992), destacando-se aqui, após o impulso varguista, o desenvolvimentismo, de Juscelino Kubitschek ao Milagre Brasileiro e o II Plano Nacional de Desenvolvimento da Ditadura Militar (1968-1976). No contexto do desenvolvimentismo, o arcabouço técnico operativo orientado pelo tomismo e pela reação católica era extremamente limitado para a intervenção profissional, seja nas grandes instituições de previdência e saúde — articuladas em boa parte deste período — assistenciais, como a LBA e a Fundação Leão XIII, seja no sistema SENAI, SESI, SESC, que vinham complexificando seus serviços e projetos desde os anos 1940. Em tempos do *hegemon* norte-americano, com seu *American way of life*, o Serviço Social brasileiro buscará também o suporte no serviço social americano, este último hegemonicamente embebido da sociologia funcionalista, de Durkheim a Parsons e Merton, com toda a visão social de mundo individualista e psicossocial que lhe é peculiar. Assim, os fatos sociais passam a ser descritos, classificados e analisados a partir de suas expressões fenomênicas, e os problemas sociais são abordados como casos individuais, grupais ou comunitários, de forma isolada e descolada da história. Para o Serviço Social, problemas sociais a serem enfrentados com estratégias sistemáticas, técnicas, metódicas, no sentido de integrar, romper com situações desviantes, patológicas, anômicas e produzir a coesão social. Ou, poder-se-ia dizer, a questão social a partir de sua apreensão conservadora, e que resulta em respostas também pontuais e tutelares, mesmo que por dentro de políticas públicas.

Façamos aqui uma pausa nesse nosso percurso para uma visita ao que Coimbra (1987) caracteriza como Perspectiva do Serviço Social, num texto largamente utilizado na formação profissional nos anos 1990 — Abordagens teóricas ao estudo das políticas sociais. O autor, com base no clássico texto de Mishra (1981), reconhece que esta é a abordagem mais tradicional e mais antiga quanto às políticas sociais, mas que possui vocação para o "empírico e o pragmático" e para o reformismo, aqui no sentido de mudanças localizadas. Orienta-se para a prática e não para a teorização ou a especulação (1987, p. 76). Para o autor, a Perspectiva do Serviço Social nasce de uma reação à ortodoxia liberal, desenvolvendo uma espécie de hostilidade contra as teorias liberais que se estende para a teorização em geral, convocando as melhorias sociais como ideia nuclear: busca-se melhorar o mundo, não o entender. Desta lógica, deriva a tendência de se dedicar às situações locais ou implementação de políticas governamentais ou programas empresariais, utilizando-se de uma mistura eclética de teorias e métodos. Na ausência de teorias explicativas ou de um conceito próprio de política social, o que define o que é a política social para essa perspectiva termina sendo a prática governamental. Para Coimbra, o empirismo ingênuo levou frequentemente essa perspectiva para uma leitura míope e desfocada da realidade, e a situar-se ingenuamente perante os efeitos ideológicos de sua intervenção. Ainda no rastro de Mishra, o texto aponta alguns traços positivos dessa abordagem: sua importância e peso no universo intelectual vinculado à temática da política social; a preocupação com problemas relevantes; a adesão a valores humanitários; a preocupação com a mudança social em um sentido direto e imediato (1987, p. 79).

Essa caracterização da Perspectiva do Serviço Social é muito extemporânea se pensamos a profissão no Brasil a partir dos trabalhos de Faleiros (1980, 1986), de Bonetti et al. (1985) e tantos outros que vieram na sequência fazendo com que sejamos hoje a área de conhecimento no país que mais produz sobre essa temática. Retomaremos essa questão adiante, pois o que importa aqui é que essa caracterização cabe como uma luva no Serviço Social conservador, orientado pelo tomismo, o positivismo e o funcionalismo, com o qual a profissão buscou romper desde os anos 1970 no Brasil. Cabe também à adesão do Serviço Social ao desenvolvimentismo, com sua visão estrutural-reformista de mudança social e seus desdobramentos no desenvolvimento de comunidade dos anos 1960, evidentemente que num patamar superior ao aqui referido. Cabe, ainda, organicamente na visão tecnocrática que marcou a adesão de segmentos dos profissionais às políticas sociais da Ditadura Civil-Militar, tão bem analisada em Netto (1991). A visão de política social e o *modus operandi* que derivam desse campo de diálogo são descritos de forma competente, ainda que com insuficiente análise e atualização histórica, por Mishra, traduzido por Coimbra naquele texto.[3]

Este caminho empirista e pragmático, mesmo que mantenha bases conscientes ou não no Serviço Social nos dias de hoje por meio de perspectivas neoconservadoras, foi claramente elaborado e superado pelo Serviço Social. O início dessa superação está no Movimento de Reconceituação na América Latina e seus desdobramentos no Brasil. Quanto ao Movimento de Reconceituação (1965-1975), Iamamoto (2015, p. 4),[4] sustenta que os primeiros aportes críticos para pensar teórica e dialeticamente a política social vieram do CELATS. Segundo a autora:

> Em 1979, a partir de um grupo de cientistas sociais que o CELATS congrega em suas atividades e assessoria, inaugura-se *o debate sobre a política social no âmbito do Serviço Social latino-americano*, no Simpósio de Playas, em Guaiaquil (Equador).[5] Essa abordagem permite situar o Serviço Social no âmbito das relações entre o *Estado e a*

---

3. O texto de Mishra se refere à Perspectiva da Administração Social, que Coimbra traduziu como Serviço Social.

4. Conferência realizada no XXI Seminario Latinoamericano de Escuelas de Trabajo Social, em Mazatlan, México, 2015, organizado pela ALAEITS. O texto faz um amplo e original balanço do Movimento de Reconceituação.

5. A autora indica a referência do seguinte texto: CELATS. Política social: algunos problemas levantados en el Simposio de Playas. *Acción Crítica*, Lima: CELATS/ALAETS, n. 5, 1979.

sociedade de classes, rompendo a análise isolada e endógena do exercício profissional.

Esse elemento da minuciosa pesquisa empreendida por Iamamoto é muito interessante e importante. Provoca o desenvolvimento de pesquisas históricas, já que a análise de Behring (1998), envolvendo a produção brasileira entre 1979 e 1989, identificava que essa apreensão dialética e de ruptura com o estruturalismo dos primeiros anos daquele período (cf. Behring, 1998; Behring e Boschetti, 2006) ocorreu apenas na segunda metade dos anos 1980. Naquela ocasião, percebemos que um texto de Lúcio Kowarick sobre o tema do Estado, publicado na revista *Serviço Social & Sociedade* n. 17, em 1985, que incorporava os aportes de Gramsci e Poulantzas, exerceu grande influência no giro do debate. Iamamoto se refere ao conhecimento deste texto de Kowarick pelo grupo do CELATS desde 1979, quando, a partir da ideia de pacto de dominação, chegou-se à natureza contraditória do Estado e da política social. O fato é que há uma inflexão teórica e político-profissional a partir de fins dos anos 1970, que Netto (1991) caracteriza como um movimento de "intenção de ruptura" no Serviço Social brasileiro, que repercute na pesquisa, na reflexão teórica, qualifica o Serviço Social como área de conhecimento, e altera as referências ético-políticas profissionais, a exemplo dos Códigos de Ética do Assistente Social de 1986 e 1993, que apontam para o compromisso com os trabalhadores, suas demandas e direitos, o que implicou numa profunda alteração da relação que vimos debatendo até este momento. Iamamoto (2015) fala da superação da Reconceituação, considerando os rumos do Serviço Social no Brasil, embora mantendo vínculos fundamentais com aquela.

O que se passou a chamar de Projeto Ético-Político profissional a partir dos anos 1990, distante da indiferença para com a teoria, mergulha na apreensão dos aportes da tradição marxista para compreender a realidade a partir de suas contradições e da perspectiva de totalidade. Evidentemente, inclusive porque a tradição marxista envolve pontos de chegada diferenciados e por vezes com fortes dissensos, esse processo, que ademais permanece em curso, não se deu de forma unívoca. Behring (1998) sistematizou alguns descaminhos pelos quais enveredou a análise da política social pelo Serviço Social no campo crítico, sobressaindo a dificuldade de efetivamente dialogar com a crítica da economia política e a categoria valor para pensar o significado da política social nos vários tempos históricos em que ela surge e se altera. Tais tensões hoje nos parecem mais resolvidas e enfrentadas a partir de uma ampla e densa produção.

Contudo, cabe outra notação muito significativa nessa relação entre Serviço Social e política social: a incidência do debate profissional na configuração e formulação da política social no Brasil, desde o processo de redemocratização do país e a Constituinte. O estudo de Boschetti (2006) mostra a importância das entidades do Serviço Social no desenho da seguridade social brasileira inscrito no marco constitucional de 1988. E desde então a participação de assistentes sociais nas lutas em torno dos direitos no Brasil tem sido permanente e incansável, mesmo que parcelas importantes da categoria não façam dos direitos iguais um mito ou um ponto de chegada, mas um caminho para mudanças bem mais profundas. Por outro lado, a ação profissional se dá em condições determinadas, especialmente se observamos que as(os) assistentes sociais são trabalhadores assalariados, o que impõe um conjunto de mediações para analisarmos sua relação com as políticas sociais. Vejamos no item que segue elementos sobre como, no contexto presente, essa relação se coloca.

3. Tensões e desafios
em contexto de crise

As históricas mudanças na relação entre Serviço Social e Política Social a partir da década de 1970 se construíram e se soldaram nos compromissos coletivos da profissão com a liberdade e emancipação humana, com a igualdade no acesso aos direitos sociais, com a socialização da participação política e da riqueza socialmente produzida, com a universalidade e qualidade no acesso aos direitos, com a eliminação de todas as formas de preconceito e com o compromisso com um projeto societário não capitalista. São compromissos tecidos na fundamentação teórico-crítica e nos valores ético-políticos da tradição marxista e na vinculação da profissão com as lutas e movimentos sociais, que alimentam cotidianamente o Projeto Ético-Político Profissional (Netto, 2011). Não se realizam corporativamente, mas se forjam, se fortalecem e se articulam com as lutas políticas em defesa da universalização do acesso aos direitos, bens e serviços públicos, na democratização dos espaços públicos, na redução das desigualdades sociais, nas lutas contra toda forma de opressão, exploração e discriminação. São compromissos libertários, que têm na defesa da emancipação política uma mediação na construção de um projeto de superação da sociabilidade capitalista.

No tempo presente, a intervenção no campo das políticas sociais constitui inegavelmente o principal espaço de atuação profissional,[6] na perspectiva de materialização de direitos sociais como saúde, educação, previdência social, assistência social, moradia, lazer, trabalho. São diferentes e variadas competências e atribuições profissionais realizadas no dia a dia,[7] em sua maioria na relação direta com trabalhadores e trabalhadoras em condições de violação de direitos, que buscam no Serviço Social uma possibilidade para aceder à informação e à orientação para acesso aos bens e serviços públicos. O Serviço Social, portanto, não se confunde com nenhuma política social nem se vincula

---

6. Não há dados exatos sobre a distribuição profissional nas diferentes áreas de atuação. Segundo o CFESS, ao final de 2015 havia aproximadamente 160 mil assistentes sociais inscritas(os) nos CRESS. Destas(es), calcula-se que 90% atuam nas políticas sociais nos três níveis da federação. O Censo SUAS 2014 indica que atuam na política de assistência social um total de 42.669 profissionais (rede pública e privada), o que corresponde a 27% do total. As(Os) demais se distribuem entre as outras políticas sociais como saúde, previdência social, educação, habitação, espaço sociojurídico e outros espaços de intervenção.

7. Estabelecidas legalmente na Lei de Regulamentação Profissional, Lei 8.662, de 7 de junho de 1993. Disponível em: <http://www.planalto.gov.br/ccivil_03/leis/L8662.htm>. Consultar também outras infrarregulamentações disponíveis na página do CFESS, disponível em: <http://www.cfess.org.br/visualizar/menu/local/regulamentacao-da-profissao>. Acesso em: 28 jan. 2016.

exclusivamente a nenhuma delas, mas se institui e se consubstancia materialmente no processo teórico-político de condução das políticas sociais. Também não se limita à execução das políticas sociais e aos seus limites institucionais. Nas últimas três décadas, a já referida perspectiva designada por Netto (1991, 2011) de "intenção de ruptura" firmou o Serviço Social como fundamental campo de reflexão, formulação e teorização crítica sobre a política social na sociabilidade capitalista. Nisso se distancia não somente de sua origem nacional, como se viu antes, como também do exercício da profissão em grande parte do mundo, ainda subjugado a práticas convencionais e/ou conservadoras, orientadas pela perspectiva sistêmica funcional ao capital.

Romper hegemonicamente com o conservadorismo e situar-se na mediação entre as necessidades sociais e a realização de direitos na sociabilidade capitalista obriga o Serviço Social a conviver permanentemente com tensões próprias das relações sociais capitalistas, inscritas no imperativo de permanente produção e reprodução do capital, ou, como afirma Marx (2009, p. 151): "O limite da produção é o lucro dos capitalistas e jamais as necessidades dos produtores". A contradição perene entre as demandas e lutas por direitos da classe trabalhadora e os ditames da acumulação do capital, que requer a mercantilização de bens e serviços, coloca a profissão no "fio da navalha" dos antagonismos de classe. Colocar-se eticamente em defesa dos direitos da classe trabalhadora é postura ético-política e teórica essencial para assegurar a emancipação política, mas não assegura a igualdade substantiva (Santos, 2010) nem garante a satisfação das necessidades da classe trabalhadora. Essa tensão estrutural se agudiza em tempos de crise, de avanço do conservadorismo, de criminalização das lutas sociais, de destruição e retenção de direitos sociais, e impõe novos e também antigos desafios aos profissionais.

Essa estrutural e histórica tensão impele os assistentes sociais a reconhecer e assumir que, contraditoriamente, o Estado Social, ao conjugar direitos resultantes da luta de classes, possibilitou o alcance da emancipação política, mas não assegura a emancipação humana. A cidadania possível e concretizada no âmbito do Estado Social capitalista, se, por um lado, pode "perturbar" a lei geral da acumulação capitalista, ao tencionar o capital, por outro, contraditoriamente, participa da reprodução ampliada do capital, sendo a este cada vez mais subordinada, sobretudo em tempos de agudização das crises do capital (Marx, 2009; Mandel, 1990; Mészaros, 2009). Lutar, defender e materializar direitos no exercício da profissão, portanto, caracterizam-se como desafios cada vez mais requeridos no confronto capital/trabalho, mas pressupõem situar o sentido e dimensão dos direitos e das políticas sociais que os materializam num projeto coletivo mais amplo de supressão da sociabilidade mercantilizada.

Em contexto de crise, as políticas sociais são os principais alvos da mercantilização, da focalização, da privatização, da transformação de bens e serviços em mercadorias destinadas a manter aquecido o consumo e a competitividade, e sofrem diretamente a ofensiva capitalista em sua permanente busca por superlucros. Em sua peleja para assegurar direitos e universalizar as políticas sociais, as/os assistentes sociais são duramente tensionados com exigências institucionais para endurecer critérios de elegibilidade, estabelecer ou ampliar condicionalidades e contrapartidas, focalizar benefícios e prestações assistenciais e previdenciárias, reduzir o nível dos benefícios sociais; desenvolver serviços sem as devidas condições financeiras e institucionais, transferir cuidados e proteção públicos às famílias e/ou organizações não governamentais, entre outras demandas que impõem intransponíveis limites à universalização das políticas e dos direitos.

O trabalho profissional esbarra cotidianamente nesses limites e desafia a(o) assistente social a situá-los na totalidade histórica, como condição para não cair no voluntarismo e pragmatismo tão presentes nos primórdios da profissão, e como estratégia interventiva fundamental para socialização de informações e construção de processos educativos junto aos usuários com quem trabalha. Por isso, desdobra-se como desafios contemporâneos a compreensão das implicações da crise para as políticas sociais e para as condições de vida da classe trabalhadora. Cabe ao profissional entender e desmistificar as interpretações superficiais e equivocadas da crise, que a restringem aos seus efeitos e não reconhecem suas causas, enraizadas no antagonismo entre produção social e apropriação privada da riqueza, ou, como afirma Marx (2009, p. 85), "as crises são manifestações das contradições inerentes ao modo de produção capitalista".

Traduzir no âmbito profissional o significado estrutural da crise do capital possibilita desmistificar diversos mitos que encobrem a persistência da desigualdade e da pobreza, o aumento do desemprego e de relações informais de trabalho sem direitos, a falta de qualidade na saúde pública, a redução da previdência pública, a expansão do ensino privado em todos os níveis, as crescentes expressões de violência no campo e na cidade e contra a juventude negra. Possibilita entender que parte significativa do fundo público é desviado do orçamento que deveria ser aplicado nas políticas sociais e transferido para pagamento de juros da dívida pública, o que favorece e alimenta imensamente o capitalismo financeirizado (Salvador, 2010; Behring, 2012) e restringe recursos para os direitos; possibilita compreender que a disputa de classes pelo fundo público favorece sempre o empresariado e os mais elevados salários, já que a carga tributária é altamente regressiva e onera intensamente a classe trabalhadora e os baixos salários (Salvador, 2010); possibilita entender que a política econômica de juros altos impõe elevado custo de vida, com aumento de preços, aumento de tarifas públicas e perdas salariais.

Desmistificar esta conjuntura é essencial para deslindar a condição contemporânea do trabalho e da política social e entender as determinações sócio-históricas de conformação do trabalho profissional e das condições de realização do Projeto Ético-Político profissional. Permite compreender que, no Brasil, as políticas sociais estão longe de alcançar a universalidade e de reduzir a desigualdade estrutural provocada pela concentração de renda e propriedade, embora ainda sejam as únicas alternativas da classe trabalhadora para acessar a educação, a saúde, o transporte subsidiado e os benefícios que asseguram certo rendimento na ausência do trabalho (previdência, assistência social, seguro-desemprego). Isso significa dizer que, por mais que as(os) profissionais se dediquem incansavelmente ao exercício de suas atribuições e competências, o resultado de seu trabalho estará sempre determinado, por um lado, pela própria condição da política social anteriormente problematizada, e por outro lado, pela sua condição de trabalhador inserido na divisão sociotécnica do trabalho (Iamamoto e Carvalho, 1982).

Como trabalhadora(o), a(o) assistente social vivencia a mesma injunção de relações precarizadas e baixos salários que atinge a maioria da classe trabalhadora.[8] Seu cotidiano de trabalho é caracterizado por uma imensa desigualdade e disparidade salarial,[9] tanto entre esferas de governo (federal, estadual e municipal), quanto entre os poderes (legislativos, judiciário e executivo) e entre as políticas sociais. Essa disparidade é marcada pelos baixos salários, o que obriga muitos profissionais a duplos ou triplos contratos de trabalho. Também enfrenta condições de trabalho insatisfatórias que não atendem ao disposto na Resolução CFESS n. 493/2006,[10] como inexistência de espaço físico exclusivo para atendimento sigiloso, ausência de equipamentos para guarda de material ou para realização do trabalho, a exemplo de carros para visitas domiciliares, computadores com internet, material específico e especializado. A intensificação das rotinas de trabalho é uma realidade em praticamente todas as áreas de atuação, em decorrência do aumento das demandas e incompatibilidade com o quadro de profissionais. As(Os) assistentes sociais enfrentam, ainda, o desconhecimento por parte da instituição ou de outros profissionais de suas competências e atribuições; vivenciam situações de desvalorização ou desqualificação profissional, o que provoca demandas de trabalho estranhas às suas competências e atribuições. A desregulamentação dos

---

8. Os parágrafos seguintes foram desenvolvidos por Boschetti no texto "Crise do capital, (des)construção da seguridade social e a particularidade da assistência social no Brasil", apresentado em palestra proferida no 6º Seminário Nacional Estado e Política Social e 2º Seminário de Direitos Humanos — Unioeste, setembro 2014.

9. Não se dispõe de dados nacionais detalhados, mas breve pesquisa em editais de concursos abertos e disponíveis publicamente em janeiro de 2016 revelam salários variando entre 2,2 salários mínimos em prefeituras do interior a 12,8 salários mínimos em tribunais de justiça. Acesso a vários editais em 20 de janeiro de 2016.

10. A Resolução CFESS 493/2006 estabelece as condições éticas e técnicas para o exercício do trabalho. Disponível em: <http://www.cfess.org.br/arquivos/Resolucao_493-06.pdf>. Acesso em: 28 jan. 2016.

direitos, o endurecimento dos processos de trabalho e a fragmentação das tarefas levam a um processo de diluição das particularidades e especificidades profissionais e, muitas vezes, o assistente social é chamado a fazer tudo e qualquer coisa, o que implica nítido desrespeito à sua formação e titulação.

Essas conjunções cotidianas de trabalho, somadas à expansão acelerada e precarizada dos cursos de Serviço Social presenciais e, sobretudo, a distância,[11] contribuem para rebaixar a formação e o exercício profissional, orientados pelos valores e princípios apontados anteriormente, conforme mostra o contundente documento do CFESS "Sobre a incompatibilidade entre graduação a distância e Serviço Social".[12] Nesse contexto barbaramente regressivo, emergem traços renovados de conservadorismo que atingem a formação e o trabalho profissional como o metodologismo, o teoricismo acrítico, o aligeiramento da formação e da pesquisa, o pragmatismo, o voluntarismo e o voluntariado, o contentamento com o possibilismo (Boschetti, 2015), que lembram características do passado recente da profissão elencadas no item anterior. São incidências conservadoras que remodelam a atuação do Serviço Social nas políticas sociais e podem fazer retroceder as históricas conquistas alcançadas nos últimos três decênios e que marcaram a ruptura com o Serviço Social acrítico.

Nota conclusiva

Por tudo o que expusemos até aqui neste curto espaço, o conhecimento da realidade em sua complexidade e essência é um dos pri-

---

11. A profissão saltou de 70 mil profissionais em 2006 para 160 mil ao final de 2015, ou seja, em quase 10 anos (2006-2015) formou um quantitativo superior àquele formado em 80 anos (1936-2016).

12. O documento foi publicado originalmente em 2010 e um volume 2 com mesmo título e atualizações foi publicado em 2014. Disponível em: <http://www.cfess.org.br/arquivos/CFESS_incompatibilidadevolume2_2014.pdf>. Acesso em: 28 jan. 2016.

meiros desafios para seguir na bússola do Projeto Ético-Político profissional. É decisiva a afirmação da área de Serviço Social como área do conhecimento, em que se realiza a pesquisa, meio pelo qual a razão se debruça sobre a realidade para buscar seu movimento, sua lógica. A miséria da razão e o sono da razão produziram monstros. A condição para desvelar a realidade é a de não ceder a estes desastres, e o Serviço Social como área, na qual se destaca a produção no campo da política social, tem estado atento a isso, realizando a crítica da vulgata marxista e do pensamento pós-moderno em seus vários matizes. Isso alimenta a recusa à adesão a qualquer forma de conservadorismo na formação e no trabalho profissional, o que é outro desafio fundamental, ainda que insidiosamente, e como um desdobramento do ambiente intelectual e moral do tempo presente, nos deparemos com sua presença consciente ou não. Mas, talvez, o mais importante de todos os desafios contemporâneos seja o fortalecimento das entidades do Serviço Social — Conjunto CFESS e CRESS, ABEPSS e ENESSO — que lutaram e seguem lutando na defesa do Projeto Ético-Político profissional, articuladas aos movimentos sociais que não abriram mão das lutas da classe trabalhadora. Aqui, temos uma larga experiência acumulada. Estamos convencidas de que os desafios que apontamos não nos pegam desprevenidas(os), de surpresa. Acumulamos muito nos últimos 40 anos, ainda que seja sempre bom lembrar que a categoria é um universo plural. Se há uma direção hegemônica que vem se mantendo apesar das contrarreformas, do neoliberalismo e do conservadorismo, isso ocorre por uma forte consciência das direções profissionais na manutenção de processos democráticos de debate e decisão, com ampla participação da base, e muita estratégia e articulação política.

A visceral relação entre Serviço Social e Política Social, se pretende caminhar no rumo do projeto ético-político sem concessões à "novilíngua" neoliberal conservadora dos organismos internacionais para as políticas sociais, deve ser permanentemente alimentada pela força e convicção das lutas coletivas, as únicas capazes de enfrentar esse gigante que nunca dorme e que a tudo destrói em sua incessante busca por superlucros, que é o capital.

REFERÊNCIAS BIBLIOGRÁFICAS

ABEPSS/GTP DE POLÍTICA SOCIAL E SERVIÇO SOCIAL. Relatório Biênio 2013-2014. Elaborado pela Comissão Coordenadora do GTP de Política Social e Serviço Social da ABEPSS no biênio 2013-2014, Ana Paula Mauriel, Elaine Rossetti Behring, Ivanete Boschetti e Maria Ozanira da Silva e Silva.

BEHRING, Elaine Rossetti. Rotação do capital e crise: fundamentos para compreender o fundo público e a política social. In: SALVADOR, Evilásio et al. (Orgs.). *Financeirização, fundo público e política social.* São Paulo: Cortez, 2012.

_____; SANTOS, Silvana Mara de Morais dos. Questão social e direitos. In: CFESS. *Serviço Social*: direitos e competências profissionais. Brasília: ABEPSS/CFESS/CEAD/UnB, 2009.

_____. *Política social no capitalismo tardio.* São Paulo: Cortez, 1998.

_____; BOSCHETTI, Ivanete. *Política social, fundamentos e história.* São Paulo: Cortez, 2006.

BONETTI, Dilséa et al. (Org.). *Serviço Social e ética*: convite a uma nova práxis. São Paulo: Cortez, 1985.

BOSCHETTI, Ivanete. Expressões do conservadorismo na formação profissional. *Serviço Social & Sociedade*, São Paulo, n. 124, p. 637--651, dez. 2015. Disponível em: <http://www.scielo.br/scielo.php?script=sci_arttext&pid=S0101-66282015000400637&lng=pt&nrm=is&tlng=pt>. Acesso em: 28 jan. 2016.

_____. Crise do capital, (des)construção da seguridade social e a particularidade da assistência social no Brasil. Palestra proferida no 6º Seminário Nacional Estado e Política Social e 2º Seminário de Direitos Humanos — Unioeste. Toledo, set. 2014.

_____. *Seguridade Social e trabalho*: paradoxos na construção das políticas de previdência e assistência social. Brasília: Ed. da UnB/Letras Livres, 2006.

CHAUI, M. *Brasil*: mito fundador e sociedade autoritária. São Paulo: Fundação Perseu Abramo, 2000.

COIMBRA, Marcos Antônio. Abordagens teóricas ao estudo das políticas sociais. In: ABRANCHES, Sérgio Henrique et al. *Política social e combate à pobreza*. Rio de Janeiro: Zahar, 1987.

CONSELHO FEDERAL DE SERVIÇO SOCIAL (CFESS). Resolução n. 493/2006, estabelece as condições éticas e técnicas para o exercício do trabalho. Disponível em: <http://www.cfess.org.br/arquivos/Resolucao_493-06.pdf>. Acesso em: 28 jan. 2016.

_____. Sobre a incompatibilidade entre graduação a distância e Serviço Social. Disponível em: <http://www.cfess.org.br/arquivos/CFESS_incompatibilidadevolume2_2014.pdf>. Acesso em: 28 jan. 2016.

FALEIROS, V. P. *Política social do Estado capitalista*. São Paulo: Cortez, 1980.

_____. *O que é política social*. São Paulo: Brasiliense, 1986.

FAUSTO, B. *A Revolução de 1930*: historiografia e história. São Paulo: Brasiliense, 1975.

IAMAMOTO, Marilda Villela. 50 Anos do Movimento de Reconceituação. In: SEMINARIO LATINOAMERICANO DE ESCUELAS DE TRABAJO SOCIAL "LA FORMACIÓN PROFESIONAL EN TRABAJO SOCIAL: AVANCES Y TENSIONES EN EL CONTEXTO DE AMÉRICA LATINA Y CARIBE A 50 AÑOS DE LA RECONCEPTUALIZACIÓN", 21., Asociación Latinoamericana de Enseñanza y Investigación en Trabajo Social (ALAEITS), Asociación Mexicana de Instituciones de Enseñanza de Trabajo Social (AMIETS) e Asociación Mexicana de Trabajadores Sociales de Águas Calientes (ATSMAC), 2015. (Mimeo.)

_____. *Serviço Social em tempo do capital fetiche*. São Paulo: Cortez, 2008.

_____; CARVALHO, R. A questão social no Brasil nas décadas de 1920--1930 e as bases para a implantação do Serviço Social. In: _____. *Relações sociais e Serviço Social no Brasil*. São Paulo: Cortez, 1982. p. 127-68.

KOWARICK, Lúcio. Processo de desenvolvimento do Estado na América Latina. *Serviço Social & Sociedade*, São Paulo, Cortez, n. 17, 1985.

MANDEL, Ernest. *A crise do capital*. São Paulo/Campinas: Ensaio/Ed. da Unicamp, 1990.

MARK, Karl. *Les crises du capitalisme*. Preface de Daniel Bensaïd. [Text inédit.] Paris: Éditions Demopolis, 2009.

_____. *O capital*: crítica da economia política. 3. ed. São Paulo: Nova Cultural, 1988.

MÉSZÁROS, István. *A crise estrutural do capital*. Rio de Janeiro: Boitempo, 2009.

MISHRA, R. *Society and social policy*: theories and practice of welfare. 2. ed. Londres: MacMillan, 1981.

NETTO, José Paulo. As perspectivas teórico-metodológicas contemporâneas no Serviço Social. In: SESC/CBCISS (Orgs.). *O trabalho social França-Brasil*. São Paulo: Ed. da SESC/CBCISS, 2011.

_____. Cinco notas a propósito da "questão social". *Temporalis*, Brasília: ABEPSS/Grafline, n. 3, 2001.

_____. *Capitalismo monopolista e Serviço Social*. São Paulo: Cortez, 1992.

_____. *Ditadura e Serviço Social*: uma análise do Serviço Social no Brasil pós-64. São Paulo: Cortez, 1991.

SALVADOR, Evilasio. *Fundo público e seguridade social no Brasil*. São Paulo: Cortez, 2010.

SANTOS, Josiane Soares. *Questão social*: particularidades no Brasil. São Paulo: Cortez, 2012. (Col. Biblioteca Básica de Serviço Social; v. 6, cap. 4, p. 133-79.)

SANTOS, Silvana Mara de Morais dos. Política Social e diversidade humana: Crítica à noção de igualdade de oportunidade. In: BOSCHETTI, Ivanete; BEHRING, Elaine; SANTOS, Silvana Mara; MIOTTO, Regina (Orgs.). *Capitalismo em crise*. política social e direitos. São Paulo: Cortez, 2010.

SANTOS, Wanderley Guilherme dos. *Cidadania e justiça*: a política social na ordem brasileira. Rio de Janeiro: Campus, 1979.

VELOSO, R. S.; CARVALHO, P. R. M.; ALMEIDA, N. L. T.; MELO, A. I. S. C. (Orgs.). *Trajetória da Faculdade de Serviço Social da UERJ*: 70 anos de história. 1. ed. Rio de Janeiro: EDUERJ, 2014.

Capítulo 5

O Serviço Social como totalidade histórica em movimento no Brasil contemporâneo

FRANCI GOMES CARDOSO

1. INTRODUÇÃO

Neste trabalho, analiso o Serviço Social como totalidade histórica, com base em fundamentos teórico-metodológicos da dialética materialista de Marx e da tradição marxista, por entender que esses referenciais podem garantir a construção de condições indispensáveis para a apreensão crítica das determinações constitutivas da realidade social, numa perspectiva de totalidade; para uma intervenção profissional qualificada; bem como para a ampliação do patrimônio cultural e acervo bibliográfico da profissão sobre os objetos históricos de intervenção e do próprio Serviço Social em suas múltiplas dimensões.

Para tanto, faço uma abordagem inicial sobre o ser social em Marx, considerando que, do ponto de vista metodológico, "o autor distingue dois complexos: o ser social que existe independentemente do fato de que seja ou não conhecido corretamente; e o método para captá-lo no pensamento, da maneira mais adequada possível" (Lukács, 1979, p. 35). Ou seja: o objeto tem existência objetiva. Isso reafirma a visão de Marx quanto à anterioridade do concreto, em relação ao sujeito que se dispõe a captá-lo, cujo objetivo é, na visão de Marx, apreender a essência (a estrutura e a dinâmica) do objeto. Assim,

> [...] alcançando a essência do objeto, isto é: capturando a sua estrutura e dinâmica, por meio de procedimentos analíticos, e operando a sua síntese, o pesquisador a reproduz no plano do pensamento; mediante a pesquisa, viabilizada pelo método, o pesquisador reproduz, no plano ideal, a essência do objeto que investigou (Netto, 2009, p. 674).

Nessa concepção, o método expressa o movimento da elaboração teórica, não podendo, portanto, desvincular-se do objeto historicamente determinado; e "a teoria é o movimento real do objeto transposto para o cérebro do pesquisador — é o real reproduzido e interpretado no plano ideal (do pensamento)" (Netto, 2009, p. 674).

Como já afirmado, o objeto da pesquisa tem uma existência objetiva que independe do sujeito pesquisador. Entretanto,

> [...] o objeto de Marx é a sociedade burguesa — um sistema de relações construído pelos homens, "o produto da ação recíproca dos homens" (Marx, 2009, p. 244). Isso significa que a relação sujeito objeto, no processo de produção de conhecimento teórico, não é uma relação de externalidade; tal como se dá, por exemplo, na citologia ou na física; antes, é uma relação em que o sujeito está implicado no objeto (Netto, 2009, p. 674).

É nessa perspectiva de implicação com o objeto, que exclui qualquer pretensão de neutralidade, que me disponho a uma breve reflexão sobre Serviço Social como totalidade histórica no movimento totalizante no Brasil contemporâneo.

As reflexões aqui expostas constituem fruto do meu trabalho no processo de formação profissional de assistentes sociais e pretendo socializá-las, na perspectiva de suscitar debates e polêmicas, e, sobretudo, trocar experiências que contribuam para o avanço e a consolidação de uma formação profissional crítica que possibilite ao profissional de Serviço Social desvendar a realidade e, através de múltiplas mediações ou processos sociais concretos, construir respostas às demandas das classes subalternas, como pré-requisito de sua legitimidade profissional. Privilegio, nessas reflexões, as categorias história e totalidade, e estabeleço conexões com outras categorias fundamentais do método de Marx — contradição, mediação etc.

2. O SER SOCIAL EM MARX

Num estudo cuidadoso do pensamento marxiano, é impossível não perceber que suas formulações teóricas referem-se a um determinado tipo de ser, isto é, "são afirmações ontológicas", como diz Lukács (1979, p. 11); são enunciados que expressam as formas de ser do ser social na sociedade burguesa. Trata, portanto, das determinações desse ser, reconstruídas pela sua investigação ontológica. Nesse sentido, Lukács (1979, p. 14) entende que há, na trajetória de Marx, uma clara orientação no "sentido de concretizar, cada vez mais, as formações, as conexões etc. do ser social, que — em sentido filosófico — alcançará seu ponto de inflexão nos estudos econômicos marxianos". Nos *Manuscritos econômico-filosóficos* — como resultado dos estudos feitos por Marx, dos economistas ingleses e franceses — aparecem, pela primeira vez, as categorias econômicas como categorias de produção e reprodução humana, o que permite uma descrição do ser social em bases materialistas.

Na discussão de trabalho alienado, ainda com uma débil compreensão da sociedade burguesa, mas já iniciando a sua familiarização com a economia política, Marx trabalha com a noção de homem como ser prático-social, ser ativo. Critica, nos *Manuscritos econômico-filosóficos*, de 1844, a noção parcial da economia política, que coloca o trabalho apenas como força produtiva, ou como elemento incluído nos custos de produção. Para Marx, o trabalho é essencialmente atividade humana. E, para criticar os economistas burgueses e fundamentar uma nova compreensão da relação homem/trabalho, ele busca, em Hegel, elementos teóricos, que Hegel fornece em *A fenomenologia do Espírito* (1805-06), no qual coloca o trabalho como corolário do problema do homem. Essa ideia, de origem hegeliana, conduz Marx à descoberta de que todas as contradições da sociedade burguesa têm sua origem no trabalho alienado. Este (considerado, aqui, como trabalho que produz objetos para outros) produz riqueza para o burguês e miséria para o trabalhador.

> O trabalhador fica mais pobre à medida que cria mais bens. A desvalorização do mundo humano aumenta na razão direta do aumento de valor do mundo das coisas. O trabalho não cria apenas bens; ele também produz a si mesmo e o trabalhador como uma mercadoria e, deveras, na mesma proporção em que produz bens (Marx, 1844 apud Fernandes, 1983, p. 90).

Marx considera o ato de alienação da atividade humana, o trabalho, sob dois aspectos: 1) o da relação do trabalhador com o produto do trabalho como objeto alheio que se coloca ao produtor como um poder que o domina; 2) e o da relação do trabalhador com sua própria atividade como uma atividade não pertencente a ele, alheia a si próprio. São apontadas, aqui, a autoalienação do homem e a alienação do produto de sua atividade como determinações do trabalho alienado.

É na sociedade burguesa, evidentemente, que o trabalho aparece em sua forma alienada. Entretanto, para os economistas burgueses, não interessa a condição humana do trabalhador, nem a relação deste com o seu trabalho nem com o produto de sua atividade. O trabalhador para eles é capital, cujo valor varia no mercado. Portanto, na lógica da economia política burguesa, o homem é reduzido ao nível de um "ser mental e fisicamente desumanizado" (Marx, 1844 apud Fernandes, 1983, p. 111).

Examinando a condição de alienação do homem na sociedade capitalista, Marx expõe, nos *Manuscritos econômico-filosóficos*, de 1844, alguns comentários gerais a respeito da dialética de Hegel, a partir dos quais faz uma descrição do ser social. Dessa descrição, recuperam-se, aqui, alguns elementos fornecidos por Lukács (1979), destacando-se que o ser social pressupõe o ser natural (orgânico e inorgânico) e a supressão deste suprime o primeiro. Assim, o ser social não é independente do ser da natureza, pois não há entre o social e o natural uma relação excludente, como quer grande parte da filosofia burguesa, ao se referir aos "domínios do espírito". Do mesmo modo, Marx inclui, em sua ontologia do ser social, a transposição materialista vulgar das leis da natureza, como ocorreu na época do "darwinismo social". "As formas de objetividade do ser social desenvolvem-se à medida que surge e se explica a práxis social, a partir do ser natural, tornando-se cada vez mais claramente social" (Lukács, 1979, p. 17). Esse é um processo longo e dialético que se inicia com o trabalho — uma condição de existência humana. Através do trabalho, o homem se autorrecria, transforma-se e, ao mesmo tempo, transforma a natureza externa sobre a qual atua. É nesse processo que as propriedades da natureza, suas relações etc. — existentes independentemente das consciências do homem — são postas em movimento e convertem-se em coisas úteis, em valores de uso. Daí ser o primeiro ato histórico a produção dos meios que permitem a satisfação de necessidades para manter o homem vivo, ou seja, a produção da própria vida material como condição fundamental de toda história. A ação desenvolvida para satisfazer essa primeira condição e a produção dos meios para essa satisfação conduzem a novas necessidades sociais. É na produção dessas novas necessidades, a partir do atendimento das primeiras, que o homem se separa da animalidade, socializa-se e se autorrecria como ser social e começa a criar outros homens, reproduzir.

Essa conversão da natureza em valores de uso é um processo teleológico, pois o ser social não apenas produz e reproduz, mas tem uma intencionalidade, tem um projeto.

> No fim do processo de trabalho, emerge um resultado que já estava presente desde o início na ideia do trabalhador que, portanto, já

estava presente de forma ideal. Ele não efetua apenas uma mudança de forma no elemento natural; ao mesmo tempo realiza, no elemento natural, sua própria finalidade, que ele conhece bastante bem, que determina como lei o modo pelo qual opera e à qual tem de subordinar a sua vontade (Marx apud Lukács, 1979, p. 16).

Desse modo, o trabalho é traço fundante do ser social, é próprio desse ser, mas não o esgota, porque o ser social também é consciência, é autoconsciência. Ele percebe a si, às suas finalidades e à sua relação com sua objetividade. É manifestação do ato consciente, o elemento que separa o trabalho animal do trabalho humano, o qual vai além da simples reprodução biológica. Vai além, mas não a suprime, pois a sociabilidade do ser exige um substrato orgânico e inorgânico, frise-se. Mas o ser social possui uma legalidade própria; possui traços, construídos historicamente, que lhe são imanentes e específicos. Daí, o modo de conhecimento do ser natural não pode ser transportado para o conhecimento do ser social. E é sobre um modo de conhecimento desse ser que discuto a seguir.

2.1 As categorias e o processo de reconstrução do ser social em Marx

Na primeira parte deste trabalho, foi exposto que os enunciados da teoria social de Marx expressam formas de ser do ser social na sociedade burguesa e foram apontadas algumas categorias (trabalho, história e o próprio ser social) reconstruídas por Marx no interior de sua crítica à economia política burguesa. No contexto em que foram apontadas, tais categorias serviram de elementos para uma descrição sucinta do ser social, em Marx. Aqui, pretendo avançar na discussão das categorias história, totalidade e contradição, com o objetivo de expor uma compreensão sobre o processo de reconstrução dessas categorias e sobre suas determinações no quadro da crítica à economia política burguesa e de fundamentar a análise do Serviço Social como totalidade histórica.

Mas o que são categorias no pensamento marxiano? Embora, só em 1857, Marx desenvolva essa noção, já em sua crítica a Proudhon, na *Miséria da filosofia* (1847), ele explicita o seu entendimento, tomando as categorias como abstração das relações reais, das relações sociais. E, estando estas saturadas de história, as categorias que as expressam também são históricas e só se explicam inseridas numa totalidade histórica. Não são determinantes do real, como pretende o idealismo de Hegel e o de Proudhon, em que o movimento do real segue princípios ideais e a história passa a ser reprodução desses princípios. A crítica do idealismo de Hegel é feita, em 1843, no qual Marx, estudando a lógica interna do pensamento hegeliano, descobre que esse pensador faz uma reflexão teórica invertida: pensa o real como atributo do conceito; o movimento do pensamento — a ideia — é o determinante da realidade, sendo esta a realização da ideia. Mas, se a crítica de 1843 abre caminho para a construção da teoria social, é na *Miséria da filosofia* (1847), na polêmica com Proudhon, que Marx expõe claramente uma nova inteligibilidade do real histórico, que leva em conta o estudo da economia política, isto é, a compreensão totalizadora da sociedade burguesa. Marx critica a historicidade de Proudhon, mostrando sua incapacidade de pensar o presente como história. Proudhon não nega a história, mas não vê o presente como tal. Para ele, há uma eternização das categorias, que, imutáveis, não são históricas. Daí, a história só existe na ideia. Sobre a eternização das categorias, Marx faz referência, ainda, na *Miséria da filosofia*, aos economistas burgueses, pela singularidade de procedimentos, ao considerarem apenas duas espécies de instituições: as artificiais e as naturais. As primeiras, próprias da feudalidade; e as segundas, próprias da burguesia. Isso leva a crer que as relações de produção burguesa são eternas porque é nelas que a riqueza se cria e as forças produtivas desenvolvem-se, independentes da época; mas, segundo as leis da natureza, são elas mesmas leis naturais, leis eternas que devem reger a sociedade. Desse modo, a história existiu enquanto houve instituições feudais, mas, hoje, não há mais.

E a sociedade burguesa, por ser natural, é eterna, segundo os economistas burgueses.

Na perspectiva materialista de Marx, a história é construída pela relação entre o homem ativo e real e seu mundo objetivo; é a práxis como atividade humana que compreende a produção material, reprodução da sociedade e produção de representação, de ideias; é a reconstrução de processos ontológicos do ser social como totalidade.

Em Marx, a totalidade é uma categoria ontológica que se põe como a própria realidade social, da qual o sujeito arranca as mediações para determiná-la em totalidade. Pois o caráter da verdade do conhecimento é o caráter de totalidade. A realidade social, como complexo de totalidades, dispõe-se segundo graus de maior ou menor complexidade. Essas complexidades são componentes constitutivos da realidade, mas não são partes cujas soma formam o todo e, sim, elementos em grau menor de complexidade que se articulam com a complexidade maior pelas mediações. O indivíduo (social) é a menor totalidade da realidade social e vincula-se a outras totalidades mais complexas (a família, as classes etc.). Nessa vinculação entre as totalidades de maior e menor complexidade, o sentido da totalidade abrangente é que situa a dinâmica das totalidades parciais.

Para Marx, pensar a dinâmica da totalidade social é compreender as regularidades, as leis que operam na sua estrutura. Parte-se das totalidades mais complexas, identificando-se o rebatimento nas totalidades menos complexas. Isso não significa que, necessariamente, temos que trabalhar o macrossocial para obter a configuração da totalidade, pois a noção de totalidade, em Marx, não infirma os estudos setoriais, desde que esses níveis não sejam considerados como parte de um todo, mas como totalidades menos complexas.

Com a noção de que a estrutura da realidade social é a totalidade, Marx tenta apanhar essa totalidade e desvendar a estrutura da ordem burguesa. O método marxiano para compreensão dessa ordem é interpretado de forma diferenciada por estudiosos do seu pensamento, mas, aqui, assumo a posição lukacsiana: o método, em Marx, é o método que se eleva do abstrato ao concreto.

Nessa perspectiva, o sujeito apropria-se da totalidade e de sua dinâmica pelo caminho da abstração. Analisa, abstraindo do conjunto, alguns elementos da empiria (abstratos) para reconstruir o real, pois a empiria é elemento constitutivo do real, mas não é o próprio real. Nesse processo, que não é simples, o sujeito vai avançando na apreensão de novas determinações, que não são dadas imediatamente, e reconstrói o real que é concreto porque é síntese de múltiplas determinações. Atinge-se, portanto, o concreto quando se compreende o real pelas determinações que o fazem ser como é. O concreto, como unidade do diverso é, pois, o resultado do processo do pensamento na reprodução do movimento do real. O concreto aparece no pensamento como resultado, embora seja, segundo o pensamento marxiano, o verdadeiro ponto de partida. Pois o pensamento parte do concreto (real), ainda que só se torne verdadeiramente científico quando retorna ao concreto, pensando-o a partir do abstrato, isto é, das determinações arrancadas do próprio concreto pelo pensamento. Diz Marx (1983a, p. 17): "o método que consiste em elevar-se do abstrato ao concreto não é senão a maneira de proceder do pensamento para se apropriar do concreto, para reproduzi-lo como concreto pensado". Reproduzir, portanto, a totalidade que não é dada imediatamente ao pensamento, mas é a síntese de múltiplas determinações.

3. O Serviço Social em sua configuração histórico-conceitual totalizante: uma reflexão fundamentada no materialismo histórico dialético

Em estudos históricos da realidade social, numa perspectiva materialista, pensar a história é pensá-la como relação entre o homem ativo e real e seu mundo objetivo na produção da vida social. É, portanto, pensar a práxis como atividade humana que comporta a produção material e imaterial, reprodução da sociedade, produção e reprodução de formas de pensar e de agir. Como ciência, a história constitui-se quando formula o seu objeto, reconstruindo, para ele, uma explicação que, ao mesmo tempo, é *lógica* e *racional* e dá conta, efetivamente, de *processos históricos reais*.

Nessa racionalidade da realidade social o que importa são

[...] as determinações das totalidades concretas que são históricas; ou seja, o que importa são os elementos constitutivos dessa totalidade, organizados em conjuntos determinados especificamente e qualitativamente (Cardoso, s/d.).

Nessa perspectiva de totalidade, a história é pensada como sucessão descontínua de processos históricos, e não como sucessão linear de fatos; e seu objeto constitui-se por conjuntos, totalidades ou complexos organizados, configurando uma formação social específica, particular, uma formação que tem suas determinações próprias.

Admitindo, portanto, que os fatos históricos são determinados, específicos, para pensar a história é, pois, necessário pensar antes o que são essas totalidades de que a história se compõe, indagando sobre suas determinações, sobre seus elementos constitutivos. Determinações estas que, como dissemos, estão nas totalidades concretas, cuja transformação é a própria história. Dizendo de outro modo: "a história é a transformação dessas totalidades concretas" (Cardoso, s/d.).

Ora, se as formações sociais ou totalidades concretas mudam, também mudam as suas determinações ou elementos constitutivos dessas totalidades. Assim, a configuração das determinações dessas totalidades históricas concretas é condição para a explicação da história, e isso só é possível sob a condição de que se configure a própria totalidade em movimento, em processo de transformação.

É importante ressaltar que, na reconstrução da história de uma dada formação social, nenhuma dessas categorias — totalidade e determinação — se situa no plano da evidência. Essas categorias não são dados que a simples observação possa recolher, pois não se mostram na aparência. Portanto, para apreendê-las, é necessária a utilização de outra

> [...] mediação que não seja o aparato sensorial. É necessário utilizar a razão, não apenas como capacidade de pensar, mas, principalmente, como produto do pensamento sistemático já elaborado. Isto é, é necessário pensar o objeto utilizando o conhecimento disponível sobre ele (Cardoso, s/d.).

Daí a importância da teoria na elaboração do conhecimento da realidade histórica.

Os fatos históricos têm uma dimensão subjetiva, individual, mas não se esgotam nessa subjetividade. Eles são sociais e, como tal, articulam-se entre si de forma organizada e têm um sentido que é dado por essa articulação. Sentido esse que não é atribuído pelo sujeito que conhece e ultrapassa a aparência, imediatamente dada, dos fatos. Portanto, a apreensão do sentido que é dado por essa articulação não é mais imediata, sensorial, mas é mediada pelas relações que o pensamento elaborou.

Assim, partindo do pressuposto de que há mudanças qualitativas na história e que de fato a história, como ciência, é a história dessas mudanças, a formulação que é reproduzida no plano do pensamento para a produção do conhecimento histórico refere-se a cada uma das diferenças qualitativas; ou seja, a uma sociedade específica, a um tipo determinado de sociedade e não à sociedade considerada abstratamente.

Desse modo, se o real é histórico e se sua história abrange totalidades essencialmente diferentes ao longo do seu processo, a configuração dos objetos históricos tem que dar conta dessas diferenças essenciais.

Nesses termos, a periodização é fundamental para a apreensão e explicação dessas diferenças. Nesse processo de apreensão e explicação, é indispensável a utilização de categorias que possibilitem o acesso à generalidade e garantam a apreensão e a explicação das especificidades históricas. As categorias a que me refiro são expressões de formas de existência de objetos históricos e são reconstruídas pelo conhecimento que se formula sobre esses objetos.

Partindo desses pressupostos teórico-metodológicos reconstruo, a seguir, alguns momentos históricos do Serviço Social no movimento totalizante da formação social brasileira.

3.1 Reconstrução de momentos históricos do Serviço Social no movimento totalizante da formação social brasileira na contemporaneidade

O Serviço Social, como totalidade histórica, define-se por um conjunto ou complexo de determinações que, inserido no movimento real totalizante de uma determinada formação social, transforma as suas determinações constitutivas e transforma-se na totalidade como profissão, ao mesmo tempo que exerce influência nas transformações qualitativas das totalidades concretas em que se insere na história. É, portanto, determinado socialmente e tem uma função na história.

A partir desse entendimento, nesta exposição, periodizamos a história a partir da metade da década de 1970 e início de 1980, até a atualidade, pensando o Serviço Social como profissão e expressão da práxis, no movimento real da totalidade social brasileira, nesse período.

No Brasil, com a crise do milagre econômico, no âmbito da crise mundial do capitalismo, em 1974/1975, e a insatisfação das classes subalternas expressa no plano institucional, com as eleições de 1974 — na vitória do MDB[1] —, a ditadura vê-se obrigada a reorientar o seu projeto político ampliando a abertura, embora dentro do limite que lhe permita não perder o controle.

Dessa forma, o governo toma algumas medidas, tais como: "fim" da censura à imprensa; revogação do AI-5 — principal instrumento de

---

1. O MDB era o único partido legal de oposição na década de 1970.

exceção com que contavam os generais/presidentes para a administração do arbítrio e dos atos complementares; restabelecimento do *habeas corpus*; o fim das cassações; a extinção do poder presidencial de decretar o recesso do Congresso Nacional etc. Essas medidas, certamente, são limitadas por outras que não deixam o Estado sem posse de outros instrumentos adequados à sua "salvaguarda" diante de situação de crise e de convulsão social (Fernandes, 1982).

É nesse contexto de abertura controlada, ainda no governo Geisel, que se iniciam, em 1977, as grandes mobilizações operárias a partir do ABC paulista e reorganizar-se-á a União Nacional dos Estudantes — UNE — com manifestações coletivas.

Nessa conjuntura ambígua, destacam-se, na luta pelas liberdades democráticas: a presença do movimento estudantil, cujo significado nas lutas do período expressou-se pela explicitação de solidariedade com os trabalhadores; a presença marcante da Igreja, com forte atuação das pastorais, através das comunidades eclesiais de base e com comportamento de franca oposição ao governo militar e ao sistema capitalista; e as grandes mobilizações da classe operária, iniciadas em 1977, na luta pela reposição salarial e nas greves ocorridas nos anos subsequentes, na virada da década de 1970 (Cardoso, 1995).

Destacam-se, ainda, movimentos expressivos de organização de categorias profissionais que, embora criadas e desenvolvidas com vínculos orgânicos com a burguesia, expressavam, naquele momento, uma perspectiva de construção de práticas alternativas vinculadas aos interesses das classes subalternas.

No caso do Serviço Social, movimentos de organização, de resistência e de rupturas com práticas tradicionais expressaram-se, principalmente, nos organismos de representação e de organização dos assistentes sociais sob o impacto dos movimentos sociais naquele momento histórico. O III Congresso dos Assistentes Sociais — o chamado "Congresso da Virada" — realizado em São Paulo, em 1979, e a Convenção da ABESS (hoje ABEPSS), realizada no mesmo ano, em Natal, são expressões desses processos de organização e resistência e de mudanças qualitativas no movimento real da profissão. O Congresso, organizado pelo então Conselho Federal dos Assistentes Sociais (CFAS), de tendência conservadora, contou com a participação organizada, ativa e antagônica de um significativo grupo de profissionais que se vinculavam ao movimento sindical e às lutas sociais e abriam a perspectiva de organização sindical dos assistentes sociais, através do movimento Pró-APAS.

Na convenção da ABESS, foi aprovado, pela assembleia geral da entidade, um novo currículo mínimo para o curso de Serviço Social, com perspectiva de compromisso profissional com os interesses das classes subalternas.

Como podem ser vistas, nesta reflexão, as mudanças qualitativas na profissão não são isoladas do contexto histórico. Elas se relacionam organicamente com o movimento concreto da totalidade a que pertencem, seja na mesma direção da ordem vigente, seja na contramão da direção hegemônica. Essa relação orgânica da profissão com o contexto histórico, em qualquer das direções, efetiva-se via movimentos organizativos da categoria profissional, via formação profissional, pela produção acadêmica e pelas práticas interventivas de ruptura com a ordem, ou de manutenção desta. Ou seja, essa relação orgânica com o movimento concreto da totalidade a que pertence envolve as diferentes dimensões que configuram a profissão, como totalidade histórica: a dimensão interventiva, em que se insere o trabalho profissional; a formação; a produção de conhecimento; e a organização política dos assistentes sociais.

Na conjuntura brasileira da segunda metade da década de 1970, os espaços da ação profissional ampliaram-se, extrapolando o âmbito institucional, para uma maior aproximação com o movimento organizativo das classes subalternas. No processo de redefinição da prática profissional, foi ocorrendo um desligamento da perspectiva modernizadora que, embasada em referências neopositivistas, caracterizou o Serviço Social nas décadas anteriores, desenhando-se um projeto de ruptura de compromisso com o poder burguês que marcou a profissão historicamente. Essa tendência de renovação do Serviço Social, chamada por José Paulo Netto (1991) de "intenção de ruptura", vai estabelecer a interlocução do Serviço Social com a tradição marxista, tanto no âmbito da formação profissional — âmbito acadêmico —, quanto em práticas profissionais interventivas.

Essa mudança de direção teórico-metodológica e política está ligada à política cultural que se gesta na época, no país, recolocando, em debate, diferentes tendências do marxismo.

Assim, é na virada dos anos 1970 e início dos anos 1980 que o Serviço Social efetiva uma significativa inflexão tanto em termos teórico-ideológicos quanto político-profissionais.

Progressivamente, no curso dos anos 1980, vão surgindo estudos e práticas interventivas que se distanciam cada vez mais das tendências conservadoras e tomam como referências categorias marxistas.

No campo da tradição marxista, as temáticas do debate do Serviço Social, durante a década de 1980, podem ser aglutinadas em dois grandes eixos: a) a crítica teórico-metodológica, tanto do conservadorismo quanto do marxismo vulgar, colocando a polêmica em torno das relações entre teoria, método e história, com claras derivações, no âmbito da formação profissional; b) e a construção da análise da trajetória histórica do Serviço Social no Brasil (Netto, 1991). Assim, os eixos do debate brasileiro, constantes da produção acadêmica do período considerado, incidem sobre a inserção histórica do Serviço Social na sociedade brasileira, desdobrando-se na reconstrução histórica do desenvolvimento da profissão no país, ou em um aprofundamento das determinações e efeitos sociais da prática e da formação profissional.

A partir do final da década de 1980, com a queda da experiência do socialismo nos países do leste europeu e, posteriormente, por toda a década de 1990 e início do século XXI, a ideologia neoliberal firma-se mundialmente.

No Brasil, sobretudo na última década do século XX, a política governamental apresenta uma acentuada tendência a criar mecanismos facilitadores da transformação dos serviços públicos de caráter social em atividades rentáveis para o capital. À medida que diferentes governos aderem ao projeto neoliberal, há uma progressiva redução da ação estatal com políticas públicas.

A perspectiva neoliberal de redução das ações estatais funda-se na concepção de que o Estado não deve ser agente de proteção social. Cabe à sociedade (familiares, comunidade, associações voluntárias e a iniciativa privada) significativa parcela de participação no processo de provisão social.

Nesse contexto, a atuação profissional do assistente social assume uma nova configuração em face das tendências das alterações do perfil do mercado de trabalho. Essas tendências traduzem requisições formuladas tanto pelo movimento do capital em crise, quanto pelo processo de reorganização política das classes subalternas diante da precarização do trabalho e fragmentação da força do trabalho.

O novo perfil do mercado de trabalho profissional deve ser apreendido, considerando-se: por um lado, perspectivas de redução das demandas postas à profissão, no âmbito do setor público, em virtude das reformas do Estado parametradas pela política de desregulamentação do mercado e de corte dos gastos públicos destinados à reprodução da força do trabalho; e, por outro lado, a expansão das ofertas no setor privado (seja no âmbito empresarial, seja no âmbito da sociedade civil sem fins lucrativos).

As requisições do trabalho profissional nas esferas estatal e privada, na sociedade brasileira, a partir da década de 1990, devem ser pensadas no quadro das transformações tecnológicas e incorporação de novos padrões de produção e organização do trabalho nos países periféricos, que significam, ao mesmo tempo, o aprofundamento do processo de exclusão social e o recrudescimento das relações de exploração e alienação da força de trabalho.

No âmbito empresarial, notadamente em médias e grandes empresas, as requisições manifestam-se, sobretudo, em alterações nas formas de inserção profissional, seja em relação às atividades de gerenciamento nas áreas de benefício e Assistência Social, seja em relação à incorporação de novas funções relacionadas à organização do trabalho e à administração financeira, que acabam imbricando ainda mais o trabalho profissional à lógica que preside o processo produtivo e as condições de reprodução social. Como exemplo dessa modalidade de intervenção, podemos considerar o conjunto de atividades voltadas para o desenvolvimento do clima organizacional (satisfação no trabalho), desenvolvimento de qualidade de vida no trabalho, condução de novos modelos de organização e gestão do processo produtivo (qualidade total etc.), gerência de novas parcerias entre capitalistas e trabalhadores, dentre outras que, sem dúvida, revelam novas formas de cooperação entre serviços e produção.

Essas requisições nos espaços da produção configuram mais que desdobramentos e ampliações de funções, que, historicamente, o assistente social tem desempenhado nesse campo; isto é, as funções de controle e de disciplinamento do operário, tendo em vista a subordinação aos requisitos dos processos de avaliação, pois há um investimento no plano da subjetividade do trabalhador, para substituí-lo pelo ideário da empresa, acarretando, consequentemente, a perda de suas referências classistas.

No âmbito do Estado, a redefinição do trabalho profissional é processada pelas contradições entre lutas populares pela garantia das conquistas constitucionais de 1988 referentes à ampliação de seus direitos sociais e às formas de controle e participação social; e pela implementação da política de enxugamento do aparelho do Estado, na perspectiva do chamado Estado Mínimo.

Nessa perspectiva, as reformas do Estado encaminham-se para a destruição dos serviços públicos ainda existentes, o que representa não só redução drástica dos espaços de intervenção profissional, como redimensionamento das funções profissionais em face da limitação da esfera estatal, no que se refere à reprodução da força de trabalho no campo da Assistência Social.

As mudanças qualitativas no campo profissional do assistente social, determinadas no quadro da crise do capital, refletem também as novas requisições que são postas pelo movimento de reconstituição das classes subalternas, na perspectiva de um novo projeto societário.

É nessa mesma perspectiva que se reconstrói a direção social da formação profissional do assistente social, na perspectiva da transformação social, tendo como horizonte a superação da ordem burguesa.

Essa direção movimenta-se na contramão do projeto neoliberal hegemônico na sociedade, mundialmente, e impõe essa postura para continuarmos avançando na perspectiva de ruptura com as velhas práticas profissionais e com a velha sociedade, contribuindo para a construção de novas relações e condições e para a emancipação da humanidade.

Assim, no contexto atual das transformações da sociedade brasileira, podemos evidenciar que no âmbito das políticas públicas de corte social as propostas neoliberais repercutem de forma perversa, excluindo um grande contingente populacional que já é expropriado de toda a riqueza material e intelectual produzida socialmente, que não usufrui dessa riqueza — amplos segmentos constituídos pelas classes subalternas, com os quais o Serviço Social tem uma vinculação histórica, seja no campo da reprodução da força de trabalho, via política de Assistência, seja no campo da organização, tendo presente a conexão entre esses espaços de prática do assistente social.

O projeto neoliberal que se expande pelo mundo e, por conseguinte, no Brasil, amplia e aprofunda as desigualdades e a pobreza, ao mesmo tempo que retira a possibilidade do Estado de investir em políticas sociais que atendam, minimamente, às demandas das classes subalternas, para garantia de sua sobrevivência. Esse projeto submete as necessidades sociais aos interesses econômicos, cujo objetivo principal é a maximização dos lucros dos empresários privados (Cardoso, 1995).

A perspectiva neoliberal de subsunção das necessidades sociais aos interesses econômicos e, portanto, de redução do tamanho do Estado no atendimento a essas necessidades essenciais se funda na concepção de que não cabe ao Estado a responsabilidade do processo de provisão social, mas à sociedade e à iniciativa empresarial privada.

A partir dos anos 1990, vivencia-se um processo de redefinição do vínculo do Serviço Social às lutas das classes subalternas, o qual se intensificou em todo país, na segunda metade da década de 1970, com significativo avanço nos anos 1980. Esse avanço dos anos 1980 expressou-se, dentre outras formas, pela atuação profissional em espaços de formação e organização políticas dos trabalhadores: sindicatos, associações profissionais, movimentos sociais urbanos e rurais, entre outros. Nesses espaços e nessas décadas (1970 e 1980), a perspectiva do trabalho profissional do assistente social era de mobilização social e organização, de modo a contribuir para viabilizar projetos de interesse dessa classe, na construção de novas relações hegemônicas na sociedade, superando a sua condição de dominação político-ideológica e econômica.

Tal perspectiva se traduziu pela vinculação do projeto ético-político profissional a uma determinada perspectiva societária, cuja construção exige o fortalecimento de processos emancipatórios das classes subalternas. Trata-se da perspectiva de superação da sociedade capitalista, tendo como horizonte a emancipação humana.

A tendência atual, a partir de 1990, sobretudo em instituições que operam as políticas sociais, "[...] é o redirecionamento da perspectiva de mobilização social e organização, no horizonte da emancipação humana, para o horizonte da subalternidade, buscando a legitimação, pelas classes subalternas do atual padrão da política social, sob a égide do neoliberalismo" (Cardoso e Lopes, 2009, p. 469). Esse padrão privilegia a mercantilização das políticas sociais, transferindo para o setor privado as responsabilidades do Estado quanto às políticas públicas, em detrimento do atendimento às necessidades como direito; e investe na cooptação das organizações e lutas das classes subalternas pela intensificação de programas eminentemente assistencialistas, mas que atendem, mesmo precariamente, às necessidades prementes das classes subalternas.

É importante ressaltar, nesse contexto de hegemonia do neoliberalismo, o caráter contraditório da atuação profissional do assistente social, cuja história é um processo orgânico da história da sociedade em que se insere a profissão sendo, portanto, determinada pelas contradições inerentes a essa sociedade. Nesse sentido, destacam-se as implicações econômicas, políticas e sociais decorrentes do avanço do capitalismo no mundo e, em contraposição, a luta das classes subalternas "[...] norteada pelos ideais emancipatórios da sociedade que repõem a participação como estratégia da politização das relações sociais e de intervenção crítica dessa classe no movimento histórico, nos espaços de produção e reprodução social" (Abreu, 2004, p. 10).

No movimento contraditório da sociedade e mesmo nos espaços de formação e de organização política das classes subalternas, há projetos profissionais e projetos societários diferenciados disputando a hegemonia. Quais são esses projetos, como se dá essa disputa, quais as tendências da inserção do assistente social nesses espaços e quais os desafios postos ao Serviço Social e à classe trabalhadora no contexto dessa disputa?

Nas instâncias de organização das classes subalternas, o trabalho dos assistentes sociais tende a assumir duas grandes perspectivas teórico-políticas que perpassam os projetos profissionais e os projetos societários em disputa na sociedade brasileira, na atualidade: 1) a perspectiva de superação da sociedade capitalista, tendo como horizonte a conquista da emancipação humana, passando pelo fortalecimento de processos emancipatórios das classes subalternas; 2) a perspectiva de manutenção da ordem capitalista, tendo como exigência a subalternidade dessas classes.

Com essas perspectivas, os projetos profissionais e os projetos societários se desenvolvem pela ação dos sujeitos das profissões e das classes sociais, disputando a hegemonia nos espaços de organização das classes subalternas, em particular, e no movimento social, na sociedade brasileira. "Torna-se hegemônica uma ou outra perspectiva, conforme vínculos dos projetos profissionais com os projetos societários de emancipação humana ou de manutenção da ordem capitalista; e conforme a correlação de forças na disputa da hegemonia na sociedade" (Cardoso e Lopes, 2009, p. 469).

Com base nos fundamentos históricos e conceituais brevemente explicitados, ressaltamos como grandes desafios para o Serviço Social nas transformações contemporâneas da sociedade brasileira: o fortalecimento dos vínculos com as instituições de organização da luta social, que permanecem na resistência contra o capital; e o avanço na inserção nos movimentos de rearticulação da organização classista dos trabalhadores.

As transformações ocorridas no mundo, no final do século XX e início do século XXI, têm colocado grandes desafios aos estudiosos do processo histórico de desenvolvimento da sociedade, bem como às forças sociais progressistas e de esquerda em luta. É um processo mundial que apresenta particularidades nos Estados nacionais que expressam a situação de cada um num contexto global em que se situam.

A compreensão dessa particularidade, no Brasil, é de fundamental importância na perspectiva de: recuperar historicamente esses desafios até a atualidade; contribuir teórica e politicamente com pesquisas históricas e publicações sobre a organização de classe trabalhadora e a relação com o Serviço Social, com destaque aos desafios para o enfrentamento das desigualdades sociais, sob o neoliberalismo; e subsidiar o debate crítico em torno da temática em estudo, e as práticas sociais para o enfrentamento aos desafios mais gerais das classes subalternas na contemporaneidade.

3. Conclusão

Concluindo minha reflexão, quero reafirmar a atualidade dos fundamentos teórico-metodológicos marxianos e da tradição marxista para pensar o Serviço Social como totalidade histórica, para a análise rigorosa e crítica das determinações constitutivas da sociedade capitalista, na perspectiva de desvendar as suas contradições e instrumentar as classes na construção de processos emancipatórios, bem como instrumentar os assistentes sociais, seja desenvolvendo o trabalho acadêmico na formação profissional, seja em instituições que operam as políticas sociais na relação direta com os usuários, na perspectiva de uma formação continuada que garanta a direção social preconizada pela ABEPSS, no projeto pedagógico nacional dos cursos de Serviço Social no Brasil.

Considerando os vínculos do Projeto Ético-político profissional do Serviço Social, hegemônico na formação dos assistentes sociais no Brasil, entendo que é o materialismo histórico-dialético a perspectiva que pode garantir o avanço da pesquisa na área de Serviço Social voltada para a análise do processo de produção e reprodução da vida social sob o capitalismo, em cujo âmbito situa-se o Serviço Social.

Reafirmo, ainda, a importância dessa perspectiva para analisar a própria profissão como totalidade histórica que se move no contexto do capitalismo e sofre os efeitos perversos de seu avanço. Pois, como profissão que tem uma função social na sociedade, precisa rever, permanentemente, a sua objetivação como expressão da práxis, na perspectiva de construir respostas às demandas das classes subalternas, a cujos interesses o seu projeto ético-político profissional, construído a partir de meados da década de 1970, no Brasil, vincula-se, na perspectiva da emancipação humana.

REFERÊNCIAS BIBLIOGRÁFICAS

ABREU, Marina Maciel. *Serviço Social e a questão da participação*: tendências e desafios na sociedade brasileira. São Luís: EDUFMA, s/d. [Capítulo de livro no prelo.]

CARDOSO, F. G. *Organização das classes subalternas*: um desafio para o Serviço Social. São Paulo: Cortez/EDUFMA, 1995.

_____; LOPES, Josefa Batista. O trabalho do assistente social nas organizações da classe trabalhadora. In: _____. *Serviço Social*: direitos sociais e competências profissionais. Brasília, CFESS/ABEPSS, 2009.

CARDOSO, Miriam Limoeiro. *A periodização e a ciência da história*. S/l: s/d. (Mimeo.)

FERNANDES, Florestan. *A ditadura em questão*. São Paulo: T. A. Queiroz, 1982.

GUERRA, Yolanda. A dimensão investigativa no exercício profissional. In: _____. *Serviço Social, direitos e competências profissionais*. Brasília: CFESS/ABEPSS, 2009.

LUKÁCS, G. *Ontologia do ser social*: os princípios ontológicos fundamentais da obra de Marx. São Paulo: Ciências Humanas, 1979.

MARX, Karl. *Introdução e prefácio para a crítica à economia política e outros escritos*. São Paulo: Abril, 1983a. (Col. Os economistas.)

_____. Prefácio da 1. ed. e posfácio da 2. ed. d'*O capital*. São Paulo: Abril, 1983b. (Col. Os economistas.)

_____. Manuscritos econômico-filosóficos [1844]. In: FERNANDES, F. (Org.). *Marx e Engels*: história. São Paulo: Ática, 1983c.

_____. *Miséria da filosofia*. São Paulo: Global, 1989.

NETTO, José Paulo. *Ditadura e Serviço Social*: uma análise do Serviço Social no Brasil pós-64. São Paulo: Cortez, 1991.

_____. Introdução ao método na teoria social. In: _____. *Serviço Social, direitos e competências profissionais*. Brasília: CFESS/ABEPSS, 2009.

Capítulo 6

Serviço Social brasileiro:
insurgência intelectual e legado político[1]

ANA ELIZABETE MOTA

Para Marcelo Sitcovsky e Cezar Maranhão, da nova geração intelectual do Serviço Social, com quem tanto aprendo.

1. LEGADO DO SERVIÇO SOCIAL PÓS-ANOS 1970 DO SÉCULO XX

Em tempos de crise orgânica[2] e de expressões ampliadas do conservadorismo, como sistema de ideias e movimento prático-político, o

---

1. Este ensaio é resultado de um conjunto de reflexões que venho realizando desde a minha participação como presidente da Associação Latino-Americana de Ensino e Pesquisa em Serviço Social (ALAEITS) e, por seu intermédio, da Asociación Internacional de Escuelas de Trabajo Social (AIETS), ocasião em que pude me aproximar, ainda que em curto período, do escopo do Serviço Social mundial. Reflete minhas observações sobre as particularidades do Serviço Social brasileiro, muitas delas expostas em artigos anteriores, dentre eles *Serviço Social brasileiro: profissão e área de conhecimento* (Mota, 2013), além das publicações em coautoria com a professora Angela Amaral (Mota e Amaral, 2014) e, mais recentemente, nas conferências que realizei no 14º CBAS, em 2013, e no XIV ENPESS, em 2014.

2. A crise orgânica é concebida por Gramsci como aquela que, ao se originar no ambiente econômico, transita para o ambiente político. Portanto, ao se ampliar para o campo das relações

Serviço Social brasileiro, como de resto, a sociedade, vivencia uma agressiva investida da direita em defesa da ordem e alia-se aos impenitentes sujeitos sociais que alimentam e mantêm uma cultura teórico-política e profissional de esquerda no Brasil.

Como profissão e, particularmente, como área de produção do conhecimento,[3] o Serviço Social, ao fim e ao cabo dos seus 80 anos de existência no Brasil, vem robustecendo seu protagonismo intelectual e político na formação de uma cultura (teórico-metodológica, ideológica e política) que se contrapõe à hegemonia dominante, em articulação com a esquerda marxista em nosso país.

Evidentemente a profissão não se restringe a essa dimensão, porquanto existem outras dimensões socialmente construídas e reconhecidas no processo de institucionalização do Serviço Social, como defendem Lopes, Abreu e Cardoso (2014, p. 196), ao afirmarem: "[...] *quatro dimensões: formação, intervenção, produção de conhecimento e organização política da categoria profissional, vinculadas organicamente*", ao que acrescento: enfeixadas no que se denomina de projeto ético-político profissional.[4]

---

políticas, ideológicas, culturais, seus efeitos atingem a essência das relações de classe, transformando o conteúdo das lutas sociais. A crise exige um processo permanente de transformação tanto do padrão de acumulação de capital, aí compreendido o papel das forças produtivas, como das estratégias de dominação que conformam os aparelhos privados de hegemonia (Mota, 2012, p. 32, nota 2).

3. José Paulo Netto aventa essa questão, prospectivamente, em 1992, em *Capitalismo monopolista e Serviço Social* (Netto, 1992, p. 145-7), e em publicação de 2006 (2006, p. 12; grifos meus) elabora uma síntese que vai ao encontro dessa hipótese: "O Serviço Social é uma profissão — uma especialização do trabalho coletivo, no marco da divisão sociotécnica do trabalho — [...]; Assim, enquanto profissão, o Serviço Social pode se constituir, *e se constituiu nos últimos anos, como uma área de produção de conhecimentos* [...]".

4. Como exposto em outra ocasião (Mota e Amaral, 2014, p. 23-4), o peso ideopolítico e teórico-metodológico do chamado projeto ético-político profissional do Serviço Social determinou a opção por uma direção social estratégica para a profissão (Netto,1996), com profundas refrações no exercício profissional, na formação profissional e na organização política dos assistentes sociais. Considero fundamentais as conquistas relativas aos instrumentos formais e legais que balizam a regulamentação da profissão, as diretrizes curriculares que orientam a formação em nível de graduação e pós-graduação, o código de ética profissional e os mecanismos de fiscalização do exercício profissional, uma vez que eles possuem uma força material que, para além de favorecer as condições da prática e da formação profissionais, contribuem decisivamente para a consolidação

Este estatuto de ser área de produção do conhecimento é destacado neste ensaio como uma expressão singular do Serviço Social mundial, e o faço reconhecendo dois aspectos dessa extração: a) a unidade temática que essa produção mantém com o exercício profissional (marcado pela intervenção/atuação profissional com seus particulares objetos de intervenção); b) a natureza insurgente dessa produção, que se contrapõe à divisão social do trabalho e do saber, ao romper com a fragmentação das manifestações da questão social, imprimindo-lhes o estatuto de objetos do conhecimento e apreendendo-os no interior da totalidade social, num esforço de ampliação do escopo da atuação profissional.

Este processo tem filiação teórico-metodológica com a matriz marxiana e plasma uma direção ético-política cujo produto intelectual — mais do que uma intenção — expõe, na altura do presente século, uma ruptura com as origens tradicionais da profissão, possibilitando o surgimento de uma cultura e ideologia profissionais de esquerda que, dialeticamente, negam as investidas do já conhecido conservadorismo burguês.

Em recente ensaio publicado na Revista *Serviço Social & Sociedade*, Boschetti (2015, p. 639; grifos meus) afiança que:

> Foi na história de resistência e luta contra esse conservadorismo, que sempre quis subordinar e colocar a profissão a serviço da reprodução do capital, que o Projeto Ético-Político — em suas dimensões teórica, política, ética, legal e profissional — se constituiu como processo dinâmico e vivo, como expressão de luta contra o conservadorismo. *Nesse processo, sempre viveu a dialética da convivência entre o pensamento conservador e a intenção de ruptura*, como explica Netto (2011). [...] não tratamos o avanço ou reatualização do conservadorismo como algo externo, ou fora do processo cotidiano da formação e do trabalho

---

de uma cultura profissional marcada por princípios, valores e referenciais teórico-metodológicos que abraçam a teoria marxiana, a superação da ordem capitalista, o humanismo, o internacionalismo das lutas sociais e a radicalidade democrática, os quais fundamentam, articulam e medeiam — sob condições históricas precisas — a relação entre a realidade e a profissão.

profissional. Ou seja, o conservadorismo nunca deixou de constituir o Serviço Social e, no momento presente, vem se reatualizando e se fortalecendo por algumas determinações societárias, sem as quais não seria possível entender esse avanço [...].

Essa abordagem do Serviço Social brasileiro como profissão e como área do conhecimento não revela ineditismo em minha pesquisa, visto que vários intelectuais da área já fizeram referência ao tema, quando trataram sobre a produção intelectual do Serviço Social brasileiro a partir dos anos 1980,[5] expondo as mediações da produção do conhecimento: 1) na formação e exercício profissionais para identificar o lócus mediador da pesquisa e da produção do conhecimento no Serviço Social; 2) nas tendências conservadoras e de ruptura com o conservadorismo para analisar a direção teórica e ideopolítica presentes no tratamento dos objetos de conhecimento e intervenção; 3) na investigação e intervenção, como dimensões da profissão, para apreender as tendências empiristas e pragmáticas, em oposição à dimensão intelectiva e da práxis profissional; 4) na relação entre profissão e realidade para discutir sobre temáticas emergentes e a organicidade da produção com os requerimentos da realidade, digo, das estratégias das classes fundamentais, das armadilhas do capital, da ação ideopolítica do Estado e dos movimentos sociais, sindicais e partidários, dentre outros.

Numa curta resenha, compreendo que as abordagens sobre a produção do conhecimento no e do Serviço Social primam por recuperar a trajetória histórica da profissão, suas origens confessionais, a influência do positivismo e do funcionalismo, o movimento de profissionalização e as tensões e iniciativas de ruptura com esses referenciais.[6]

---

5. Destaco os textos de Kameyama (1998), Abreu e Semionatto (1997) e Paulo Netto (1996, 2006), Iamamoto (2007), Silva e Carvalho (2005), Silva (2009), Simionatto (2005), Sposati (2007), Lara (2011), Siqueira da Silva (2013), pelas referências específicas ao tema, mas este assunto é recorrente nas produções acadêmicas do Serviço Social.

6. Cerca de dez anos após a publicação de *Relações sociais e Serviço Social no Brasil*, um marco histórico-conceitual do Serviço Social brasileiro, considero, em relação ao tema que abordo, que

É consensual o destaque ao protagonismo dos programas de pós-graduação nos anos 1970, o avanço da pesquisa e o peso político-material da criação da subárea do Serviço Social no CNPq e na CAPES, viabilizando o financiamento da pesquisa e da pós-graduação *stricto sensu*.

Reafirmo e atualizo o que em outra ocasião, prospectivamente, tratei (Mota, 2010, p. 36-37): penso que está descartada — pelos formadores do *"bom senso"* (de que fala Gramsci e que aqui utilizo para referir-me à intelectualidade do Serviço Social) —, a hipótese da *identidade e especificidade* do Serviço Social, assim como a busca da *teoria ou de métodos próprios*, na exata medida em que se alarga e se aprofunda o tratamento de temas e questões que refinam a capacidade intelectual e o espectro de atuação do Serviço Social brasileiro, na perspectiva de transformar o real (sempre levando em conta os limites impostos pela realidade de uma ação profissional).

Instigados pela atuação teórico-política da ABEPSS/CFESS, duas questões determinantes do processo de produção do conhecimento passam a ser enfaticamente trabalhadas e discutidas no âmbito da comunidade acadêmica do Serviço Social, como mediações daquela dinâmica: as injunções da conjuntura nacional e mundial sobre a Universidade brasileira, afetando o ensino e a pesquisa no Serviço Social, em face da reforma da educação superior; e a direção social estratégica da profissão, que conforma o projeto ético-político profissional.

Em minha incursão sobre o tema, levo em conta o que já é consenso na área, mas destaco alguns *"novos indícios"* do processo que insere a produção do conhecimento no e do Serviço Social na construção de uma cultura política e teórica de esquerda no Brasil, cujas particularidades, neste momento, falariam pelo octogenário Serviço

---

a problematização exposta por José Paulo Netto, em *Capitalismo monopolista e Serviço Social* (1992), abriu novos espaços de reflexão, daquela feita, problematizando a categoria sincretismo no Serviço Social. Igualmente instigante e provocativo é o debate que Jamerson Murillo Anunciação de Souza faz na sua tese de doutorado em Serviço Social pela UFPE, retomando e discutindo algumas hipóteses avançadas pelo professor José Paulo Netto nesse livro, articulando-as ao avanço das novas expressões do pensamento conservador no Brasil (cf. Souza, 2015). A Jamerson, agradeço a leitura e sugestões feitas nos originais deste ensaio.

Social brasileiro. Retomo escritos anteriores (Mota, 2013, p. 18-9) para referir-me:

— Ao conteúdo das comunicações científicas do Serviço Social nos eventos continentais e mundiais da área específica do Serviço Social,[7] nos últimos dez anos, resultantes de pesquisas acadêmicas e que contrastam com a predominância de sistematizações e relatos de experiências internacionais/continentais, eivadas do manuseio de "teorias setoriais", com forte ênfase na prática, inclusive, terapêutica.

— Ao fato de o Serviço Social brasileiro recolher do exercício profissional e da relação com a realidade um conjunto de temas que tem capilaridade para além da intervenção profissional propriamente dita, enquanto, em outras realidades (parte da América Latina e Caribe, Estados Unidos, Canadá e Europa Ocidental), parece predominar uma concepção da profissão de inspiração predominantemente (não exclusivamente) técnico-interventiva e, por vezes, terapêutica, adstrita aos fenômenos com os quais lida cotidianamente a profissão.

— À ampliação das referências feitas aos Autores e Autoras da área do Serviço Social nas produções mais recentes das ciências humanas e sociais no Brasil, assim como em textos de referência de instituições governamentais, que têm possibilitado o crescimento do índice de citações de autores do Serviço Social no país e em outras realidades da América Latina.

— À abertura do mercado editorial às produções do Serviço Social, assim como à incorporação de quadros intelectuais do Serviço Social, como formadores de *massa crítica* ou mesmo como *dirigentes*[8] no âmbito dos movimentos sociais, populares e

---

7. Pela Federación Internacional de Trabajadores Sociales (FITS), pela Asociación Internacional de Escuelas de Trabajo Social (AIETS) e pelo International Council on Social Welfare (ICSW), assim como pela Associação Latino-Americana de Ensino e Pesquisa em Serviço Social (ALAEITS).

8. Direção do ANDES e de sessões sindicais, movimentos como o da privatização da saúde, para me referir tão só aos mais destacados.

sindicais. Sem falar da presença em inúmeros conselhos editoriais de revistas, inclusive fora da área específica.

— Ao perfil da demanda pelas pós-graduações em Serviço Social[9] e em políticas sociais vinculadas institucionalmente à área do Serviço Social, tanto em nível de mestrado, como, principalmente, em nível de doutorado, motivadas pela busca do conhecimento crítico, de inspiração marxiana, ainda que tal demanda enseje uma qualificação para o exercício profissional do Serviço Social.[10] Na constituição dessa demanda, ganham relevo as áreas de concentração dos Programas, o reconhecimento da qualificação e filiação teórico-metodológica dos docentes, além de serem enaltecidas as linhas de pesquisa dos Programas.

— À também crescente presença de pesquisadores da área do Serviço Social (através de processos de pós-doutoramento) em centros e núcleos de excelência internacional de pesquisa, em diversas áreas das ciências humanas e sociais, intercambiando estudos e pesquisas sobre temas que vão desde as finanças públicas das políticas sociais, passando pela questão das migrações, da financeirização, da precarização mundial do trabalho, das reformas na seguridade social, organização política, lutas sociais, até as relações de gênero, dentre outros da maior relevância para o entendimento e a crítica da dinâmica da sociedade contemporânea, base fulcral da ação transformadora da realidade.

---

9. Embora não se constitua num fenômeno típico dos anos 2000, a sua ampliação ultrapassa a questão da interdisciplinaridade.

10. Desconheço alguma pesquisa na área sobre esta particularidade da demanda em nível de pós-graduação *stricto sensu*, mas desconfio de que ela pode ser reveladora de uma questão que qualifico como nova na profissão, qual seja: a existência, ainda que potencial e não majoritária ou hegemônica, de um segmento de estudiosos das ciências humanas e sociais que fogem das especializações e encontram guarida no Serviço Social contra a razão instrumental e pós-moderna que campeia nas ciências sociais, aproximando-se da razão ontológica à qual se referiu Siqueira da Silva (2013, p. 119-33), em oposição à razão instrumental, ancorado no pensamento marxiano e luckacsiano.

Essas evidências alimentaram a hipótese de que o *Serviço Social brasileiro, ao se constituir numa área de produção do conhecimento, adensou a sua intervenção na realidade através da construção de uma cultura intelectual de cariz teórico-metodológico crítico, redefinindo a sua representação intelectual e social até então caracterizada, prioritariamente, pelo exercício profissional, no qual a dimensão interventiva tinha primazia sobre o estatuto intelectual e teórico da profissão.*

Assim, estaríamos superando, no âmbito da produção intelectual, o que José Paulo Netto (1992, p. 82-148), nos anos 1990 do século XX, designou como sincretismo ideológico e científico do Serviço Social?

A pertinente indagação daquele período, se o sincretismo teórico do Serviço Social é um dado permanente a que está condenada a profissão, ou se pode ser ultrapassado, pode ser agora respondida: hegemonicamente, há, sim, uma ultrapassagem do sincretismo teórico que predominou no Serviço Social brasileiro até a segunda metade do anos 1970, porém, está longe de arregimentar qualquer unanimidade e tampouco de superar a dinâmica contraditória que marca a existência e a determinação da profissão.

A suposição do professor José Paulo Netto (1992, p. 148), à época, era que *"a superação do sincretismo ideológico e teórico só é uma alternativa viável se, além de cortar com o seu travejamento original e tradicional, cancelar uma pretensão teórico-metodológica própria e autonôma"*, uma questão que o desenvolvimento histórico da profissão e a abordagem teórico-metodológica abraçada pelas Diretrizes Curriculares parecem ter equacionado, como já referi anteriormente. Este equacionamento é indicativo de uma resistência do Serviço Social brasileiro em face da divisão social do *saber* e das *ofensivas* conservadoras, ecléticas e pragmáticas, sempre presentes. E é porque resiste, teórica e ideologicamente, que o Serviço Social tensiona a dimensão sincrética *inelinimável* das demandas que mobilizam a sua intervenção social sobre os fragmentos da *questão social*.

2. Em defesa do protagonismo intelectual e político do Serviço Social brasileiro

A ampliação do âmbito de atuação institucional da profissão no Brasil, determinada tanto pela barbarização da vida social e do agravamento da *questão social* como por algumas conquistas democráticas e do campo anticapitalista dos direitos e das políticas sociais, foi, sem dúvida, mediada por alguns elementos históricos atinentes à realidade do Serviço Social brasileiro, onde se destaca *a sociabilidade tecida pela profissão nas quatro últimas décadas, herdeira da dimensão pedagógica de resistência e emancipatória do Serviço Social* (Abreu, 2002; Lopes, Abreu e Cardoso, 2014), *das iniciativas e conquistas organizativas da categoria e da direção social defendida pela ABEPSS/CEFESS para a formação e o exercício profissionais*.

Suas dimensões teórica, ideopolítica e intelectual são responsáveis por um acervo de conhecimentos e socialização de princípios e ideias que, ante o espraiamento do pensamento pós-moderno, pragmático e conservador no âmbito das ciências sociais,[11] apresenta-se como um vasto campo de resistência teórico-político e ideológico.

Esse argumento supõe que o Serviço Social brasileiro não mais se restringe à intervenção imediata sobre a realidade, mas avança rumo a uma intervenção mediata, resultado da sua já referida insurgência, com todas as implicações que esta afirmação carrega e que não podemos menosprezar:

1) O confronto com o histórico reconhecimento social da profissão, marcado pela sua utilidade social, vinculada historicamente às iniciativas de enfrentamento às sequelas e fragmentos da questão social.

---

11. Sobre as tendências e investidas do conservadorismo moderno, especialmente como sistemas de ideias que se espraiam mundialmente, ver a instigante tese de doutorado de Jamerson Anunciação, que efetua um denso estudo sobre os principais vetores e tendências do conservadorismo moderno, dentre eles, a instrumentalização da autodenominada "direita moderna" (*Jornal do Commercio*, Recife-PE).

2) O peso da divisão social e técnica do trabalho, que determina o surgimento de um coletivo profissional constituído, massivamente, por assistentes sociais inseridos no mercado de trabalho e que requer o exercício de competências técnicas.

3) A resistência ao aprisionamento da pesquisa e da produção intelectual às requisições imediatas do fazer profissional, exercitando um movimento que nega a pseudoconcreticidade (Kosik, 1976) das situações-objeto da atuação profissional, mas as afirma como realidade viva e vivida pela profissão no interior de uma totalidade social historicamente construída e passível de transformar-se.

Sobre esse terceiro aspecto, longe de configurar uma divisão sociotécnica do trabalho profissional entre os que investigam e os que têm um exercício profissional, argumento que existe uma unidade entre essas dimensões, o que não significa uma identidade, visto que há uma distinção entre o âmbito da formulação intelectual e o da sistematização e atuação prático-operativa.

Essas dimensões possuem vínculos com e se referem à realidade objetiva, porém encerram distinções: enquanto a produção teórico-intelectiva pode não materializar respostas imediatas às demandas da prática profissional, o exercício profissional, por sua vez, além de se fazer referenciar por essa produção, mobiliza outras mediações e instrumentalizações que são inerentes ao mundo do cotidiano, das ações institucionais e das condições objetivas sob as quais se dá a efetivação de programas, políticas e projetos sociais.

Nesse sentido, endosso a inexistência de hierarquias ou dicotomias na relação entre a produção de conhecimento e o exercício profissional. Desse modo, não forneço a "arma da crítica" aos conservadores que alegam ser o pensamento crítico, de filiação marxiana, incompatível com os desígnios operativos do Serviço Social. Essa perspectiva contraria, portanto, a injusta acusação que tenta identificar, nas minhas posições, uma suposta ressonância do *idealismo kantiano*.

Repito-me: caso se restrinja o Serviço Social à exclusiva condição de uma prática destinada a intervir e realizar sistematizações empíricas com foco nos objetos da sua atuação (como seria o caso das expressões da questão social), certamente vigeria a tendência apontada por José Paulo Netto (1996), da sua tecnificação, como atualização do sincretismo e da prática indiferenciada. Ademais, desconhecer a configuração do Serviço Social como área do conhecimento e a sua contribuição no âmbito das ideologias e da formação de uma cultura crítica, no campo da esquerda anticapitalista e socialista no Brasil, levaria a hipotecar a produção intelectual a uma aplicação direta e imediata às ações profissionais, à moda do positivismo (Mota, 2012).

Inegavelmente, os aportes e as construções críticas do Serviço Social a partir dos anos 1980 — aqui consideradas tributárias do Projeto Ético-Político Profissional — têm incidência sobre a ação profissional, mas não se restringem ao horizonte da intervenção direta e imediata, embora mantenham uma unidade dialética e contraditória, numa perspectiva de totalidade e referenciandos por projetos societais que extrapolam o âmbito do Serviço Social e de qualquer outra profissão. E assim se faz ao converter os objetos de intervenção, originários das demandas profissionais, em objetos de conhecimento, submetendo-os ao exame da crítica numa perspectiva de totalidade.

Isso porque, ainda que contraditórias, as determinações emanadas da ordem burguesa madura — e aqui remeto o leitor à vasta produção sobre o tema[12] — tendem a exigir o enfrentamento das contradições sociais por ela produzidas (sendo também objeto de lutas e embates classistas), mobilizando construções e propostas profissionais que geram uma tensão: não entre teoria e prática, mas entre teoria crítica e prática reiterativa.

Nesse sentido, a profissão, paulatinamente, passa a responder nos planos da prática profissional, da pesquisa e da formação profissional às demandas mediatas e imediatas que lhe são postas, apreendendo novas e ricas determinações e mediações no trato da economia e da socialidade capitalista, o que contribui para sua inserção no circuito

---

12. Dentre as significativas produções, destaco as de David Harvey (2005, 2011), François Chesnais (1996, 2005, 2012), Mike Davis (2006) e Göran Therborn (2012) e Carcanholo (2012). Sobre a realidade brasileira, destaco a produção de Virgínia Fontes (2010), Oliveira, Braga e Rizek (2010), Corecon/Sindecon (2010).

das ciências humanas e sociais, para além das ciências sociais aplicadas, já visibilizando sua insurgência ante a divisão social do saber.

Não temo afirmar que a sedição ideopolítica do Serviço Social — enfrentando as determinações da divisão sociotécnica do trabalho — colocou dialeticamente a profissão em rota de colisão com as determinações da sua própria existência. Essa resistência, originalmente de natureza política, como demonstrou o Congresso da Virada, ampliou-se na esfera teórico-metodológica com a redefinição do papel intelectual do Serviço Social e do sujeito profissional, e o fez na perspectiva da produção do pensamento crítico à ordem burguesa.

Segundo Boschetti, inspirando-se em Netto,

> [...] a reação ao conservadorismo e a construção do Projeto Ético-Político Profissional só foram possíveis pela conjunção de importantes processos. Primeiro, pela incorporação da teoria crítica marxista no âmbito da pesquisa e da produção de conhecimento pelo Serviço Social, que alçou a profissão à estatura das melhores produções críticas existentes sobre questão social, política social, direitos e emancipação, fundamentos do Serviço Social, ética, e lhe permitiu romper com o pensamento conservador predominante nas ciências sociais. Segundo, pela articulação do Serviço Social com movimentos sociais e partidos políticos anticapitalistas, o que lhe atribui um compromisso ético-político e profissional com as classes trabalhadoras, incrustado em nosso Código de Ética Profissional. Terceiro, pela superação do até então monopólio conservador que orientava a formação e o trabalho profissional, por meio do confronto crítico de ideias, valores, princípios e teorias. E quarto, pela construção de uma organização teórico-político-profissional — conjunto CFESS/CRESS, ABEPSS e ENESSO — comprometida com valores e lutas anticapitalistas (Netto, 2009, p. 149 apud Boschetti, 2015, p. 642).

Neste contexto, a pesquisa, em geral, e a formação pós-graduada têm um papel decisivo, sobretudo no segundo caso, por sua natureza acadêmica e não profissionalizante — razão pela qual é mister contrapor-se radicalmente às iniciativas que defendem a pós-graduação profissional, sob o argumento da sistematização e do saber aplicado, apresentando-se como instância formadora para o *"trabalho complexo"*, conforme a elaboração de Neves e Pronko (2008) e Iamamoto (2007).

Mesmo não se tratando de uma vinculação mecânica, essa tendência "profissionalizante" em oposição à "acadêmica" é determinada pelas diretrizes das agências de regulação e fomento à pesquisa e à pós-graduação brasileiras, na perspectiva de afirmar a "Universidade Operacional" nos termos de Chaui (2003) e Vale (2012). Em suma, esta discussão tem relação orgânica com os rumos da universidade brasileira como lócus privilegiado da pesquisa e produção do conhecimento.

No âmbito do Serviço Social, em face das particularidades do seu desenvolvimento histórico e da capacidade organizativa da sua comunidade profissional, é importante reconhecer o peso da sua resistência política, expressa na manutenção de uma formação generalista, na recusa aos cursos sequenciais, a distância, e à criação de mestrados profissionalizantes. Iniciativas que foram determinantes para galgar seu estatuto intelectual na contracorrente, por exemplo, do que aconteceu na Europa com o Processo de Bolonha.[13]

Vale ressaltar, contudo, que esta tendência encontra-se em rota de colisão com o que postula o Estado brasileiro em termos do papel atribuído à produção científica na atualidade, impondo à pesquisa científica e à pós-graduação parâmetros e diretrizes da contrarreforma da educação superior, estabelecendo laços entre as exigências da produtividade do capital e da sua gestão, bem como a efetividade das políticas públicas e a formação de quadros intelectuais para atender a esses requerimentos. Situação drasticamente acirrada com o ajuste fiscal implementado pelo governo brasileiro, na tentativa de tornar penitente o que já se tem por impenitente na formação de uma cultura

---

13. O Processo de Bolonha criou o Espaço Europeu de Ensino Superior. Em entrevista concedida em fevereiro de 2012, um reconhecido intelectual português critica os desdobramentos, afirmando que o "Processo de Bolonha sofreu a dominação das novas políticas do Banco Mundial e acabou influenciado pela lógica de que o conhecimento deve ser relevante para as necessidades do mercado, balizando a formação acadêmica e permitindo que as empresas exerçam um papel mais forte dentro da universidade". Disponível em: <http://revistaensinosuperior.uol.com.br/imprime.asp?codigo=12878>.

democrática, cívica e crítica. Eis o desafio maior na área das humanidades, no Brasil, cujas repercussões, na atualidade, obrigam a comunidade acadêmica à luta pela dimensão pública da pesquisa, em oposição ao seu "empresariamento", como alternativa para a crise de financiamento da pesquisa; o acirramento entre os requisitos da produção voltada para a instrumentalidade técnica e os da autonomia na produção do conhecimento crítico da realidade.

3. Conclusões

Sem dúvida o Serviço Social avançou no âmbito da construção de uma cultura política e profissional críticas, desempenhando um papel intelectual significativo, no sentido gramsciano. Somos sujeitos da formação de uma sociabilidade libertária e emancipatória, entretanto, coloca-se como um desafio a preservação da unidade entre as diversas dimensões da profissão. Desta unidade é que pode ser assegurada a resistência ao pensamento conservador, tecnicista e modernizador, tanto no âmbito da pesquisa como no da formação, em nível de graduação e pós-graduação e no do exercício profissional.

Vale destacar, por pertinente que é, a problematização de Iamamoto (2007, p. 214), ao refletir sobre o exercício profissional da perspectiva do sujeito profissional, submetido às condições de assalariamento na sociedade do capital, para ressaltar:

> [...] tensões entre o direcionamento que o assistente social pretende imprimir ao seu trabalho concreto — afirmando sua dimensão teleológica e criadora —, condizente com o projeto profissional coletivo e historicamente fundado; e os constrangimentos inerentes ao trabalho alienado que se repõem na forma assalariada do exercício profissional.

Entendo a profissão como uma área institucional do saber que referenda, legitima e constitui o sujeito profissional para o exercício de funções intelectivas e práticas. E o exercício profissional como a atividade do sujeito profissional, regulada social e juridicamente, voltada à implementação de ações e iniciativas no âmbito do trabalho coletivo, de natureza improdutiva.

Conclusivamente, defendo que o Serviço Social brasileiro, historicamente, construiu uma cultura profissional a partir do exercício profissional, no âmbito do processo ampliado de reprodução social, mas nele não encerrou a sua função ideopolítica. Considero que, nas três últimas décadas, o Serviço Social ampliou sua função intelectual, construindo uma massa crítica de conhecimentos, tributária da formação de uma cultura que se contrapõe à hegemonia dominante, protagonizada pela esquerda marxista no Brasil, e o faz sem perder a relação de unidade com o exercício profissional, mas expondo uma distinção entre o significado e a dimensão do Serviço Social como área do conhecimento e profissão voltada para a intervenção direta na realidade.

Quiçá este processo revele a emergência de uma nova competência sociopolítica e teórico-instrumental do Serviço Social brasileiro após mais de uma década das lúcidas projeções do professor José Paulo Netto (1996, p. 109), quando afirmou: "novas competências remetem direta, mas não exclusivamente, à pesquisa, à produção do conhecimento e às alternativas de sua instrumentalização — e, no caso do Serviço Social, isso quer dizer conhecimento sobre a realidade social".

REFERÊNCIAS BIBLIOGRÁFICAS

ABREU, M. M. *O Serviço Social e a organização da cultura*: perfis pedagógicos da prática profissional. São Paulo: Cortez, 2002.

_____; SIMIONATTO, I. A situação da pesquisa em Serviço Social no Brasil 1990/1996. *Cadernos ABESS*, São Paulo: Cortez, n. 7, p. 113-40, nov. 1997.

BOSCHETTI, I. Expressões do conservadorismo na formação profissional. *Serviço Social & Sociedade*, São Paulo: Cortez, n. 124, p. 637-51, out./dez. 2015.

CARCANHOLO, R. A. Interpretações sobre o capitalismo atual e a crise econômica. In: VARELA, R. (Org.). *Quem paga o Estado social em Portugal?* Lisboa: Bertrand Editora, 2002. p. 319-56.

CHAUI, M. A universidade pública sob nova perspectiva. *Rev. Bras. Educ.*, n. 24, p. 5-15 set./dez. 2003. Disponível em: <http://www.scielo.br/pdf/rbedu/n24/n24a02.pdf>. Acesso em: 10 ago. 2012.

CHESNAIS, F. *A mundialização do capital*. Tradução de Silvana Finzi Foá. São Paulo: Xamã, 1996.

_____. *A finança mundializada*. Tradução de Rosa Marques e Paulo Nakatani. São Paulo: Boitempo, 2005.

_____. *As dívidas ilegítimas*: quando os bancos fazem mão baixa nas políticas públicas. Tradução de Artur Lopes Cardoso. Lisboa: Círculo de Leitores, 2012.

CORECON/SINDECON. *Os anos Lula*: contribuições para um balanço crítico 2003-2010. Rio de Janeiro: Garamond, 2010.

DAVIS, M. *Planeta favela*. Tradução de Beatriz Medina. São Paulo: Boitempo, 2006.

FONTES, V. *O Brasil e o capital-imperialismo*: teoria e história. Rio de Janeiro: EPSJV/Editora da UFRJ, 2010.

HARVEY, D. *O novo imperialismo*. Tradução de Adail Sobral e Maria Stela Gonçalves. São Paulo: Loyola, 2005.

_____. *O enigma do capital e as crises do capitalismo*. Tradução de João Alexandre Peschanski. São Paulo: Boitempo, 2011.

IAMAMOTO, M. V. *Serviço Social em tempo de capital fetiche*: capital financeiro, trabalho e questão social. São Paulo: Cortez, 2007.

JORNAL DO COMMERCIO. *Em Pernambuco, jovens fazem a direita "sair do armário" e querem debater política*. Disponível em: <http://jconline.ne10.uol.com.br/canal/politica/pernambuco/noticia/2016/01/17/

em-pernambuco-jovens-fazem-a-direita-sair-do-armario-e-querem-debater-politica-217286.php>. Acesso em: 17 jan. 2016.

KAMEYAMA, N. A trajetória da produção de conhecimentos em Serviço Social: avanços e tendências. *Cadernos Abess*, São Paulo, v. 8, n. 8, p. 33-76, 1998. Disponível em: <http://www.ts.ucr.ac.cr/binarios/congresos/reg/slets/slets-016-088.pdf>. Acesso: 27 jan. 2016.

KOSIK, K. *Dialética do concreto*. 2. ed. Rio de Janeiro: Paz e Terra, 1976.

LARA, Ricardo. *A produção de conhecimento no Serviço Social*. São Paulo: Ed. da Unesp, 2011.

LOPES, J. B.; ABREU, M. M.; CARDOSO, F. G. O caráter pedagógico da intervenção profissional e sua relação com as lutas sociais. In: ABRAMIDES, M. B.; DURIGUETTO, M. L. (Orgs.). *Movimentos sociais e Serviço Social:* uma relação necessária. São Paulo: Cortez, 2014.

MOTA, A. E. Crise, neodesenvolvimentismo e tendências das políticas sociais no Brasil e na América Latina. *Configurações*, Lisboa: Humus, v. 10, p. 29-42, 2012.

_____. Questão social e Serviço Social: um debate necessário. In: MOTA, A. E. (Org.). *O mito da assistência social*: ensaios sobre o estado, política e sociedade. São Paulo: Cortez, 2010.

_____. Serviço Social brasileiro: profissão e área do conhecimento. *Katálysis*, Florianópolis, v. 16, número especial, p. 17-27, 2013.

_____; AMARAL, A. Serviço Social brasileiro: cenários e perspectivas nos anos 2000. In: MOTA, A. E.; AMARAL, A. (Orgs.). *Serviço Social brasileiro nos anos 2000*: cenários, pelejas e desafios. Recife: Ed. da UFPE, 2014.

NETTO, J. P. A construção do Projeto Ético-Político do Serviço Social. *Serviço Social e Saúde*, São Paulo: Cortez, 2006. Disponível em: <http://www.fnepas.org.br/pdf/servico_social_saude/inicio.htm>. Acesso em: 5 ago. 2012.

_____. *Capitalismo monopolista e Serviço Social*. São Paulo: Cortez, 1992.

NETTO, J. P. Transformações societárias e Serviço Social: notas para uma análise prospectiva da profissão no Brasil. *Serviço Social & Sociedade*, São Paulo: Cortez, n. 50, p. 87-132, abr. 1996.

NEVES, L. M. W.; PRONKO, M. A. *O mercado do conhecimento e o conhecimento para o mercado da formação para o trabalho complexo no Brasil contemporâneo*. Rio de Janeiro: EPSJV, 2008.

OLIVEIRA, F.; BRAGA, R.; RIZEK, C. (Orgs.). *Hegemonia às avessas*. São Paulo: Boitempo, 2010.

SILVA, M. O. da S. Trinta anos da revista *Serviço Social & Sociedade*: contribuições para a construção e o desenvolvimento do Serviço Social no Brasil. *Serviço Social & Sociedade*, São Paulo: Cortez, n. 100, p. 599-649, out./dez. 2009.

_____; CARVALHO, D. B. B. (Orgs.). *Serviço Social, pós-graduação e produção de conhecimento no Brasil*. São Paulo: Cortez, 2005.

SIMIONATTO, I. Os desafios na pesquisa e na produção do conhecimento em Serviço Social. *Temporalis*, Abepss, ano 5, n. 9, p. 20-28, jan./jun. 2005.

SIQUEIRA DA SILVA, J. F. *Serviço Social*: resistência e emancipação? São Paulo: Cortez, 2013.

SOUZA, J. M. A. de. O conservadorismo moderno: esboço para uma aproximação. *Serviço Social & Sociedade*, São Paulo: Cortez, n. 122, p. 199-223, abr./jun. 2015.

SPOSATI, A. Pesquisa e produção de conhecimento no campo do Serviço Social. *Katálysis*, Florianópolis: Edufsc, número especial, p. 15-25, 2007.

THERBORN, G. *Do marxismo ao pós-marxismo*. Tradução de Rodrigo Nobile. São Paulo: Boitempo, 2012.

VALE, S. E. *A reprodução do ideário neoliberal no cotidiano acadêmico*: reiterações e resistências do trabalho docente na UECE. Tese (Doutorado em Serviço Social) — Universidade Federal de Pernambuco, Programa de Pós-Graduação em Serviço Social, 2012.

Capítulo 7

Rupturas, desafios e luta por emancipação:
a ética profissional no Serviço Social brasileiro

PRISCILA FERNANDA GONÇALVES CARDOSO
ANDREA ALMEIDA TORRES

*Se há outro mundo possível, esse outro mundo está na barriga deste,
e temos de ajudá-lo a nascer.
Esse parto não vai ser fácil e para isto
a energia da indignação é fundamental.
Não aceitar esta realidade como a única realidade possível,
porque cada realidade contém muitas outras dentro dela.
É como se o mundo estivesse grávido de outros "mundinhos",
de outros "mundinhos" bem melhores que este.
Há que ajudá-los a nascer.*
Entrevista "O tempo e o modo" — Eduardo Galeano

Introdução

Este capítulo tem o grande desafio de trabalhar uma das particularidades que marcam a trajetória do Serviço Social brasileiro em seus 80 anos. Trataremos de uma das dimensões da ética: a ética profissional em sua especificidade e em sua expressão no Serviço Social brasileiro.

Partimos da compreensão da ética como *práxis* humana que envolve a reflexão teórica sobre a moral, orientando um modo de ser na relação do *eu* com o *outro* na busca da realização humana. Modo de ser que pressupõe reflexão crítica, eleição de valores e ações no mundo. Na perspectiva aqui abordada, ações pautadas em valores emancipatórios que possibilitem a aproximação do ser social com sua essência humana[1] na busca de sua emancipação.[2] Falamos, portanto, de ações nas quais o ser singular possa se reconhecer em sua humanidade elevando-se a sua condição de ser humano-genérico.[3]

---

1. "[...] A essência humana, portanto, não é o que 'esteve presente' na humanidade (para não falar mesmo de cada indivíduo), mas a realização gradual e contínua das possibilidades imanentes à humanidade, ao gênero humano" (Heller, 2000, p. 4; grifo da autora). Tais capacidades são, pois, potencialidades deste ser, que dependem de circunstâncias históricas e sociais para poderem ser desenvolvidas, entre elas, segundo a referida autora, podemos citar, entre outras, a sociabilidade, a universalidade, a consciência e a liberdade.

2. "A partir da tradição marxista, emancipação humana é aqui entendida como a possibilidade da inteireza humana, da objetivação de suas potencialidades enquanto gênero humano: a sociabilidade, a universalidade, a consciência e a liberdade. Da 'ultrapassagem da autoalienação'; [...] aquela que permite a absorção do cidadão abstrato pelo homem individual, que faz deste, em sua vida cotidiana, um ser genérico solidário com os seus semelhantes" (Frederico, 2009, p. 99-106). Para Marx: "Toda emancipação constitui uma restituição do mundo humano e das relações humanas ao próprio homem (Marx, s/d., apud Iasi, 2011, p. 48)" (Cardoso, 2013, p. 56).

3. "O indivíduo é sempre, simultaneamente, ser singular e ser genérico [...] As necessidades humanas tornam-se conscientes, no indivíduo, sob a forma do Eu. O 'Eu' tem fome, sente dores (físicas ou psíquicas); no 'Eu' nascem os afetos e as paixões. A dinâmica básica da singularidade individual humana é a satisfação dessas necessidades do 'Eu'.
[...] a elevação ao humano-genérico não significa jamais uma abolição da singularidade. Como se sabe, as paixões e sentimentos orientados para o Eu (para o Eu singular) não desaparecem, mas 'apenas' se dirigem para o exterior, convertem-se em motor da realização do humano-genérico" (Heller, 2000, p. 20 e 24; grifo da autora). Sobre a genericidade humana e ética ver Heller (2000), Tertulian (2010) e Barroco (2008).

A partir dessa compreensão sobre ética, podemos afirmar que no âmbito das profissões ela se expressa como a reflexão crítica sobre a conduta profissional, que pensa a relação do *eu* com o *coletivo*, estabelecendo parâmetros para a relação profissional, da/o assistente social com a sociedade na perspectiva da busca de nossa genericidade humana.

> A *ética profissional* (grifo da autora) é uma das dimensões que formam o projeto profissional, compondo os elementos que indicam sua teleologia. Em sua particularidade, enquanto uma das formas éticas, diz respeito à reflexão sobre a moralidade profissional que resulta na eleição de valores e princípios que direcionam o agir profissional, expressando-se, portanto, no cotidiano profissional.
> [...] a ética profissional refere-se à eleição de valores — diante de uma determinada concepção de homem/mundo/sociedade — e sua objetivação na relação com outro — o usuário, o Estado, as instituições, outros profissionais e as entidades da categoria. Para tanto, há a codificação de tais valores e princípios em um código de ética que estabelece os parâmetros para a atuação profissional, sendo um instrumento educativo importante na criação de um determinado *ethos* profissional e que está vinculado a uma dada perspectiva social (Cardoso, 2013, p. 91-2).

Destacamos duas importantes características acima apontadas sobre a ética profissional: trata-se de *uma* das dimensões de um projeto profissional, a saber, os princípios orientadores de tal projeto apontando sua teleologia, sua direção ética e política; expressa-se nas ações profissionais e posicionamentos dos sujeitos coletiva e individualmente, materializando-se normativamente num código de ética que orientará esta ação e posicionamentos. Portanto, projeto profissional e ética profissional não são sinônimos, bem como não podemos reduzir a ética profissional ao código de ética, tratando-se de uma compreensão mais ampla de uma *práxis* que envolve valores, ações e instrumentos jurídicos que constituem um *ethos* (modo ser) profissional.

Destarte, para resgatarmos parte da história do Serviço Social no Brasil nesses seus 80 anos, buscaremos reconstruir, neste texto, o *ethos* profissional nestas oito décadas. Para tanto, elegemos estrategicamente[4] apontar quais as perspectivas político-filosóficas expressas nos valores e princípios defendidos pela profissão e sua materialização no posicionamento das/os profissionais, bem como nos códigos de ética existentes desde a gênese do Serviço Social, sendo eles os códigos de 1947, 1965, 1975, 1986 e 1993.

ÉTICA PROFISSIONAL NO SERVIÇO SOCIAL: DO CONSERVADORISMO À EMANCIPAÇÃO POLÍTICA E HUMANA

E qual teria sido este *ethos* profissional no decorrer destes 80 anos? Podemos afirmar que temos a presença de duas perspectivas éticas no seio do Serviço Social que foram sendo construídas historicamente na profissão, as quais cremos estarem presentes até os dias atuais, sendo que cada uma delas expressou-se hegemonicamente na trajetória da profissão, o que se pode observar ao analisar os diferentes códigos de ética. Falamos, pois, de uma ética tradicional/conservadora e uma ética de ruptura/emancipatória.

Desde o processo de legitimação e institucionalização do Serviço Social no Brasil na década de 1930 configura-se, até o final da década de 1970, um *ethos* profissional que tem como base a defesa de valores tradicionalistas, abstratos, a-históricos, que, no decorrer do desenvolvimento da profissão buscaram suporte numa leitura de realidade do

---

4. Só podemos falar do modo de ser profissional compreendendo-o na realidade social, ou seja, como parte e resultado de processos históricos mais amplos que influenciaram diretamente as escolhas e posicionamentos possíveis dentro do Serviço Social. Para efeitos deste capítulo, no entanto, não será possível aprofundar os aspectos históricos e dos projetos profissionais em curso em cada momento desta história. Sendo assim, faremos menções aos processos históricos e projetos profissionais sem aprofundar tais questões, dando-as como conhecidas pelo leitor e/ou indicando possíveis leituras referências para a compreensão destes elementos. Considera-se também que os demais capítulos deste livro tratarão destes outros aspectos.

método positivista, sofrendo ainda, influência do pensamento fenomenológico e do personalismo especificamente nos anos 1970. A essa perspectiva denominamos de ética tradicional/conservadora, por se tratar de perspectiva calcada no pensamento conservador que surge e marca o século XVIII.[5]

No conservadorismo valoriza-se a autoridade, a hierarquia, a ordem, a repressão e a disciplina, negando "[...] a razão, a democracia, a liberdade com igualdade, a indústria, a tecnologia, o divórcio, a emancipação da mulher, enfim, todas as conquistas da época moderna" (Barroco, 2008, p. 172).

Tal modo de ser conforma-se como fruto do processo no qual se dá a gênese e o desenvolvimento do Serviço Social em meio à industrialização e surgimento da questão social, diante das respostas do Estado e da Igreja católica no enfrentamento a esta.[6]

A vinculação entre Estado e Igreja, explicitada por Carvalho e Iamamoto (1996), ajuda-nos a compreender a forma como se dará a relação do Serviço Social com estes atores e, ainda, suas influências no processo de legitimação do Serviço Social enquanto profissão, que, de um lado, só pôde ocorrer pelas condições concretas da realidade vivida neste momento (em especial pelo aprofundamento e explicitação da questão social) que geraram a necessidade de o Estado abrir espaços

---

5. Proveniente do processo de contraposição às revoluções que marcam o século XVIII: a francesa e a industrial, que apresentaram o rompimento com a tradição, ganhando força no século XIX. Esse pensamento terá como grande representante o inglês Edmund Burke, autor de diversos livros e textos que defendiam tal pensamento, e que iniciou seus escritos principais com uma obra crítica à Revolução Francesa. A este respeito ver mais em Barroco (2008), Cardoso (2013) e Iamamoto (1992).

6. "Nesse sentido, a intervenção do Estado na 'questão social' é legitimada, pois em função mesmo de suas características de servir ao bem comum. O trabalho deve ser amparado por uma legislação que imponha limites à sua exploração e, especialmente, preserve os bens da alma. [...] A questão social não é monopólio do Estado. Se a este cabe, em nome do bem comum, regular a propriedade privada e tutelar os direitos de cada um, em especial daqueles que necessitam de amparo, não poderá ignorar os direitos naturais dos grupos sociais. [...] À Igreja Católica, através do apostolado de seu movimento laico, caberá a tarefa de reunificação e recristianização da sociedade burguesa através da ação sobre as corporações e demais grupos básicos, concluindo pelo alinhamento doutrinário do Estado laico ao direito natural orientado por suas normas transcendentes" (Carvalho e Iamamoto, 1996, p. 161-2).

sócio-ocupacionais de atuação da/o assistente social, e, de outro, esteve vinculada completamente à ideologia cristã, sendo a Igreja Católica a responsável pela base de formação profissional deste profissional, agora requisitado pelo mercado, num movimento de especialização/profissionalização da ação social já existente.

Demandado pelo Estado e o capital a apaziguar conflitos na perspectiva de uma atuação que buscasse a harmonia entre as classes sociais, e tendo como base da formação profissional o neotomismo e outros aspectos do cristianismo e do pensamento conservador, forma-se desde seu surgimento um modo de ser tradicional/conservador, que nas décadas seguintes, no processo de renovação do Serviço Social brasileiro em meio ao longo regime ditatorial, será reforçado e reafirmado buscando diferentes aportes teóricos para explicar a realidade: o positivismo[7] e a fenomenologia.

Esta perspectiva ética estará claramente expressa na atuação profissional, no posicionamento político da categoria e nos códigos de ética de 1947, 1965 e 1975, sendo explicitados na assunção de valores como: perfectibilidade da pessoa humana, bem comum, paciência, honestidade, justiça divina, bons costumes. Em consequência disto, apresentam-se como razão de ser da profissão o enquadramento, ajustamento, reeducação, correção dos indivíduos na busca da integração e harmonia social, provocando uma atuação profissional focada no indivíduo e sua subjetividade, traduzindo-se sempre numa ação de caráter conservador, ora pela necessidade de enquadramento do indivíduo na realidade social, ora pelo trabalho voltado apenas a sua subjetividade, independente da realidade social.

Podemos afirmar, portanto que

> Trata-se de um determinado *modo de ser* que se vinculou ao modelo societário capitalista, no máximo na busca de uma suposta humanização do mesmo. Um modo de ser pautado em valores humanista-cristãos, que se traduziu em ações moralizadoras e em códigos de

---

7. O que Iamamoto (1998) denominará de "arranjo teórico-doutrinário".

ética que direcionaram a ação profissional conservadoramente (Cardoso, 2013, p. 152).

Será também, como fruto da realidade social, no processo vivenciado no período da autocracia burguesa,[8] que o Serviço Social terá as condições objetivas postas para articular um processo de autocrítica e revisão de suas bases teórico-filosóficas e ético-políticas?

A questão social estará novamente escancarada por mais que se tente escondê-la sob o discurso da ordem e do progresso: aumento da concentração de renda, amplificação da pobreza, precarização do trabalho, exploração da mão de obra nacional pelo capital estrangeiro, instauração da violência e do medo serão as marcas desse período.

Estão postas novas bases para a atuação dos assistentes sociais que lidam cotidianamente com as expressões desse processo e são responsáveis pela execução das políticas sociais desse período, sendo mais uma vez chamados a atender à funcionalidade posta pelo Estado e pelos interesses da burguesia nacional e internacional: controlar, atenuar conflitos, mas agora, com caráter técnico e científico que dê conta da burocracia estatal e dos investimentos privados.

São criadas novas demandas que necessitam de outras respostas da profissão, fazendo com que esta tenha que organizar em seu interior tais respostas, posicionando-se diante da realidade social em questão.

A este processo de reorganização chamar-se-à de renovação do Serviço Social,[9] donde se articularão três vertentes (ou projetos) profissionais: modernizadora, fenomenológica e intenção de ruptura (Netto, 1994). O projeto modernizador e fenomenológico expressará a continuidade da perspectiva ética conservadora na profissão, tendo influência, respectivamente, nos códigos de ética de 1965 e 1975.

---

8. Sobre esta concepção acerca do período ditatorial, ver Fernandes (2005) e Netto (1994).

9. Sobre este período e o processo de renovação do Serviço Social brasileiro, ver Netto (1994), Iamamoto (1992) e Cardoso (2013). Mais especificamente sobre a intenção de ruptura, ver também Silva (1995).

Será neste mesmo período que, diante da aproximação do Serviço Social com os movimentos de esquerda e pela democracia, sua organização sindical, rearticulação das entidades da categoria, bem como de sua laicização e entrada no cenário universitário com a aproximação às ciências sociais e mais especificamente a autores da tradição marxista, a profissão terá as condições para realizar uma inflexão do ponto de vista ético e político, que ficou conhecido como "intenção de ruptura". Tal perspectiva ganhará hegemonia a partir dos anos 1980, expressando-se nos códigos de ética de 1986 e 1993.

Constitui-se, assim, nas últimas três décadas a hegemonia de um *ethos* profissional de ruptura com o conservadorismo numa perspectiva emancipatória.[10] Trinta anos, desde o primeiro código (1986), que marca uma nova perspectiva ética na profissão. Tal *ethos* terá como base fundamental a compreensão da realidade a partir da aproximação com a tradição marxista e, a partir da década de 1990, mais especificamente com a perspectiva ontológica aportadas em Heller e Lukács.

A ética de ruptura/emancipatória,

> Tem sua base de análise na compreensão de mundo no materialismo histórico-dialético, em uma perspectiva emancipatória. Decorrente dessa perspectiva elege valores emancipatórios como liberdade, plena expansão dos indivíduos sociais, democracia, cidadania e equidade social, orientando a ação profissional à luta pela emancipação política e humana, em uma abordagem livre de preconceitos e juízos de valor, defendendo os direitos humanos contra toda e qualquer forma de discriminação e opressão, bem como na defesa dos direitos sociais. Para tanto, explicita ainda, o necessário compromisso profissional com a competência e o aprimoramento, e, ainda, com o usuário no jogo de correlação de forças institucionais (Cardoso, 2013, p. 226).

---

10. Há diferenças importantes na maneira de compreender a ética profissional e, mais especificamente, o código de ética nesses 30 anos, resultando na revisão do código de 1986 (em 1993). Especificamente sobre esta revisão, ver Barroco (1996). Sobre a apropriação do Serviço Social do marxismo com suas contradições, equívocos e maturação entre as décadas de 1980 e 1990, ver Quiroga (1991), Iamamoto (1992) e Netto (1994).

A vinculação à perspectiva emancipatória[11] é caudatária, portanto, da aproximação com a tradição marxista e aponta para busca da superação da ordem do capital, o que propiciará a plena liberdade dos homens a partir do fim da condição de dominação/exploração da classe trabalhadora e, portanto, de sua alienação, conduzindo todos os homens à emancipação humana, onde está a realização plena do ser social que poderá viver as potencialidades de sua essência humana.

Do ponto de vista do compromisso ético profissional, vincula-se ainda a defesa da emancipação política,[12] entendendo sua radicalização como condição necessária na ordem do capital e estratégica para sua superação, o que nos conduz diretamente à defesa e luta pelos direitos em sua radicalidade.

Podemos afirmar que tal inflexão, no que se refere à ética no Serviço Social, ganhará força e amadurecimento mais especificamente na década de 1990, quando o tema da ética passa a compor com centralidade os debates no interior das entidades da categoria, ganha expressão na academia, em especial nos estudos do Programa de Pós-Graduação da Pontifícia Universidade Católica de São Paulo (PUC-SP), e torna-se parte importante da produção do conhecimento na área. Destaca-se aqui como primeira produção de peso o livro *Serviço Social e ética: convite a uma nova práxis* (Bonetti et al., 1996)[13] e, posteriormente, a vasta produção da estudiosa que viria a se tornar, já na década de 2000, referência para a discussão da ética no Serviço Social brasileiro e latino-americano, a dra. Maria Lúcia Barroco.

Fruto desta década será ainda a inclusão da ética como eixo transversal na formação profissional das/os assistentes sociais, a partir das

---

11. A discussão da emancipação humana surge a partir dos escritos do jovem Marx, especificamente em ensaio denominado "Sobre a questão judaica", de 1843, no qual o autor trava, pela primeira vez, o debate entre emancipação política e humana (Marx, 1991).

12. Sobre emancipação política ver Coutinho (2011) e Gramsci (2011).

13. Esta publicação reúne a produção de diferentes autores brasileiros que foram os primeiros a se debruçarem ao tema. Nela podemos encontrar precioso texto sobre a "Reformulação do Código de Ética: pressupostos históricos, teóricos e políticos" assinado pela comissão técnica nacional de reformulação do referido código, composta por Beatriz Augusto Paiva, José Paulo Netto, Maria Lúcia Barroco, Marlise Vinagre e Mione Apolinário.

diretrizes curriculares de 1996, além de seu debate mais aprofundado no âmbito das pós-graduações. Assim, teremos a partir dos anos 1990 a formação de novos quadros e pesquisadores que passam a compor a produção do conhecimento acerca desta temática, bem como a formação de assistentes sociais extremamente atentos e comprometidos com a perspectiva ética apresentada no Código de 1993.

Compreendemos, portanto, que o atual Código de Ética (1993) representa a síntese deste processo e, a partir da leitura de seus onze princípios podemos compreender mais claramente a teleologia do chamado projeto ético-político, hegemônico no seio do Serviço Social desde a década de 1990.

O Código de Ética de 1993 e a lógica expressa em seus onze princípios[14]

O eixo central desse Código, e que perpassa toda a sua construção, é a liberdade compreendida como fonte de emancipação, autonomia e plena expansão dos indivíduos sociais, o que significa o final da exploração e da dominação do homem pelo homem (de classe, etnia ou gênero). A construção de uma nova sociabilidade, pautada na liberdade da humanidade, na busca da sua essência, como um ser político, livre, social; na busca da emancipação do ser humano e da justiça social; uma sociedade em que o homem não mais será escravo das coisas, mas terá seu domínio, e em que todos os homens terão a apropriação do que produzem — material e espiritualmente — e do processo de produção.

Portanto, só a supressão dessa forma social poderá conduzir à emancipação humana; à humanização, ou seja, à possibilidade do

---

14. Revisado a partir da produção em Cardoso (1999), tendo como referência Paiva e Sales (1996).

homem se reconhecer enquanto um ser social, crítico, livre, criativo, vivenciando essas possibilidades em uma sociedade na qual o trabalho não seja alienado e o homem não tenha mais o domínio das coisas nem do próprio homem. Forma social esta que possibilitará ao homem o seu reconhecimento enquanto humano-genérico.

Dentro dessa perspectiva, torna-se fundamental a defesa intransigente dos direitos humanos e, consequentemente, a recusa do arbítrio, do autoritarismo e dos preconceitos. Princípios e valores fundamentais que imprimem a direção social e política do projeto profissional e que na conjuntura atual se destacam como desafios que exigem posicionamento, compromisso e coragem, na contracorrente das barbáries sociais. Ao defendermos todos os direitos humanos estabelecemos posicionamento crítico frente à sociedade capitalista, pois são eles estratégias políticas de enfrentamento (ainda que na democracia burguesa), historicamente conquistadas pelo conjunto dos trabalhadores organizados, para garantir sua reprodução social em resposta às suas necessidades humano-sociais. Trata-se também de posicionamento contra "todo tipo de abuso de autoridade, torturas, violência doméstica, grupos de extermínio; [...] são décadas em favor dos direitos humanos" (Paiva e Sales, 1996, p. 184).

Esses valores, embora dentro da lógica apresentada constituam parte do caminho para a conquista de outra sociabilidade (representando a teleologia do projeto ético-político), não são necessariamente relacionados, vinculados e factíveis apenas numa forma de sociabilidade. Eles podem — e devem — ser defendidos dentro da sociedade capitalista, constituindo a luta cotidiana das/os assistentes sociais por relações democráticas e na busca pelo acesso aos direitos.

E qual seria, então, o caminho para a defesa desta teleologia? Qual a forma estratégica de atuação no contexto do caráter contraditório da profissão dentro da sociedade de classes?

A luta pela radicalização da emancipação política, o que nos leva diretamente à compreensão de outros princípios expressos no código: democracia, cidadania, justiça e equidade social.

A dimensão política do projeto é claramente enunciada: ele se posiciona em favor da *equidade* e da *justiça social*, na perspectiva da *universalização* do acesso a bens e serviços relativos aos programas e políticas sociais; a ampliação e a consolidação da *cidadania* são postas explicitamente como condição para a *garantia dos direitos civis, políticos e sociais das classes trabalhadoras*. Em decorrência o projeto se reclama radicalmente *democrático* — vista a democratização enquanto *socialização da participação política e socialização da riqueza socialmente produzida* (Netto, 1999, p. 105).

Embora sejam a democracia e a cidadania valores gestados no seio da sociedade burguesa, há vários estudos[15] que lhe dão um novo significado em outra direção social. E é nesse sentido que estes valores são como instrumentos para a conquista de uma nova sociabilidade, mas também como valores universais que deverão ser defendidos em qualquer forma social.

A cidadania, aqui, é entendida de forma mais ampla do que no conceito burguês, em que está restrita ao fato de o indivíduo ter assegurados os seus direitos civis e políticos dentro da sociedade capitalista de acordo com os valores liberais e o suprimento das necessidades básicas num limite mínimo de vida.

Na lógica do código, refere-se dentro da sociedade capitalista à luta para que o nível de possibilidades de atendimento às necessidades dos indivíduos seja amplo, contemplando integralmente os direitos sociais. E de forma mais ampla (e relacionada à teleologia apontada no código), refere-se à possibilidade de o indivíduo desenvolver todas as suas potencialidades enquanto ser social, tendo seus direitos civis, políticos, sociais, econômicos e culturais assegurados coletivamente, o que implica "a superação dos limites engendrados pela reprodução das relações sociais no capitalismo" (Paiva e Sales 1996, p. 187) e a universalização dos direitos.

---

15. Podemos citar aqui, como grande contribuição a essa discussão: Raichelis (1998), Coutinho (1992) e Vieira (1992).

Intimamente ligado ao conceito de cidadania, está o conceito de democracia, que aponta ainda mais fortemente para a necessidade de superação da sociedade capitalista, quando se coloca nessa perspectiva como a socialização da riqueza socialmente produzida, da participação política e da cultura. Ou seja, a democracia que extrapola os limites burgueses da "democracia política" consentida pela ordem liberal.

Vale ressaltar que, embora acreditemos na democracia plena, a democracia política, mesmo dentro dos limites da sociedade capitalista, é um valor que deve ser defendido de maneira intransigente contra todas as formas de autoritarismo e arbitrariedades como já vivenciadas nas ditaduras militares, ou como temos visto na repressão e criminalização dos movimentos e manifestações sociais na atualidade, o que nos remete mais uma vez à necessária defesa intransigente dos direitos humanos.

Como marcas da luta pela efetivação da cidadania e democracia na perspectiva aqui apresentada, estão a defesa da equidade e da justiça social, entendidas essas como o reconhecimento da igualdade entre os homens, e o respeito às suas diferenças étnicas, de gênero, orientação sexual; são o caminho na busca da universalização dos direitos.

E o que a defesa desses valores exige do profissional na busca de sua concretização? Ter esses valores como norte implica o compromisso com a qualidade dos serviços prestados e, para tanto, a competência profissional é pressuposto básico.

Competência essa que não se restringe à dimensão técnico-operativa do trabalho profissional, mas à unidade das dimensões ético-política, teórico-metodológica e técnico-operativa. Competência que diz respeito, portanto, a uma prática crítica e reflexiva, que deve ser informada por uma teoria social crítica e por procedimentos metodológicos — em consonância com os valores expressos no Código de Ética —, que possibilitem à/ao profissional uma análise do movimento do real e a proposição de estratégias e táticas, bem como o estabelecimento de mediações que levem em consideração os processos contraditórios presentes no real para o seu enfrentamento, sem perder de vista a intencionalidade de seu exercício profissional e as possibilidades de construções coletivas de táticas e estratégias na relação com os movimentos sociais. Para tanto, é necessário também o domínio de técnicas que lhe permitam que essa ação se concretize saindo do planejamento.

Nas palavras de Iamamoto,

> Supõe competência teórica e fidelidade ao movimento da realidade; competência técnica e ético-política que subordine o "como fazer" ao "o que fazer" e, este, ao "dever ser", sem perder de vista seu enraizamento no processo social (1998, p. 80).

É necessário, ainda, que a/o profissional esteja sempre relacionado com o universo cultural das relações sociais, bem como informado dos processos histórico-conjunturais, realizando, também, a leitura crítica do movimento das relações estabelecidas no seu local de trabalho e na sociedade em geral.

Obviamente, não somos máquinas que podem ser programadas com todos esses requisitos do "perfil ideal de competência profissional". Esse é um processo em contínua construção e, embora seja um processo que passa pela subjetividade e individualidade das/os profissionais de Serviço Social, na incorporação dos valores, no aprimoramento profissional, no desenvolvimento de pesquisas, estudos, é também um processo coletivo na criação de condições objetivas para a potencialização das subjetividades e individualidades no caminho da construção dessa competência profissional.

Em tempos como os que vivemos, acreditamos que não haja outra saída senão a busca de estratégias coletivas e de fortalecimento da classe trabalhadora. Buscar coerência em nossas ações na luta cotidiana pela defesa desses princípios se faz mais que urgente. A atualidade da defesa de um *ethos* emancipatório é evidente em tempos de reação conservadora e barbárie.

A ATUALIDADE DA DEFESA DOS PRINCÍPIOS ÉTICOS DO CÓDIGO DE 1993 EM TEMPOS DE REAFIRMAÇÃO DO CONSERVADORISMO

Em plena conjuntura de manifestações e ideologias declaradas do conservadorismo na sociedade brasileira, a defesa dos princípios éticos da profissão, desde os seus marcos políticos e legais dos anos 1980-1990, tem sido cada vez mais desafiante e configura-se, para o projeto ético--político, como um movimento constante de ruptura com o ainda presente *ethos* tradicional e conservador entre as/os profissionais.

Um conservadorismo social refletido nos profissionais de qualquer área, que prolifera a visão de que existem "problemas sociais" relativos aos indivíduos desajustados, incapacitados e não integrados à sociedade e seus padrões capitalistas burgueses. Considerados os "inúteis", sobrantes, desqualificados, pobres, excluídos ou vagabundos, as consideradas "classes perigosas" seriam as responsáveis pela desarmonia social, ameaçadoras da ordem e de tudo de ruim que existe na convivência social. Ao se naturalizar a desigualdade social e desconsiderar a luta de classes, os conflitos sociais se tornam, nessa perspectiva, uma questão de (in)capacidades e falta de esforço pessoal. Esses sujeitos passam ser vistos como "não-sujeitos", (in)dignos ou não detentores de direitos, porque não são merecedores ou contribuintes para essa "justiça social".

A lógica conservadora que perdura socialmente é a da reeducação das condutas sociais, quer seja pela visão clínica e moralista dos problemas de caráter ou de personalidade, quer seja pelo demérito ou incompetência socioeconômica dos sujeitos em estabelecerem padrões mínimos de sociabilidade. Concepção que sustenta o braço de ferro do Estado punitivo, e sua função de proteger a propriedade privada, prevenindo e atacando quaisquer revoltas, manifestações ou turbulências sociais, pela repressão — usando quais armas (literalmente) forem necessárias para a manutenção da ordem social.

O Estado se utiliza cada vez mais da polícia e das instituições penais para conter a desordem produzida pelo desemprego em massa, a imposição do trabalho precário e o encolhimento da proteção social (Wacquant, 2008, p. 96).

Ele é liberal no topo, para com o capital e as classes privilegiadas, produzindo o aumento da desigualdade social [...] e paternalista e punitivo na base, para aqueles já desestabilizados seja pela conjunção da reestruturação do emprego com o enfraquecimento da proteção do Estado de bem estar-social, seja pela reconversão de ambos em instrumentos para vigiar os pobres (idem, p. 94).

A criminalização da pobreza se expressa pela culpabilização dos trabalhadores empobrecidos e sua condição de classe — a naturalização da pobreza permeada de um ódio de classe. A vigência conservadora, preconceituosa, racista, xenófoba, alimenta um ciclo de intolerâncias (de cor/etnia, de classe, de gênero, de religião, de orientação política...) cujo processo de desumanização vem se manifestando num alto grau de violações de direitos em termos planetários. São genocídios, estupros coletivos; linchamentos com justiça pelas próprias mãos; crimes de ódio (fobias). Além da célebre menção de que defender direitos humanos é coisa de "defender bandidos".

A história brasileira, marcada nas décadas de 1960-70 pela ditadura militar e pela violação dos direitos humanos, tornou-se alvo de lutas, denúncias de movimentos sociais e das resistências de esquerda. Mesmo com a redemocratização que se iniciou a partir dos anos 1980, o problema do desrespeito aos direitos humanos permaneceu, e agora, não restritos à questão dos presos políticos, mas de toda população excluída social, econômica e culturalmente, criminalizada em suas manifestações de resistência (Torres, 2001).

As violações de direitos dificilmente serão transformadas por completo no sistema capitalista e na intrínseca relação da produção das desigualdades sociais, porém resistimos na contracorrente; enfrentamos politicamente, inclusive com nossos corpos, e seguimos construindo transições para a tão sonhada emancipação humana.

> Estamos no olho do furacão do crescimento do Estado penal e de uma sociedade que apoia o Estado punitivo e encarceratório, cada vez mais rígido, em detrimento das políticas neoliberais, neoconservadoras, do Estado social cada vez mais desmontado, da desproteção, da "inseguridade" aos trabalhadores (Torres, 2010, p. 44).

Os avanços das barbáries acometidas pelo capitalismo em sua lógica da financeirização globalizada e neoliberal, acarretando o mais irresponsável desmonte das políticas sociais e públicas, vem construindo há décadas realidades violadoras de direitos historicamente conquistados. Nos dias de hoje, fica cada vez mais evidente que as sociedades atravessam questões éticas contemporâneas: a chamada intolerância religiosa entre ocidente e oriente; a dizimação de povos nos países chamados do Terceiro mundo, as inúmeras formas de *apartheid social*, imigrações e xenofobias; a destruição do meio ambiente são questões recentes que temos testemunhado no Brasil e no mundo. Inúmeras expressões da questão social que trazem permanentes desafios ético-políticos ao cotidiano das/os profissionais e também às lutas conjuntas com os movimentos sociais.

Ao defender os direitos humanos de forma intransigente, como princípio ético-político profissional, a produção teórica predominante na categoria parte da concepção crítica e sócio-histórica de que os direitos, em sua totalidade, são o resultado das lutas e da organização da classe trabalhadora; da pressão popular de sujeitos políticos no enfrentamento da condição desigual e injusta na sociedade de classes; de resistências à exploração, à expoliação, à dominação, subalternidade e opressão a que estão sujeitos os que vivem da venda da força de seu trabalho e o ambiente em que vivem.

No entanto, se faz necessário o alerta de Netto (2009, p. 10-12) quando aponta que:

> a luta pelos direitos humanos se trava em meio a contradições; [...] a ordem do capital (cuja condição crítica se revela de modo cada vez mais barbarizante, como estamos agora a testemunhar [...] de uma

crise monumental) é incompatível tanto com a socialização do poder político quanto com a realização concreta dos direitos humanos.

Na democracia burguesa trata-se, portanto, da defesa, da proteção, garantia efetiva, ampliação e consolidação da cidadania, da universalização dos direitos, não apenas circunscritos nos atuais marcos da democracia liberal e sua normatividade legal. O que significa ultrapassar as concepções idealistas/naturalistas (cujos direitos humanos são concebidos como princípios imutáveis, a-históricos, que surgem juntamente com a natureza humana).

Nesta perspectiva, o Serviço Social brasileiro vem defendendo, nas últimas décadas de sua renovação, uma *práxis* profissional que construa cotidianamente a possibilidade, a defesa da emancipação política. Sabemos, no entanto, que esta, embora uma luta necessária, não é nosso horizonte, pois, "sob o domínio do capital, a emancipação política é possível. Mas é impossível a emancipação humana. Quem a deseja deve desejar (e sobretudo, lutar) contra o domínio do capital" (Netto, 2009, p. 12).

Nosso horizonte nos leva, portanto, a buscar construir a ultrapassagem das limitações que a ordem burguesa impõe. Não são os direitos dos "humanos direitos"; são todos os direitos para todo (ser) humano em quaisquer circunstâncias. Uma ética social e profissional que seja radicalmente libertária, com ações inconformistas, indignadas, anticonservadoras, anticapitalistas em direção à emancipação humana, entendendo a emancipação política como estratégia importante nessa direção e fundamental ainda que nos marcos do capitalismo.

A história de violações dos direitos humanos não foi construída sem resistências. Os direitos humanos podem ser situados em relação ao projeto ético-político do Serviço Social como um campo de possibilidades de luta emancipatória a ser realizada coletivamente. A defesa dos direitos humanos deve ser parâmetro das políticas sociais, diante de avanços e retrocessos; uma constante vigilância e pelo cumprimento das leis que protegem os direitos dos trabalhadores.

E é nesta perspectiva que a agenda de lutas políticas representada pelas entidades da categoria[16] vem estabelecendo enfrentamentos e ações diante dos conflitos éticos postos na atualidade: em defesa do aprofundamento da democracia, da participação política, pela ampliação e consolidação da cidadania; pela justiça social e compromisso com a luta geral dos trabalhadores; lutando contra todo tipo de discriminação; radicalmente contra e combatendo a exploração e opressão de classe, gênero, cor/etnia, fobias sociais, intolerâncias, preconceitos e violências; tendo como norte uma sociabilidade libertária, a equidade social e, portanto, o acesso efetivo aos direitos humanos, articulando-se com os movimentos sociais nesta perspectiva (CFESS, 2007, p. 54).

Considerações finais

Nesses 80 anos de Serviço Social no Brasil, a ética profissional, como reflexão crítica sobre os valores e as concepções de homem/mundo, nos permite também refletir sobre a ética nas sociedades: um desafio para aqueles que apostam em princípios e valores diferentes e contrários à ordem ideológica que predomina nesses tempos, cuja ética nas relações humanas é substituída pela ética das relações econômico-financeiras.

A ética profissional da/o assistente social é compromisso e posicionamento político, pautada numa direção materializada no código de ética profissional, que afirma princípios e valores do projeto hegemônico profissional: da defesa da liberdade, da autonomia, dos direitos e emancipação humana. Possibilita a consolidação de uma direção para o Serviço Social brasileiro contemporâneo, na perspectiva da construção de um projeto profissional comprometido primordialmente

---

16. Conjunto Conselho Federal de Serviço Social (CFESS) e Conselhos Regionais de Serviço Social(CRESS); Associação Brasileira de Ensino e Pesquisa em Serviço Social (ABEPSS) e Executiva Nacional de Estudantes de Serviço Social (ENESSO).

com os usuários dos serviços sociais e públicos, uma sociedade democrática verdadeiramente justa e igualitária para todos (CFESS, 1993).

Os códigos da ruptura, do processo histórico de renovação da profissão no Brasil (1986 e 1993), possuem uma dimensão ampla que ultrapassa o caráter normatizador; foram e são instrumentos importantes de defesa dos direitos e deveres da/o profissional, orientando quanto aos princípios fundamentais em que devem basear-se suas ações de acordo com as demandas sociais postas à profissão.

Nesta perspectiva, compreendemos, portanto, que o código é uma das expressões da ética profissional, tendo importantes papéis normativo, punitivo e diretivo, bem como, e com mais importância, formativo, no sentido de, ao ser expressão de uma reflexão ética propiciar às/aos profissionais imersos no cotidiano do trabalho profissional novos parâmetros que deem base às suas escolhas diante de ações morais a partir da reflexão crítica desse cotidiano, como sabemos tão saturado da imediaticidade e urgência, conduzindo-os à ações éticas. O código de ética serve, deste modo, como instrumento que pode possibilitar a suspensão da cotidianidade ao profissional:

> Sendo assim, é preciso considerar a ética profissional como uma prática mediada por valores que pode se objetivar com *diversos níveis de consciência e comprometimento; que pode não ultrapassar a dinâmica da cotidianidade e da singularidade,* mas que conta com um *campo de possibilidades para se ampliar* e atingir *diferentes graus de conexão com motivações que permitam a ultrapassagem dessa dinâmica* (Barroco, 2012, p. 72; grifo da autora).

Ao aderir a uma profissão, o indivíduo (que carrega um conjunto de valores que adquiriu em sua sociabilidade) depara-se com a necessidade de confluir seus valores pessoais às exigências éticas e políticas da profissão, de acordo com cada momento histórico e conjuntura social, o que novamente nos deflagra a importância do Código como instrumento formativo, e ainda, a fundamental apreensão da discussão ética como transversal à formação das/dos assistentes sociais.

O Código de Ética dos Assistentes Sociais de 1993 é base fundamental para esta formação e deve ser compreendido como produto de um marco histórico importantíssimo na trajetória da profissão no Brasil. Expressa um salto ético e político, resultado da organização da categoria profissional, através de suas entidades representativas; uma construção coletiva, de reflexões e debates, expressando o pensamento político hegemônico dos assistentes sociais brasileiros. Nele está expressa a ética profissional de ruptura com o tradicionalismo/conservadorismo (dos valores antidemocráticos, da afirmação da repressão, da moralidade acrítica religiosa, da negação dos conflitos de classe; do irracionalismo, do ajuste dos indivíduos à integração social) rumo à permanente opção pela emancipação política e humana e outra sociabilidade sem dominação/exploração de qualquer espécie.

No entanto, também os princípios conquistados pelo atual Código de Ética enfrentam limitações quando se confrontam com os avanços neoliberais do capitalismo na conjuntura social brasileira. Estes princípios exigem uma renovação do perfil profissional, que ultrapasse o caráter apenas executivo, técnico e subalternizado do exercício profissional, para exercê-lo de forma competente, teórica, técnica e politicamente.

Historicamente, coexistem no Serviço Social brasileiro práticas renovadas ao lado de velhas práticas (Yazbek, 2008). Os assistentes sociais brasileiros que aderem a um novo projeto profissional podem responder às velhas e novas demandas socioinstitucionais com competência teórica e técnica, e mais além, com novos compromissos éticos e políticos, em direção aos interesses da população usuária dos serviços, com capacidade de negociar, propor e implantar novas políticas e programas de qualidade nas organizações.

Nos dias atuais, às/aos assistentes sociais cabe ocupar os campos de intervenção profissional com responsabilidade ética e política, colaborando com as transformações necessárias, inserindo, como salienta Iamamoto (1992), "o novo no fazer profissional", que para tanto necessita negar a base tradicional e conservadora, afirmando um novo perfil (Torres, 2014, p. 140).

Neste sentido, a defesa ética intransigente e radical dos direitos humanos não pode se desvincular da necessidade de rever criticamente o trabalho profissional, sem a qual poderemos reproduzir um hiato entre os avanços ético-políticos da profissão hoje no Brasil e a ação cotidiana. Em termos de produção acadêmico-científica, o Serviço Social brasileiro vem apontando os avanços ético-políticos necessários a respeito do exercício profissional na pesquisa, em interface com a bioética, as lutas LGBT, a defesa do Estado laico e o enfrentamento de toda e qualquer violação dos direitos humanos de povos indígenas, presidiárias/os, crianças e adolescentes, mulheres, imigrantes, idosos, trabalhadores e estudantes.

A produção teórica do Serviço Social no Brasil, apoiada na tradição marxista, vem empenhando-se na crítica de que a liberdade, a igualdade e os direitos humanos, bandeiras burguesas e democráticas, só poderão ser universais numa sociedade onde não impere a exploração aos trabalhadores e os privilégios de classe como a propriedade privada — fundamento dos antagonismos inerentes à sociedade capitalista. Pois, como afirmou Barroco na produção do *Ética e sociedade* (CFESS, 2000, p. 63) citando Heller, "ninguém pode ser livre, se, em volta dele, outros não o são".

Sabemos, pois, que as/os assistentes sociais encontram limites concretos para a ação ética em defesa da realização dos direitos humanos impostos pelas contradições da sociedade brasileira capitalista, onde a desigualdade social e as diversas formas de exclusão (moral, social, cultural, econômica) sobrepõem-se à plena realização dos indivíduos. A superação desses limites supõe o estabelecimento de atitudes críticas da parte das/dos profissionais, como agentes éticos, de avançarem em suas práticas, no compromisso com valores emancipatórios.

Supõe também compreender o cotidiano profissional em suas contradições e conflitos institucionais, de forma a perceber possíveis mediações e estratégias que possam contribuir para um maior compromisso ético-político. Cabe a nós, assistentes sociais, neste processo de aprofundamento sobre a ética, refletirmos criticamente nosso trabalho profissional cotidiano (individual e coletivamente), avaliando nossos entendimentos, compromissos e responsabilidade para com estes valores, rumo à construção contínua de um projeto de uma outra e nova sociabilidade.

Para tanto, devemos desenvolver um trabalho crítico, propositivo, renovador frente às demandas historicamente construídas e que precisam ser atualizadas pelas reais atribuições profissionais e compromissos do projeto ético-político profissional. Uma *nova práxis* nos espaços sócio-ocupacionais, que supere o burocratismo do cotidiano, desvelando a conjuntura nacional, nas políticas e instituições, tendo como estratégia a articulação com os movimentos sociais e com outras categorias profissionais que partilham dos princípios éticos e políticos do nosso projeto profissional hegemônico, na luta cotidiana pela radicalização da emancipação política. Cabe ao conjunto da categoria, juntamente com a mobilização de toda a sociedade, combater politicamente os avanços neoliberais e conservadores que permeiam a sociedade e que acarretam profundas condições desumanas e de indigência à imensa maioria dos seres humanos.

Dessa forma, mesmo conscientes dos limites desse acesso universal aos direitos humanos, à/ao assistente social não cabe o imobilismo ou fatalismo. Enquanto não alcançamos outra ordem societária, a defesa e a luta cotidiana pela efetivação de cada um dos princípios expressos em nosso código constituem-se em estratégia fundamental para a construção da emancipação política dos domínios e da exploração do capital, rumo à emancipação humana e a uma sociedade verdadeiramente justa. Sigamos resistindo e construindo!

REFERÊNCIAS BIBLIOGRÁFICAS

BARROCO, Maria Lúcia. Considerações sobre o Código de Ética dos assistentes sociais. In: BONNETTI, Dilséa A. et al. (Orgs.). *Serviço Social e ética*: convite a uma nova práxis. São Paulo: Cortez/CFESS, 1996.

_____. *Ética*: fundamentos sócio-históricos. São Paulo: Cortez, 2008. (Col. Biblioteca Básica de Serviço Social, v. 4.)

BARROCO, Maria Lúcia. Ética e política entre ruptura e o conservadorismo. *Inscrita*, Brasília, CFESS, n. 12, 2009a.

_____. A historicidade dos direitos humanos. In: _____. *Ética e direitos*: ensaios críticos. Rio de Janeiro: Lumen Juris, 2009b.

_____. Materialidade e potencialidades do Código de Ética dos assistentes sociais brasileiros — parte I. In: CFESS (Org.). *Código de Ética do/a assistente social comentado*. São Paulo: Cortez, 2012.

BONNETTI, Dilsea A. et al. (Orgs.). *Serviço Social e ética*: convite a uma nova práxis. São Paulo: Cortez/CFESS, 1996.

CARDOSO, Priscila F. G. *A hegemonia do projeto profissional na década de 90*: questionar é preciso, aderir (não) é preciso! Dissertação (Mestrado em Serviço Social) — Programa de Pós-Graduação, Pontifícia Universidade Católica, São Paulo, 1999.

_____. *Ética e projetos profissionais*: os diferentes caminhos do Serviço Social no Brasil. Campinas: Editora Papel Social, 2013.

CARVALHO, Raul; IAMAMOTO, Marilda V. *Relações sociais e Serviço Social no Brasil*. 11. ed. São Paulo: Cortez, 1996.

CFESS. *Ética e sociedade*. Curso de capacitação ética para agentes multiplicadores. Brasília: CFESS, 2000.

_____. *Ética e direitos humanos*. Curso de capacitação ética para agentes multiplicadores. Brasília: CFESS, 2007.

_____. *Código de ética profissional do assistente social*. Brasília, 1993.

COUTINHO, Carlos N. *Democracia e socialismo*. São Paulo: Cortez, 1992.

_____. Introdução. In: COUTINHO, Carlos N. (Org.). *O leitor de Gramsci*: escritos escolhidos. Rio de Janeiro: Civilização Brasileira, 2011.

FERNANDES, Florestan. *A revolução burguesa no Brasil*: ensaios de interpretação sociológica. 5. ed. 4. reimp. Rio de Janeiro: Globo, 2005.

GRAMSCI, Antônio. In: COUTINHO, Carlos Nelson (Org.). *O leitor de Gramsci*: escritos escolhidos. Rio de Janeiro: Civilização Brasileira, 2011.

HELLER, Agnes. *O cotidiano e a história*. 6. ed. São Paulo: Paz e Terra, 2000.

IAMAMOTTO, Marilda Villela. *Renovação e conservadorismo no Serviço Social* — ensaios críticos. São Paulo: Cortez, 1992.

_____. *O Serviço Social na contemporaneidade*: trabalho e formação profissional. São Paulo: Cortez, 1998.

MARX, Karl. *A questão judaica*. São Paulo: Moraes, 1991.

NETTO, José P. *Ditadura e Serviço Social*: uma análise do Serviço Social no Brasil pós-64. 2. ed. São Paulo: Cortez, 1994.

_____. *A construção do projeto ético-político do Serviço Social frente à crise contemporânea. Capacitação em Serviço Social e política social*. Módulo I: Crise contemporânea, questão social e Serviço Social. Brasília: CEAD, 1999.

_____. Democracia e direitos humanos na América Latina: aportes necessários ao debate. In: FREIRE, Silene de M. (Org.). *Direitos humanos e questão social na América Latina*. Rio de Janeiro: Gramma, 2009.

PAIVA, Beatriz A.; SALES, Mione A. A nova ética profissional: práxis e princípios. In: BONNETTI, Dilcéia A. et al. (Orgs.). *Serviço Social e ética*: convite a uma nova práxis. São Paulo: Cortez/CFESS, 1996.

QUIROGA, Consuelo. *Invasão positivista no marxismo*: manifestações no ensino da metodologia no Serviço Social. São Paulo: Cortez, 1991.

RAICHELIS, Raquel. *Esfera pública e conselhos de assistência social*: caminhos da construção democrática. São Paulo: Cortez, 1998.

SILVA, Maria Ozanira da Silva e (Org.). *O Serviço Social e o popular*: resgate teórico-metodológico do projeto profissional de ruptura. São Paulo: Cortez, 1995.

TERTULIAN, Nicolas. O grande projeto da ética. Tradução de Lúcio Flávio R. de Almeida. *Verinotio*, revista on-line de Educação e Ciências Humanas, ano VI, n. 12, out. 2010.

TORRES, A. A. Direitos humanos e sistema penitenciário brasileiro: desafio ético e político do Serviço Social. *Serviço Social & Sociedade*, São Paulo: Cortez, n. 67, 2001.

_____. O encarceramento em massa: símbolo do Estado penal. *Revista PUCViva*, São Paulo, Apropuc, n. 39, 2010.

_____. O Serviço Social nas prisões: rompendo com a prática conservadora na perspectiva de um novo projeto profissional. In: FÁVERO, E.; GÓIS. D. A. de (Orgs.). *Serviço Social e temas sociojurídicos*: debates e experiências. Rio de Janeiro: Lumen Juris, 2014.

VIEIRA, Evaldo. *Democracia e políticas sociais*. São Paulo: Cortez, 1992.

WACQUANT, Loic J. D. *As duas faces do gueto*. São Paulo: Boitempo, 2008.

YAZBEK, M. C. O Serviço Social e o movimento histórico da sociedade brasileira. *Legislação brasileira para o Serviço Social*. São Paulo: CRESS/SP, 2008.

Capítulo 8

Projeto profissional e organização política do Serviço Social brasileiro:
lições históricas e lutas contemporâneas

SÂMYA RODRIGUES RAMOS
SILVANA MARA DE MORAIS DOS SANTOS

> "Quem não se movimenta
> não sente as correntes que o prendem."
>
> *Rosa Luxemburgo*

INTRODUÇÃO

Aproximadamente 40 anos nos separam do III Congresso Brasileiro de Assistentes Sociais (III CBAS), momento político que sintetizou a busca de parte da categoria profissional por renovação teórico-política no universo do Serviço Social. Nesse momento em que comemoramos 80 anos de Serviço Social no Brasil, é fundamental o entendimento de que a ruptura com o conservadorismo significa, de fato, um processo histórico e, como tal, permeado de contradições, conquistas, limites e desafios que se atualizam todos os dias. Não se trata, portanto, de identificar, em 1979, a partir do III CBAS, uma data limite para a superação do conservadorismo no ambiente profissional. Ao refletir sobre o "Congresso da Virada", Netto (2009, p. 31) analisa que:

> [...] é preciso que fique bem claro: o monopólio político conservador no Serviço Social nas instâncias e fóruns profissionais só pode ser quebrado, ainda que tardiamente, quando da emersão do proletariado na arena política. Contudo, ele só pode ser quebrado porque no interior da categoria profissional existiam reais potencialidades para tanto.

Nosso ponto de partida se situa neste complexo movimento teórico-político que, desde fins de 1970, sob dadas condições objetivas e subjetivas, desencadeou profundas mudanças no Serviço Social, amplamente analisadas no debate profissional e na produção intelectual da área e, recentemente revisitadas, por ocasião da comemoração dos 30 anos do III CBAS, dentre outros, por Netto (2009); Faleiros (2009); e Abramides e Cabral (2009).

Tomando como referência as mudanças societárias e suas implicações na vida social e profissional, bem como as conquistas históricas e contradições do processo de renovação profissional, abordaremos, neste artigo, algumas lições[1] e contribuição da organização política da categoria de assistentes sociais que são possíveis apreender, sob a perspectiva do projeto ético-político, com ênfase na inserção da defesa dos direitos humanos (DH) na agenda do Serviço Social no Brasil.

---

1. Seguindo a trilha de Mário de Andrade para quem o passado é lição para refletir e de que "não devemos servir de exemplo a ninguém. Mas podemos servir de lição". Como nos lembra Netto (2009, p. 15), "a sabedoria de Mário de Andrade, para quem a história não é exemplo, é lição".

Legado e desafios contemporâneos

Os(as) assistentes sociais, assim como toda a classe trabalhadora, vivenciam as determinações da lógica destrutiva do capital nos seus espaços profissionais e nas demais dimensões da vida social, destacando-se a participação política e a vida pessoal. As implicações de o modo do capital assegurar sua dominação econômica, política e cultural, repercutem, de forma concreta, na vida cotidiana. Este é um legado importante do processo de renovação profissional, que permitiu apreender as determinações societárias e suas profundas conexões com a vida dos indivíduos, superando, desse modo, o entendimento a-histórico da sociedade, das profissões e das condições de vida e de trabalho dos(as) assistentes sociais e demais expressões das classes trabalhadoras, com ênfase nos sujeitos usuários.

Potencializar esse legado, na perspectiva de atualizar e aprofundar, de modo permanente, a análise da sociedade em suas dimensões estrutural/conjuntural é um desafio neste momento contemporâneo em que, do ponto de vista profissional, assistentes sociais têm se deparado com significativas mudanças em seus espaços de atuação. Estruturadas, por um conjunto de mediações, no *front* da luta de classes, essas mudanças revelam alterações na relação entre Estado e sociedade, notadamente no que se referem às condições de trabalho; ao perfil profissional; às demandas postas à profissão; e ao papel do Estado nas respostas às expressões da questão social. Sobre estas temáticas, temos no ambiente do Serviço Social um importante arsenal teórico-político, resultado de estudos e pesquisas de diversos autores(as) que aprofundam, desde a década de 1980 até os dias atuais, dentre muitos outros temas, o entendimento do Estado e das políticas sociais no capitalismo contemporâneo; as condições de trabalho; movimentos organizativos das classes trabalhadoras; as exigências institucionais; os desafios postos à formação; e o perfil necessário para responder com competência teórica e ético-política às demandas profissionais. São análises que contribuíram com várias gerações de assistentes sociais em todo o Brasil e em outros países, estes últimos, mais diretamente por meio dos programas de pós-graduação, constituindo uma legião de profissionais/estudantes que se colocaram/colocam favoráveis à direção social do projeto ético-político e se empenharam/empenham na apreensão dos seus fundamentos, com densa reflexão sobre a crítica da economia política, além da incorporação da dimensão ética, com princípios e valores críticos ao *ethos* burguês.

Nos dias atuais, este legado, em face do modo do capitalismo (des)organizar as relações sociais, confronta-se com a imposição do pragmatismo e da negação da expressão da cultura profissional que se gesta no decurso de praticamente quarenta anos. Na verdade, pragmatismo e negação dessa cultura profissional são duas faces de uma tendência conservadora que, sob novas bases e sujeitos, se faz presente na formação e no trabalho profissional, evidenciando, obviamente, particularidades em cada ambiente.

Na lógica da formação profissional, esta tendência conservadora encontra solo fértil mediante o projeto educacional vigente na sociedade brasileira e, em particular, na contrarreforma do ensino superior que desde a década de 1990 submete as metas educacionais às recomendações impositivas do Banco Mundial, da Organização Mundial do Comércio e do Fundo Monetário Internacional. O objetivo é tornar as universidades funcionais à reprodução de um modo de pensar, formar e atuar compatível com os interesses do capital. Boschetti (2015) chama a atenção de que embora as expressões de conservadorismo estivessem presentes desde a Lei de Diretrizes e Bases da Educação (LDB), "o ingresso do Brasil no Fórum Político de Bolonha em 2009 parece ter contribuído para acelerar e aprofundar a incorporação dessas recomendações nos processos de contrarreforma do ensino superior"[2] (Boschetti, 2015, p. 645). Mota e Amaral (2014) analisam que a avassaladora expansão do ensino privado e na modalidade a distância

---

2. Para análise das influências do Protocolo de Bolonha no ensino superior brasileiro e no Serviço Social (cf. Boschetti, 2015).

interfere na direção social da formação profissional das novas gerações de assistentes sociais, se considerarmos as exigências e os princípios instituídos pelas Diretrizes Curriculares, além de determinar o surgimento de um verdadeiro "exército de reserva profissional", que intensifica a precarização do trabalho de assistentes sociais no mercado de trabalho. Destacam, ainda, que o maior desafio consiste no esforço para fortalecer a qualidade do ensino de graduação presencial, "na perspectiva de reafirmar as bases teórico-metodológicas da profissão contrapondo-se ao aligeiramento da formação, à massificação do ensino privado mercantil, presencial e a distância" (idem, p. 37).

Sobressaem na lógica da política educacional processos de redução do tempo necessário à formação, comumente nominados de "aligeiramento", porque visam não somente diminuir o tempo de permanência acadêmica, como também provocam alterações no processo ensino-aprendizagem. Trata-se de uma estratégia ofensiva para destituir de sentido os ensinamentos que possibilitariam às novas gerações o acesso ao pensamento crítico, por meio do conhecimento histórico da vida social, da trajetória das profissões e das razões histórico-ontológicas pelas quais as coisas são como são.

Na lógica dominante, o tempo para o debate e aprimoramento intelectual está intensamente subtraído diante não apenas da redução do prazo para conclusão dos cursos, mas principalmente em face da socialização de um *ethos* pragmático que domina o ambiente acadêmico no tempo presente. A perspectiva é aprofundar e consolidar um tipo de ensino que não favorece o processo de aprender a pensar, considerando a complexidade da realidade, dos fenômenos estudados na área de ciências humanas e sociais e da formação para a pesquisa. Segundo Guerra (2013, p. 44):

> [...] o pragmatismo, como o modo de ser da imediaticidade do mundo burguês e de sua representação ideal, tomada a partir da experiência, opera com tamanha sutileza que temos dificuldade de perceber que ele é apenas o modo de apreensão da aparência do real e não o modo de ser do próprio real.

Este tipo de pragmatismo presente no universo profissional se vale de um discurso facilmente absorvido, sob as condições objetivas vigentes, de que se perde muito tempo com fundamentos teórico-metodológicos e ético-políticos nos cursos de graduação em Serviço Social. E, ainda, de que há visível distanciamento entre o conteúdo programático do curso e a realidade do trabalho profissional. Dissemina-se, com força ideológica, a noção de que os fundamentos instituídos no processo de renovação do Serviço Social e aprofundados na trajetória da profissão são insuficientes ou mesmo incapazes de atender às demandas do cotidiano profissional. Ademais, nas particularidades do trabalho do(a) assistente social, o pragmatismo intenciona desqualificar justamente o que de mais crítico e emancipatório foi possível construir na cultura profissional[3] e, no seu lugar, valorizar e reconhecer como suficiente para a intervenção cotidiana as instruções, indicações e marcos legais específicos de determinadas políticas sociais,[4] elaborados fora do circuito de debates e de formulação coletiva da área. A justificativa é que esses conteúdos são possíveis de efetivação no cotidiano institucional e capazes de assegurar objetivos e metas compatíveis com a expectativa sobre o trabalho profissional realizada nos ambientes governamentais. Ou de outro modo, que este conteúdo favorece a aproximação do trabalho do(a) assistente social com a realidade de vida dos usuários. Isso porque é próprio do *ethos* pragmático considerar que os fundamentos teórico-metodológicos

---

3. Fazemos referência à valorização dos fundamentos teórico-metodológicos e ético-políticos para o entendimento da realidade; a compreensão dos limites e da relevância histórica das lutas por direitos, políticas sociais de caráter universal e o quadro mais complexo da emancipação política, diferenciando-o da emancipação humana; ao reconhecimento do papel político das entidades representativas da categoria na direção social da formação e do trabalho profissional com qualidade e a relevância das dimensões investigativas e de regulação da profissão, com destaque para a Lei de Regulamentação, o Código de Ética Profissional e um conjunto de resoluções expedidas pelo CFESS que materializam e atualizam princípios e valores contidos no Código de Ética que são fundamentais ao trabalho do(a) assistente social. De modo sintético, trata-se do modo de ser do Serviço Social como profissão e área do conhecimento, nos termos de Mota (2013).

4. As instruções, indicações e marcos legais específicos das políticas sociais devem ser conhecidos por assistentes sociais, mas não podem ser nem a única nem a principal referência teórico-metodológica e ético-política no cotidiano profissional.

afastam o profissional do que consideram ser a realidade. Sobre isso, um dos grandes desafios à defesa do projeto profissional sinalizado por Mota e Amaral (2014, p. 41) é a contraposição à nova ofensiva conservadora que,

> por meio do pensamento pós-moderno, do pragmatismo e do ecletismo, insiste em reduzir o projeto profissional a sua viabilidade prática, tecnificando-o e imprimindo uma racionalidade e instrumentalidade negadora de seus princípios e propósitos.

Esta lógica de contraposição à determinada expressão da cultura profissional, cultura esta que é fruto do amadurecimento intelectual e político vivenciado por parte significativa da categoria[5] cria tensões e um campo de influência entre novos e antigos profissionais que disseminam questionamentos e críticas, cada vez mais recorrentes, ao projeto ético-político profissional. O mais grave é que, do ponto de vista político, integra o *ethos* pragmático a vigência de um pessimismo de tipo irônico e/ou subserviente em relação às possibilidades históricas de efetivação do projeto ético-político e da contribuição que o Serviço Social, em articulação com muitos outros sujeitos, pode oferecer para enfrentar o tempo presente. Desqualifica-se a formação profissional sólida, fundada numa perspectiva de totalidade na análise da vida social, dos indivíduos e do Serviço Social.

Como lidar com essas questões nesta conjuntura sócio-histórica em que de fato a política educacional vigente na realidade brasileira institui e consagra inúmeras estratégias de precarização da formação acadêmica com graves implicações no trabalho profissional? O que é possível potencializar da cultura profissional que fomente a necessidade histórica do pensamento crítico como condição, ao lado de tantas

---

5. O amadurecimento intelectual e político da categoria profissional relaciona-se com a inserção e fortalecimento da pesquisa e produção de conhecimento, com destaque para a inserção de profissionais nos cursos de pós-graduação, bem como relaciona-se, também, com a busca incessante de assegurar qualidade à formação e ao trabalho profissional e fortalecimento da organização política da categoria com participação efetiva nas lutas sociais.

outras, ao enfrentamento da barbárie capitalista e das respostas profissionais com qualidade?

A conjuntura atual exige densa reflexão teórica e capacidade ético-política que se orientem à crítica radical da sociedade capitalista e a apreensão de mediações voltadas às particularidades da profissão, além do entendimento quanto à necessidade histórica de fortalecer as lutas e práticas de resistência que coadunam com a elaboração de um projeto político emancipatório no campo da esquerda.

É histórico o envolvimento de várias gerações de assistentes sociais na elaboração e disseminação da cultura profissional e de inserção nos espaços políticos para além da profissão. A participação política constitui-se num legado grandioso do Serviço Social no Brasil. Aqui nos referimos diretamente, mas não exclusivamente, ao protagonismo das entidades representativas da categoria (conjunto CFESS-CRESS/ABEPSS/ENESSO) e a instituição de eventos, destinados à reflexão crítica sobre a formação e o trabalho profissional, que reúnem a base da categoria profissional. Torna-se relevante destacar que este protagonismo político, seja das entidades, seja de alguns assistentes sociais, não foi produzido de forma endógena à profissão. Destaca-se, nesse processo, a interlocução com diferentes sujeitos políticos (segmentos de outras profissões, movimentos sociais e partidos políticos), unificados por um ideário de esquerda.

Assim, movimentos sociais e representações partidárias de esquerda relacionados às lutas em defesa da seguridade social pública; dos direitos do trabalho; no campo da infância/adolescência; da agenda feminista; da diversidade sexual/étnico-racial/geracional e a articulação com muitas outros sujeitos e suas agendas políticas foram/são decisivos para atualizar e sintonizar a agenda profissional com os reais interesses do trabalho. Se hoje podemos identificar que nossas entidades nacionais incorporam ao debate e à agenda profissional questões as mais diferentes que permeiam as práticas de exploração do trabalho e as formas de opressão, isso não brotou espontaneamente. É o movimento da política com a mediação da dimensão ética que comporta aproximação, conhecimento das reivindicações, identificação de como se opera no cotidiano de vida dos indivíduos a desigualdade social, a violação dos direitos e a capacidade de resistência e de luta. Deste complexo processo, torna-se fundamental o aprofundamento teórico-metodológico com apreensão de mediações que particularizam o Serviço Social, observando, em cada contexto histórico, o que se apresenta como necessidade real dos indivíduos e o que se transforma em demanda profissional.

Nem de longe isso indica que o conjunto da categoria profissional efetive, em suas trincheiras de atuação, envolvimento, compromisso e participação política compatíveis com um projeto político emancipatório. Desnaturalizar o processo de organização política constitui algo vital para o entendimento do papel político das entidades nacionais da categoria e de assistentes sociais em seus campos de trabalho. Isso significa que além do discernimento entre a participação política dos sujeitos profissionais e a dimensão política da profissão, precisamos identificar a participação política como necessidade e construção históricas.

Participar politicamente não é uma derivação automática de ser assistente social. É prática construída em ambiente coletivo, que demanda vontade individual, tempo e condições forjadas no cotidiano, pois é difícil imaginar, no cenário contemporâneo, algum profissional com condições pessoais, profissionais e com disponibilidade de tempo favoráveis à participação.

Outro aspecto que merece destaque é que, apesar de o exercício profissional possibilitar aproximação com o cotidiano de vida dos sujeitos usuários, não decorrem naturalmente daí processos de politização no tratamento das necessidades humanas e das demandas profissionais. Não é retórica, portanto, que a profissão atualiza sua agenda numa perspectiva crítica, quanto maior for sua capacidade de aproximação teórico-ético-política das lutas sociais das classes trabalhadoras, em sua heterogeneidade e diversidade humana.

Quanto à dimensão política da profissão, esta existe e se realiza independente da consciência e do reconhecimento que o(a) profissional faça de suas intencionalidades e ações. Para Netto (2009, p. 27):

Em toda a sua história (também) no Brasil, o Serviço Social possuiu uma dimensão inequivocamente política, desde a sua gênese e os seus primeiros momentos de consolidação — como demonstrou a clássica e até hoje indesmentida análise de Carvalho (cf. Carvalho, in: Iamamoto e Carvalho, 1983). E mais: esta dimensão política traduziu-se, de modo também cristalino, na colagem de assistentes sociais a projetos político-partidários — quase sempre conservadores (recorde-se do velho Partido Democrata Cristão/PDC). Mesmo que se distinga (distinção aliás legítima) a dimensão necessariamente política do Serviço Social tomado como exercício profissional da sua politização (e, eventualmente, da sua partidarização), há que sublinhar que ambas acompanham toda a história da profissão no Brasil.

Nesse sentido, todas as profissões têm dimensão política que indicam, a partir de mediações e situações concretas, a sua direção social, ou mais exato: quais os interesses de classe que, em última instância, são afirmados em cada ação profissional e a partir de quais referências teóricas, éticas e políticas o atendimento aos usuários é realizado?

Compreendemos aqui a organização política da categoria de assistentes sociais como uma das condições históricas primordiais para viabilizar a capacidade de projetar coletivamente caminhos estratégicos para a profissão e para a sociedade, bem como ferramenta que possibilita a ampliação da politização de diversos segmentos da classe trabalhadora que sentem/convivem com as múltiplas formas de exploração e opressão engendradas nesta sociabilidade (Ramos, 2005).

E neste processo de organização político-profissional, podemos identificar outro legado igualmente importante que é o discernimento teórico-político para assegurar, na interlocução e na articulação com outros sujeitos políticos, a autonomia dos sujeitos individuais e das entidades representativas. Aparentemente pode parecer que se trata de algo óbvio ou de fácil consequência no campo político. Na verdade, se considerarmos que a formação sócio-histórica do Brasil comporta forte herança autoritária/patrimonialista e que a recente cultura de direitos, em vez de se consolidar, encontra-se em situação bastante regressiva, veremos que autonomia é conquista histórica muito importante e nada fácil em sua implementação cotidiana.[6]

No universo da organização política da categoria de assistentes sociais, sob a perspectiva do projeto ético-político profissional, prevalece o entendimento de que autonomia não se confunde com defesa de apartidarismo ou de mero afastamento empírico das entidades profissionais e de suas lideranças do ambiente do Estado, das instituições, dos partidos políticos e dos movimentos sociais. As entidades da categoria transitam num campo plural de comunicação, interlocução e, por vezes, de articulação política com outros sujeitos políticos e agências sociais, mas até o momento têm preservado, concretamente, compromisso e atenção para não se transformarem em meras instrumentalizadoras de diretrizes externas, sejam elas partidárias, governamentais ou relacionadas aos movimentos sociais. Mas, também, ressaltamos que as entidades representativas da categoria não são criadoras isoladas ou exclusivas do projeto político profissional. De acordo com Barroco (2011, p. 215):

> Se temos uma herança conservadora, temos também uma história de ruptura: um patrimônio conquistado que é nosso, mas cujos valores, cujas referências teóricas e cuja força para a luta não foram inventadas por nós. Trata-se de uma herança que pertence à humanidade e que nós resgatamos dos movimentos revolucionários, das lutas democráticas, do marxismo, do socialismo, e incorporamos ao nosso projeto.

Autonomia que se consolida, portanto, no diálogo/confronto entre vários sujeitos profissionais e sujeitos políticos coletivos. Em cada momento histórico, é fundamental identificar quem são os parceiros na luta. A agenda profissional se constrói na dinâmica da sociedade, que revela a exploração do trabalho, o desemprego, violações de direitos e

---

6. Nos diversos estudos sobre movimentos sociais realizados no Brasil, com os quais travamos um diálogo crítico, um dos graves problemas identificados se refere justamente à dificuldade de estabelecer autonomia entre movimentos sociais, partidos políticos e Estado. Cf. dentre outros: Sader (1987); Ribeiro (1991); Barreira (1985) etc.

formas de opressão e, na contradição da realidade, por onde se formam e se movimentam indivíduos, coletivos e frentes de resistência e de luta, que tomam consciência de suas necessidades e constroem iniciativas que demandam respostas do Estado e intervenção das profissões, considerando suas particularidades e competências.

As determinações societárias incidem de forma contundente, também, no universo da vida pessoal, afinal esta não se desloca da dimensão profissional e da participação política, pois é o indivíduo, em sua singularidade, que exerce a profissão e que participa e se posiciona politicamente em seu cotidiano. Nunca é demais lembrar que o sistema do capital impôs um novo modo de estruturar e organizar as relações sociais no trabalho, com ênfase na competitividade, no individualismo e grande investimento ideológico para obstaculizar a organização política dos segmentos que trabalham, além de naturalizar práticas de dominação.

O resultado é que os indivíduos e, em particular, alguns profissionais do Serviço Social perdem progressivamente potencial de enfrentamento dessas condições concretas. Tem se tornado comum a desistência da militância política, seja na organização política da categoria, seja em outras instâncias de participação; além de processos de adoecimento decorrentes das condições e relações de trabalho, bem como do próprio rumo mais estrutural que toma o capitalismo contemporâneo, devastando o trabalho e a natureza, com intensa banalização da vida, em termos materiais e subjetivos. É um tempo histórico bastante adverso quanto ao reconhecimento e à valorização dos indivíduos em suas singularidades, diversidade humana, vontades políticas, profissionais e no terreno da efetivação dos direitos.

Não restam dúvidas do potencial do projeto ético-político para apreensão das determinações e das novas configurações que assumem a realidade contemporânea. No entanto, vale ressaltar as reflexões de Iamamoto (2007) ao reconhecer as tensões existentes entre projeto profissional, com as características do PEPSS, e a condição de trabalhador assalariado do(a) assistente social, que se vê subordinado a um conjunto de situações concretas que limitam e tornam sua autonomia profissional sempre relativa. Mas adverte a autora que, apesar disso, os profissionais podem do ponto de vista coletivo se rebelar e construir estratégias e práticas de resistência. Sobre isso, Mota e Amaral (2009, p. 54) afirmam que:

> Se aparentemente este é um limite formal para a implementação integral de alguns dos elementos que compõem o projeto profissional no âmbito prático operativo (note-se que ele não se reduz à formulação de procedimentos, mas de princípios), na experiência concreta e cotidiana, mediada por outros instrumentos de formação político-profissional, o sujeito profissional pode enriquecer suas objetivações e, como qualquer trabalhador assalariado, pode acionar práticas político-organizativas de resistência e luta que tenham incidência na mudança dos processos reais onde se realiza seu cotidiano. Pensamos ser este o sentido da existência de um projeto profissional que, articulado a um projeto de sociedade, objetiva-se na sua particularidade.

Identificamos um denso legado do que foi possível construir no universo crítico de uma cultura profissional no espaço-tempo de quase 40 anos, muito além do que foi possível resgatar aqui. Uma das grandes lições que aprendemos deste processo de renovação profissional é que o entendimento das situações concretas em que se realiza o trabalho do(a) assistente social exige intenso aprofundamento teórico-metodológico e mediações ético-políticas, e que a realidade é histórica e carrega uma ineliminável força contraditória. Os desafios atuais postos à profissão interagem e remetem à organização da classe trabalhadora e sua capacidade de superação dos limites teórico, político e organizacionais vivenciados no amplo e polêmico campo de esquerda.

A POLÍTICA COMO DIMENSÃO HISTÓRICA DE UM PROJETO PROFISSIONAL

Cabe, então, assinalar que a concepção de política que oferece sustentação ao projeto ético-político se ancora no referencial teórico-metodológico e ético construído na trajetória histórica de superação do Serviço Social tradicional. Assim, a concepção de organização política adotada hegemonicamente no Serviço Social brasileiro é tributária da concepção marxista da política como construção humana e histórica. Para Marx, os indivíduos são sujeitos da construção histórica, herdando, de gerações passadas, os avanços civilizatórios por elas alcançados, preservando-os e ampliando-os para as futuras gerações. Os indivíduos

> [...] fazem a sua própria história, mas não a fazem arbitrariamente, nas condições escolhidas por eles, mas sim nas condições diretamente determinadas ou herdadas do passado. A tradição de todas as gerações mortas pesa inexoravelmente no cérebro dos vivos (Marx, 1990, p. 17).

Os indivíduos são, portanto, herdeiros e preservadores da humanidade (Heller, 1989) e atuam politicamente sob determinadas condições objetivas e subjetivas; identificam o que explora e oprime e, num complexo movimento de interação com o seu modo de ser e viver e de tantos outros indivíduos, criam e, simultaneamente, são levados a experimentar o contraditório e complexo processo de formação da consciência de classe.

Economia, política e cultura se articulam numa perspectiva de totalidade. Assim, a política evidencia, em cada momento histórico, a situação da luta de classes. Nesta direção teórico-política, Gramsci argumenta que é impossível separar a política, a cultura e a economia da história e constrói o conceito de "bloco histórico", compreendido como unidade entre estrutura e superestrutura.[7] Chama atenção para o fato de que, embora a criação de um novo tipo ou nível de civilização se opere essencialmente sobre as forças econômicas, os fatos da superestrutura não devem ser abandonados a si mesmos, a seu desenvolvimento espontâneo. Ao responder sobre qual o lugar que a ciência política deve ocupar numa filosofia da práxis, Gramsci (2000, p. 26)

---

7. A partir do referencial gramsciano, Dias (2002) ressalta que pensar a política como esfera separada do real ou como mero epifenômeno do econômico é examiná-la como exterioridade em relação à totalidade social.

afirma que "tratar-se-á, portanto, de estabelecer a posição dialética da atividade política (e da ciência correspondente) enquanto determinado grau superestrutural".

A política se constitui como a dimensão do coletivo que reúne os indivíduos reais, com seus sentimentos, necessidades, aspirações, reivindicações e inserção ou não no processo produtivo. Mantém relativa autonomia em relação à dimensão econômica, sem, no entanto, livrar-se da relação de determinação que esta última impõe. Prevalecem relações de determinação da economia em relação aos complexos da política, da cultura e do direito, sem apresentar, no entanto, imposições mecânicas de resultados, mas condicionando as alternativas que se colocam para a ação dos sujeitos em suas singularidades e em processos coletivos.

A política é identificada, então, com toda forma de práxis que supera a passividade na recepção e manipulação de dados imediatos, orientando-se para a totalidade das relações objetivas e subjetivas. Dessa forma, é possível dizer que a política permeia todas as dimensões do ser social, tornando-se sinônimo de "catarse", processo pelo qual certa classe se eleva a uma dimensão universal, ao superar seus interesses econômico-corporativos (Coutinho, 1994).

Do nosso ponto de vista, as elaborações gramscianas sobre a política permanecem radicalmente atuais, sinalizando a recusa de uma visão puramente instrumental do Estado, que não permite captar o complexo jogo das contradições; o significado da hegemonia como crítica prático-teórica da estruturação das formas de dominação, por um lado, e a condição de possibilidade de alterar as regras e práticas já estabelecidas, por outro; e a recusa ao economicismo[8] que nega, naturaliza e reifica

---

8. Dias (2002, p. 137) ressalta que para o economicismo "o conceito de modo de produção apaga o de formação social e é tomado como uma abstração que tende a coincidir com o real. Este aparece reduzido à esfera do 'econômico', o conjunto de forças produtivas e relações de produção. As forças produtivas são pensadas como tecnologia e apresentadas como base e motor da história. O marxismo é, assim, mutilado, transformado em um conjunto de dogmas. De redução em redução, cai-se na famosa contradição Trabalho-Capital, tomada, abstrata e universalmente [...] Todas as demais contradições acabam por 'desaparecer', apresentando-se como epifenômeno. Reduz-se a totalidade do social a 'partes' autonomizadas".

os antagonismos, neutralizando, desta forma, a possibilidade de intervenção subjetiva ou das vontades coletivas na história.

Neste sentido, concordamos com Lopes (1999) quando afirma que os(as) assistentes sociais devem orientar sua intervenção na sociedade na perspectiva de considerar sua especificidade profissional e sua universalidade, enquanto trabalhador(a), como unidade e como particularidade. Nessa mesma direção, ressaltamos a reflexão de Abreu (2002) referente à necessidade de mobilização e organização da categoria, visando à formação de sua identidade de classe como integrante da classe trabalhadora.

Os(as) assistentes sociais no Brasil conquistaram um orgânico patamar de organização política da categoria profissional em que o conjunto CFESS-CRESS[9] e a ABEPSS[10] constituem notáveis expressões, a partir do acúmulo histórico nas lutas coletivas, que se pautaram/pautam na perspectiva de construir um campo de resistência no contexto de mundialização do capital e da luta social dos segmentos explorados e oprimidos. Assim, "a política, forma sempre atual das contradições classistas, faz-se história" (Dias, 2002, p. 139).

Desse processo de renovação profissional do Serviço Social, sob a perspectiva do projeto ético-político profissional, destacaremos as razões históricas e teórico-ético-políticas que justificam a inserção da defesa dos direitos humanos (DH) na agenda do Serviço Social e da sua organização política no Brasil.

Direitos Humanos na agenda do Serviço Social no Brasil

Para a apreensão do processo de incorporação dos direitos humanos na agenda do Serviço Social, é imprescindível situá-lo historicamente.

---

9. Conselho Federal de Serviço Social e Conselhos Regionais de Serviço Social.
10. Associação Brasileira de Ensino e Pesquisa em Serviço Social.

O ponto de partida na perspectiva de totalidade refere-se, portanto, à realidade concreta de vida e de trabalho dos indivíduos. Trata-se de estabelecer conexões entre a sociabilidade vigente e os processos de violação de direitos. É, portanto, no movimento da vida cotidiana, mediante o conjunto de atrocidades, determinadas pelas relações sociais próprias da dinâmica capitalista, que a maioria dos indivíduos se encontra submetida à desigualdade social e tem suas condições materiais e subjetivas de vida bastante subtraídas e seus direitos violados, apesar de inúmeras lutas sociais e conquistas históricas e legais empreendidas.

No decurso das lutas sociais são muitas as conquistas, algumas receberam o reconhecimento e a configuração legal na forma jurídica, outras lutas não atingiram a legalidade, mas contribuíram na organização da classe trabalhadora. O fortalecimento da consciência de classe consiste numa das mais relevantes conquistas, mas por se constituir num processo complexo e enraizado de tensões, não é algo linear e depende de um conjunto de mediações e possibilidades históricas. As lutas por direitos são importantes como estratégia de enfrentamento da desigualdade social e das formas de opressão, mas a tendência histórica, sob o capitalismo, é a fratura ontológica entre a legalidade e a vida cotidiana. Nos dias atuais, mediante as condições concretas dos países periféricos como o Brasil, essa fratura se descortina de tal modo que regressão e violação dos direitos são experiências prevalecentes para amplos segmentos da classe trabalhadora.

No âmbito do debate profissional, portanto, a reflexão sobre os direitos humanos se inscreve no universo da renovação teórico-metodológica e ético-política vivenciada pelo Serviço Social no Brasil. Do nosso ponto de vista, este processo de amadurecimento da profissão possibilita a reflexão crítica sobre os DH sem tangenciar as polêmicas e o fato de ser este um tema complexo e abordado por diferentes concepções teórico-políticas. A direção social que nos orienta se funda, portanto, no ambiente da esquerda emancipatória e do projeto ético--político profissional.

Dois aspectos se destacaram no vasto ambiente político mundial que, por força da contradição, determinaram novas formas de apropriação dos DH por parte da esquerda e de algumas categorias profissionais, como é o caso do Serviço Social, evidenciando um movimento não endógeno à profissão que tem sido fundamental à crítica ao conservadorismo e à desigualdade social. Trata-se do nazismo; das ditaduras na América Latina e de um conjunto de guerras ou de situações de guerra, como extermínios; crimes de ódio; violência contra determinados segmentos da população por questão étnico-racial, por orientação sexual, identidade de gênero e tantas outras motivações.

O primeiro aspecto é a força que o Estado possui quando entra em ação para violar direitos. A denegação do direito pelo Estado cria o tempo do terror, que impede e/ou obstaculiza processos democráticos e a liberdade de expressão. Tempo em que direitos civis e políticos são violados e direitos sociais ignorados e/ou cancelados, mesmo que tenham sido resultado de lutas históricas das classes trabalhadoras. Situações em que o ser humano é desvalorizado em sua existência e destituído das possibilidades históricas de realização das suas necessidades. Quanto mais se agiganta nestas situações este poder do Estado maior é sua capacidade de dizimar indivíduos, etnias, grupos e nações.

O segundo aspecto relevante é justamente este movimento teórico-político desenvolvido no universo da esquerda no Brasil a partir da resistência à ditadura civil-militar (1964-1985), em que a luta em defesa da democracia, da liberdade e dos direitos possibilitou a aproximação com diferentes sujeitos políticos e suas reivindicações. A realidade revelou-se mais complexa e as implicações disso no pensamento teórico e na prática política abrem um campo de reflexão denso, marcado pela riqueza de questões que permeiam a diversidade humana e por certa nebulosidade teórica, em que os fundamentos liberais foram/são hegemonicamente apropriados. Isto porque na luta contra os processos ditatoriais, a defesa do Estado de direito, da democracia e das conquistas legais é considerada fundamental e neste processo ocorreu um distanciamento teórico-político entre alguns segmentos de esquerda e o marxismo. A partir da década de 1980, a crítica ao marxismo se espraia com força nos países centrais e periféricos. Destinando-se inicialmente às tendências economicistas presentes na tradição marxista, em pouco tempo, esta crítica generaliza-se e atinge o conjunto da obra e do pensamento de Marx, que foi duramente criticado e, por vezes, abandonado.

Desse modo, a incorporação dos DH no campo da esquerda dialoga abertamente com os fundamentos liberais e com a lógica pós-moderna, e apresenta uma certa repulsa frente ao rigor teórico-político do pensamento marxiano sobre o complexo do direito, suas potencialidades, contradições e limites. Diante de um quadro assim constituído e considerando a relevância que assume, na categoria profissional, a luta por direitos, como mediação entre projeto societário e projeto profissional, trata-se de apreender que:

> a análise sob a perspectiva de totalidade possibilita, assim, superar visões reducionistas que circunscrevem o direito como epifenômeno das relações de produção ou de, outro modo, atribuem, frente a estes, plena autonomia/independência ao complexo jurídico-político (Santos, 2015, p. 86).

A crítica marxiana ao direito possibilita apreender que a burguesia utiliza os DH como instrumento de racionalização ideológica da desigualdade e da dominação capitalista a partir de um conjunto de princípios, valores e situações concretas que apreendem esta ordem social como intransponível (Mészáros, 1993). Neste sentido, os DH viram retórica e têm o papel ideológico de disseminar como verdade que existe possibilidade de acontecer nesta sociabilidade a realização dos interesses de todos, por meio da ação do Estado, que supostamente estaria além das classes sociais, atuando na busca do bem comum. Difunde-se, no senso comum da sociedade, que a realização dos DH independe da situação e da posição de classe dos indivíduos (Santos, 2009).

Segmentos significativos do Serviço Social e do pensamento de esquerda incorporaram a crítica liberal aos fundamentos marxianos[11]

---

11. É óbvio que no universo profissional alguns segmentos fazem de modo consciente e reflexivo a crítica ao marxismo e aos fundamentos do projeto ético-político, instaurando outras possibilidades de análise e caminhos profissionais.

e buscam, nem sempre com plena consciência, embalar suas reflexões em novidades temáticas e autores que, em vez do enfrentamento do economicismo, vigente em determinadas concepções marxistas, se alicerçaram em bases politicistas, culturalistas e, por vezes, antimarxistas. Importante destacar deste movimento teórico-político a vitalidade da apropriação pelos segmentos de esquerda e de diferentes profissões (antropologia, psicologia, direito, sociologia, medicina e, também, o Serviço Social) da agenda dos direitos humanos. Ainda que na situação específica do Serviço Social sobressaia, nesta mesma conjuntura sócio-histórica, o processo de renovação teórico-metodológica, o entendimento sobre o direito em certa medida dialogou com os fundamentos liberais. Nas demais profissões, o movimento de crítica ao marxismo ocorreu com extrema radicalidade, diferenciando-se da realidade do Serviço Social, que, ao longo das últimas décadas, tem procurado aprofundar as reflexões sobre marxismo e direito, destacando-se o entendimento do processo de produção da vida material como matriz fundante da sociabilidade, e a política e o direito como dimensões relevantes e determinadas por este processo de produção da vida material.

Ao situar a defesa dos direitos humanos no vasto e complexo campo da emancipação política, tem sido possível o entendimento do processo histórico de luta dos vários sujeitos políticos e da necessidade de a agenda profissional tornar-se permeável ao diálogo e à interlocução crítica com questões e contradições que qualificam o entendimento das necessidades humanas, dos limites institucionais e da crítica à sociedade capitalista. Assim, a inserção e o reconhecimento das lutas e da agenda política pela realização dos DH têm valor estratégico se contribuem para explicitar dimensões da diversidade humana que, sob o capitalismo, favorecem a desigualdade social, as formas de exploração e de opressão vivenciadas pelos indivíduos.

O enfrentamento e a superação da desigualdade social exigem mais do que realização dos DH, exigem uma nova forma de organizar as relações sociais, fundadas no trabalho associado e na socialização da riqueza material e espiritual produzida (Santos, 2009). O horizonte que orienta a luta de resistência é o da conquista da igualdade substantiva na vida real. O desafio é, portanto, ir além das conquistas da emancipação política e aprofundar o entendimento do que ocorre na vida cotidiana, mediante profundos processos de desigualdade social, que geram violação dos DH, e apreender a agenda profissional e os sujeitos que se constituem na luta por direitos a partir da crítica teórico-ético-política ao sistema do capital, sem ceder às armadilhas liberais nem às formas dogmáticas expressas no economicismo, no eticismo e no politicismo, todos reatualizados no debate contemporâneo sobre os direitos humanos.

Podemos afirmar que é historicamente recente a reaproximação entre esquerda, marxismo e direito. Os estudos de Lukács e do próprio Marx possibilitaram a reflexão ontológico-histórica sobre a função social do direito na sociedade capitalista, evidenciando a necessidade histórica, os limites e as contradições deste complexo social. Desse modo, por um lado descortina o caráter ilusório e ideológico que pode assumir a defesa dos DH e, por outro, permite extrair, dos processos reais, as contradições que norteiam as ações de caráter político de resistência mais amplo e aquelas que se desenvolvem no âmbito das diferentes profissões no enfrentamento das violações no momento histórico em que ocorrem.

Isto implica admitir que diferentemente da concepção de DH no ideário liberal, que concebe os direitos sem se ater às condições concretas de vida dos indivíduos, em nossa análise e no âmbito do projeto ético-político do Serviço Social, as relações sociais fundam o Estado, o direito, a cultura e a política. De onde, pensar DH conduz necessariamente para o reconhecimento de um vasto campo de violação dos direitos, que são produzidos pelas relações sociais instituídas pelo capitalismo. De acordo com Tonet (2002, p. 1):

> [...] a luta pelos chamados direitos humanos só adquire seu pleno e mais progressista sentido se tiver como fim último a extinção dos próprios direitos humanos. Portanto, não se estiver voltada para o aperfeiçoamento da cidadania e da democracia, mas para a superação radical da ordem social capitalista, da qual as dimensões jurídica e política — onde se encontram a cidadania e a democracia — são parte intimamente integrante.

Neste sentido, é preciso considerarmos que a inserção dos DH na agenda do Serviço Social é um processo complexo, que tem determinação histórica, de caráter objetivo e subjetivo. Não constitui mera escolha arbitrária nem uma dedução política abstraída das situações concretas de existência dos indivíduos e das configurações que assumem, neste momento histórico, a exploração do trabalho e diversas formas de opressão. Na direção social do projeto ético-político do Serviço Social, notadamente na conjuntura sócio-histórica das últimas décadas, o desafio está em discernir o quanto "a política liberal é, a um só tempo, reino do fetiche, condição de viabilização do capitalismo e de sua negação" (Dias, 1997, p. 72).

Considerações finais

A organização política da categoria de assistentes sociais, nos últimos quase 40 anos pós-Virada, foi marcada por uma intensa e frenética dinâmica de atividades em múltiplas frentes de luta contra as constantes perdas e/ou violação de direitos da classe trabalhadora. As configurações desse cenário impactam, sem dúvida nenhuma, a realidade social, pessoal e profissional e exigem uma intensa agenda de lutas em defesa do projeto ético-político profissional e de um projeto societário anticapitalista. Na temporalidade de 80 anos desta profissão no Brasil são muitas as lições que aprendemos, seja do período em que o Serviço Social hegemonicamente se fundamentou e afirmou um projeto profissional de caráter tradicional/conservador, seja no período que se abre a partir do final dos anos 1970 e que sintoniza a profissão com a agenda de luta das classes trabalhadoras, numa perspectiva crítica à sociedade capitalista e ao *ethos* burguês.

O projeto ético-político tornar-se-á mais abrangente e incidirá com maior precisão sobre as necessidades reais da população quanto mais densa for sua capacidade de estabelecer um diálogo crítico com as lutas das classes trabalhadoras e sua agenda em defesa dos direitos humanos. É, portanto, desastroso e profundamente lamentável que numa conjuntura de crise estrutural do capital, que em si já determina novas funcionalidades e restrições no conjunto da vida social, que o conservadorismo se reatualize em toda sua capacidade de articular interesses econômico-políticos e culturais e permaneça atuante no universo profissional.

Não há, portanto, razões históricas que justifiquem ondas de simplificação no debate contemporâneo sobre os fundamentos teórico-metodológicos e ético-políticos no Serviço Social. Todo o acúmulo alcançado até o momento, que fundamenta o projeto ético-político profissional, precisa cotidianamente ser ativado e aprofundado. Não podemos retroceder em reproduzir concepções marcadas por diversas formas de o conservadorismo se disseminar, a exemplo do economicismo, do politicismo, do eticismo, nem calarmos mediante a atualização de modalidades referentes ao Serviço Social tradicional, como a moralização da questão social e o metodologismo/tecnicismo. Em 80 anos de história, construímos um patrimônio e deste podemos extrair grandes lições tanto das implicações do conservadorismo nos fundamentos e trabalho profissional, como do enfrentamento e da resistência para consolidar uma profissão com compromisso com a classe trabalhadora.

REFERÊNCIAS BIBLIOGRÁFICAS

ABRAMIDES, Maria Beatriz; CABRAL, Maria do Socorro. A organização política do Serviço Social e o papel da CENEAS/ANAS na virada do Serviço Social brasileiro. In: CFESS (Org.). *30 anos do "Congresso da Virada"*. Brasília, 2009.

ABREU, Marina Maciel. *Serviço Social e a organização da cultura*: perfis pedagógicos da prática profissional. São Paulo: Cortez, 2002.

BARREIRA, Irlys Alencar Firmo. Incômodos hóspedes: notas sobre a participação da Igreja e dos partidos políticos nos movimentos. In:

SILVA, Luiz A. M. et al. (Coord.). *Movimentos sociais*: para além da dicotomia rural-urbana. Recife: Líder, 1985.

BARROCO, Lucia. Barbárie e neoconservadorismo: os desafios do projeto ético-político. *Serviço Social & Sociedade*, São Paulo: Cortez, n. 106, p. 205-218, abr./jun. 2011.

BOSCHETTI, Ivanete. Expressões do conservadorismo na formação profissional. *Serviço Social & Sociedade*, São Paulo: Cortez, n. 124, 2015.

COUTINHO, Carlos Nelson. *Marxismo e política*: a dualidade de poderes e outros ensaios. São Paulo: Cortez, 1994.

DIAS, Edmundo F. *A liberdade (im)possível na ordem do capital, reestruturação produtiva e passivização*. Campinas: IFCH/Ed. da Unicamp, 1997. (Textos didáticos.)

_____. Gramsci e a política hoje. *Universidade e Sociedade*, Andes, ano XI, n. 27, jun. 2002.

GRAMSCI, Antonio. Cadernos do cárcere. Tradução de Luiz Sérgio Henriques, Marco Aurélio Nogueira e Carlos Nelson Coutinho. Rio de Janeiro: Civilização Brasileira, 2000. (Maquiavel: notas sobre o Estado e a política; v. 3.)

FALEIROS, Vicente de Paula. O Congresso Brasileiro de Assistentes Sociais na conjuntura dos anos 70. In: CFESS (Org.). *30 anos do "Congresso da Virada"*. Brasília, 2009.

GUERRA, Yolanda. Expressões do pragmatismo no Serviço Social: reflexões preliminares. *Katálysis*, Florianópolis, v. 16, 2013.

HELLER, Agnes. *O cotidiano e a história*. Tradução de Carlos Nelson Coutinho e Leandro Konder. Rio de Janeiro: Paz e Terra, 1989.

IAMAMOTO, Marilda Villela. *Serviço Social em tempo de capital fetiche*: capital financeiro, trabalho e questão social. São Paulo: Cortez, 2007.

LOPES, Josefa Batista. A relação Serviço Social — movimento social: indicações para um estudo. *Serviço Social e Movimento Social*, São Luís, EDUFMA, n. 1, 1999.

MARX, Karl. *O 18 Brumário de Luís Bonaparte*. São Paulo: Edições Mandacaru, 1990.

MÉSZÁROS, István. Marxismo e direitos humanos. In: _____. *Filosofia, ideologia e ciência social*: ensaios de negação e afirmação. São Paulo: Ensaio, 1993.

MOTA, Ana Elizabete. Serviço Social brasileiro: profissão e área do conhecimento. *Katálysis*, Florianópolis, v. 16, 2013.

MOTA, Ana Elizabete; AMARAL, Ângela Santana do. Projeto profissional e projeto societário. *Inscrita*, CFESS, Brasília, n. 12, 2009.

_____. Serviço Social brasileiro: cenários e perspectivas nos anos 2000. In: MOTA, Ana Elizabete; AMARAL, Ângela Santana do (Orgs.). *Serviço Social brasileiro nos anos 2000*: cenários, pelejas e desafios. Recife: Ed. da UFPE, 2014.

NETTO, J. P. III CBAS: algumas referências para a sua contextualização. In: CFESS (Org.). *30 anos do "Congresso da Virada"*. Brasília, 2009.

RAMOS, Sâmya R. *A mediação da organização política na (re)construção do projeto profissional*: o protagonismo do Conselho Federal de Serviço Social. Tese (Doutorado em Serviço Social) — Universidade Federal de Pernambuco, Recife, 2005.

RIBEIRO, Ana Clara Torres. Movimentos sociais: caminhos para a defesa de uma temática ou os desafios dos anos 90. *Ciências Sociais Hoje*, São Paulo: Vértice/Revista dos Tribunais, 1991.

SADER, Eder. *Quando os novos personagens entraram em cena*: experiências, falas e lutas dos trabalhadores da Grande São Paulo, 1970-80. Rio de Janeiro: Paz e Terra, 1987.

SANTOS, Silvana Mara de Morais. Direitos humanos, dominação ideológica e resistência. *Inscrita*, Brasília: CFESS, n. 11, 2009.

_____. Direitos humanos: necessidade e limite na sociabilidade do capital. In: _____. *Direitos humanos e práxis*: experiências do CRDH/RN. Natal: EDUFRN, 2015.

TONET, Ivo. Para além dos direitos humanos. *Novos Rumos*, São Paulo, n. 37, 2002.

Capítulo 9

A formação profissional em Serviço Social e a mediação da Associação Brasileira de Ensino e Pesquisa em Serviço Social (ABEPSS):

as diretrizes curriculares/1996 em relação à perspectiva emancipatória no âmbito do avanço do conservadorismo

Marina Maciel Abreu

Introdução

Com o propósito de compor a coletânea organizada pela professora Maria Liduína de Oliveira e Silva, alusiva aos 80 anos do Serviço Social no Brasil, neste capítulo busca-se uma recuperação histórica do processo de construção da formação profissional em Serviço Social no Brasil, orientado pela perspectiva emancipatória da classe trabalhadora e de toda a humanidade, horizonte histórico do hoje denominado projeto ético-político profissional,[1] que desponta como tendência profissional hegemônica desde o final dos anos 1970. Apreende-se o processo de construção da formação profissional no conjunto das mediações que particularizam e movem o Serviço Social na sociedade brasileira com ênfase para as condições sociopolíticas institucionais, forjadas pela política de educação superior no país e suas expressões na estrutura e no funcionamento da universidade brasileira, nas últimas quatro décadas. Destaca-se a mediação da Associação Brasileira de Ensino e Pesquisa em Serviço Social (ABEPSS) como um dos principais sujeitos das transformações profissionais nesse período.

O ano de 1979 constitui o marco histórico dessas transformações, pela realização de dois grandes eventos em uma conjuntura de repressão e autoritarismo forjada pela ditadura militar que se instaurou no país a partir do golpe civil-militar de 1964, com vigência até 1985, em que se explicita e conquista hegemonia o novo projeto ético-político profissional: o III Congresso Brasileiro de Assistentes Sociais (III CBAS/1979), em São Paulo, o chamado "congresso da virada", pelo episódio da tomada da direção política do evento pela nova tendência profissional caracterizada em sua base pela crítica e recusa do conservadorismo[2] na profissão, pela busca de sustentação no pensamento

---

1. Aborda-se a construção do projeto ético-político profissional do Serviço Social como tendência hegemônica no "processo de renovação do Serviço Social brasileiro" (Netto, 2011), nos marcos do denominado Movimento de Reconceituação do Serviço Social na América Latina — movimento de crítica e superação do Serviço Social tradicional deflagrado nesse continente em 1965, tendo como marco histórico a realização, em Porto Alegre, de um Seminário intitulado "Serviço social face às mudanças sociais na América Latina" que reuniu intelectuais da área do Serviço Social de diversos países do continente, entre os quais: Brasil, Uruguai, Argentina, Chile, Venezuela, Colômbia e México. No Brasil, esse processo apresenta dois momentos distintos, sendo o primeiro até o final dos anos 1970, marcado pela influência do projeto desenvolvimentista na perspectiva da "modernização conservadora" sob os ditames da Ditadura Militar, tende para a revisão metodológica sem romper com o conservadorismo, para atender a demandas da "racionalidade técnica" no desempenho em "micro e macroatuação" (CBCISS, 1967); e o segundo a partir dos anos 1980 aponta na "direção dos interesses coletivos das classes subalternas" (Carvalho et al., 1984), hoje, afirmada pela ABEPSS, CFESS/CRESS, ENESSO na perspectiva da emancipação humana, ainda com polêmicas referidas à função histórica do Serviço Social em relação a essa perspectiva.

2. Entende-se o conservadorismo como uma ideologia e cultura contrarrevolucionárias que se aciram na configuração da sociedade burguesa. O debate sobre o conservadorismo na

crítico marxista e pelo compromisso político profissional com as classes subalternas; e a XXI Convenção da Associação Brasileira de Ensino do Serviço Social, então ABESS, hoje ABEPSS, espaço da aprovação do novo currículo mínimo,[3] que ficou conhecido como o currículo de 1982 devido a sua aprovação pelo Conselho Federal de Educação nesse ano — o primeiro grande esforço de superação da formação instrumental, tecnicista, conservadora, tradicional sob a forte influência do Serviço Social norte-americano, orientada para o ajustamento e integração social, estratégias do sistema dominante de controle social —, processo que contou com a participação do movimento estudantil, através do então Encontro Nacional de Estudantes de Serviço Social (ENESS), hoje Executiva Nacional de Estudantes de Serviço Social (ENESSO).

O projeto pedagógico crítico, sintetizado nas diretrizes curriculares desde 1996, um dos instrumentos do novo projeto ético-político profissional, representa um processo coletivo em construção permanente sob a coordenação da ABEPSS, que parte do currículo mínimo de 1982 para avançar na reafirmação da nova direção social e do novo perfil profissional[4] e superação de desvios e lacunas histórico-políticas, conceituais e éticas de sua construção. Trata-se de um processo que se desenvolve no contexto contraditório e na contracorrente da política da educação superior, no país, desde os anos 1970, sob o padrão da "racionalidade técnica" imprimida às funções do Estado, pela "modernização conservadora" da ditadura militar e mantida na atual política de educação sob o neoliberalismo, para a formação do novo profissio-

---

profissão tem como importantes referências as obras de: Iamamoto (2013); Netto (2011); e Santos (2007).

3. O novo currículo mínimo elaborado coletivamente sob a coordenação da então ABESS e aprovado em 1979 foi implementado a partir de 1983, após aprovação pelo Conselho Federal de Educação através da Resolução n. 6, de 23 de setembro de 1982, que fixa mínimos de conteúdos e duração do curso de Serviço Social.

4. O novo perfil profissional do assistente social encontra-se explicitado no texto das diretrizes curriculares/1996 e na versão elaborada pela Comissão de Especialistas de Ensino do Serviço Social do MEC/1999, quando se afirma a formação de um profissional crítico comprometido com valores e princípios do Código de Ética do Assistente Social/1993.

nal "moderno", polivalente, "empreendedor e colaborador [...] funcional à necessidade da nova fase do capitalismo" (Lima, 2014, p. 138).

Esse processo nas quatro últimas décadas move-se em duas conjunturas marcadamente distintas, em que se distinguem, retomando ideias da análise desenvolvida em trabalho anterior (Abreu e Lopes, 2007), dois momentos:

- um primeiro momento, entre 1970 e final de 1980, bastante favorável ao processo histórico de constituição de um novo projeto ético-político profissional, a partir da penetração do pensamento crítico marxista na profissão que orienta a organização político-acadêmica dos assistentes sociais, mediante a qual a categoria profissional passa a ser ver como constitutiva da classe trabalhadora, em que é uma forte expressão a criação da CENEAS/ANAS (1978/1994),[5] entidade sindical nacional dos assistentes sociais, articulada no contexto da "efervescência da luta política no campo do novo sindicalismo" (Abramides e Cabral, 1995), no final dos anos 1970; essa entidade protagonizou ampla mobilização dos assistentes sociais brasileiros, cuja organização foi a base da conquista política no III CBAS e do redimensionamento, sob a perspectiva de classe, da Associação Brasileira de Escolas de Serviço Social em Associação Brasileira de Ensino de Serviço Social (ABESS) e dos então Conselhos Federal e Regionais de Assistentes Sociais CFAS/CRAS, hoje os Conselhos Federal e Regionais de Serviço Social CFESS/CRESS, conjunto CFESS/CRESS (esses conselhos, após a extinção da ANAS, em 1994, assumem a função de entidades representativas do exercício profissional). Essas instituições com o movimento estudantil de Serviço Social compõem as

---

5. Trata-se da criação da Comissão Executiva Nacional de Entidades Sindicais de Assistentes Sociais (CENEAS) em 1979, no III Encontro Nacional de Entidades Sindicais de Assistentes Sociais, e, em 1983, foi transformada em Associação Nacional de Assistentes Sociais (ANAS), como entidade sindical da categoria, extinta em 1994, com o propósito de avanço "para outro patamar político: o da inserção sindical da categoria nos sindicatos majoritários" (Abramides e Cabral, 1995, p. 132), seguindo estratégia definida pela Central Única dos Trabalhadores (CUT).

principais mediações e sujeitos das transformações que ocorrem na profissão nesse período;

- o segundo momento inicia-se nos anos 1990; com a entrada do Brasil na era da ideologia neoliberal, em expansão no mundo desde 1979, configura-se um contexto profundamente adverso ao avanço do novo projeto profissional e, particularmente, à implementação das diretrizes curriculares/1996 no âmbito da política privatista, mercantilista de educação superior refuncionalizada pela reforma neoliberal do Estado para atender à necessidade da formação profissional para o mercado. Tem-se uma conjuntura marcada pelo enfraquecimento da organização e lutas da classe trabalhadora duramente atingida em sua materialidade subjetividade (Antunes, 1995) pelo aprofundamento da crise mundial do sistema capitalista e suas expressões mais perversas na periferia do sistema, como é o caso do Brasil, e pela derrocada, no final dos anos 1980, da experiência socialista que tem a União das Repúblicas Socialistas Soviéticas (URSS) como principal referência, em que perde força em todo o mundo a perspectiva emancipatória; situação agravada pelo movimento contrarrevolucionário acompanhado do fortalecimento do pensamento e da cultura do conservadorismo, sobretudo com a disseminação das chamadas teorias pós-modernas e do multiculturalismo no bojo da crítica à atualidade do marxismo como corrente teórica e metodológica de explicação da sociedade burguesa e instrumento ideológico da luta política da classe trabalhadora na perspectiva da emancipação humana.

Entretanto, em relação ao Serviço Social, é importante reiterar que, mesmo com o refluxo das lutas sociais da classe trabalhadora no país, a partir dos anos 1990, com a desarticulação dos grandes parques industriais, como o ABC Paulista, e perda de importantes referências políticas de sustentação da construção do novo projeto profissional, com o giro da Central Única dos Trabalhadores (CUT) e do Partido dos Trabalhadores (PT) na direção do projeto conservador, desde a conquista do governo federal pelo PT, em 2003, com a eleição de Luiz Inácio Lula da Silva para presidência, observa-se que:

> os intelectuais do Serviço Social no Brasil, ou pelo menos os setores mais influentes desses intelectuais no meio profissional, na academia ou fora dela, resistiram à onda conservadora tendo nas entidades organizativas da categoria uma mediação fundamental (Abreu e Lopes, 2007, p. 14).

Desse modo, as diretrizes curriculares/1996, nas contradições da atual conjuntura, e suas expressões nas condições de desenvolvimento da formação profissional no âmbito da política da educação superior sob o neoliberalismo encontram-se profundamente ameaçadas como um dos instrumentos do novo projeto ético-político profissional que, em sua totalidade, requisita a persistente e permanente luta na construção da resistência pela sustentação de seus fundamentos e reafirmação da direção social na perspectiva emancipatória da classe trabalhadora, no âmbito do avanço do conservadorismo na sociedade e na profissão.

A mediação da ABEPSS na construção do Projeto Pedagógico da Formação Profissional em Serviço Social orientada pela perspectiva emancipatória

O Serviço Social, em sua constituição histórica na sociedade capitalista, é mediado e exerce função mediadora, no âmbito da racionalização da produção e reprodução social e do controle social, objetivada no mercado de trabalho principalmente através das políticas sociais — hoje ampliado com o fortalecimento da assistência como política de seguridade —, em detrimento da saúde e previdência, transformadas em mercadorias lucrativas — no enfrentamento da questão social e controle da pobreza, e impõe-se como principal espaço da atuação profissional —, situação que faculta ao Estado a condição de principal empregador do assistente social, e mais recentemente, a intervenção profissional é realizada "nas instituições de organização autônoma da classe trabalhadora, como empregadoras desses profissionais" (Cardoso e Lopes, 2009, p. 462). Assim, a profissão intervém nas contradições que movem a luta de classes à qual está vinculada desde sua origem, incidindo "sobre os processos sociais de transformação, mas é, sobretudo, objeto desses processos e também se transforma" (GSERMS, 2010, p. 4).

No conjunto das mediações que viabilizam a profissão, a ABEPSS constitui-se como um dos principais sujeitos da construção da formação profissional, atuando desde os anos 1980 na afirmação/sustentação da perspectiva emancipatória da classe trabalhadora e de toda a humanidade, como direção social desse processo, tendo o conhecimento crítico, marxista, como referência teórico-metodológica e ético-política. Hoje, essa mediação encontra-se profundamente tensionada pelas principais tendências da formação profissional em Serviço Social que refletem as tendências da educação superior no país:

> [...] a consolidação da política privatista nas escolas de Serviço Social; a educação a distância como principal modalidade de ensino de Serviço Social no Brasil; a precarização das condições de ensino do Serviço Social conduzem a mais impactante das tendências [...]: a restauração do conservadorismo no Serviço Social metamorfoseado pelo pensamento pós-moderno (Lima, 2014, p. 205).

Tais tendências alteram sobremaneira o perfil da base material histórica de atuação da entidade — as unidades de formação acadêmica (UFA) — e o campo de influência política acadêmica. Essa alteração configura-se pelo aumento quantitativo dos cursos de Serviço Social privados, sobretudo os de ensino a distância nas duas últimas décadas, que implica redução do percentual de cursos filiados (a profunda crítica que faz à política do ensino a distância chancela, com base nos estatutos de 2008, a não integração desses cursos no quadro de associados) e a perspectiva de redução do seu raio de influência política e ideológica sobre a formação profissional de graduação e pós-graduação. Como estratégia na luta político-ideológica e mecanismo de formação de finanças para sustentar sua ação prática, a ABEPSS amplia o seu quadro de sócios individuais, como fica estabelecido no Estatuto aprovado em 2008, no teor do § 6º do art. 3º:

São sócios individuais da ABEPSS pessoas físicas pertencentes às seguintes categorias: I — docentes e pesquisadores em Serviço Social; II — assistentes sociais; III — estudantes de graduação de Serviço Social; IV — docentes e pesquisadores de áreas afins.

Com essa medida, abre-se a possibilidade de ampliação do seu campo de influência na formação, na produção do conhecimento e na articulação mais ampla dos pesquisadores inseridos na pós-graduação e graduação, portanto, maior envolvimento de professores e alunos, que pertencentes a cursos não filiados possam participar do debate crítico e da construção coletiva da formação profissional coordenada pela entidade, e difundi-la na contracorrente da política privatista de educação superior que precariza o ensino e o trabalho docente; como também incentivar a pesquisa e a produção de conhecimento no âmbito dos processos interventivos em que se insere o maior contingente dos assistentes sociais.

Como força propulsora e de resistência na construção e defesa do projeto pedagógico crítico, a ABEPSS vem se reestruturando ao longo da sua trajetória, que em 2016 completa 70 anos. Criada em 1998, mediante a reestruturação da então ABESS, reconfigura-se como organismo acadêmico-político e associação científica para responder à necessidade de adequação de sua estrutura legal e acadêmico-política aos avanços do Serviço Social como profissão e área de conhecimento, impulsionados pelo crescimento da pós-graduação, com início em 1972. Essa reestruturação reflete um momento de um longo percurso iniciado em 1946, com a criação da Associação Brasileira de Escolas de Serviço Social (ABESS), dez anos após a criação do primeiro curso de Serviço Social no Brasil, em São Paulo. É redimensionada em 1979, para Associação Brasileira de Ensino de Serviço Social, no bojo da luta pela redemocratização do país, para viabilizar a participação de professores, alunos e supervisores nas decisões sobre a formação, antes restritas aos dirigentes das escolas.

Assim, a partir de 1998, em um novo momento de sua constituição, incorpora em sua estrutura a coordenação da pós-graduação, anteriormente sob o encargo do Centro de Documentação e Pesquisa em Políticas Sociais e Serviço Social (CEDEPSS) criado em 1987 com vigência até 1998, com o propósito de articulação da graduação e pós-graduação como unidade dialética e incentivo à pesquisa e à produção do conhecimento. As conquistas relacionadas à unidade entre essas duas instâncias da formação ainda são recentes no âmbito da entidade, se considerarmos o fato de que a pós-graduação *stricto sensu* em seu desenvolvimento inicial concretizou-se com certo distanciamento em relação à articulação da então ABESS, no impulso dado pela política de pós-graduação através da Coordenação de Aperfeiçoamento de Pessoal de Nível Superior (CAPES), embora tenha sido essa entidade a grande propulsora da pós-graduação com a realização das primeiras experiências *lato sensu* nos anos 1960. Mesmo com o CEDEPSS, esse distanciamento foi aprofundado, como é indicativo o movimento na década de 1990, para a criação de uma entidade específica da pós-graduação, impedido pelas forças de resistência no interior da ABESS que viam a importância do avanço acadêmico do Serviço Social com o necessário fortalecimento da unidade graduação e pós-graduação, o que culminou com a reestruturação da ABESS em ABEPSS que, assim, incorpora a particularidade acadêmico-política da pós-graduação e, com ela, a pesquisa para seu fortalecimento e, ao mesmo tempo, uma estratégia de aprofundamento da interlocução com os órgãos nacionais de fomento (CNPq, CAPES, FINEP) e as fundações estaduais de pesquisa, como associação científica nacional da área, na medida em que esses órgãos têm a pós-graduação como a principal referência da pesquisa em todas as áreas do conhecimento.

É indiscutível o crescimento da pesquisa e produção acadêmica em Serviço Social nas últimas décadas, sob a orientação hegemônica do pensamento crítico marxista, hoje com uma bibliografia considerável com difusão em toda América Latina e Caribe; em que pesem a penetração do pensamento conservador nas unidades de formação acadêmica e a tendência de afastamento dessa matriz, sobretudo, no âmbito do ensino da pesquisa em Serviço Social e no desenvolvimento de projetos de pesquisa, evidenciada em parte significativa dos cursos que participaram da pesquisa avaliativa referente aos dez anos de implementação das diretrizes curriculares, realizada em 2006/2007 pela ABEPSS.[6] Essa constatação aponta para a necessidade de um aprofundamento da pesquisa e busca de novos mecanismos de enfrentamento, uma vez que "no aprofundamento do conhecimento, análise e sustentação do pensamento crítico, marxista, encontra-se um eixo central da necessária resistência histórica" (Lopes, 2016, p. 14).

Na busca de adensamento da produção teórica, a ABEPSS, ao longo do processo de articulação e organização dos pesquisadores e do fortalecimento do debate acadêmico-político que vem desde a criação do CEDEPSS/1987, instituiu três importantes espaços: dois já estão consolidados e referem-se ao encontro nacional de pesquisa, afirmado a partir de 1996 como Encontro Nacional de Pesquisadores/

---

6. Com o propósito de avaliar a implementação das diretrizes curriculares, a ABEPSS realizou uma pesquisa no período de 2005/2007, envolvendo 105 unidades de formação acadêmica que aceitaram participar dessa investigação, que privilegiou: a) a identificação do perfil das unidades de ensino; b) as tendências quanto à concepção e às formas de organização do conteúdo dos componentes curriculares, em relação a cinco eixos: fundamentos históricos e teórico-metodológicos do Serviço Social, questão social, trabalho e Serviço Social, pesquisa e a prática na formação profissional; e c) a identificação das principais dificuldades e desafios. O processo da pesquisa significou um momento forte de mobilização e debates com a reafirmação da direção estratégica da formação, no quadro adverso da privatização e precarização do ensino superior na sociedade brasileira. Resultados divulgados em relatórios apresentados aos UFA em 2007 (CD-ROM) e na revista *Temporalis*, n. 14, 2008, sob a forma de artigos sobre os eixos trabalhados.

ENPESS, com realização bienal, cuja primeira versão em 1983, ainda como I Seminário Nacional de Pesquisa em Serviço Social, realizou-se em São Luís/MA, e ao periódico criado em 1986 como *Cadernos ABESS*, que, com a edição de oito números, foi transformado em revista *Temporalis*, em 2000;[7] o outro, ainda em construção, refere-se aos Grupos de Temáticos de Pesquisa (GTP) instituídos a partir do Estatuto de 2008, após amplo debate intensificado desde 2003 no IX ENPESS, em Porto Alegre, com a manifestação concreta da articulação de pesquisadores entre UFA de vários estados, em grupos e redes de pesquisa. A estratégia dos GTP foi implementada em 2009, como "órgãos de apoio acadêmico-científico" da entidade[8] (ABEPSS, 2008), na perspectiva da "qualificação do Serviço Social como área de produção de conhecimento socialmente relevante que venha a contribuir com o fortalecimento das lutas sociais" (ABEPSS, 2009), além de fundamentar a *necessária redefinição das subáreas de conhecimento e especialidades que lhes são constitutivas junto aos órgãos de fomento da pesquisa, hoje defasadas em relação à diversidade de objetos pesquisados e a seus fundamentos histórico-conceituais.*

O protagonismo da ABEPSS é marcado desde os anos 1980 pela busca de articulação com as demais entidades da categoria e estudantis nos âmbitos nacional, como dito, e internacional e com outras entidades sindicais e de organização da classe trabalhadora, como Associação Nacional de Docentes do Ensino Superior (ANDES), o Movimento dos Trabalhadores Rurais sem Terra (MST), Coordenação Nacional de Lutas (CONLUTAS), entre outras, a partir de um plano de lutas que privilegia as questões da formação e do exercício profissional.

---

7. Trata-se da *Revista Brasileira da ABEPSS* que integra o quadro de classificação de periódicos Qualis da CAPES no estrato B1.

8. Os Grupos Temáticos de Pesquisa (GTP), da ABEPSS, na perspectiva da qualificação da produção e do fortalecimento e consolidação do Serviço Social como área de conhecimento, compreendem sete eixos: 1. Trabalho, Questão Social e Serviço Social; 2. Política Social e Serviço Social; 3. Serviço Social: Fundamentos, Formação e Trabalho Profissional; 4. Movimentos Sociais e Serviço Social; 5. Questões Agrária, Urbana, Ambiental e Serviço Social; 6. Classe Social, Gênero, Raça/Etnia, Geração, Diversidade Sexual e Serviço Social; 7. Ética, Direitos e Serviço Social (ABEPSS, 2009).

Em 2006 é criada, pela ABEPSS, a Coordenação de Relações Internacionais, que passa a compor a estrutura da entidade a partir da revisão do estatuto em 2008. Essa coordenação se justificou com base na luta emancipatória no confronto com a mundialização inerente ao capital e à classe burguesa, e ganha importância particular na complexidade do avanço destrutivo da mundialização do capital sob a ideologia neoliberal e domínio do imperialismo norte-americano e suas implicações sobre o trabalho e lutas sociais; e a importância dessa luta como referência para o ensino, a pesquisa e a extensão na formação acadêmica e prática interventiva do assistente social. A articulação internacional da ABEPSS valoriza uma estratégia em relação à América Latina, a partir do compromisso e da contribuição efetiva ao processo de reestruturação da ALAETS (Asociación Latinoamericana de Escuelas de Trabajo Social) em ALAEITS (Asociación Latino-americana de Enseñanza e Investigación en Trabajo Social), em 2006, como apoio ao seu fortalecimento como uma importante mediação de articulação acadêmico-política da profissão nesse continente, que se encontrava destroçada política e economicamente com o enfraquecimento da direção política orientada pela perspectiva transformadora da ordem capitalista pela classe trabalhadora e perda do apoio financeiro que recebia de entidades de solidariedade internacional. Além dessa articulação, registra-se a aproximação com unidades de formação da Comunidade Europeia que se articulam na perspectiva da construção de uma unidade curricular para os cursos de Serviço Social que já se tornaram de nível superior, em alguns países.

A questão da articulação político-acadêmica internacional, e em especial no continente latino-americano com ênfase para a relação com ALAEITS, é uma necessidade na construção da resistência, mas ainda carece de um amplo debate e retomada do enraizamento nos cursos e outros espaços de discussão, da importância e fortalecimento dessa articulação, como ocorreu no processo que culminou com a reestruturação da entidade em 2006, com o forte protagonismo do Serviço Social brasileiro através da ABEPSS, CFESS e ENESSO, e que respaldou e legitimou o Brasil como sede, pela segunda vez, dessa entidade, no período 2007/2008, sob a presidência da professora Ana Elizabete Mota; a primeira vez em que o país sediou a entidade foi no período 1983/1986, tendo a professora Josefa Batista Lopes como presidente.

A ABEPSS tem se posicionado criticamente em relação a várias medidas da política de educação que colidem com o projeto de formação sustentado pela perspectiva de construção de uma educação emancipadora, como evidenciam documentos e comunicados da entidade em relação ao ensino de graduação a distância; à avaliação institucional implementada pelo INEP — Instituto Nacional de Estudos e Pesquisas Educacionais Anísio Teixeira (graduação) — e, a desenvolvida pela CAPES (pós-graduação); aos cursos sequenciais e ao mestrado profissional; entre outros.

As bases do Projeto Pedagógico Crítico e as condições socioinstitucionais da Formação Profissional em Serviço Social: as Diretrizes Curriculares/1996 entre a flexibilização e a resistência ao avanço do conservadorismo

Na historicidade da construção do projeto pedagógico crítico da formação profissional em Serviço Social, no conjunto das mediações que particularizam e movem o Serviço Social na sociedade brasileira com ênfase para as condições sociopolíticas institucionais, forjadas pelas políticas de educação superior e suas expressões na estrutura e funcionamento da universidade brasileira, nas últimas quatro décadas encontram-se as bases desse processo, suas questões, polêmicas e respostas.

Um destaque importante nesse percurso é que, contraditoriamente, foi no contexto da reforma universitária da ditadura militar que se criaram as condições para mudança do perfil da formação profissional mediante a "inserção do ensino de Serviço Social no âmbito universitário" (Netto, 2011, p. 125). Essa inserção proporcionou, segundo Netto, o rompimento com o

> [...] confessionalismo, o paroquialismo e o provincianismo que historicamente vincaram o surgimento e o evolver imediato do ensino do Serviço Social no Brasil —, além, naturalmente, da expansão quantitativa das próprias agências (idem, ibidem, p. 124).

Em 1970, já integrada ao movimento de reconceituação do Serviço Social no Brasil, foi realizada uma revisão curricular com a aprovação de um novo currículo mínimo que acentua a formação tecnicista para atender às exigências do padrão educacional imposto pela ditadura e do mercado de trabalho consolidado e expandido pela "modernização conservadora" implementada pelo Estado, que ao exigir um profissional "moderno" também contribui para derruir o Serviço Social "tradicional". Esse currículo, como analisou Nadir Gouveia Kfouri em palestra proferida na XX Convenção da ABESS realizada em Belo Horizonte, em 1977 (Pereira, 1984, p. 16), "já nasceu defasado por não refletir o esforço da reconceituação do Serviço Social" em relação ao rompimento com o projeto de formação tradicional, sobretudo quanto à visão fragmentada da sociedade e do Serviço Social, expressa no Serviço Social de Caso, Serviço Social de Grupo e Serviço Social de Comunidade.

Na base desses processos está o engajamento de parcela significativa dos assistentes sociais nas lutas populares e dos trabalhadores, que naquela contextualidade direcionavam-se, principalmente, para: (a) a democratização da sociedade brasileira no enfrentamento da questão social, aprofundada com a política econômica sob os ditames dos interesses da acumulação do capital internacional, altamente concentradora de renda, e contra a repressão e o autoritarismo do governo da ditadura militar; (b) a melhoria de condições de vida e de trabalho das classes subalternas. Entre esses processos, sobressaem-se as greves de 1978 do ABC paulista, o redirecionamento do movimento sindical da classe trabalhadora de base classista e anticapitalista, no que ficou conhecido como "novo sindicalismo" e os chamados "novos movimentos sociais". Tais processos, em grande parte, impulsionados pela Teologia da Libertação sob a coordenação da Igreja Católica, retomam a orientação dos processos revolucionários dos anos 1950/1960, em que a Revolução Cubana (1959) é a principal referência histórica, e apontam para a construção da perspectiva emancipatória no país, articulados às lutas sociais nessa direção no continente e sustentados no pensamento crítico marxista. Ganham destaque no Brasil: a criação do PT, da CUT e do Movimento dos Trabalhadores Rurais sem Terra (MST), nos anos 1980. No âmbito interno da profissão, ocorre o fortalecimento da organização sindical dos assistentes através da ANAS, no período 1983/1994, em estreita vinculação ao movimento sindical dos trabalhadores, de cunho classista anticapitalista; o redimensionamento das entidades já existentes (ABESS/ABEPSS, CFAS/CRAS, em CFESS/CRESS), como dito; e a luta e a conquista da organização política livre dos estudantes de Serviço Social, que confrontavam o controle da ditadura militar no movimento estudantil desde o fechamento da União Nacional dos Estudantes (UNE) e demais entidades estudantis logo após a invasão do XXX Congresso da UNE, realizado em Ibiúna/SP, em 1979, e prisão dos estudantes que participavam do evento.

A implementação do novo currículo mínimo foi determinada pelo Conselho Federal de Educação para realizar-se em dois anos, 1983/1984, processo acompanhado diretamente pela ABESS, tendo como principal estratégia a realização de uma pesquisa, no período 1983/1985, sobre "A formação profissional do assistente social no Brasil: determinantes históricos e perspectivas",[9] com vista a garantir a unidade nos diversos

---

9. Coordenada pelas professoras Alba Maria Pinho de Carvalho/UFMA, Dilséa Adeodata Bonetti/PUC-SP e Marilda Vilella Iamamoto/PUC-SP, essa pesquisa parte do ponto de vista de que a implementação do novo currículo mínimo exige "a revisão curricular a todas as unidades de ensino de Serviço Social do país, devendo, antes de tudo, constituir-se a expressão de um amplo processo de avaliação e redefinição da formação profissional, desenvolvido com a participação efetiva de professores, alunos, supervisores e profissionais" (Carvalho et al., 1984, p. 110). Tal exigência coloca a necessidade de garantir unidade nos diversos processos de revisão curricular e elaboração de novos currículos plenos em todas as unidades de ensino do país,

processos de elaboração de currículos plenos pelos cursos de Serviço Social no país, na "direção dos interesses coletivos das classes subalternas" (Carvalho et al., 1984, p. 119).

Várias questões se colocam nesse processo, entre elas: (a) as dificuldades do ensino das disciplinas Metodologia, Teoria e História do Serviço Social a partir de um aprofundamento do debate sobre os fundamentos históricos e teórico-metodológicos da profissão, na diversidade de perspectivas teórico-metodológicas sob uma direção social hegemônica fundada no marxismo, que gerou discussão controversa acompanhada de outras polêmicas relacionadas ao pluralismo e ecletismo; (b) a relação entre teoria e prática que repõe o debate sobre o estágio como espaço privilegiado de formação nas condições concretas do exercício profissional; (c) um descompasso entre "aquela direção social, assumida a partir de 1982, e a ruptura no âmbito da formação ética profissional" (Brittes e Barroco, 2000, p. 20).

Duas polêmicas sobressaem-se nesse período: a concepção da metodologia em Serviço Social sustentada no pensamento marxista, explicitada no bojo de uma pesquisa sobre o "Ensino da metodologia nos cursos de Serviço Social",[10] no Brasil, que evidenciou tendências distintas e polêmicas na construção da matéria nesse campo teórico; e

---

o que constituiu o principal motivo da realização da pesquisa pela ABESS, com o propósito de avançar na superação do conservadorismo na formação profissional e de construção do projeto pedagógico crítico.

10. Pesquisa realizada, no período 1987/1988, pelo Programa de Estudos Pós-graduados em Serviço Social da PUC-SP e a, então, Associação Brasileira de Ensino de Serviço Social (ABESS). A equipe de pesquisa foi constituída por 16 pesquisadores vinculados a vários cursos de Serviço Social do país, com representação de todas as regionais da ABESS. Integraram a equipe da pesquisa: Aldaísa Sposati (PUC-SP) na função de coordenadora, Consuelo Quiroga (PUC-MG), Denise Câmara Carvalho (UFRN), Franci Gomes Cardoso (UFMA), José Paulo Netto (UFRJ), Maria Elvira Rocha Sá (UFPA), Maria Eulália Moreira (PUC-MG), Maria Lúcia Santos F. Silva (UFRN), Maria Rachel Tolosa Jorge (PUC-SP), Maria Rosangela Batistoni (PUC-SP), Marilda Villela Iamamoto (PUC-SP), Marina Maciel Abreu (UFMA), Nobuco Kameyama (PUC-SP), Odária Battini (UFEL), Rosa Maria Ferreiro Pinto (UniSantos), Vicente de Paula Faleiros (UnB). A pesquisa tinha como propósito "analisar as principais tendências presentes na compreensão da metodologia no Serviço Social e seus desdobramentos no processo de ensino e formação profissional dos assistentes sociais" (ABESS/CEDEPSS, 1995, p. 3). Para aprofundamento, consultar *Cadernos ABESS*, São Paulo: Cortez, n. 3, 1995.

o debate sobre o projeto profissional alternativo do Serviço Social na América Latina proposto e encaminhado pela diretoria de ALAETS/ CELATS (período 1986/1989).[11]

São questões e polêmicas que rebatem fortemente na construção do projeto pedagógico de formação profissional na perspectiva emancipatória e, sem que avancem em aprofundamento, como é possível quando "as condições de sustentação e de confrontações histórico-políticas não foram ainda suficientemente desenvolvidas" (idem, ibidem, p. 22), novas e velhas questões e polêmicas são postas e repostas, como se verificou no processo de revisão curricular que culminou com a elaboração das diretrizes curriculares de 1996. Nesse processo (re)colocaram-se questões e polêmicas[12] relacionadas à explicitação ou não do vínculo do projeto profissional ao projeto societário das classes subalternas (Cardoso, 2000, p. 13), à afirmação da questão social como eixo fundante da profissão (Faleiros, 2000), aos conteúdos dos fundamentos histórico-teóricos, metodológicos e éticos (Cardoso, 2000; Brites e Barroco, 2000), ao ensino da prática profissional (Guerra, 2000; Tardin, 2000; Gentili, 2000; Ramos, 2007), à concepção do Serviço Social como trabalho na perspectiva de superação da concepção como prática profissional (Iamamoto, 1998, 1999; Lessa, 2000; Ramos e Gomes, 2000) e outros.

As diretrizes curriculares de 1996 representam um avanço substantivo no processo de construção do projeto pedagógico da formação profissional em Serviço Social, principalmente no que se refere à afirmação das "dimensões interventivas e investigativas como princípios formativos e condição central da formação profissional e da relação teoria-realidade" (ABEPSS, 1997, p. 63), e à instauração de uma nova lógica curricular, com base na articulação de "um conjunto de conhecimentos

---

11. Sobre este debate consultar: LOPES, Josefa Batista. *O Serviço Social na América Latina*: nas malhas da modernização conservadora e do projeto alternativo de sociedade. Tese (Doutorado em Serviço Social) — Pontifícia Universidade Católica, São Paulo, 1998; e IAMAMOTO, Marilda Villela. *Renovação e conservadorismo no Serviço Social*: ensaios críticos. 3. ed. São Paulo: Cortez, 2013.

12. Uma ampla discussão dessas polêmicas encontra-se na revista *Temporalis*, ano 1, n. 2, jul./dez. 2000.

indissociáveis, que se traduzem em núcleos de fundamentação, constitutivos da formação profissional" [...]: "núcleo de fundamentos teórico-metodológicos da vida social; núcleo de fundamentos da formação sócio-histórica da sociedade brasileira; núcleo de fundamentos do trabalho profissional" (idem, ibidem, loc. cit.).

Esta proposta curricular, por força da Lei de Diretrizes e Bases da Educação Nacional (LDB n. 9.394, de 20 de dezembro de 1996) e sob a lógica da flexibilização econômica na base da reforma da educação, foi enquadrada no formato de diretrizes. No enquadramento feito pela ABEPSS, a preocupação foi manter a essencialidade da proposta curricular quanto à direção social, aos princípios fundamentais, à lógica curricular e aos conteúdos organizados nos três grandes núcleos de fundamentação, como condição para uma formação que garanta competência teórica, técnica e ética no exercício profissional no âmbito da prestação direta de serviços sociais e da ação educativa, formativa e organizativa junto aos sujeitos atendidos. Todavia, no processo de aprovação pelo Conselho Nacional de Educação (CNE) em 2001, as Diretrizes foram desconfiguradas em seu conteúdo; diferentemente da proposta original, tende a reducionismos teórico-metodológicos e desvios ético-políticos.[13]

Esta questão ganha contornos preocupantes quando se aprofundam as estratégias privatistas mercantilistas da formação por competência, isto é, pragmática, flexível e instrumental, desde os governos de Fernando Henrique Cardoso (1994/2002) e intensificada nos governos de Luiz Inácio Lula da Silva (2003/2011) e Dilma Rousseff (2012/2016...),

---

13. Nesse quadro de tensões, com o propósito de avaliar a implementação das diretrizes curriculares, a ABEPSS realizou uma pesquisa de 2005 a 2007, envolvendo 105 unidades de ensino que aceitaram participar dela, que privilegiou: a) a identificação do perfil das unidades de ensino; b) as tendências quanto à concepção e às formas de organização do conteúdo dos componentes curriculares, em relação a cinco eixos: Fundamentos Históricos e Teórico-Metodológicos do Serviço Social, Questão Social, Trabalho e Serviço Social, Pesquisa e a Prática na Formação Profissional; c) a identificação das principais dificuldades e desafios. O processo da pesquisa significou um momento forte de mobilização e debates com a reafirmação da direção estratégica da formação, no quadro adverso da privatização e precarização do ensino superior na sociedade brasileira.

via PROUNI, REUNI, FIES, entre outras estratégias, que rebaixam a qualidade do ensino, aprofundam a precarização das relações de trabalho e impulsionam a proliferação do ensino de graduação em instituições de ensino privadas e do ensino a distância (EaD) em todas as instâncias da formação (graduação e pós-graduação), embora essa modalidade de ensino seja intensamente incentivada nas instituições de ensino públicas, assim como a lógica privatista mercantilista passe a reger as práticas acadêmicas de ensino, pesquisa e extensão.

Há, assim, o predomínio da formação instrumental voltada para satisfazer interesses práticos imediatos e a perpetuar as desigualdades sociais, em detrimento da formação humanista crítica e ético-política, como acentuou Gramsci, nos anos 1930, em sua análise sobre a crise da escola oligárquica italiana:

> [...] verifica-se um processo de progressiva degenerescência: as escolas do tipo profissional, isto é, preocupadas em satisfazer interesses práticos imediatos, predominam sobre a escola formativa, imediatamente desinteressada. O aspecto mais paradoxal reside em que este novo tipo de escola aparece e é louvável como democrático, quando, na realidade, não só é destinado a perpetuar as diferenças sociais, como ainda a cristalizá-la [...] (Gramsci, 2000, p. 49).

Atualmente, de acordo com análise de Lima (2014), com base em dados oficiais do Ministério da Educação (MEC) referentes ao Censo da Educação Superior/2012 sobre as instituições de ensino superior (IES) no Brasil, tem-se um total de 320 IES, das quais 61 são públicas enquanto 259 são privadas. Nessas instituições, os cursos de Serviço Social totalizam 394 e estão assim distribuídos: 73 em instituições públicas e 321 em privadas; isso significa que "81% dos cursos de Serviço Social são oferecidos por instituições privadas [...]" (idem, ibidem, p. 193), mesmo considerando o fato de algumas instituições oferecerem mais de um curso, esta relação não é alterada, segundo a referida análise.

Seguindo esta primeira demarcação, outra questão chama muita atenção na análise de Lima: o fato de que dos 394 cursos de Serviço

Social, "376 são do ensino presencial: 40 federais, 16 estaduais, 16 municipais e 304 [em instituições] privadas; outros 18 são do ensino a distância: 1 curso oferecido por instituição pública estadual e 17 privadas" (idem, ibidem, p. 193). Entretanto, com base na mesma análise, esta relação inverte-se consideravelmente quando são comparados os números de matriculados nas duas modalidades de ensino. Os 95% dos cursos do tipo presencial respondem por 75.551 matrículas, ou seja, 44%, enquanto 97.428 matriculados correspondentes a 56% estão nos cursos a distância; dessas matrículas, 81.271 são ofertadas por instituições privadas, a instituição pública responde por 16.157 matriculados.

Neste quadro, as condições são propícias para o distanciamento da direção das diretrizes curriculares de 1996, tendo sido desconfiguradas na versão aprovada pelo CNE em 2001, sobretudo quanto à eliminação de conteúdos e princípios, portanto empobrecidas em relação à direção social na perspectiva da emancipação fundada no pensamento crítico marxista. Há ainda o agravante de apenas 25% dos cursos presenciais serem hoje filiados a ABEPSS, ou seja, uma pequena parcela dos cursos existentes estaria comprometida com a construção coletiva da formação coordenada por esta entidade.

Ao mesmo tempo, a priorização da produção — conhecimento vinculado às necessidades do desenvolvimento industrial — concentra recursos para a expansão das chamadas ciências "duras", isto é, as ciências exatas e da terra, as Engenharias, as Ciências da Computação, as Agrárias e as Biológicas, enquanto são secundarizadas as ciências sociais e humanas, nas quais se inclui o Serviço Social.

Assim, as questões e as polêmicas que atravessam o debate sobre as diretrizes curriculares, sem ainda o adensamento necessário das bases de sustentação e de confrontações histórico-políticas, como foi dito, são aprofundadas no contexto minimamente assinalado das condições socioinstitucionais da formação profissional no âmbito da universidade brasileira, reestruturada pelas estratégias privatistas mercantilistas e pelo avanço do pensamento conservador no Serviço Social. Ao mesmo tempo, esse processo é diretamente implicado pelas atuais condições da intervenção profissional mediadas pelo mercado de trabalho centrado na assistência — principal estratégia de enfrentamento da questão social e de controle da probreza — imposta pela política econômica sob a ideologia neoliberal, que tende à "redução do Serviço Social à 'profissão da assistência' [...]" e "configura uma enorme regressão" (Netto, 2007, p. 38) em relação à perspectiva emancipatória na profissão e do projeto pedagógico de formação profissional sintetizado nas diretrizes curriculares de 1996.

O enfraquecimento das lutas pela emancipação aprofunda-se no quadro mundial de expansão da pauperização da classe trabalhadora empregada e desempregada, acompanhada do descrédito de suas formas históricas de organização e luta, como o sindicato e o partido. No caso específico do Brasil, esses processos se complexificam pela condição de extrema pobreza e do desemprego estrutural em que se encontram grandes parcelas das classes subalternas, e colocam a classe em sua totalidade em uma situação de "profunda contradição entre a necessidade histórica de organização na perspectiva da emancipação e, ao mesmo tempo, e imediatamente, a necessidade e a dependência de políticas assistenciais míseras" (Lopes, 2009, p. 26). Políticas que tendem a reatualizar o assistencialismo e favorecem o individualismo e a despolitização no enfrentamento da questão social.

O fortalecimento da assistência tem favorecido seu fetiche (Mota, 2008) na intervenção e no debate intelectual da profissão, e constitui um dos eixos problemáticos mais importantes "para se confrontar o projeto ético-político profissional do Serviço Social, pautado pela perspectiva de emancipação humana e ação prática cotidiana dos assistentes sociais no mercado de trabalho" com implicações

> [...] em todas as dimensões da profissão, particularmente a formação, sobretudo, através dos estágios; penetra na subjetividade dos profissionais e dos estudantes de Serviço Social em processo que incide profundamente na cultura profissional, orientada, na prática, pela despolitização da questão da pobreza e da desigualdade (Lopes, 2009, p. 25).

Considerações finais

As questões e os desafios da formação e produção de conhecimento crítico definem-se e são enfrentados no quadro contraditório em que se confrontam as estratégias de flexibilização da educação superior e da pesquisa para o mercado e as lutas de resistência e defesa de uma educação emancipatória, que recolocam a necessidade para a ABEPSS do repensar e da busca de novas estratégias coletivas de resistência e defesa do projeto pedagógico crítico, sintetizado nas Diretrizes curriculares de 1996.

Assim, o fortalecimento do pensamento crítico, marxista, orientador da organização e da luta da classe trabalhadora, na perspectiva da emancipação humana, e o fortalecimento da organização política dos assistentes sociais nas contradições e desafios da organização e luta do conjunto da classe trabalhadora constituem os eixos principais da construção da resistência na sustentação do novo projeto ético-político profissional na perspectiva da emancipação humana, no âmbito do avanço do conservadorismo na sociedade e na profissão.

Como discutido, o avanço do conservadorismo e do movimento contrarrevolucionário no país ameaça fortemente, "a conquista da força e hegemonia do pensamento crítico, marxista, orientador da inserção profissional na luta pela emancipação das classes subalternas e da humanidade" (Lopes, 2016, p. 14), sobretudo quando essas lutas perdem força, como analisa Oliveira (2003), ao destacar que a classe trabalhadora

> [...] já não tem mais "força" social, erodida pela reestruturação produtiva e pelo trabalho abstrato-virtual, e "força" política, posto que dificilmente tais mudanças na base técnico-material da produção deixariam de repercutir na formação da classe.

Em meio à força desmobilizadora do capitalismo neoliberal que fragmenta a classe trabalhadora em seu conjunto, ela fragmenta também a luta social e dispersa as suas formas de resistência. Eclodem manifestações de massa que marcam os protestos neste século: os movimentos de "ocupação" nos Estados Unidos, os "indignados" na Espanha, as "jornadas de junho", em 2013, no Brasil, e muitos outros movimentos de protestos em países da África, do Oriente Médio e da América Latina. Embora enfraquecidas em sua estrutura organizativa e no que diz respeito ao cunho classista e anticapitalista, de um modo geral, confrontam a austeridade econômica dos governos, o lucro, o desemprego, a exploração, a retirada de direitos, as concepções xenofóbicas e racistas etc.; e, em suas singularidades, denunciam os limites estruturais desse sistema colidentes com os limites da própria existência humana, além de serem indicativas da potencialidade histórica dessa classe na luta por mudanças estruturais e políticas profundas, na perspectiva da emancipação humana.

Reafirma-se que o fortalecimento da organização política dos assistentes sociais como uma necessidade da resistência e sustentação do projeto ético-político profissional tem as atuais entidades organizativas dos assistentes sociais e dos estudantes de Serviço Social como referências, e confronta as forças do retrocesso, no movimento das transformações econômica e político-ideológica na atualidade, que incidem na profissão e requisitam o adensamento teórico e histórico-político a no enfrentamento das polêmicas que atravessam o processo de construção do novo projeto ético-político profissional. Dentre elas, destaca-se a polêmica pertinente à função do Serviço Social em relação à perspectiva emancipatória que, embora tenha se colocado no processo de revisão curricular desde os anos 1990, o debate não avançou, como acontece com muitas outras polêmicas apontadas neste trabalho. Essa discussão impõe-se considerando, que cresce como tendência o envolvimento da categoria profissional na luta por direitos, com centralidade na luta pelo direito à assistência (Abreu e Lopes, 2007), o que pode obstruir a participação dos assistentes sociais na luta fundamental na sociedade capitalista que é o direito ao trabalho. Embora, como acentua Marx (1989), o direito ao trabalho seja,

[...] no sentido burguês, um contrassenso, um desejo mísero, piedoso, mas por trás do direito ao trabalho está o poder sobre o capital, e por trás do poder sobre o capital, a apropriação dos meios de produção, sua subordinação à classe operária, associada, portanto, à superação dialética do trabalho assalariado, do capital e de suas correlações (Marx, 1989, p. 260).

Desse modo, o direito ao trabalho contraditoriamente está na base das lutas emancipatórias que, na análise marxiana, situam-se em dois planos distintos: em relação à conquista da emancipação política e à conquista da emancipação humana. A emancipação política no limite da conquista dos direitos representa, na crítica marxiana, um grande progresso, "não chega a ser a forma definitiva da emancipação humana em geral, mas constitui a forma definitiva da emancipação humana dentro da ordem mundial vigente até aqui" (Marx, 2010, p. 41); corresponde à última forma da emancipação no marco histórico da democracia burguesa, cuja expressão mais avançada revelou-se no padrão societário do Estado de Bem-Estar, sustentado no fordismo/keynesianismo, no pós-Segunda Guerra Mundial, durante os chamados 30 anos "gloriosos" (1945/1975), quando se esgotam as condições históricas de sustentação desse padrão. Segundo Marx (2010, p. 54; grifo do autor), a emancipação política é "a redução do homem, por um lado, a membro da sociedade burguesa, a indivíduo egoísta independente; por outro lado, a *cidadão*, pessoa moral". Nessa condição, a classe trabalhadora em seu processo de organização e luta contraposta à ordem do capital pode constituir força social e política e almejar a emancipação humana, como projeto de superação das condições materiais e subjetivas da ordem do capital e instauração da uma nova ordem societária, na qual será consumada a emancipação humana.

Mas a emancipação humana só estará plenamente realizada quando o homem real tiver recuperado para si o cidadão abstrato e se tornado *ente genérico* na qualidade de homem individual na sua vida empírica, no seu trabalho individual, nas suas relações individuais, quando o homem tiver reconhecido e organizado suas *"forces propres"* [forças próprias] como forças *sociais* e, em consequência, não mais separar de si mesmo a força social na forma da força *política* (Marx, 2010, p. 54; grifos do autor).

Tais perspectivas apontam tendências do projeto ético-político profissional (Abreu, 2002) que refletem processos concretos em curso na sociedade, traduzindo compromissos e horizontes diferenciados da função pedagógica do Serviço Social no movimento histórico. Uma tendência demarca os compromissos profissionais com as lutas das classes subalternas no âmbito da defesa dos direitos civis, sociais e políticos, da democracia e justiça social, atualmente, como dito, centradas na luta pelo direito à assistência, tardiamente no horizonte a experiência do chamado Estado de Bem-Estar e, muitas vezes, apresentada como o fim último da intervenção profissional. Outra tendência afirma o compromisso profissional com o fortalecimento das lutas das classes subalternas na perspectiva da superação da ordem burguesa e construção de uma nova sociedade e conquista da emancipação humana, que para alguns intelectuais significa o superdimensionamento da função histórica da profissão na sociedade.

Portanto, este é um eixo central polêmico no âmbito do projeto ético-político profissional, a ser aprofundado a partir do pensamento crítico marxista, como necessidade da construção da resistência na sustentação desse projeto no enfrentamento do avanço do conservadorismo na sociedade e na profissão.

REFERÊNCIAS BIBLIOGRÁFICAS

ABRAMIDES, Maria Beatriz C.; CABRAL, M. do Socorro. *O novo sindicalismo e o Serviço Social*. São Paulo: Cortez, 1995.

ABREU, Marina Maciel. *Serviço Social e a organização da cultura*: perfis pedagógicos da prática profissional. São Paulo: Cortez, 2002.

_____. *A cultura profissional da assistência e do direito no Serviço Social brasileiro*: fundamentos e perspectivas em relação ao projeto da emancipação humana. Minicurso ministrado na VII Jornada Internacional de Políticas Públicas. UFMA: São Luís, 2015.

_____; LOPES, Josefa Batista. Formação profissional e diretrizes curriculares. *Inscrita*, Brasília: CFESS, n. 10, 2007.

ANTUNES, Ricardo. *Adeus ao trabalho?* Ensaio sobre as metamorfoses e a centralidade do mundo do trabalho. São Paulo/Campinas: Cortez/Ed. da Unicamp, 1995.

ASSOCIAÇÃO BRASILEIRA DE ENSINO DE SERVIÇO SOCIAL. Centro de Documentação e Pesquisa em Política Social e Serviço Social (ABESS/CEDEPSS). Diretrizes gerais para o curso de Serviço Social. *Cadernos ABESS*, São Paulo: Cortez, n. 7, 1997.

_____. A metodologia no Serviço Social. *Cadernos ABESS*, São Paulo: Cortez, n. 3, 1995 (1. reimpr.).

ASSOCIAÇÃO BRASILEIRA DE ENSINO E PESQUISA EM SERVIÇO SOCIAL (ABEPSS). *Estatuto da Associação Brasileira de Ensino e Pesquisa em Serviço Social*. Aprovado na Assembleia Geral realizada em São Luís/MA, 5 dez. 2008.

_____. *Boletim especial sobre os resultados do ENADE*. ABEPSS, maio 2005.

_____. *A ABEPSS e o fortalecimento da pesquisa na área de Serviço Social*: a estratégia dos Grupos Temáticos de Pesquisa (GTP). Brasília: ABEPSS, 2009.

BRASIL. Lei n. 9.394, de 20 de dezembro de 1996 (Lei de Diretrizes e Bases da Educação Nacional — LDB). Dispõe sobre a Lei de Diretrizes e Bases da Educação Nacional. In: CONSELHO REGIONAL DE SERVIÇO SOCIAL. *Coletânea de leis e resoluções*. Rio de Janeiro, 2001.

_____. SESu/MEC. *Comissão de Especialistas*. Diretrizes Curriculares. Curso: Serviço Social. Brasília, 1999.

BRITTES, Cristina Maria; BARROCO, Maria Lúcia Silva. A centralidade da ética na formação profissional. *Temporalis*, Brasília: ABEPSS, ano I, n. 2, p. 19-33, 2000.

CARDOSO, Franci Gomes. As novas diretrizes curriculares para a formação profissional do assistente social: principais polêmicas e desafios. *Temporalis*, Brasília: ABEPSS, ano I, n. 2, p. 7-17, 2000.

_____; LOPES, Josefa Batista. O trabalho dos assistentes sociais nas organizações da classe trabalhadora. In: CONSELHO FEDERAL DE SERVIÇO SOCIAL/ASSOCIAÇÃO BRASILEIRA DE ENSINO E PESQUISA EM SERVIÇO SOCIAL. *Serviço social*: direitos sociais e competências profissionais. Brasília: CFESS/ABEPSS, 2009.

CARVALHO, Alba Maria P. de; BONETTI, Dilséa Adeodata; IAMAMOTO, Marilda Villela. Projeto de investigação: a formação profissional do assistente social no Brasil: determinantes históricos e perspectivas. *Serviço Social & Sociedade*, São Paulo: Cortez, ano V, n. 14, p. 104-43, 1984.

CENTRO BRASILEIRO DE COOPERAÇÃO E INTERCÂMBIO DE SERVIÇOS SOCIAIS. (CBCISS). Documento de Araxá. *Debates Sociais*, 2. ed. Rio de Janeiro: CBCISS, ano 3, n. 2, 1967.

CONSELHO FEDERAL DE SERVIÇO SOCIAL. Código de Ética Profissional de 13 de março de 1993. In: _____, 2ª Região. *Coletânea de Leis*. São Luís, 2002.

FALEIROS, Vicente de Paula. Aonde nos levam as diretrizes curriculares? *Temporalis*, Brasília: ABEPSS, ano I, n. 2, p. 163-82, 2000.

GENTILLI, Raquel. Desafios da prática ao novo currículo de Serviço Social. *Temporalis*, Brasília: ABEPSS, ano I, n. 2, p. 133-52, 2000.

GRAMSCI, Antonio. *Cadernos do cárcere*. Rio de Janeiro: Civilização Brasileira, 2000. v. 2.

GRUPO DE ESTUDOS DEBATE E PESQUISA EM SERVIÇO SOCIAL E MOVIMENTO SOCIAL (GSERMS). *Transformações contemporâneas e sistema de controle social nas relações campo e cidade*: trabalho, luta social e prática do Serviço Social no Maranhão (Projeto de Pesquisa). São Luís: Ed. da UFMA, 2010.

GUERRA, Yolanda. Ensino da prática profissional no Serviço Social: subsídios para o debate. *Temporalis*, Brasília: ABEPSS, ano I, n. 2, p. 153-61, 2000.

IAMAMOTO, Marilda Villela. *Renovação e conservadorismo no Serviço Social*: ensaios críticos. 13. ed. São Paulo: Cortez, 2013.

_____. *Serviço Social na contemporaneidade*. São Paulo: Cortez, 1998.

LESSA, Sérgio. Serviço Social e trabalho: do que se trata? *Temporalis*, Brasília: ABEPSS, ano I, n. 2, p. 35-58, 2000.

LIMA, Cristiana Costa. *A formação profissional em Serviço Social nos países amazônicos da América Latina sob o neoliberalismo*: tendências no movimento de expansão e privatização do ensino superior no Brasil e na Colômbia. Tese (Doutorado em Políticas Públicas) — Programa de Pós-graduação em Políticas Públicas, Universidade Federal do Maranhão, São Luís, 2014.

LOPES, Josefa Batista. *50 anos do movimento de reconceituação do Serviço Social na América Latina*: da crítica ao Serviço Social tradicional à construção de uma alternativa crítica. São Luís: Ed. da UFMA, 2016.

_____. *O Serviço Social na América Latina*: nas malhas da modernização conservadora e do projeto alternativo de sociedade. Tese (Doutorado em Serviço Social) — Pontifícia Universidade Católica, São Paulo, 1998.

_____. Os desafios, 30 anos depois. *Inscrita*, Brasília: CFESS, n. 12, 2009.

MARX, Karl. *Sobre a questão judaica*. São Paulo: Boitempo, 2010.

MÉSZÁROS, István. *Para além do capital*. São Paulo: Boitempo, 2002.

MOTA, Ana Elizabete. O fetiche da assistência social (apresentação). In: _____ (Org.). *O mito da assistência social*: ensaios sobre Estado, política e sociedade. São Paulo: Cortez, 2008.

NETTO, José Paulo. *Ditadura e Serviço Social*: uma análise do Serviço Social no Brasil pós-64. 14. ed. São Paulo: Cortez, 2011.

_____. Das ameaças à crise. *Inscrita*, Brasília: CFESS, n. 10, p. 37-40, 2007.

OLIVEIRA, Francisco de. *Crítica à razão dualista*. O ornitorrinco. São Paulo: Boitempo, 2003.

PEREIRA, Raimunda Barbosa Costa Silva. Proposta curricular do curso de Serviço Social da Universidade Federal do Maranhão. *Serviço Social & Sociedade*, São Paulo: Cortez, ano V, n. 14, p. 16-28, 1984.

RAMOS, Maria Helena Rauta; GOMES, Maria de Fátima Cabral Marques. Trabalho produtivo e trabalho improdutivo: uma contribuição para pensar a natureza do Serviço Social enquanto prática profissional. *Temporalis*, Brasília: ABEPSS, ano I, n. 2, p. 59-94, 2000.

SANTOS, Josiane Soares. *Neoconservadorismo pós-moderno e Serviço Social brasileiro*. São Paulo: Cortez, 2007.

TARDIN CASSAB, Maria Aparecida. Indicações para uma agenda de debates sobre o ensino da prática a partir do novo currículo. *Temporalis*, Brasília: ABEPSS, ano I, n. 2, p. 121-32, 2000.

Capítulo 10

Do conhecimento teórico sobre a realidade social ao exercício profissional do assistente social:
desafios na atualidade

Cláudia Mônica dos Santos

Neste ano de 2016, o Serviço Social brasileiro completa 80 anos. Com certeza, já não é mais o mesmo no que diz respeito aos referenciais teóricos, éticos e políticos que lhe dão sustentação. Convivemos hoje com diferentes e divergentes tendências e orientações teóricas, políticas e éticas que expressam projetos[1] de profissão[2] distintos que

---

1. É com base na concepção de Projeto de Lukács que tratamos aqui desta questão: este considera por projeto a capacidade, própria do homem, de antecipar finalidades e objetivos. Ou seja, diz respeito a uma característica essencial do ser social que é a de agir teleologicamente — por finalidades —, isto é, de agir objetivando a realização de determinados fins e interesses (mesmo que não tenha consciência disso).

2. O Serviço Social é uma profissão constituída e constituinte de projetos construídos historicamente pelo conjunto da categoria profissional. Desses projetos fazem parte, segundo Netto (1999), os valores, os objetivos, as funções e os requisitos teóricos, institucionais e práticos, para

fazem parte de sua herança cultural e intelectual e expressam diversos projetos societários. Estes, muitas vezes, se conflitam e disputam a hegemonia na profissão.

No contexto dessas disputas, um desafio significativo diz respeito à relação teoria/prática e como essa relação vem sendo apreendida pela categoria. Os desafios dessa relação manifestam-se na reincidente afirmativa na categoria de que "na prática a teoria é outra",[3] em uma nítida convicção de que "uma teoria se encaixa na prática" e, no seu extremo, de que "somente a experiência profissional oferece, por si só, os conhecimentos necessários para uma intervenção com qualidade" (Santos, 2006, 2010; Forti e Guerra, 2009). Igualmente, tais desafios se expressam na queixa de que a formação profissional não habilita para ação, uma vez que não apresenta modelos de intervenção nem oferece os instrumentais técnico-operativos adequados à ação profissional.

Segundo Guerra (2007), o projeto profissional é o elemento de unidade entre teoria e prática. O "pôr finalidades" — próprio de um projeto — requer a busca por sua efetivação, sendo que o resultado final nunca é igual ao resultado ideal. Melhor dizendo, a finalidade real é sempre aproximativa da finalidade ideal. A efetivação do projeto, ou seja, a transformação da finalidade ideal em finalidade real, só se efetiva por meio de mediações que estão no âmbito das dimensões teórico-metodológica, ético-política e técnico-operativa.

Problematizar a relação "teoria/prática", "conhecimento da realidade/prática profissional", e como ela se expressa hoje na profissão de Serviço Social como desafio é o objetivo deste capítulo. Partimos do pressuposto de que as afirmativas da categoria de que na "prática a teoria é outra" e de que "a formação profissional não habilita para a

---

o exercício da profissão, bem como as normas para o comportamento tanto com os usuários que buscam seus serviços, quanto com demais profissões e instituições. Dessa forma, tais projetos determinam as respostas dadas pela categoria às demandas da população usuária e requerem um determinado perfil de profissional.

3. Sabemos que essa não é uma prerrogativa apenas do Serviço Social brasileiro, tampouco apenas dessa profissão. Em nossa recente estadia em Portugal, por ocasião do processo de pós--doutoramento, como bolsista Capes, ouvimos também a afirmativa, por parte da categoria profissional: "na prática a teoria é outra".

ação" referem-se à não apreensão das mediações entre os conhecimentos teóricos sobre a realidade social e a intervenção profissional. Dizem respeito à dificuldade de relacionar o conhecimento teórico como referencial analítico.

Para darmos conta da tarefa, dividimos o texto em duas partes. A primeira — subdividida em um subitem — resgata e sintetiza nossa concepção de teoria e prática, focando na relação conhecimento de realidade e prática profissional; e o subitem traz, de forma breve, como essa relação perpassa a historiografia da profissão. A segunda parte traz como essa questão se apresenta como desafio no cotidiano da intervenção profissional na atualidade.

Relação teoria/prática e relação conhecimento da realidade/prática profissional no Serviço Social

Na visão marxista, conhecer é extrair da realidade seus elementos constitutivos, é reproduzir mentalmente o movimento do real, com o objetivo de transformar essa realidade, ou melhor, conhecer para atingir algo. É compreender o real, no sentido de "apreender a lógica específica do objeto específico" (Lukács, 2010, p. 77).

Nessa direção, a função da teoria, em seu sentido amplo, é a reprodução ideal do movimento real do objeto a ser conhecido (Marx, 1984). Destacamos nessa concepção o prefixo *re*: reprodução, porque a teoria não produz (embora até possa e deva contribuir para produzir). A teoria quer conhecer, pelo pensamento, o que está produzido, ou seja, conhecer a prática social para poder modificar essa produção (material, social, espiritual). A teoria oferece, assim, a interpretação do real. Transformar esse real está no âmbito da prática social e requer outras mediações. Conhecer o real, interpretá-lo, é condição para transformá-lo, mas somente conhecer não basta, apesar de imprescindível.

Portanto, uma teoria não "se aplica" à prática nem se extrai da prática uma teoria diretamente, uma vez que a prática oferece insumos para a teoria, mas não de forma direta. Contudo, há uma relação intrínseca entre ambas que é de "unidade na diversidade", no sentido de que a teoria quer conhecer a prática social, a prática social "é o lugar onde a teoria se põe" (Santos, 2010), ao mesmo tempo que só podemos apreender essa prática — uma vez que sua essência não é visível, de imediato, aos olhos — se nos apossarmos de uma teoria que nos fundamente, ou seja, se tivermos um olhar teórico sobre ela.

Trazendo essa reflexão para a relação prática profissional e os conhecimentos necessários à formação profissional, podemos afirmar que, também, essa passagem não é direta, ela é um processo que necessita das definições dos fins, que envolve um plano ético e político, e da escolha dos meios, o que abrange, também, um processo de valoração e um encaminhamento técnico-operativo. Ou seja, ela requer uma finalidade, a qual tenha condições de se efetivar. Para que a finalidade se torne ato é preciso a busca, a criação ou modificação de meios. A busca de meios para realizar uma finalidade faz com que se busquem alternativas possíveis postas na realidade.

Esse processo implica conhecimento, mesmo que superficial, dos objetos de que se dispõe, dos meios e das alternativas possíveis. Escolher entre alternativas acarreta *avaliar, imputar um processo valorativo*.

O momento da escolha dos meios é o responsável pela operacionalização da ação. De posse dos meios adequados à ação, esses meios precisam ser aplicados, o que acrescenta outra dimensão, a técnico-operativa. Buscar e escolher os meios para efetivação da finalidade implicam conhecer recursos disponíveis que contribuam para a efetivação da ação e procurar as habilidades necessárias ao trato desses recursos, ou seja, conhecer e dominar, tecnicamente, os instrumentos da ação.

Sabemos que a ação competente — no sentido de dar respostas adequadas às necessidades da população que busca por serviços sociais, indo além das demandas aparentes — exige uma análise concreta da realidade e o conhecimento do significado social da profissão. Somente o conhecimento teórico nos oferece essa compreensão, nos possibilitando planejar, avaliar, criar estratégias e escolher os instrumentos necessários para uma ação profissional que dê respostas adequadas, levando em consideração o momento conjuntural e expectativas das pessoas.

Outra mediação no processo de passagem da finalidade ideal à efetividade são as condições subjetivas do trabalho. Os profissionais possuem características singulares que expressam sua herança cultural, bagagem teórica e técnica, valores e concepções de mundo. Podemos afirmar, portanto, que o indivíduo age pautado, também, por sua posição política estratégica e por sua avaliação valorativa, o que implica imprimir valor a coisas e processos.

Para Lukács (2010, p. 95), "em cada pôr teleológico está contida uma valoração". Essa valoração implica, necessariamente, uma posição valorativa e uma valoração subjetiva, que se remete a como o sujeito deve agir de acordo com os diferentes valores postos na sociedade. Essas decisões singulares são apenas, imediatamente, singulares, pois só na aparência são decisões isoladas, ainda que os sujeitos tenham de tomar decisões em vários momentos distintos de sua vida e essas decisões digam respeito a eles, formando o caráter, a personalidade do ser humano individualmente. Nas palavras de Lukács:

> Todavia, como sempre na vida social, um fenômeno tão importante da vida cotidiana nunca se limita em si mesmo. Uma série ininterrupta de mediações conduz daqui às mais importantes decisões que podem ser tomadas na vida humana. Com isso podem ocorrer conhecimentos e valorações que, do ponto de vista da história da sociedade, vão além da imediatidade da vida cotidiana e aparentemente não podem, ou dificilmente podem, ser relacionados com ela (idem, ibidem, p. 96).

Em outras palavras, nas decisões entre alternativas há uma relação intrínseca entre a "sociedade em seu conjunto e o homem singular" (Santos, 2006, 2010). A individualidade do ser humano, para esse autor, é resultado do seu processo de socialização, faz parte de seu desenvolvimento social e, portanto, não é inerente a ele. Para Lukács, os atos de pôr valor, de valoração, de [pôr uma] continuidade e descontinuidade do valor não determinam a personalidade humana como dado ontológico nem são força antagônica à generalidade socialmente construída, uma vez que a formação da personalidade — dos modos de reação à realidade — não é somente de caráter pessoal subjetivo. Nas palavras do autor:

> Precisamente no plano dos valores, a contraposição ao caso, a resistência da personalidade, só pode prevalecer ou falhar na relação recíproca com os outros homens, com o meio social. Uma decisão solitária que permanece no eu não apenas não tem nenhuma realidade social como nenhuma realidade pessoal (Lukács, 2010, p. 106).

Os profissionais agem pautados por valores e ideologias que orientam a busca de um referencial teórico, ou seja, não é a teoria, *a priori*, que direciona os valores, mas os valores, a cultura, a ideologia que influenciam o profissional na opção por determinada teoria. O que não significa que a teoria não possibilite, também, *a posteriori, a tomada de consciência desses valores e o questionamento sobre eles*, haja vista que a relação teoria-prática não é uma via de mão única. A prática é fundamento da teoria, mas esta também pode ser fundamento daquela. Conforme Lukács, explicitando o processo de dupla processualidade da generidade humana:

> Ciência, arte, filosofia constituem seus momentos que põem e destroem valores, não menos do que as ações dos seres humanos em sentido estrito. Assim, quanto mais tal momento se torna passado tanto mais isso se verifica. Grande parte das ações reais cai no esquecimento e apenas aquelas cuja essência, sentido, valor etc. permanecem elevados à consciência, como momento de uma etapa do desenvolvimento da generidade, formam um material para as valorações posteriores. Pode-se dizer: a ideologia essencial que foi e é produzida pela sociedade (idem, ibidem, p. 105).

É o mesmo que dizer que a escolha por determinada orientação teórica está intimamente ligada aos valores do profissional, entretanto, um rigor teórico contribui para que o profissional repense seus valores. De outra forma, sabemos que o momento predominante na transformação da realidade cabe à realidade objetiva, ao campo de possibilidade que a realidade objetiva coloca, ou seja, nas condições da própria realidade.

As ponderações realizadas até aqui nos fazem retomar as afirmativas da categoria. O anseio por um bom domínio dos instrumentais técnico-operativos é extremamente necessário e legítimo, entretanto, consideramos que essa questão está no âmbito do conhecimento do tipo procedimental. Determo-nos nesse tipo de conhecimento é indispensável para uma ação competente, mas é preciso incluir o domínio, também, do âmbito da teoria, da política, dos valores, das condições objetivas e subjetivas do trabalho e da escolha dos meios e instrumentos trabalhistas.

O domínio no manuseio do instrumental operativo requer não só habilidades operacionais, mas igualmente entendimento do conteúdo a ser tratado com a população, que implica a tomada de consciência de seu compromisso político e valores que subjazem às respostas dos profissionais, se não se quer uma prática, apenas, rotineira e reiterativa.

Quero afirmar com isso que uma prática profissional requer diferentes tipos de conhecimentos — teórico, filosófico, artístico, procedimental etc. — e condições que pertencem às diferentes dimensões da profissão: teórico-metodológica, ético-política e técnico-operativa. Esses âmbitos se articulam e se complementam, formam uma unidade, apesar de diferentes, e precisam ser cuidados na formação profissional.

Os diferentes projetos de profissão constitutivos de nossa historiografia comportam diversas vertentes teóricas e filosóficas que imputam a essas dimensões concepções, valores e graus de importância distintos e que são importantes sumarizarmos aqui, haja vista que são projetos que convivem até hoje e determinam um campo de disputa no Serviço Social.

A RELAÇÃO CONHECIMENTO TEÓRICO/PRÁTICA PROFISSIONAL NA HISTORIOGRAFIA DA PROFISSÃO: UMA BREVE APRESENTAÇÃO

Do período que marca a criação da primeira escola de Serviço Social no Brasil em 1936, aproximadamente, à década de 1960, há, tanto na formação quanto no exercício profissional uma ênfase na chamada "prática profissional", em que a dimensão técnico-operativa da profissão é tratada de forma isolada e estanque da dimensão teórico-política e reduzida a um de seus elementos: os instrumentos e técnicas da profissão. Estes são concebidos como "neutros", ou seja, acredita-se que um bom manuseio dos instrumentos requisita apenas habilidades técnicas. Essa concepção revela uma não consciência das dimensões teórica e ético-política que se expressam na dimensão técnico-operativa da profissão, fragmentando-a e empobrecendo-a, transformando o profissional, apenas, em um agente que "obedece a ordens" e/ou "segue as diretrizes da agência empregadora".

Convém lembrar que na origem do Serviço Social no Brasil a influência católica exaltava o "bom uso de instrumentos e técnicas" como questão primordial a uma intervenção competente, entretanto, essa técnica deveria garantir o ideário cristão, sustentado na doutrina social da Igreja.

Em meados da década de 1940 e década de 1950, em uma conjuntura econômica e política de pós-Segunda Guerra Mundial e política "desenvolvimentista",[4] respectivamente, temos a influência norte-americana no Serviço Social brasileiro, trazendo para a formação e exercício profissional um substrato positivista durkheimiano.[5] O Serviço Social passa a conviver com esse aporte científico positivista e incorpora os "métodos" de trabalho com grupos e comunidades. Em fins da década de 1940, o Serviço Social já se apossava de um caráter

---

4. Para maiores detalhes ler, entre outros, Iamamoto e Carvalho (1982); Iamamoto (1992); Netto (1992); Silva e Silva (1995); Amann (1980).

5. Em Netto (1992, p. 39) temos que o "[...] positivismo, que antes de ser uma 'escola' sociológica, é a autoexpressão do ser social burguês".

mais técnico-científico, fortalecendo a concepção de neutralidade e apoliticidade da profissão. Todavia, não mais uma técnica de fundamento moral e cristão, mas a técnica a serviço da ciência, fundamentada na sociologia positivista e funcional/sistêmica. A formação profissional volta-se, então, para essas duas tendências: uma de base doutrinária e outra de base técnico-científica, ambas expressando o conservadorismo no Serviço Social.

Mais precisamente em meados da década de 1960, com o movimento de renovação[6] do Serviço Social, em sua expressão modernizadora, há o fortalecimento técnico da profissão na perspectiva de eficiência/eficácia com o aporte da concepção sistêmica. Esse momento se caracteriza por uma forte atenção para a busca de técnicas adequadas à intervenção, a um aperfeiçoamento técnico e científico, mas, continuando a isolá-la — no pensamento — daquilo que podemos afirmar que é o que lhe dá conteúdo e sustentação: o compromisso político, ético e a direção teórica. A doutrina social da Igreja vai perdendo sua hegemonia, ganhando força as ideias positivistas e de seu desdobramento funcionalista, fortalecendo no Serviço Social uma ênfase nas atividades técnicas de cariz instrumental, indicando o "tecnicismo" do Serviço Social marcado pelo perfil tecnocrático das ciências sociais estadunidenses.

Em contrapartida, outra tendência do movimento de renovação do Serviço Social — que ganha grande expressão após o arrefecimento da ditadura civil-militar no Brasil — é a perspectiva de "intenção de ruptura" que, sustentada em uma leitura marxista, rompe com a hegemonia conservadora no Serviço Social. Entre outras contribuições e

---

6. O movimento de renovação marca o pluralismo teórico-metodológico no Serviço Social, evidenciando-se distintas orientações que travam um debate com a herança intelectual e cultural de cunho conservador. Netto (1991) indica três expressões desse movimento: a "modernização conservadora" e "reatualização do conservadorismo" que buscam respaldo nas correntes sistêmicas (de origem positivista) e na vertente fenomenológica, respectivamente, não rompendo com o universo teórico-metodológico de tradição conservadora. A terceira é a "intenção de ruptura". Esta, apesar de alguns equívocos na apreensão de um referencial teórico marxista, tenta romper com nossa herança cultural e intelectual, trazendo uma leitura da realidade e do Serviço Social fundamentada na Teoria Social de Marx. Para aprofundamento ver a obra citada de Netto.

avanços para a profissão, questiona a ideia de segmentação e fragmentação da dimensão técnico-operativa e o suposto caráter neutro e apolítico do uso de instrumentos e técnicas, chamando a atenção para as dimensões teórica e ético-política inerentes na e da profissão, a despeito de se ter consciência ou não disso.

Nesse momento, entretanto, incorre-se igualmente em outro equívoco, o de considerar que somente um forte suporte teórico e político é suficiente para o "fazer profissional". Esse equívoco alimenta a concepção de que uma "teoria se transmuta de imediato em uma prática profissional" e, ainda, que uma "teoria oferece instrumentos próprios a ela" (Santos, 2006, 2010). Fortalece-se a confusão entre metodologia e procedimentos metodológicos, entre método e teoria e entre teoria e prática social (idem, ibidem).

O receio de um retorno ao "tecnicismo no Serviço Social" gerou, na formação, o seu oposto: a não preocupação com a dimensão técnico-operativa do Serviço Social com uma suposição de que estudantes e profissionais, por si sós, saberiam fazer a mediação entre os conhecimentos teóricos adquiridos na formação e a realidade do mercado de trabalho e da realidade brasileira. Apesar dos grandes avanços adquiridos com essa vertente, de uma postura tecnicista passamos, naquele momento, a uma visão teoricista e politicista da profissão (Iamamoto, 1992, 1998).

Da vertente de intenção de ruptura emerge, em finais da década de 1970, o projeto ético-político da profissão.[7] Esse projeto tenta rom-

---

7. O projeto ético-político da profissão tem por princípios: reconhecimento da liberdade como valor central — a liberdade concebida historicamente, como possibilidade de escolher entre alternativas concretas; defesa do pluralismo, através do respeito às correntes profissionais democráticas existentes e suas expressões teóricas e o compromisso com o constante aprimoramento intelectual; afirmação da defesa dos direitos humanos e a recusa do arbítrio e autoritarismo; o empenho na eliminação de todas as formas de preconceitos; defesa do aprofundamento da democracia; posicionamento em favor da equidade e da justiça social, na perspectiva da universalização do acesso a bens e serviços relativos a programas e políticas sociais; a ampliação e a consolidação da cidadania como condições para a garantia dos direitos civis, políticos e sociais; opção por um projeto profissional vinculado ao processo de construção de uma nova ordem societária, sem dominação, exploração de classe, etnia e gênero; articulação com os movimentos de outras categorias profissionais que partilhem dos princípios deste código e com a luta geral

per com a cultura profissional conservadora, trazendo um novo acúmulo político, ético e teórico de viés mais progressista para a profissão, com aporte na teoria social de Marx.

É somente no interior desse projeto de profissão que a questão da relação teoria/prática, conhecimento teórico/prática profissional, é colocada de forma apropriada. Nos documentos[8] que expressam esse projeto, principalmente nas "Diretrizes Gerais para os Cursos de Serviço Social" (ABESS/CEDEPSS, 1997), a dimensão técnico-operativa aparece em relação de unidade na diversidade com as demais dimensões: teórica e ético-política. Igualmente, o ensino da prática é sustentado como central na formação, entretanto, não a segmentando em ensino prático e teórico, mas chamando a atenção para um ensino teórico-prático. Esse ensino se expressa nos três eixos do currículo: fundamentos da vida social; fundamentos da realidade brasileira; e fundamentos do trabalho profissional, sendo que os dois primeiros eixos devem se voltar para o terceiro e este último tem nos dois primeiros sua base e fundamento (idem, ibidem). Ou seja, é fundamental que o assistente social conheça o ser social e a realidade brasileira para poder intervir com competência nessa realidade e com os sujeitos constitutivos dela.

O adensamento teórico e ético-político verificado nesses últimos 40 anos da profissão — que vem fazendo com que o Serviço Social seja pensado, hoje, como "profissão e área de conhecimento" (Motta,

---

dos trabalhadores; exercício profissional sem ser discriminado, nem discriminar, por questões de inserção de classe social, gênero, etnia, religião, nacionalidade, opção sexual, idade e condição física; defesa da qualidade dos serviços prestados à população.

8. De acordo com Braz e Teixeira (2009), o projeto ético-político se materializa por meio de alguns componentes construídos pelos assistentes sociais, como: a produção de conhecimentos no interior do Serviço Social — que envolve o reconhecimento da teoria social crítica como substrato teórico e político-cultural; as ações das instâncias político-organizativas da categoria; e a dimensão jurídico-política da profissão: a lei que regulamenta a profissão — Lei n. 8.662/1993 —, o Código de Ética de 1993, e as Diretrizes Curriculares para os cursos de Serviço Social aprovadas em 1996, e outras, de maior abrangência, advindas da Constituição Federal de 1988. Esses documentos manifestam a hegemonia desse novo projeto e expressam seus princípios e diretrizes. Para maiores detalhes, consultar referências bibliográficas, entre elas: Netto (1999); Forti e Guerra (2015); Braz e Rodrigues (2012).

2013, p. 10) —, principalmente, com a introdução da tradição marxista como referencial analítico da realidade, vem contribuindo para a compreensão da relação teoria/prática no Serviço Social, trazendo para esse debate as dimensões da prática profissional.

A relação entre teoria e prática, aqui exposta, nos indica que um problema que está na necessidade de tratar dos diferentes tipos de conhecimentos na formação profissional, de suas distintas e convergentes dimensões em sua relação com a realidade do mercado de trabalho e do cotidiano da intervenção profissional se transforma na visão equivocada de "separação entre teoria e prática". Melhor explicando, na dificuldade de relacionar os conhecimentos teóricos adquiridos na formação profissional, não apreendidos ou muitas vezes não obtidos — haja vista a precarização da formação profissional — com as requisições de seu cotidiano na profissão. Em outras palavras, a dificuldade de se fazer a mediação entre o conhecimento sobre a realidade social e os fundamentos do Serviço Social com a intervenção dos profissionais, assim como as dificuldades de ordem objetiva e subjetiva da ação profissional são creditadas a uma suposta separação entre teoria e prática.

A categoria atribui a um "suposto" excesso de conhecimento teórico — mais precisamente da teoria social de Marx —, obtido durante a formação, a razão do "problema", requisitando menos conhecimento teórico e, até mesmo, o aprofundamento de outras vertentes teóricas de análise de realidade, de base mais conservadora, de nosso arcabouço intelectual — mesmo que com novas roupagens.

O campo teórico é de disputa, não é um campo neutro, existem disputas de projetos de profissão e estes, conforme já salientado, têm vínculos com os projetos societários, também em disputa. Temos concepções de profissão, ainda, fundamentadas em correntes teóricas conservadoras que permanecem até hoje, na sociedade e no Serviço Social. Não é somente o conservadorismo de nossas origens católica e positivista, mas também com outras formas de se constituir.

Concordamos com Iamamoto (1998, p. 52) quando afirma que o grande desafio está na "construção de estratégias técnico-operativas para o exercício da profissão, ou seja, preencher o campo de mediações entre as bases teóricas já acumuladas e a operatividade do trabalho profissional".

Nessa direção, no próximo item trazemos alguns desafios postos no cotidiano profissional do assistente social.

TENSÕES E DESAFIOS AO EXERCÍCIO PROFISSIONAL NA ATUALIDADE

Importante ressaltar que um dos grandes avanços do Serviço Social em seus 80 anos de existência — produto do projeto ético-político da profissão, a partir da apreensão da realidade sustentada na teoria social de Marx — foi a constatação de que o Serviço Social é uma profissão inserida na divisão sociotécnica do trabalho e que atua sobre e na realidade. Outro importante avanço foi a constatação de que as expressões da "questão social"[9] são o objeto de seu fazer profissional.

Conceber o Serviço Social como profissão[10] implica considerar o assistente social como trabalhador assalariado e "apreender a chamada 'prática profissional' profundamente condicionada pelas relações entre o Estado e a sociedade civil, ou seja, pelas relações entre as classes na sociedade [...]" (Iamamoto, 1998, p. 22-23), no enfrentamento das diferentes e diversas expressões da questão social.

---

9. Questão social entendida como "conjunto das expressões das desigualdades da sociedade capitalista madura, que têm uma raiz comum: a produção social é cada vez mais coletiva, o trabalho torna-se mais amplamente social, enquanto a apropriação dos seus frutos mantém-se privada, monopolizada por uma parte da sociedade" (Iamamoto, 1998, p. 27).

10. Mota (2013, p. 10-11) enfatiza a importância da produção intelectual do Serviço Social, tratando o Serviço Social como profissão e área do conhecimento: "Como profissão determinada pela divisão sociotécnica do trabalho e como uma área do conhecimento, produtora de cultura teórica e política, que imprime aos objetos da intervenção e às relações nas quais eles se inserem a condição de objetos de conhecimento [...] o que defendo é uma unidade entre essas dimensões, o que não significa uma identidade, visto que há uma distinção entre o âmbito da produção intelectual e o da ação prático-operativa".

Entretanto, muito embora o Serviço Social seja uma profissão socialmente determinada, que se constitui e se desenvolve em circunstâncias históricas, objetivas, extrapolando as vontades dos sujeitos, ele, também, é resultado do protagonismo dos seus agentes que em determinadas circunstâncias históricas o constroem coletivamente. Melhor dizendo, a atividade profissional e os seus efeitos não derivam, exclusivamente, da atuação do profissional, uma vez que as profissões são um produto histórico, mas derivam também dela, envolvendo, obrigatoriamente, as dimensões teórico-metodológica, ético-política e técnico-operativa. Nas palavras de Iamamoto (2012, p. 39), uma profissão

> [...] é tanto um dado histórico, indissociável das particularidades assumidas pela formação e desenvolvimento da sociedade brasileira [...] quanto resultante dos sujeitos sociais que constroem sua trajetória e redirecionam seus rumos. Desta forma a profissão se configura e recria no âmbito das relações entre o Estado e sociedade, fruto de determinantes macrossociais que estabelecem limites e possibilidades ao exercício profissional [...], mas uma profissão é, também, fruto dos agentes que a ela se dedicam, daí, seu protagonismo individual e coletivo.

Nessa direção, expor sobre as tensões e os desafios postos ao Serviço Social na contemporaneidade tem por pressuposto que a realidade impõe limites e desafios de diferentes ordens à prática profissional. Entretanto, essa mesma realidade — que é dinâmica e está em constante movimento — igualmente possibilita ações que caminham na superação desses limites. Compreender isso é fundamental para uma prática profissional que se quer na direção do projeto ético-político da profissão e para o rompimento com uma visão messiânica e fatalista no Serviço Social, nos moldes de Iamamoto (1992, 1998).

As recentes transformações operadas no modo de produção capitalista, tanto na esfera produtiva quanto na estatal,[11] afetam o exercício e a formação profissional do assistente social.

---

11. Para esta questão ver, dentre outros, Antunes e Druck (2014).

No que se refere ao exercício profissional, tais transformações afetam tanto a população que necessita dos serviços e os busca, quanto o próprio trabalho profissional. Afetam a população por meio do agravamento das expressões da questão social, com aumento do contingente de trabalhadores precarizados que chegam à profissão. As expressões da questão social são a matéria do trabalho profissional, que atua na formulação, gestão, avaliação e execução de políticas sociais, bem como na assessoria aos movimentos sociais, empresas privadas e fundações privadas sem fins lucrativos, viabilizando o acesso e a socialização dos direitos e os meios de exercê-los.

Atingem o próprio profissional ao afetar suas condições de trabalho e a qualidade de sua formação profissional: as exigências de produtividade postas pelo mercado, com pressões por prazos a serem cumpridos; a falta de técnicos especializados e/ou a diminuição de recursos humanos e financeiros; os precários contratos trabalhistas que comprometem a qualidade impressa ao conteúdo do trabalho e dos procedimentos utilizados na sua realização, uma vez que não garantem a continuidade de suas atividades; poucos profissionais para atender a um grande contingente, fortalecendo práticas rotineiras, reiterativas e fragmentadas.

Na esfera estatal, essas transformações se expressam no avanço do "neoliberalismo",[12] implicando políticas sociais precárias, haja vista a retração do Estado do âmbito social — Estado máximo para o capital e mínimo para o social — em franca política de favorecimento à privatização das políticas sociais, entre elas, saúde, assistência, previdência e educação.

---

12. Segundo Netto (1993, p. 66), a crise global da sociedade contemporânea que marca as três últimas décadas do século XX se expressa na crise do Estado de bem-estar e na crise do chamado socialismo real, mas não somente nelas. A crise do Estado de bem-estar "evidencia que a dinâmica crítica desta ordem alçou-se a um nível no interior do qual a sua reprodução tende a requisitar, progressivamente, a eliminação das garantias sociais e dos controles mínimos a que o capital foi obrigado naquele arranjo" (idem, ibidem, p. 67). É no âmbito dessa crise que se coloca a "ofensiva neoliberal" como uma "argumentação teórica que restaura o mercado como instância mediadora societal elementar e insuperável e uma proposição política que repõe o Estado mínimo como única alternativa e forma para a democracia" (idem, ibidem, p. 77).

No que se refere à formação profissional, essa retração afeta o assistente social como trabalhador que necessita de uma qualificada formação, estando, inclusive, garantido no Código de Ética da Profissão o compromisso com a qualidade dos serviços sociais prestados à população que procura seus serviços.

A retração do Estado nas políticas sociais incide, igualmente, na política de educação brasileira. Essa política caracteriza-se pela intensificação da mercantilização educacional, com uma enorme proliferação do ensino superior privado, nas modalidades presenciais e a distância, e precarização do ensino público, negando a educação como um direito ao transformá-la em serviço e rechaçando o tripé ensino, pesquisa e extensão defendido para o ensino universitário.[13] Tal política traz consequências nefastas para a formação profissional do assistente social ao atingir, diretamente, nosso projeto de profissão, expresso no documento "Diretrizes Gerais para o Curso de Serviço Social" (ABESS-CEDEPSS, 1997).

Sustentados nessas premissas, elencamos alguns desafios ao Serviço Social na atualidade.

No campo teórico-metodológico, o desafio está no sentido de um agir consciente sobre e na realidade, no sentido de entender o significado social da ação: conhecer os traços determinantes da instituição em que trabalha o assistente social; compreender as dimensões universais e particulares das expressões da questão social que constituem as situações singulares dos sujeitos que chegam ao Serviço Social; competência teórica para apreender o movimento da realidade, identificando os limites e as possibilidades da/para a ação profissional postos pela estrutura econômica capitalista; conhecimento para decifrar as novas expressões da questão social e poder intervir nelas, sabendo quando recuar e quando avançar. Conforme Iamamoto (2004), conhecimento teórico para: captar e reconstruir os processos sociais desencadeadores das situações vividas; familiarizar-se com a trajetória de vida e trabalho

---

13. Para maiores informações ver, entre outros: IAMAMOTO, M. V. Reforma do ensino superior e Serviço Social. *Temporalis*, ano 1, n. 1, jan./jun. 2000; Netto (1996); Pereira e Almeida (2012).

dos sujeitos; conhecer criteriosamente o modo de vida e de trabalho dos segmentos populacionais atendidos, criando um acervo de dados sobre as expressões da questão social nos diferentes espaços ocupacionais do assistente social, no sentido de reconhecer e atender às efetivas necessidades da população que busca os serviços sociais.

Enfim, conhecimento teórico que nos permita ler, compreender, analisar, teorizar o Serviço Social, bem como a dinâmica da sociedade brasileira, os movimentos sociais, as classes sociais, a política social, ou seja, os elementos envolvidos no fazer profissional que nos possibilitam responder com competência às demandas da população que solicita os serviços sociais.

No campo ético-político, exige-se competência no sentido de tomada de consciência de finalidades e valores do profissional, da instituição empregadora e da população. Competência ética no sentido de caminhar na direção dos princípios contidos em nosso Código de Ética Profissional, colocando em xeque seus valores com os valores éticos defendidos nesse documento. Conforme Carly (2015, p. 124), tanto o agir quanto o não agir são escolhas valorativas, por isso eticamente não se pode fugir da responsabilidade sob a alegação de ser, apenas, um indivíduo e, como tal, não depender dele o destino do mundo.

Nas palavras de Iamamoto (2004), é necessário haver competência política para apreender o Estado e a sociedade civil como espaços contraditórios e, dessa forma, constituídos por forças sociais em confronto. Tal competência possibilita a abertura de espaços para lutas que colidem com o instituído. Precisa-se ainda de competência para garantir o fortalecimento de instituições democráticas e que garantam ações que viabilizem a elaboração e a execução dos direitos, articulando e fortalecendo os movimentos sociais, extrapolando a ação do âmbito institucional.

No campo técnico-operativo, o desafio está no sentido de efetivar as finalidades ideais, apreendendo as mediações necessárias à passagem dos conhecimentos teóricos e políticos à intervenção profissional, criando estratégias técnicas e políticas para propor e defender junto à instituição projetos de ação que caminhem no sentido de suas competências e atribuições profissionais e garantindo sua autonomia técnica e ética.

Exige-se competência no sentido de escolher entre as alternativas possíveis os instrumentos apropriados à finalidade profissional e à compreensão da realidade com a qual se está trabalhando, bem como competência no domínio do manuseio dos instrumentais escolhidos.

Requere-se competência técnico-operativa no sentido de: reforçar a socialização de informações e dos direitos sociais; trabalhar em equipe interdisciplinar garantindo os distintos papéis que as diferentes profissões desempenham na relação; extrapolar uma abordagem com um foco exclusivamente individual; fortalecer canais para a articulação do indivíduo com grupos e/ou entidades de representação, movimentos sociais, conselhos de políticas e de direitos, construindo alianças com os usuários dos serviços, com suas organizações para efetivação deles; criar mecanismos possíveis de desburocratização das relações com a população que busca os serviços; reassumir os trabalhos de base — de educação, mobilização e organização popular, integrados aos movimentos sociais; desenvolver uma postura investigativa de modo a favorecer o conhecimento do modo de vida e de trabalho da população atendida (Iamamoto, 2004).

Finalizamos com Iamamoto (1998, p. 52) quando afirma:

> O grande desafio é, pois, transitar da bagagem teórica acumulada ao enraizamento da profissão na realidade, atribuindo, ao mesmo tempo, uma maior atenção às estratégias, táticas e técnicas do trabalho profissional, em função das particularidades dos temas que são objetos de estudo e ação do assistente social.

Isso exige da academia enfrentar a demanda sobre a dimensão técnico-operativa da profissão em relação de unidade com as demais dimensões, enfrentando o debate sobre as estratégias, os instrumentos e técnicas da intervenção profissional não mais sustentados em concepção tecnicista, mas inserindo essa discussão no debate maior sobre a "instrumentalidade do Serviço Social" (Guerra, 2014).

Portanto, enfrentar esses desafios requer investimentos e fortalecimento no campo de luta por uma formação com qualidade, na direção do empoderamento das dimensões teórico-prática e político-profissional, além do fortalecimento da organização política da categoria em direção ao projeto ético-político da profissão.

REFERÊNCIAS BIBLIOGRÁFICAS

ABESS/CEDEPSS. Diretrizes gerais para o curso de Serviço Social. *Cadernos ABESS*, São Paulo: Cortez, n. 7, 1997.

AMANN, S. B. *Ideologia do desenvolvimento de comunidade no Brasil*. São Paulo: Cortez, 1980.

ANTUNES, R.; DRUCK. G. A epidemia da terceirização. In: _____ (Orgs.). *Riqueza e miséria do trabalho no Brasil III*. São Paulo: Boitempo, 2014.

BRAZ, M.; RODRIGUES, M. Serviço Social, lutas e direitos sociais: do III CBAS aos desafios atuais do projeto ético-político. *Praia Vermelha*, Rio de Janeiro: Ed. da UFRJ, v. 2, n. 21, jan./jul. 2012.

_____; TEIXEIRA, J. B. O projeto ético-político do Serviço Social. In: CFESS/ABEPSS. *Serviço Social*: direitos sociais e competências profissionais. Brasília: CFESS/ABEPSS, 2009.

CARLY, R. A moral em suspenso: elementos para uma teoria da ética em Lukács. In: FORTI, V.; GUERRA, Y. (Orgs.). *Projeto ético-político do Serviço Social*: contribuições à sua crítica. Rio de Janeiro: Lumen Juris, 2015. (Col. Nova de Serviço Social.)

FORTI, V.; GUERRA, Y. (Orgs.). *Projeto ético-político do Serviço Social*: contribuições à sua crítica. Rio de Janeiro: Lumen Juris, 2015. (Col. Nova de Serviço Social.)

FORTI, V.; GUERRA, Y. (Orgs.). Na prática a teoria é outra? In: _____; _____. *Serviço Social*: temas, textos e contextos. Rio de Janeiro: Lumen Juris, 2009.

GUERRA, Y. O projeto profissional crítico: estratégia de enfrentamento das condições contemporâneas da prática profissional. *Serviço Social & Sociedade*, São Paulo: Cortez, ano XXVIII, n. 91, 2007.

_____. *A instrumentalidade do Serviço Social*. 10. ed. São Paulo: Cortez, 2014.

IAMAMOTO, M. V. *Atribuições privativas do/a assistente social em questão*. Brasília: CFESS, 2012.

_____. *Renovação e conservadorismo no Serviço Social*. Ensaios críticos. São Paulo: Cortez, 1992.

_____. *Serviço Social na contemporaneidade:* trabalho e formação profissional. São Paulo: Cortez, 1998.

_____. Reforma do ensino superior e Serviço Social. *Temporalis*, ano I, n. 1, jan./jun. 2000.

_____. Posfácio. In: SALES, M. A.; MATOS, M. C. de; LEAL, M. C. (Orgs.). *Política social, família e juventude*: uma questão de direitos. São Paulo: Cortez, 2004.

_____. A formação acadêmico-profissional no Serviço Social brasileiro. *Serviço Social & Sociedade,* São Paulo: Cortez, n. 120, p. 609-39, out./dez. 2014.

_____; CARVALHO, R. *Relações sociais e Serviço Social no Brasil*: esboço de uma interpretação histórico-metodológica. 6. ed. São Paulo: Cortez; Lima: Celats, 1982.

LUKÁCS, G. Táctica y ética. In: _____. *Táctica y ética*: escritos tempranos (1919-1929). Buenos Aires: El Cielo por Asalto, 2005. p. 27-34.

_____. *Prolegômenos para uma ontologia do ser social*. São Paulo: Boitempo, 2010.

MARX, K. In: FERNANDES, Florestan (Org.). *Marx e Engels.* São Paulo: Ática, 1984. (Col. Grandes cientistas sociais.)

MOTA, A. E. Prefácio. In: ALCÂNTARA, et al. *Em defesa do pensamento crítico*: relações sociais, trabalho e política. Alagoas: Edufal, 2013.

NETTO, J. P. *Ditadura e Serviço Social*: uma análise do Serviço Social no Brasil pós-64. São Paulo: Cortez, 1991.

_____. *Capitalismo monopolista e Serviço Social*. São Paulo: Cortez, 1992.

_____. *Crise do socialismo e ofensiva neoliberal*. São Paulo: Cortez, 1993. (Col. Questões da nossa época.)

_____. Transformações societárias e Serviço Social: notas para uma análise prospectiva da profissão no Brasil. *Serviço Social & Sociedade*, São Paulo: Cortez, n. 50, n. 50, p. 87-132, 1996.

_____. A construção do projeto ético-político do Serviço Social frente à crise contemporânea. In: _____. *Capacitação em Serviço Social e política social*: módulo 1. Brasília: Cadernos CEAD/CFESS/ABEPSS/UnB, 1999.

PEREIRA, L. D.; ALMEIDA. N, L. de (Orgs.). *Serviço Social e educação.* Rio de Janeiro: Lumen Juris, 2012. (Col. Nova de Serviço Social.)

SANTOS, C. M. *Instrumentos e técnicas*: mitos e dilemas na formação profissional do assistente social no Brasil. Tese (Doutorado em Serviço Social) — Universidade Federal do Rio de Janeiro, Rio de Janeiro, 2006.

_____. *Na prática a teoria é outra?* Mitos e dilemas na relação entre teoria, prática e instrumentos e técnicas em Serviço Social. Rio de Janeiro: Lumen Juris, 2010.

SILVA, M. O. da Silva e (Coord.). *O Serviço Social e o popular*: resgate teórico-metodológico do projeto profissional de ruptura. São Paulo: Cortez, 1995.

Capítulo 11

Nas pegadas dos 80 anos de história do Serviço Social:
o debate da instrumentalidade como marco

Yolanda Guerra

"É necessário invertê-la [a dialética] para descobrir o cerne racional dentro do invólucro místico" (Marx, O capital, p. 21).

O Serviço Social brasileiro completa 80 anos. O que isso significa e onde apreender esse significado?

Na análise que evoca a razão miserável, o significado da profissão só pode ser encontrado na sua própria trajetória, visto como uma história única, irrepetível, considerada apenas nos seus aspectos singulares, tomada como resultado da autorrepresentação dos seus agentes profissionais. Trata-se de uma história individual, subjetivista, cronológica, resultado do desenvolvimento de etapas que se sucedem umas às outras no tempo.

Porém, desde os anos 1960, tal interpretação individual e subjetivista da chamada "história do Serviço Social" tem sido questionada e confrontada por uma concepção materialista da história, na qual as intencionalidades individuais e coletivas se enfrentam em condições causais da própria realidade social e histórica, num movimento dialético que leva à subsunção de uma à outra. Nessa concepção, o significado da profissão só pode ser apreendido no contexto das relações sociais, que são relações de força e expressam interesses antagônicos das personificações do capital e do trabalho. Assim, a recorrência do Serviço Social à concepção materialista da história e aos aportes de Karl Marx surge nos anos 1960 em diante, no contexto das lutas históricas que vão desde a Revolução Cubana de 1959 até as revoluções sandinista e chilena dos anos 1970. Nesse período, as lutas de libertação nacional na América Latina são expressivas e amplas, envolvendo operários urbanos, agrícolas e camponeses, o que constitui um contexto favorável ao questionamento sobre os compromissos que a profissão até então vinha assumindo.

Em âmbito nacional, o contexto dos anos 1950 e 1960 é marcado por movimentos contra a carestia e pelas lutas por reformas de base, especialmente na educação, muitos deles promovidos por vertentes progressistas da Igreja Católica[1] que organizam jovens, universitários, operários (Juventude Operária Católica — JOC, Juventude Universitária Católica — JUC, Juventude Agrária Católica, masculinas e femininas — JAC), de onde saíram muitos dos assistentes sociais da época. Também, nesse contexto, o protagonismo do movimento estudantil[2] tem de ser reconhecido, bem como a luta de significativa parcela da categoria contra a ditadura,[3] o que levou a mortes, perseguições, torturas, exílio ou autoexílio.

---

1. Ainda está por ser apreciada a influência da esquerda marxista cristã, em especial, da vertente da teologia da libertação sobre a profissão. É notório o trabalho desenvolvido por assistentes sociais junto às Comunidades Eclesiais de Base.

2. Nota-se a pressão dos movimentos revolucionários e da rebelião estudantil, especialmente na França, que ficou conhecida como "Maio de 68".

3. Já sinalizei em outro artigo o protagonismo assumido pelo movimento estudantil durante a ditadura. A esse respeito, cabe o registro da organização dos estudantes de Serviço Social na articulação das suas entidades, que resulta no I Encontro Nacional de Estudantes em Serviço Social, na cidade de Londrina (PR) em 1978. Ver Guerra, em Forti e Guerra (2015).

Digno de nota é o III Congresso Brasileiro de Assistentes Sociais (CBAS, 1979), conhecido como Congresso da Virada. Aqui há uma tomada de posição por parte de profissionais, docentes e estudantes de Serviço Social contra o conservadorismo e na denúncia dos vínculos orgânicos e, até, da subordinação de nossas entidades em relação às instituições governamentais.

No contexto latino-americano, no período entre os anos de 1975 e 1985, as entidades profissionais recebem outro impulso com a criação do Centro Latinoamericano de Trabajo Social (CELATS), braço acadêmico da Asociación Latinoamericana de Escuelas de Trabajo Social (ALAETS, 1965). Sob a orientação de forças progressistas, a ALAETS, nesse período, desenvolve projetos para fortalecer individual e articuladamente ensino (graduado e pós-graduado), pesquisa, extensão e produção de conhecimento.[4]

Como se pode perceber, a constituição de uma vertente crítica na profissão

> [...] não é puro resultado da vontade subjetiva dos seus protagonistas: ela expressa, no processo de laicização e diferenciação da profissão, tendências e forças que percorrem a estrutura da sociedade brasileira [...] (Netto, 1991, p. 255-56) [e eu acrescentaria, latino-americana e mundial].

Não é lugar nem faz parte de meus objetivos realizar uma apreciação crítica sobre o Serviço Social brasileiro e seus marcos sócio-históricos e ético-políticos. Mesmo assim, cabe a menção sobre a importância do chamado movimento de reconceituação (1965-1975) como primeiro momento de uma apropriação do marxismo que, naquele período, limita-se a estabelecer normas, princípios e regras do dever ser, donde se deriva uma deontologia que persiste até hoje na profissão.[5]

---

4. Idem, ibidem.

5. Aqui, refiro-me ao que Quiroga (1991), Iamamoto (1992) e Netto (1989) consideram uma aproximação enviesada ao marxismo, via manuais e fontes secundárias e com interesses

Nesse momento, a profissão incorpora, lateralmente, os elementos ideopolíticos dessa tradição derivada de Marx, porém, sem que estes fossem necessariamente reconhecidos,[6] incorrendo no que alguns autores denominam um "marxismo sem Marx" (Quiroga, 1991). Tal aproximação se realiza, em geral, pela militância político-partidária, sob ditaduras, e conta com todo tipo de repressão, perseguição, tortura, que impuseram a interrupção deste pensamento obrigando seus partidários ao exílio ou ao autoexílio. É importante destacar, como o faz Netto (1989), que no Brasil o Serviço Social, contraditoriamente, aproxima-se do marxismo por via acadêmica, durante a ditadura militar de 1964.

Por influência da Segunda e Terceira Internacionais, o chamado marxismo oficial toma corpo nas produções teórico-bibliográficas da época, que se espraiam por toda a América Latina. Neste contexto, tal apropriação põe à profissão possibilidades e limites. Quanto às possibilidades: aquela conjuntura permite o questionamento do mito da neutralidade profissional, que acompanha o Serviço Social tradicional e é componente exemplar do seu caráter conservador. Quanto aos limites, estes são de várias naturezas. Desprovido do seu conteúdo ontológico, o marxismo é invadido pela racionalidade positivista e tratado a partir de leis da dialética, resultando na sua designação como paradigma.[7] Tal apropriação *epistemologista*, além de converter o marxismo em um modelo que se aplica na prática, leva também ao equívoco de introduzir um dado conceito de teoria, cujo viés positivista é até hoje responsável pelo jargão de que "na prática a teoria é outra" e, ao mesmo tempo, pelo seu contrário, pela noção empiricista de que "só se aprende a fazer, fazendo".[8] Aqui, entre outras consequências, tem-se a visão do assistente social como agente da transformação social,

---

instrumentais, na maior parte das vezes, realizada via partido político e/ou movimento de extração religiosa.

6. Cf. Netto (1989, p. 97).

7. Uma crítica que questiona a visão do marxismo como paradigma pode ser encontrada em Guerra (1995 e 2013).

8. E não refletindo sobre "o que se faz, porquê, para quê, quando, onde e com que meios".

e a recusa e negação dos espaços institucionais da prática profissional. O teoricismo de que se sustentam as primeiras concepções que se reivindicam marxistas é expressivo, sobretudo na produção resultante do movimento de reconceituação. Também decorre dessa visão positivista a fragmentação do currículo de 1982,[9] já bastante criticada, entre História, Teoria e Metodologia do Serviço Social.

Essas experiências evidenciam uma apropriação instrumental da obra de Marx, em muitos casos reivindicada como uma panaceia que resolve todos os problemas da *prática profissional* do assistente social, o vício do *metodologismo*, do que resulta a recorrente conversão do método marxiano em uma pauta de procedimentos interventivos, tal como ocorreu com a experiência do método BH (1972). Aqui também temos de tratá-lo nesta perspectiva de avanços e limites: na mesma medida que a experiência de BH foi considerada como a primeira elaboração de um projeto profissional de ruptura (Netto, 1991, p. 275),[10] também se incorreu no equívoco de "utilizar" o método como um instrumento de intervenção, um conjunto de etapas/procedimentos e/ou caminhos para o conhecimento. Nesta maneira reducionista e empobrecedora, a perspectiva da revolução, tão cara a esta ontologia do ser social (Lukács, 1968), aparece como objetivos a serem realizados pelos profissionais, messianicamente convertidos em agentes de transformação social.

A mencionada tendência crítica da profissão no Brasil recebe influxos dos movimentos que se fortalecem na década de 1980, que lutam contra a inflação galopante resultando no aumento da pobreza e da miséria. Nutre-se também das lutas pela democratização do Estado e

---

9. São inegáveis os avanços do currículo de 1982, que rompe com a tríade Caso, Grupo e Comunidade, tomados como os processos ou os métodos do Serviço Social.

10. Numa apreciação bastante pertinente do legado da experiência de Belo Horizonte, Netto (1991, p. 276-7) assim a reconhece: "O método que ali se elaborou foi além da crítica ideológica, da denúncia epistemológica e metodológica e da recusa das práticas próprias do tradicionalismo; envolvendo todos estes passos, ele coroou a sua ultrapassagem no desenho de um inteiro projeto profissional, abrangente, oferecendo uma pauta paradigmática dedicada a dar conta inclusive do conjunto de suportes acadêmicos para a formação dos quadros técnicos e para a intervenção do Serviço Social".

da sociedade, intensificando seu protagonismo no debate sobre concepção, configuração e gestão das políticas sociais, ora fornecendo subsídios teóricos[11] para sua formulação, ora atuando na organização dos profissionais e de outros segmentos da sociedade, em prol de um padrão de política social universal, gratuito, nos moldes daquele conquistado em nossa Constituição Federal, o que, aliás, contou com a participação de amplos segmentos de assistentes sociais.

Dessa profícua trajetória, logramos uma revisão de dois Códigos de Ética (1986 e 1993), da Lei de Regulamentação da Profissão (1993) e do currículo mínimo do Serviço Social (1982). Posteriormente, no ano de 1995, esse currículo foi revisto, contando com a ampla participação de docentes, assistentes sociais e estudantes, entidades sindicais e da categoria profissional. Essa, sim, pode ser considerada uma grande conquista da categoria, na medida em que não apenas as diretrizes mostram avanço significativo no debate dos fundamentos, como também ela passa a ser construída num contexto em que já se avistava uma mudança no modelo de educação superior consagrado pelo processo de Bolonha[12] (junho de 1999), que impõe a redução de tempo e aligeiramento da formação, em razão da influência dos organismos internacionais, em especial do Banco Mundial, que oferece um modelo e perfil de educação e de formação profissional. Em âmbito nacional, a reforma gerencial do Estado e a contrarreforma da educação incidem significativamente sobre o debate das diretrizes curriculares.

No campo de formas sociais antagônicas, intelectuais, vanguarda e dirigentes da profissão souberam pontencializar as forças progressistas que vigoravam na sociedade e alavancar o Serviço Social

---

11. Menciono, especialmente, a produção do grupo da PUC-SP (Sposati et. al., 1985) e do professor Vicente Faleiros (1986).

12. O processo de Bolonha culmina no pacto assinado por 29 ministros da Educação europeus, afirmando alguns princípios fundamentais para a educação superior. Segundo Bianchetti (2010), em seu rico artigo, "Bolonha é a estratégia por excelência para alcançar os objetivos da competitividade, da atratividade, da mobilidade, da empregabilidade e todos os demais objetivos que aparecem inoculados na apropriação mercadológica que se faz da 'Declaração'".

do campo conservador. Mas isso não significa que o caldo do conservadorismo, no qual nasce a profissão, e sua influência tenham sido banidos do Serviço Social, o que leva a encontrarmos no interior do campo progressista da profissão vários marxismos: de extração estruturalista, weberiana, positivista, pragmatista, analítica, que resulta em programáticas voltadas para o melhorismo, o possibilismo, o reformismo.[13]

As diretrizes trazem para o centro do debate as grandes polêmicas da época: centralidade do trabalho ou a sua extinção, a adoção do referencial marxista para entender a "questão social" no capitalismo ou a existência da "nova questão social", o papel das políticas sociais e sua centralidade na formação, a necessidade de enfrentar a equivocada dicotomia da relação teoria/prática. Digna de nota é a incorporação do marxismo como o referencial hegemônico, apesar do reconhecimento sobre a necessidade de uma apropriação crítica das demais vertentes teórico-metodológicas, investindo na eliminação da histórica tendência ao ecletismo.[14] A partir daí, o legado marxiano e marxista tem feito a diferença na trajetória histórica do Serviço Social brasileiro. Dinamizado pela leitura crítica de Marx, pautado nos fundamentos da crítica da economia política, em determinada concepção de história social — e em determinada concepção de profissão historicamente situada no contexto das relações sociais capitalistas —, tem sido pos-

---

13. Nessa direção, é mister que a intelectualidade do Serviço Social invista em identificar as deformações, simplificações, distorções e reducionismo que vêm sendo realizados no marxismo e em seu nome, para que possamos liberar o legado marxiano de seus equívocos e reducionismos.

14. Porém, não é casual que alguns anos depois (2001), no contexto da contrarreforma do ensino superior, as diretrizes tenham sido atacadas. Das mudanças no projeto original, chamo a atenção para a substituição de conteúdos teóricos por disciplinas instrumentais, tais como o idioma inglês e a informática. Se a história só se compreende *post festum*, hoje sabemos que são essas as necessidades do atual mercado de trabalho, inclusive nos serviços e nas políticas, de manipulação de sistemas informacionais (a exemplo do Sistema de Condicionalidades — SICON; Sistema Nacional de Atendimento Sócio-Educativo — SINASE; Prontuário do Sistema Único de Assistência — Prontuário SUAS-GESUAS; Cadastro Único — CADUNICO; Sistema de Monitoramento e Avaliação da Gestão do Sistema Único de Saúde — SUS, entre muitos outros).

sível ao Serviço Social fazer uma ampla revisão criteriosa dos fundamentos conservadores que lhe são constitutivos.[15]

Na contemporaneidade da profissão, ao fomentar produções bibliográficas, o referencial marxiano vem permitindo uma apreensão da crise planetária, global e sem precedentes na história, para além de suas dimensões socioeconômicas. A clara interpretação da crise nos permite captar as transformações macrossocietárias que se operam nos últimos 40 anos e incidem na configuração do mundo do trabalho, alterando a funcionalidade do Estado diante da nova dinâmica das relações capital-trabalho, incidindo sobre as decisões acerca das estratégias de enfrentamento da chamada "questão social". Frente a essas transformações, a busca dos fundamentos constitutivos e constituintes dos processos sociais e práticas profissionais, da base material e real e da sua lógica constitutiva, fica cada vez mais premente.

Não casualmente, o Serviço Social brasileiro tem sido uma das poucas áreas que se mantêm de modo crítico diante do pensamento hegemônico na academia, se constituindo na trincheira de intelectuais e estudantes de várias áreas e nacionalidades que pretendem se contrapor ao predomínio do pensamento único.

A breve alusão a essa rica trajetória e à contribuição do marxismo para fazer girar a rota da hegemonia conservadora nos mostra a importância do legado do marxismo. Na letra de Netto (*apud* Iamamoto, 1992, p. 9), encontramos uma apreciação correta desse legado. Diz ele:

> [...] a mais ampla e profunda renovação do Serviço Social no Brasil, nos últimos vinte anos, ganhou ritmo e significado inéditos a partir de finais da década de 70 possibilitados pelo aporte da tradição marxista.

Como anunciado na introdução do texto, um dos nossos objetivos é afirmar a importância do legado marxista, em especial o da lavra de Marx, para o debate da instrumentalidade do Serviço Social.

---

15. Lembro que em um dos textos seminais sobre a relação entre marxismo e Serviço Social, aqui já mencionados, Netto (1989) aponta a relação de excludência entre ambos. Mas é o próprio marxismo que nos ensina que possibilidade não significa realidade ou mera realização mecânica.

O LEGADO MARXISTA NO DEBATE DA INSTRUMENTALIDADE DO SERVIÇO SOCIAL

Como dito, o legado marxiano, que tem sido responsável por fecundar intensos debates a respeito do ranço conservador na profissão, nos permitiu fazer a revisão dos fundamentos que sustentam os Códigos de Ética Profissionais e, na década de 1990, enfrentar uma concepção tecnicista de profissão, a qual, orientada pela razão instrumental, é responsável, em grande medida, pela subalternidade técnica que confina a profissão ao nível da execução "terminal de políticas sociais", *colocando os patamares necessários para o debate sobre a instrumentalidade do Serviço Social.*

Partiu-se do pressuposto de que ao se buscar interpretar historicamente o Serviço Social na divisão social e técnica do trabalho, a análise necessariamente nos remeteria à discussão da sua instrumentalidade e ao nível das respostas emitidas, a depender da racionalidade que é acionada pelo profissional. Porém, é importante demarcar que não se trata de mera escolha individual desse profissional. Antes, há que se considerar o conjunto de determinações relativas à inserção na divisão social e técnica do trabalho como profissão interventiva que deve dar respostas que alterem as heterogêneas e diversificadas situações que chegam ao profissional; mas, também, em razão da peculiaridade posta nas demandas para a profissão, as quais exigem solução, ainda que em nível imediato, emergencial, paliativo, pontual, focalizado nas situações que se convertem em objetos da profissão e exigem uma resolutividade. A razão instrumental tem sido uma exigência do próprio modo de ser da profissão, o que não significa que seja natural, nem imutável. Portanto, não casualmente a razão instrumental tem sido a racionalidade hegemônica na profissão. Nessa linha de raciocínio, o tratamento da instrumentalidade não se limita a discutir a natureza, o papel e o lugar do instrumental técnico. É também isso, mas não se pode tomar o acessório pelo essencial. O essencial da discussão remete o debate à condição de existência, ao significado sócio-histórico e político da profissão na ordem burguesa. Por isso se fez necessário retomar os fundamentos da crítica da Economia Política, estudar o ordenamento capitalista por dentro e seus institutos que atuam na reprodução da lógica do valor, a luta de classes e as respostas do Estado, direcionando suas forças na garantia da valorização do valor e da reprodução social.

Nossos estudos à época nos direcionaram a perceber que haveríamos de buscar a instrumentalidade da profissão, tanto no que diz respeito a sua particularidade como estratégia de contenção de conflitos, de administração da pobreza e das tensões geradas por ela, quanto na sua peculiaridade como profissão interventiva, que tem de operar modificações nas problemáticas que lhes são apresentadas como demandas, de modo que se caracteriza por um tipo determinado de resposta: operativo-instrumental. É parte da instrumentalidade o ato de responder às demandas que nos chegam, buscando captar determinações e necessidades das classes sociais que as engendraram, donde se faz necessário buscar seus fundamentos sócio-históricos e políticos identificando as racionalidades e as teorias aí acionadas, bem como os valores presentes nas escolhas no ato de responder. Aí sim, visando assumir compromissos éticos e políticos.

Foi sua base de fundamentação no marxismo que qualificou o debate e permitiu que ele transcendesse do campo da mera operatividade, sendo colocado no campo da reprodução social, das racionalidades, das escolhas teóricas, ético-políticas e técnicas, da relação dialética entre teleologia e causalidade, da adequação entre meios e fins. Reafirmando a consideração de Netto (apud Guerra, 1995), no prefácio à primeira edição do livro, foi o patamar em que o debate foi colocado que lhe permitiu constituir-se em "precondição para o avanço ulterior", instância que deve possibilitar a passagem entre a teoria e a prática.

Como demonstra a bibliografia atinente ao tema, seu tratamento até então vinha priorizando a discussão de instrumentos, técnicas, metodologias (de diagnóstico, de intervenção) que determinavam etapas do processo de planejamento ou da intervenção propriamente dita, cuja preocupação se restringia a ditar procedimentos sobre o "como fazer".

O tratamento do instrumental técnico-operativo com o qual o marxismo teve que se enfrentar estava vinculado a uma visão essencialmente tecnicista, acrescida de uma ênfase psicologista. Assim, as técnicas de relacionamento, de entrevistas, priorizam abordagens individualizantes, e mesmo quando se opta por abordagens grupal e/ou comunitária, a prevalência é pela procura de técnicas que atuem sobre o comportamento dos sujeitos visando a seu ajustamento e adaptação, de cunho moralista e moralizante, através da incorporação da Psicologia e da Psicanálise, dentro de uma perspectiva de controle do social compatível com o projeto profissional, à época, hegemônico. Destaca-se, portanto, a exacerbada preocupação com o instrumental técnico e/ou com as metodologias de intervenção, que foram criticadas nos anos 1970 como a tendência ao "metodologismo", bem como a tendência psicologizante na utilização do instrumental.

Assim, o debate da instrumentalidade tenta romper com esta visão formalista de conceber instrumentos e técnicas como algo que determina a ação profissional, como se os procedimentos, estabelecidos *a priori*, fossem os responsáveis pela direção da intervenção profissional.

Não obstante seus inegáveis avanços, uma análise recente da produção da área sobre o debate da instrumentalidade, muitas delas apresentadas em eventos da categoria, indica que o conteúdo tratado limita-se, ainda, ao instrumental técnico-operativo.[16] Mostra, ainda, que o debate é retirado do universo e de sua base de fundamentação teórica para ser utilizado ecleticamente, em geral, referido a instrumentos e

---

16. Temos feito, até o momento, um breve levantamento sobre a apropriação que os artigos que indicam a adoção da teoria marxista nas suas análises realizam da temática *instrumentalidade*. A grande maioria, poderíamos falar em torno de 88% dessa bibliografia, restringe o debate da instrumentalidade à questão de instrumentos e técnicas e, mesmo os que não o fazem de imediato, em algum momento da análise, ao não se remeterem às racionalidades subjacentes ao exercício profissional, circunscrevem o debate ao "como fazer".

técnicas nos moldes das referências do Serviço Social tradicional, modernizador ou reatualizador.[17]

Sem dúvida, a perspectiva de intenção de ruptura e a renovação do Serviço Social estarão sempre incompletas se não conseguirmos superar duas tendências ainda "malditas" na profissão: a malfadada dicotomia teoria/prática e a restrição da instrumentalidade ao debate de instrumentos e técnicas. Isso porque a questão que está na base de ambas são os fundamentos e as racionalidades subjacentes às intervenções socioprofissionais e políticas. Trata-se de fundamentos teóricos, éticos e políticos nos quais se assenta a intervenção profissional, trazendo-os à luz na perspectiva de criticar as racionalidades subjacentes a tais concepções e perspectivas teóricas. Trata-se, portanto, de diferenças e disputas em torno de projetos de profissão. O que não pode deixar de ser dito é que existem diferenças substantivas e não apenas de ênfases ou de enfoques, em que se pondera que uma é mais filosófica, ou mais teórica, e a outra se refere à operacionalidade da profissão. Bem mais do que isso, são diferenças de concepção e de projetos profissionais, os quais se vinculam a visões de homem e mundo.

Assim, *grosso modo*, podemos falar em dois projetos profissionais incompatíveis e inconciliáveis. O primeiro é o projeto hegemonizado pela razão instrumental que se combina com a razão formal-abstrata, como duas cabeças num único corpo.[18] O outro é o projeto ético-político hegemônico aportado nos fundamentos marxistas e na razão dialética.

Pela incidência de ambos, cabe dedicarmos algumas notas em sua problematização.

---

17. Além disso, a pesquisa de Torres et al. (2015) mostra que muitos profissionais identificam atividades e competências com instrumentos e técnicas. E concluem: "pode ser um reflexo do caráter atual predominantemente instrumental no ensino do exercício profissional e, sendo assim, carente da dimensão política da profissão nas suas ações cotidianas".

18. Menção ao deus Janus, da mitologia greco-romana, representação utilizada por Coutinho (1972).

CONCEPÇÕES E PROJETOS DE PROFISSÃO E DE SUA INSTRUMENTALIDADE

Como dito, o primeiro projeto é aquele no qual o exercício profissional é capturado pela razão instrumental. Neste, cujo perfil de profissional é instrumental à ordem do capital, há a prevalência de duas racionalidades que se complementam. A primeira, a razão instrumental, garante a necessária manipulação das variáveis do contexto imediato, nos aspectos psicossociais, políticos, econômicos, culturais etc., visando dar respostas que tenham eficácia em relação aos padrões societários vigentes. A segunda, a razão formal-abstrata, é responsável pela concepção formalista de profissão e se expressa através de uma compulsão por modelos (de intervenção, de diagnósticos, de tratamento), por metodologias apriorísticas, por tipologias e pautas de como fazer, concepção orientada pelo referencial das correntes positivistas, entre elas o neopositivismo e o pragmatismo. Neste projeto, a instrumentalidade da profissão se empobrece ao se restringir ao conjunto de meios, instrumentos e técnicas de intervenção profissional e a ele se limita. A profissão, por sua vez, é concebida como tecnologia de controle social a serviço da lógica capitalista e do desenvolvimento da sociedade burguesa, o que lhe garante vínculos estreitos com o projeto reformista burguês. Ao ser capturada por essas racionalidades, a profissão é concebida como uma técnica social (que, no máximo, pode ser considerada uma *ciência social aplicada*). *Aqui figura a ideia de que há profissões que produzem conhecimentos e aquelas que só os consomem através da aplicação de técnicas de solução de problemas.*

A razão formal-abstrata e a razão instrumental, por serem correntes agnósticas, sequer concebem a possibilidade de se apropriar dos conteúdos dos fundamentos que as sustentam, se dizem abstraídas de valores ético-políticos e ficam a mercê de quaisquer interesses. Por atuarem na direção da reprodução societária, articulam-se dando às respostas profissionais um cunho reformista-integrador. Ambas as racionalidades consideram o instrumental técnico-operativo como asséptico, neutro, como se sua direção fosse dada, exclusivamente, pela intencionalidade do assistente social. Aí, o estatuto de legitimidade profissional encontra-se na sua (suposta) cientificidade (no caso da razão formal-abstrata) e capacidade de manipulação de um instrumental (no caso da razão instrumental) que permita ao profissional responder, prontamente, a argumentações que em princípio não contenham um conteúdo político, mas que possuam eficácia e eficiência às demandas predeterminadas, conduta que lhe molda e lhe requisita um *perfil sociotécnico*.

O perfil desejado é o do técnico adestrado e habilitado no instrumental, que seja capaz de resolver os problemas da "prática".

Para responder a esse perfil, a requisição que o assistente faz às teorias é a de que elas orientem, no âmbito imediato, a intervenção profissional, que permita atender a demandas e requisições institucionais tendo como referência as exigências do mercado de trabalho. Nesse projeto, o assistente social tem, necessariamente, de manipular um repertório que lhe garanta a operacionalização das suas ações, o qual, quanto mais supostamente isento de determinações valorativas e de conteúdos concretos, mais se torna apto a responder às demandas da organização burocrático-formal que exige impessoalidade, objetividade e neutralidade. Na operacionalização da técnica, tanto a racionalidade formal-abstrata quanto a razão instrumental são adequadas. Nunca é demasiado lembrar que aqui se estabelece uma ruptura entre teoria/prática e pesquisa.

A outra forma de conceber o debate da instrumentalidade, como dito, é tributária da perspectiva marxista e de sua maturação no interior da profissão. Nesse sentido, ela não se explica pela evolução e/ou amadurecimento do debate metodológico desenvolvido na trajetória profissional. Ao contrário, o debate da instrumentalidade, na concepção aludida, só pode ocorrer da *ruptura* com o entendimento da centralidade de instrumentais e técnicas profissionais, o que não significa negar a sua importância, mas colocá-lo no seu devido lugar: no interior do projeto profissional de ruptura, submetido à racionalidade crítico-dialética e, dessa forma, nada mais estranho ao debate da instrumentalidade do que lhe atribuir um enfoque metodológico.

Conceber o debate da instrumentalidade como um dos marcos na trajetória do Serviço Social brasileiro e, quiçá, latino-americano, significa tomá-lo como processo, instância de passagem, mediação e "precondição para o avanço ulterior" (Netto apud Guerra, 1995), o que significa dizer: para o debate da dimensão técnico-operativa e do papel de instrumentos e técnicas para uma profissão de natureza interventiva. Não obstante, ao ser identificado ao conjunto de instrumentos e técnicas, o tema da instrumentalidade perde seu potencial de mediação à realização do projeto profissional, razão pela qual considero esta limitação como um reducionismo que empobrece seu tratamento.

Posta a discussão nestes termos, ao recorrermos à razão crítico-dialética, nos é dada a perceber a necessidade de transcendermos as limitações impostas pelas racionalidades instrumental e formal-abstrata, já que são racionalidades subordinadas, indispensáveis, porém, insuficientes.

Foi a análise crítico-dialética que permitiu captar a instrumentalidade nas suas possibilidades, no seu vir a ser, ou seja, *como mediação, conduto por onde passam as teorias, os valores, princípios que determinam a escolha dos instrumentos, das técnicas, das estratégias e das táticas*, contendo a possibilidade de trazer à luz tais componentes do projeto profissional. Assim, falar de instrumentalidade é mencionar a relação meios e fins carregados de intencionalidade, a qual nada concede à suposta neutralidade profissional. Tal opção não é aleatória nem somente subjetiva, mas uma escolha de um sujeito historicamente situado que analisa a realidade a partir das condições causais nas quais ele se encontra. E decide, escolhe, se posiciona e se compromete.

Discorrer sobre instrumentalidade como a capacidade de criar, mobilizar, recriar os meios para alcançar objetivos é falar em projeto profissional. Para tanto, a busca das respostas sobre *"o que"*, *"por que"*, *"para que"*, *"quando"*, *"onde"*, *"com que meios"* e *"como fazer"*? é fundamental. O *"como fazer"* e *"com que meios"* referem-se a habilidades e competências que teremos de desenvolver durante nosso processo de formação contínua, estando estas diretamente relacionadas ao modo de ser do assistente social, tanto individual quanto coletivamente; a resposta ao *"por que"* depende de uma leitura da realidade social que se apoia em determinada teoria social e visão de homem e mundo. Já a resposta ao *"para que"* está subsumida a valores e compromissos profissionais. O *"quando"* e *"onde"* estão relacionados à dimensão do espaço e do tempo e dizem respeito à concepção de história social do assistente, exigindo-lhe sistemática e permanente análise da conjuntura, esta sim, um instrumento fundamental.

Todavia, por que a insistência em demarcar os distintos projetos profissionais na interpretação da instrumentalidade da profissão? *Porque tudo indica que a recusa de boa parte dos profissionais, docentes e estudantes que relutam a aceitar as mudanças substantivas e a ruptura com formas tradicionais de conceber o papel dos instrumentos, centrando-se na preocupação em como fazer, não se prende a questões de ordem metodológica, mas de ordem teórica e ideológica.* As diferentes concepções de Serviço Social contam com uma ponderável predominância do "fazer profissional" nos moldes tradicionais. Não são poucos, no âmbito da profissão em sua totalidade e da intervenção profissional, em particular, os que requisitam a restauração do pensamento tradicional e/ou conservador na utilização do instrumental técnico-operativo, sob a inspiração das vertentes empiricistas e pragmáticas, subsidiadas pelo "pensamento único".

Nesse sentido, fica uma preocupação em saber se a recusa ao aceitar a ruptura com a forma tradicional de conceber instrumentos e técnicas é uma questão de opção teórica no trato da temática, limites de entendimento, imprecisão, precipitação e/ou desinteresse no debate?

Portanto, se faz necessário reavivar o debate com os segmentos que constituem a totalidade da categoria profissional, sujeitos individuais e coletivos. É possível e essencial que a instrumentalidade da profissão esteja sintonizada com os novos tempos e com os desafios deste século.

Construir uma instrumentalidade em sintonia com os imensos desafios deste século: eis a questão...

Nas pegadas da trajetória histórica do Serviço Social brasileiro, no seu processo de renovação e pelos influxos da vertente mais crítica do movimento de reconceituação latino-americano, fundamentada no referencial marxiano, foi possível acumular o fôlego analítico para o debate de uma instrumentalidade inspirada na razão dialética.

Aludimos neste capítulo que a exigência de uma nova instrumentalidade à profissão foi resultado de um intenso movimento da sociedade, requisitando que o assistente social se atualizasse na direção de se sintonizar com as forças progressistas, que ao se renovarem, renovavam a sociedade brasileira. Mas história é processo de avanços e retrocessos, de confronto entre forças progressistas e as reprodutoras da ordem.

Neste contexto de crise global e estrutural do capital, tem havido transformações substantivas nas condições e relações de trabalho e na formação profissional que incidem em mudanças significativas no perfil de profissional e nas exigências de um novo padrão de desempenho. A relação dos profissionais junto às organizações as quais estão hierarquicamente vinculados, com outros profissionais e com os usuários, muda radicalmente. Há exigência de novos padrões e procedimentos que são identificados como "modernos". Segundo Netto (2005, p. 12), a principal conquista do Movimento de Reconceituação (1965-1975) foi a "[...] recusa do profissional de Serviço Social de situar-se como um agente técnico puramente executivo". Há 50 anos da reconceituação, estamos sendo premidos a aceitar a hegemonia do *perfil sociotécnico* na profissão imposto pelo mercado de trabalho, em geral, e pelas políticas sociais, em particular.

Para descortinar tal perfil e procedimentos, a meu ver, o debate marxista no Serviço Social ainda carece investir no significado da técnica e da tecnologia para a profissão, para sua instrumentalidade e para seu projeto de ruptura.

Já procurei demonstrar em outro lugar,[19] ainda que de maneira breve e meramente aproximativa, as diferenças entre a racionalidade técnica[20] e a racionalidade da técnica, esta, resultado do confronto entre a intencionalidade do sujeito e as condições causais, incluindo aí as propriedades da técnica e do instrumento e as racionalidades que a eles subjazem.

A racionalidade técnica, via de regra, captura e subordina o assistente social tanto pelas demandas e requisições socioprofissionais quanto pela lógica das instituições burocráticas que o contratam, do controle espaçotemporal, através de sistemas informacionais, formas apriorísticas de registros, do caráter modelar das políticas sociais, da padronização das respostas induzidas e emitidas.

A racionalidade das técnicas utilizadas pelo profissional é, muitas vezes, concebida como que abstraídas de qualquer objetividade ou lógica, estando, supostamente, à mercê da direção social dada unicamente pela intencionalidade do assistente social.

Entendemos que toda forma de gestão (seja em instituições públicas ou privadas), nova ou tradicional, está carregada de concepções de mundo, estratégias e objetivos muito bem definidos, conformando determinados espaços de atuação e perfis necessários para implementá-las. Nelas manifestam-se diferentes modalidades de racionalidade e de conhecimentos procedimentais acerca de serviços, políticas, programas e projetos a serem executados.

Assim, seria ingênuo pensar que os sistemas informacionais, os procedimentos técnicos aprioristicamente exigidos pelas políticas sociais, os procedimentos formais, instrumentos e técnicas, manuais de normas

---

19. Cf. Guerra (2013b).

20. No referido artigo (Guerra, 2013b), faço uma remissão à obra de Weber (1994), pensador central para entendermos do que essa racionalidade se constitui. *Grosso modo*, para Weber, a técnica se orienta pelos meios a serem empregados. Weber considera as sociedades modernas como aquelas nas quais o processo de racionalização invade todas as esferas da vida social e modalidades de ação social, apontando o predomínio da racionalidade técnico-instrumental.

básicas, formulários, questionários, sistemas, cadastros e diversas formas de registro orientados pelas políticas sociais são isentos de racionalidade, simples meio, abstraído de objetividade e de uma lógica.

A bibliografia crítica da profissão tem problematizado a atual configuração das políticas sociais, reduzidas a programas focalistas. Nelas, o trabalho do assistente social tem sido o de gerir sistemas (socioeducativo, de condicionalidades, previdenciário, de saúde, de assistência social). Trata-se de sistemas criados pelos homens que já têm em si determinada racionalidade dada pela intencionalidade em atender a determinadas finalidades/interesses para os quais foram criados. *Toda técnica tem subjacente uma lógica, uma explicação teórica. A técnica sempre coloca uma dada teoria em movimento.*

No âmbito das políticas sociais, especialmente, a de Seguridade Social, temos observado que as "novas" ideologias (do cuidado, do empoderamento, da resiliência, da humanização, do acolhimento, da busca ativa, da escuta, das condicionalidades) não são mais do que o velho conservadorismo das técnicas de relacionamento e *reeditam intervenções psicossociais que levam à indução comportamental apenas atualizando as práticas controlistas tradicionais, mantendo o mesmo fim de adaptação, integração, ajustamento dos usuários, constituindo tecnologias de manipulação.*

O mesmo ocorre com as metodologias e os instrumentos de trabalho profissional que já vêm definidos pelas políticas, muitos deles utilizados indistintamente por vários profissionais e/ou equipe interdisciplinar. A título de exemplo, podemos citar na política de Saúde o chamado método do arco (SUS), que é uma metodologia de problematização que se propõe à superação de conflitos. Na política de Assistência Social (municípios e estados), as metodologias de terapia de família, Grupo ECRO (Esquema Conceitual Operativo),[21] de mediação de conflitos, todas elas com enfoque psicologista. O que quero questionar são os fundamentos subjacentes a elas e se tais metodologias, que em muitos casos alcançam objetivos de atender a situações de

---

21. Vale lembrar que a metodologia Grupo ECRO, do psiquiatra e psicanalista Pichon Riviere, foi proposta pelos reconceitualizadores há 50 anos, no enfrentamento do Serviço Social tradicional.

crise (psicológica, familiar etc.), permitem ir além de um atendimento emergencial, imediato, individual, focalizado. Como o profissional consegue ir além das demandas individuais e de um tratamento subjetivista? Como universaliza as situações singulares buscando suas determinações universais, macroscópicas e coletivas?

A pesquisa que temos realizado no âmbito do PROCAD[22] vem mostrando que, no que tange às políticas de seguridade social, a requisição é por respostas padronizadas que caracterizam uma intervenção *essencialmente procedimental pela via da normatização*,[23] dentro de um modelo de atendimento racionalista formal-abstrato. A padronização facilita o atendimento da meta e a execução de atividades previstas nos documentos, donde as políticas são operadas sem qualquer senso crítico. Ignoram-se as outras dimensões da profissão, especialmente a ético-política. Surgem atribuições no âmbito de controle e monitoramento da população pobre, inaugurando novas e recuperando velhas formas de *controle do social*. Em relação às competências dos assistentes sociais, temos visto um eterno retorno do tecnicismo, a requisição pelo *perfil sociotécnico*, a recorrência aos manuais que passam a dirigir o exercício profissional, sobretudo os programas governamentais, cuja lógica exerce pressão na intencionalidade dos profissionais que — como profissionais assalariados — não detêm os meios de produção.

Se as hipóteses e os argumentos aqui apresentados são factíveis, o debate marxiano ainda tem um grande desafio, em tempos de revolução técnico-científica, informacional, robótica: discutir o potencial e os problemas da técnica e da tecnologia aplicadas na gestão e suas racionalidades.

Mas é claro que nesses 80 anos desenvolvemos algumas linhas de força, entre outras: está em curso a constituição de uma cultura que reconhece a essencialidade da pesquisa, dos fundamentos e, especialmente, da pesquisa sobre os fundamentos; que reconhece a dimensão

---

22. Refiro-me ao Programa de Cooperação Acadêmica financiado pelo CNPq entre Núcleos de Pesquisas da UFRJ, UFAL e PUC-SP sobre os "espaços sócio-ocupacionais e tendências do mercado de trabalho do Serviço Social no contexto de reconfiguração das políticas sociais no Brasil".

23. A exemplo do que vou denominar como "Kit SUAS".

técnico-operativa não como, puramente, instrumental, mas na sua articulação com as demais; que permite resistir à redução do projeto profissional à sua dimensão prático-operativa; que rejeita a submissão da crítica teórica e política à prova da formulação de propostas técnicas; que reconhece que o projeto profissional de ruptura terá de ser alimentado pelas sistematizações da prática, pela pesquisa rigorosa e pela produção de conhecimento crítico. Enfim, há de se conceber que a teoria marxista tem de ser difundida, tem de se tornar força material, tem de se apossar das massas (Marx, 2005), qualificando a instrumentalidade do Serviço Social e seu debate nesses seus 20 anos de amadurecimento.

REFERÊNCIAS BIBLIOGRÁFICAS

BIANCHETTI, Lucídio. O processo de Bolonha e a intensificação do trabalho na universidade: entrevista com Josep M. Blanch. *Educação Social*, Campinas, v. 31, n. 110, p. 263-85, jan./mar. 2010. Disponível em: <http://www.scielo.br/pdf/es/v31n110/14.pdf>. Acesso em: jan. 2016.

COUTINHO, Carlos N. *O estruturalismo e a miséria da razão*. São Paulo: Paz e Terra, 1972.

FALEIROS, Vicente. *A política social do Estado capitalista*: as funções da previdência e da assistência social. São Paulo: Cortez, 1980.

_____. *O que é política social*. São Paulo: Brasiliense, 1986.

FORTI, Valéria; GUERRA, Yolanda. Na prática a teoria é outra? In: _____ (Orgs.). *Serviço Social*: temas, textos e contextos. Rio de Janeiro: Lumen Juris, 2009. (Col. Nova de Serviço Social.)

_____; _____. *Projeto ético-político do Serviço Social*: contribuições à sua crítica. Rio de Janeiro: Lumen Juris Editora, 2015. (Col. Nova de Serviço Social.)

GUERRA, Yolanda. *A instrumentalidade do Serviço Social*. São Paulo: Cortez, 1995.

GUERRA, Yolanda. Paradigmas das ciências sociais e ontologia de Marx. In: MONTAÑO, C.; BASTOS, R. (Orgs). *Conhecimento e sociedade*: ensaios marxistas. São Paulo: Outras Expressões, 2013a.

_____. Racionalidades e Serviço Social: o acervo técnico-instrumental em questão. In: BACX, S.; GUERRA, Y.; SANTOS, C. *A dimensão técnico-operativa no Serviço Social*. Juiz de Fora: Ed. da UFJF, 2013b.

_____. Sobre a possibilidade histórica do projeto ético-poltico profissional: a apreciação crítica que se faz necessária. In: FORTI, Valéria; GUERRA, Yolanda (Orgs.). *Projeto ético-político do Serviço Social*: contribuições à sua crítica. Rio de Janeiro: Lumen Juris, 2015.

IAMAMOTO, Marilda V. *Renovação e conservadorismo no Serviço Social*. São Paulo: Cortez, 1992.

_____; CARVALHO, Raul de. *Relações sociais e Serviço Social no Brasil*. São Paulo: Cortez/CELATS, 1982.

INWOOD, Michael. *Dicionário Hegel*. Rio de Janeiro: Jorge Zahar editor, 1992.

LUKÁCS, Georg. *El asalto a la razón*: la trayectoria del irracionalismo desde Schelling hasta Hitler. Tradução de Wenceslao Roces. 2. ed. Barcelona: Grijalbo, 1968.

_____. As bases ontológicas da atividade do homem. *Temas de Ciências Humanas*, São Paulo: Ciências Humanas, n. 4, 1978.

_____. *Ontologia do ser social*: princípios ontológicos fundamentais de Marx. Tradução de Carlos Nelson Coutinho. São Paulo: Ciências Humanas, 1979.

MARX, Karl. *O capital*: crítica da economia política. São Paulo: Nova Cultural, 1985. Livro I, v. 1- 2.

_____. *Crítica da filosofia do direito de Hegel*. São Paulo: Boitempo, 2005.

NETTO, José P. O Serviço Social e a tradição marxista. *Serviço Social & Sociedade*, São Paulo: Cortez, n. 30, p. 89-102, abr. 1989.

_____. *Ditadura e Serviço Social:* uma análise do Serviço Social no Brasil pós-64. São Paulo: Cortez, 1991.

NETTO, José P. *Capitalismo monopolista e Serviço Social*. São Paulo: Cortez, 1992.

_____. O movimento de reconceituação 40 anos depois. *Serviço Social & Sociedade*, São Paulo: Cortez, n. 84, 2005.

QUIROGA, Consuelo. *Invasão positivista no marxismo*: manifestações no ensino da metodologia do Serviço Social. São Paulo: Cortez, 1991.

SANTOS, Claudia M. *Na prática a teoria é outra?* Mitos e dilemas na relação entre teoria, prática, instrumentos e técnicas no Serviço Social. Rio de Janeiro: Lumen Juris, 2010.

SPOSATI, Aldaíza et al. *Assistência na trajetória das políticas sociais*. São Paulo: Cortez, 1985.

TORRES, Mabel M. et al. O trabalho do assistente social nas políticas públicas: desafios cotidianos. In: JORNADA INTERNACIONAL DE POLÍTICAS PÚBLICAS, 7., Maranhão, 2015. Disponível em: <http://www.joinpp.ufma.br/jornadas/joinpp2015/pdfs/mesas/o-trabalho-do-assistente-social-nas-politicas-publicas_-desafios-cotidianos.pdf>. Acesso em: nov. 2015.

WEBER, Max. *Economia e sociedade*. Brasília: UnB, 1994. v. 1.

Capítulo 12

O Movimento de Reconceituação do Serviço Social na América Latina como marco na construção da alternativa crítica na profissão:

a mediação da organização acadêmico-política e o protagonismo do Serviço Social brasileiro

Josefa Batista Lopes

Introdução

Este capítulo atende à solicitação para participar da produção coletiva do livro organizado por Maria Liduína de Oliveira e Silva sobre os 80 anos de Serviço Social no Brasil, cabendo-me o tema do Movimento de Reconceituação do Serviço Social na América Latina, destacando o protagonismo do Serviço Social brasileiro. Refere-se, portanto, a um período específico, a partir de 1965, ano da deflagração do Movimento, quando o Serviço Social ainda era novo no continente e, particularmente no Brasil, onde a primeira escola foi fundada em 1936, enquanto a primeira escola no continente havia sido fundada em 1925, no Chile; novo, em relação ao tempo de sua criação, mas velho em seus fundamentos históricos e políticos.[1] Trata-se, portanto, de pensar um longo período de desenvolvimento do Serviço Social no Brasil, considerando os 50 anos do Movimento de Reconceituação do Serviço Social na América Latina, completados em 2015. Um período que não é homogêneo no país e compreende a arrancada do Serviço Social, a partir de 1972, com a criação da pós-graduação, para os grandes avanços profissionais no país, em suas quatro dimensões: formação profissional, produção de conhecimento, intervenção e organização política. No destaque ao protagonismo do Serviço Social brasileiro, tenho presente, mas sem uma pesquisa específica que dê conta da extensão e complexidade desse protagonismo, que os intelectuais da profissão no Brasil e a produção acadêmica destes penetram em diferentes países no continente.[2] Faço então um recorte e trato o protagonismo na particularidade da organização acadêmico-política, considerando o significado que essa organização tem para o desenvolvimento histórico da profissão como uma das mediações centrais na construção da alternativa crítica, além da destacada presença do Serviço Social brasileiro

---

1. O novo no momento era representado pelas ideias e lutas sobre a construção de uma alternativa ao capitalismo, o socialismo e o comunismo que já se expandiam pelo mundo sob a influência da vitória da Revolução Russa, em 1917, e de publicações como o *Manifesto do Partido Comunista* (Marx e Engels, 1988) e *Imperialismo: fase superior do capitalismo* (Lênin, 1979). No Brasil, o movimento operário avançava em sua organização e luta, e o Partido Comunista Brasileiro (PCB) havia sido fundado, em 1922, 14 anos antes da criação da primeira escola de Serviço Social no Brasil, vinculado às ideias e forças conservadoras (Iamamoto e Carvalho, 1982, p. 127).

2. No primeiro período do movimento, quando a produção acadêmica era bem pequena em todo o continente, essa penetração se deu através das editoras que veicularam as ideias e pensadores do movimento: as editoras ECRO e Humanitas e, no segundo período, a Acción Crítica, do Centro Latinoamericano de Trabajo Social — CELATS. Na contemporaneidade, pode-se apontar concretamente a política editorial da Cortez Editora, com a Biblioteca Latino-americana, lançada em 1997 no Congresso Latino-americano, em Porto Rico, que até o momento, conta com 14 volumes. Há também a participação do Programa de Pós-graduação da Pontifícia Universidade Católica de São Paulo (PUC-SP) na implantação da Pós-graduação em Trabajo Social da Facultad de Trabajo Social de la Universidad Nacional de La Plata, na Argentina, e em atividades de intercâmbio acadêmico.

nessa organização, desde a deflagração do Movimento, apesar das dificuldades históricas do Brasil, como Estado-nação, em assumir o protagonismo de um projeto emancipador na América Latina;[3] um elemento importante na formação da consciência de pertencimento ao continente.

Considero, portanto, o Movimento de Reconceituação do Serviço Social na América Latina um marco histórico dessa profissão no qual o Serviço Social brasileiro exerceu um significativo protagonismo, em particular no âmbito da organização acadêmico-política do grande e ativo coletivo profissional no continente. E, como tal, é importante manter o movimento vivo na memória de todas as gerações de profissionais e estudantes de Serviço Social, na América Latina; certamente com a consciência de que "Os homens fazem sua própria história, mas não a fazem como querem" (Marx, 1974, p. 17).

Ciente das críticas feitas ao movimento, desde o seu início,[4] partilho da compreensão daqueles que entendem que ele foi de grande relevância no despertar para questões cruciais no exercício da profissão nas sociedades de capitalismo dependente e profundamente desiguais, como as sociedades latino-americanas. Destaco entre as questões levantadas quatro eixos que considero centrais e ainda atuais, no processo de formação da consciência crítica e de uma nova cultura dos(as) assistentes sociais: (a) as relações de exploração e dominação das classes trabalhadoras e subalternas no capitalismo e as relações de domínio do imperialismo com os países do continente; (b) a tendência, desde a origem da profissão no continente, a vincular-se aos interesses das classes dominantes no exercício profissional, como funcionários de instituições privadas, da Igreja e do Estado mediando práticas assistencialistas, filantrópicas e de ajustamento ao sistema ao *status*

---

3. É um tema a ser estudado com profundidade pelo Serviço Social, considerando as tendências atuais, as experiências do passado e as perspectivas para o futuro no jogo de forças econômicas e políticas em nível nacional e internacional. Para uma tematização, ver, entre outros, Boron (1994).

4. Ver entre tantos: Lima (1979, p. 25); Parodi (1978, p. 42); Faleiros (1980, p. 4); Netto (1981).

quo; origem que ocorre no âmbito de um movimento mundial, e em particular na estratégia da Igreja Católica, de reação contrarrevolucionária em relação a "[...] existência e os apelos de um padrão de civilização alternativo" (Fernandes, 1987, p. 251) ao capitalismo que se mostrara possível a partir da vitória da Revolução Russa; (c) a necessidade de, contradizendo sua atuação, por intermédio da relação entre as classes em confronto no capitalismo, vincular-se aos interesses das classes dominadas e exploradas, em efetivo compromisso com a necessidade histórica de emancipação dessas classes e de toda a humanidade;[5] e (d) o caráter pragmatista do Serviço Social, até então dependente da literatura europeia e norte-americana e de manuais de orientação de prática.

Pensar o Movimento significa, portanto, pensar o presente e o passado na construção do futuro do Serviço Social, considerando o significado histórico que ele teve para a profissão no continente e em particular no Brasil, reconhecendo a importância e a necessidade de: (a) seguir aprofundando a análise desses e de novos eixos de questões que ao longo dos 50 anos de desenvolvimento da profissão no continente, desde a deflagração do Movimento, foram se complexificando; (b) lutar para garantir a vinculação do Serviço Social aos interesses das classes trabalhadoras, exploradas, dominadas e humilhadas, em efetivo compromisso com a necessidade histórica de emancipação dessas classes — considero este o mais importante dos legados do Movimento à profissão na América Latina, pois expressa uma tendência que foi construída com o avanço teórico e crítico da profissão, sem significar homogeneização de tempo, pensamento e ação,[6] a partir de 1965, como dito, ano referência de deflagração do movi-

---

5. Ressalto aqui a apreensão do significado de "necessidade histórica" em Marx, segundo o qual, como diz Mészáros (2008, p. 153), não se trata de "algum 'destino', previsto desde tempos imemoriais, mas o '*telos* objetivo' do evolver do processo histórico, que produz, ele próprio, tais possibilidades de autoemancipação humana em relação à tirania da base material".

6. O movimento se manifestou e teve incidência diferenciada nos diversos países do continente, segundo as particularidades estruturais e conjunturais de cada um deles e o nível de desenvolvimento do Serviço Social aí, com destaque inicial nos países sul-americanos. Ver a interpretação de intelectuais de vários países em Alayón (2005).

mento durante o I Seminário de Serviço Social Face às Mudanças Sociais na América Latina,[7] realizado no Brasil, em Porto Alegre (Cornely, 2004, p. 53). É a tendência fundante da necessidade de *construção de uma alternativa crítica* no Serviço Social na qual a organização acadêmico-política dos profissionais foi fundamental nos diferentes momentos do movimento. Ele se configura a partir de inquietações e movimentos organizados em diversos países. Por isso, trato 1965 como *ano de deflagração* do movimento em nível continental. E, nesse processo organizativo, os seminários latino-americanos são de grande relevância.

Este texto, por sua extensão limitada, não fará uma análise do Movimento em sua totalidade e sua complexidade histórica, nem do protagonismo do Serviço Social brasileiro na organização acadêmico-política como mediação na construção de uma alternativa crítica profissional. Contudo, fará indicações sobre o processo histórico do Movimento de Reconceituação do Serviço Social na América Latina, demarcando traços mais gerais do movimento, com destaque para o significado da organização acadêmico-política e o protagonismo do Serviço Social brasileiro nessa organização.

Em relação ao tema nuclear, parto da pesquisa e das ideias que desenvolvi no artigo "50 anos do Movimento de Reconceituação do Serviço Social na América Latina: da crítica ao Serviço Social tradicional à construção de uma alternativa crítica".[8] Já no que se refere à organi-

---

7. Segundo Cornely (2004, p. 53), o seminário foi realizado em maio de 1965 "reunindo colegas, especialmente da academia, da Argentina, do Brasil, da Bolívia, do Paraguai e do Uruguai, num total de 415".

8. Esse artigo foi elaborado e editado em "livreto" para distribuição a: assistentes sociais; estudantes e professores de todas as Unidades de Formação Acadêmica em Serviço Social — UFASS, em São Luís; grupos de pesquisa e pesquisadores de Serviço Social; organizações de representação da categoria dos assistentes sociais e organizações de representação dos estudantes de Serviço Social. É parte das atividades desenvolvidas na realização do colóquio 50 Anos do Movimento de Reconceituação do Serviço Social na América Latina pela articulação: GSERMS/UFMA; Conselho Regional de Serviço Social — CRESS/MA-2ª Região; Departamento de Serviço Social — DESES/UFMA; Curso de Serviço Social/UFMA; CA de Serviço Social/UFMA; Centro de Documentação e Informação em Lutas Sociais e Serviço Social — CDILUSS/UFMA. E, ainda, contando com o apoio da Associação Brasileira de Ensino e Pesquisa em Serviço Social — ABEPSS/NORTE;

zação acadêmico-política e ao protagonismo do Serviço Social brasileiro nessa organização, retomo ideias que desenvolvi em outros trabalhos, em especial "A organização político-acadêmica do Serviço Social na América Latina: significado e perspectivas da ALAETS e do CELATS para a organização dos profissionais no Brasil" (Lopes, 2004, p. 63); além de todas as referências, revendo ou ampliando argumentos sobre essas ideias.

Na elaboração do capítulo, utilizo informações de fontes bibliográficas de pensadores expressivos em sua incidência no movimento e no desenvolvimento da profissão no continente, em diferentes instantes[9] desde então, bem como estudos que realizei sobre o tema[10] e registros de minha própria memória de vivência e observação.[11] Nele ressalto: (a) o processo histórico do movimento, sujeitos e a contribuição do marxismo para os avanços da profissão na América Latina; (b)

Executiva Nacional de Estudantes de Serviço Social — ENESSO; Assembleia Nacional de Estudantes Livres — ANEL; APRUMA; Programa de Pós-Graduação em Políticas Públicas/UFMA.

9. Não significa abarcar tudo sobre todos os momentos do desenvolvimento da profissão nos 50 anos, desde a deflagração do movimento. Tenho presente contribuições, em nível continental, através: das editoras ECRO e Humanitas da Argentina, que ganharam amplo espaço entre os intelectuais de Serviço Social logo nos primeiros momentos do movimento; a contribuição da revista *Acción Crítica* do CELATS/ALAETS, editada em Lima, Peru, cujo primeiro número saiu em 1977, e da publicação de livros com o selo CELATS. E no Brasil: através da Cortez Editora & Moraes, atual Cortez Editora; os *Cadernos ABESS*, publicados pela ABESS e a Cortez Editora, cujo primeiro número saiu em 1986.

10. Destaco: (1) a dissertação de mestrado sobre *Objeto e especificidade do Serviço Social: pensamento latino-americano*, defendida no mestrado em Serviço Social da Pontifícia Universidade Católica do Rio de Janeiro em 1978 e publicada pela Cortez & Moraes em 1979; (2) a tese de doutorado com o título *O Serviço Social na América Latina: nas malhas da modernização conservadora e do projeto alternativo de sociedade*, defendida no Programa de Pós-graduação em Serviço Social da Pontifícia Universidade Católica de São Paulo, em 1998; relatórios de pesquisa (2001, 2007, 2010 e 2013); artigos em eventos de Serviço Social.

11. Como professora e pesquisadora no Departamento de Serviço Social da UFMA e também como dirigente e participante de entidades de organização política dos(as) assistentes sociais em nível local e nacional no Brasil; e em nível latino-americano, como vice-presidente (1983-1986) e como presidente (1986-1989) da Asociación Latinoamericana de Escuelas de Trabajo Social (ALAETS), a atual Asociación Latinoamericana de Enseñanza e Investigación en Trabajo Social (ALAEITS), da qual participei como representante do Brasil, no colegiado de representantes de países, conforme estatuto aprovado em Santiago, Chile, em 2006, na gestão 2006/2009, presidida por Ana Elizabete Mota.

a organização acadêmico-política como uma das mediações centrais na construção da alternativa crítica na profissão, aí destacando o protagonismo do Serviço Social brasileiro, da ALAESS-ALAETS[12]/CELATS à ALAEITS como instituições articuladoras dessa organização do Serviço Social na América Latina, nas quais o Serviço Social brasileiro teve participação destacada de direção, desde o Projeto de Serviço Social do Instituto de Solidaridad Internacional (ISI), a base da criação do CELATS que teve a brasileira Consuelo Quiroga como diretora acadêmica — ao ser criado o CELATS, foi sua primeira diretora (Lima, 1984, p. 8).

As pesquisas e as análises, ainda que sem a pretensão de dar conta da total complexidade do processo de desenvolvimento do Serviço Social, como dito antes, do Movimento de Reconceituação aos nossos dias, apontam: a persistência das lutas entre o projeto conservador de classes e elites dominantes e o projeto alternativo emancipador como necessidade histórica no continente (Lopes, 1998, p. 103) e em todo o mundo, no momento enfrentando, *mais uma vez*, o avanço da reação conservadora, contrarrevolucionária; e que as ameaças e os retrocessos do presente em relação à necessidade histórica de emancipação exigem estratégias de resistência das forças revolucionárias, progressistas e democráticas, adequadas ao presente, em todas as esferas da vida social, entre as quais as práticas profissionais, como a prática profissional do Serviço Social. E, nesse movimento de resistência e luta, a organização acadêmico-política se reafirma como uma mediação estratégica de grande importância, *agora na sustentação* da alternativa crítica da profissão em efetivo compromisso com a necessidade histórica de emancipação, tendo-se a consciência de que a organização acadêmico-política é um espaço de luta por hegemonia entre as forças que expressam projetos societários em confronto na sociedade. Assim, a construção e a sustentação dessa perspectiva no Serviço Social, também no âmbito da organização acadêmico-política na profissão, se fez e se faz na resistência e na luta com o avanço da consciência crítica sobre a realida-

---

12. Sobre o movimento de criação da ALAESS-ALAETS, ver Cornely (2004, p. 51), Castro (1987, p. 155) e Molina (2004).

de concreta da profissão na particularidade de cada país e do continente, compreendidos em suas relações internacionais.[13]

O Movimento de Reconceituação do Serviço Social na América Latina como marco na construção da alternativa crítica na profissão: notas sobre processo histórico, sujeitos e avanços com a contribuição do marxismo

O movimento foi construído por segmentos expressivos de profissionais-intelectuais de Serviço Social que, em diferentes países, desencadearam a crítica ao Serviço Social tradicional, desenvolvido na América Latina desde sua origem, com a criação da primeira escola de formação de profissionais, fundada no Chile, em 1925 (Castro, 1984, p. 19). É deflagrado em um contexto de profunda agitação social (constituída pelos movimentos progressistas e revolucionários do final da década de 1950 e início da década de 1960, nos quais se incluíam amplos setores da Igreja Católica,[14] animados, destacadamente, pela

---

13. Nesse sentido, é importante ter presente que "a situação internacional deve ser considerada em seu aspecto nacional", segundo Gramsci (2000, p. 314). Para esse pensador, "o desenvolvimento é no sentido do internacionalismo, mas o ponto de partida é 'nacional', e é desse ponto de partida que se deve partir. Mas a prospectiva é internacional e não pode deixar de ser. É preciso, portanto, estudar exatamente a combinação de forças nacionais que a classe internacional deverá dirigir e desenvolver segundo a perspectiva e as diretrizes internacionais".

14. A "emergência da nova *Igreja dos pobres*" (Löwy, 1991, p. 34; grifos do autor) foi um marco importante para o Serviço Social na América Latina, onde a profissão surgiu sob os auspícios do conservadorismo da Igreja Católica. Essa tendência nasce em um "processo de *radicalização* da cultura católica latino-americana" que constitui "a corrente cristã radical" sob o impacto da industrialização do continente nos anos 1950 e da vitória da Revolução Cubana. São movimentos que se articulam a tantos outros que ocorriam pelo mundo, como o conhecido "maio

vitória da Revolução Cubana, em 1959;[15] e também pelos movimentos de resistência à contrarrevolução que se organizava, se impôs e se consolidou no continente, através das ditaduras militares),[16] que impulsionou e alimentou a crítica no Serviço Social. Já a definição do tema do seminário anteriormente referido — "Serviço Social Face às Mudanças Sociais na América Latina" — expressava essa crítica e a expectativa de vincular a profissão ao forte movimento por mudanças que ocorria no continente,[17] entre os quais se destacou o movimento dos intelectuais das ciências sociais e humanas.[18] O movimento mais geral por mudanças no continente e no mundo, portanto, foi determinante na criação das condições objetivas e subjetivas que impulsionaram os militantes do movimento a propor e avançar na construção de *uma alternativa*

---

de 68" na França, e são determinantes na convocação, em 1961, do Concílio Vaticano II (CVII), pelo papa João XXIII. Este Concílio, inaugurado em 1962 e realizado em quatro sessões, terminando em 1965, já sob o papado de Paulo VI, legitima e sistematiza "as novas orientações, constituindo assim o ponto de partida para uma nova época na história da Igreja", segundo Michael Löwy (1991, p. 33).

15. A Revolução Cubana, até hoje a mais expressiva experiência revolucionária na América Latina, teve uma forte incidência, em todo o mundo, sobre as lutas de classes e sociais, os intelectuais de esquerda e progressistas sensíveis à "defesa da soberania dos povos latino-americanos, ameaçada, constantemente, pela agressividade do imperialismo norte-americano" (Peixoto, 1982, p. 12) e a academia, particularmente na América Latina.

16. Após a vitória da Revolução Cubana, seguiu-se um período de golpes e ditaduras militares na América Latina, com destaque para a América do Sul, iniciado em 1964 com os golpes no Brasil e na Bolívia. A estes, seguiram-se: dois golpes na Argentina, em 1966 e 1976; o golpe no Peru, em 1968; os golpes no Chile e no Uruguai, em 1973. Em precedência nesse ciclo, o Paraguai, desde 1954, em permanente estado de sítio, era governado pelo general Alfredo Stroessner.

17. É curioso como esse seminário foi realizado no Brasil já sob a ditadura militar, instaurada com o golpe de 1964. É explicável pelo fato de que o regime ditatorial manteve, até 1965, alguns canais democráticos abertos, mesmo após o Ato Institucional n. 1, assinado em 9 de abril de 1964. O fechamento desses canais ocorre a partir do Ato Institucional n. 2, "assinado no dia 17 de outubro de 1965, apenas 24 dias após as eleições para os governos dos estados" (Alves, 1984, p. 93).

18. Os intelectuais críticos realizaram um forte movimento de contestação à tendência hegemônica do pensamento nas ciências humanas e sociais sobre a América Latina e os países do continente em particular, avançando nas análises e interpretações críticas de orientação marxista. Cito alguns, entre tantos: Galeano (2002) com seu *As veias abertas da América Latina*, cuja primeira edição foi publicada pela Siglo Veintiuno, em 1976; Marini (2000); Cueva (1990) com *El desarrollo del capitalismo en América Latina*, publicado pela Siglo Veintiuno, já em 1977; Fernandes (1973). Também o Encontro de Intelectuais pela Soberania dos Povos de nossa América, realizado em Cuba, em 1981, cuja relação de participantes e temas discutidos pode ser conferida na publicação específica (Peixoto, 1982, p. 205-17).

crítica no Serviço Social na América Latina, necessária ao desenvolvimento da profissão no continente; um processo em que a formação da consciência crítica dos(as) assistentes sociais e estudantes de Serviço Social foi e é fundamental. Nesse aspecto, o eixo de crítica em torno do caráter pragmatista do Serviço Social, até então dependente da literatura europeia e norte-americana e de manuais de orientação de prática, assumiu centralidade entre os quatro eixos de questões cruciais do exercício da profissão que foram fundamentais na crítica e no processo de *formação da consciência crítica e de uma nova cultura*[19] dos(as) assistentes sociais na América Latina, como apontado na introdução deste capítulo. Daí, em grande medida, o protagonismo que assumiram os intelectuais da profissão,[20] vinculados a instituições de formação profissional, destacando-se, no que considero os dois primeiros momentos do desenvolvimento do Serviço Social no pós-deflagração do movimento,[21] sobretudo, sujeitos ativos dos países sul-americanos, entre os quais se destacaram: Herman Kruse, do Uruguai; Natálio Kisnerman, Ezequiel Ander-Egg, Norberto Alayón, da Argentina; Leila Lima Santos, Consuelo Quiroga, Seno Cornely e Vicente de Paula Faleiros, do Brasil; Tereza Quiroz, Diego Palma, Luiz Araneda e Raul Castillo, do Chile; Boris Alexis, da Venezuela; Mirian Gamboa e Edy Jimenez, da Bolívia; Clemencia Sarmiento, do Peru; Juan Mojica, Cecília Tobon e Jesus Mejia, da Colômbia; Beatriz de la Vega, do México.

---

19. Sobre a formação de uma nova cultura, ver as análises de Antonio Gramsci nos *Cadernos do cárcere*, em especial os volumes 1, 2 e 4.

20. Tenho presente o pensamento de Gramsci (1999, p. 93) sobre os intelectuais, mas aqui numa referência específica ao sentido clássico, escolástico, à atividade intelectual acadêmica dos profissionais, ainda que esses intelectuais possam ser pensados como intelectuais orgânicos do movimento e da profissão.

21. Considero que o primeiro momento vai da deflagração do movimento, em 1965, à criação do Centro Latinoamericano de Trabajo Social (CELATS), em 1974, a partir do Instituto de Solidaridad Internacional (ISI). Este, um "projeto para a promoção da profissão na América Latina, conhecido como Projeto ISI [...] é um organismo dependente, da Fundação Konrad Adenauer, entidade autônoma e privada reconhecida pelo governo alemão" (Lima, 1984, p. 12). O ISI, segundo Lima (1984, p. 8), teve "indiscutível influência na criação do CELATS". O segundo momento se constitui em um movimento que abarca: (a) consolidação do projeto e atuação deste organismo, como instituição acadêmica e de organização política crítica dos(as) assistentes sociais no continente; (b) o avanço da organização política desses profissionais na América Latina.

De toda forma, o esforço pela superação do pragmatismo,[22] que se seguiu ao que considero segundo instante do movimento, abarcou, ao mesmo tempo, os outros três eixos de questões, no movimento da relação dialética teoria e prática, mediante uma estratégia assentada na: (a) criação de espaços de divulgação de ideias e fundamentos das análises críticas sobre o Serviço Social no que se destacaram, nos dois primeiros momentos, as editoras Ecro e Humanitas, da Argentina, e em seguida o Centro Latinoamericano de Trabajo Social (CELATS), em Lima, Peru, e a Cortez Editora, no Brasil; (b) formação acadêmica, compreendendo o ensino e a pesquisa na profissão, aprofundando a crítica sobre essa dimensão específica profissional; simultaneamente, produz mudanças na formação em nível de graduação e avança para a pós-graduação, em um amplo movimento em que o Brasil esteve quase isolado à frente durante um período;[23] (c) constituição de centros e grupos de pesquisa, com destaque para o CELATS: este exerceu um forte protagonismo continental enquanto avançavam e consolidavam-se a pós-graduação e a pesquisa, em diferentes países do continente, mesmo no Brasil, onde teve início a pós-graduação em Serviço Social;[24] (d) organização política da profissão sob a orientação do pensamento crítico marxista, orientando a *virada* na perspectiva e concepção da profissão e da organização profissional que nutriam os(as) assistentes sociais, até então, com larga tradição organizativa e, na América Latina, desde a criação da profissão no continente. Signi-

---

22. É importante demarcar que o pragmatismo é inerente à ideologia burguesa e sua superação está vinculada à da formação social, o capitalismo, que sustenta essa ideologia e é por ela sustentada. Com essa premissa, entendo que continua necessário o aprofundamento dos estudos e da crítica ao pragmatismo e, particularmente o pragmatismo no Serviço Social, em cuja definição da natureza e identidade a intervenção é central (Abreu, Cardoso e Lopes, 2014, p. 196).

23. A pós-graduação, em nível de mestrado, no país, teve início em 1972 na Pontifícia Universidade Católica do Rio de Janeiro (PUC-RJ), seguindo-se o mestrado na Pontifícia Universidade Católica de São Paulo (PUC-SP), também em 1972. Em 1981, a PUC-SP iniciou o primeiro doutorado em Serviço Social da América Latina.

24. Cabe um destaque ao grupo de pesquisa, criado pelo CELATS e em seu âmbito, sobre a História do Serviço Social na América Latina, centrando-se no Brasil e no Peru, sob a coordenação de Manuel Manrique Castro. Desse grupo, pelo Brasil, participaram Marilda Iamamoto e Raul de Carvalho (2008) que produziram, como resultado da pesquisa, o livro *Relações sociais e Serviço Social no Brasil. Esboço de uma interpretação histórico-metodológica*.

ficava formar uma nova cultura profissional que rompesse com a orientação do pensamento conservador e sua tradição teórica, dominante na Igreja Católica e hegemônica no Serviço Social no continente e nas sociedades latino-americanas, subdesenvolvidas e dependentes;[25] em reação e oposição, portanto, aos movimentos revolucionários que no período da fundação da primeira escola de Serviço Social na América Latina, em 1925, já se organizavam e produziam seus intelectuais[26] sob a influência do marxismo-leninismo e da vitória da Revolução Russa, em 1917.

Esses movimentos foram determinantes na penetração e no avanço do marxismo no Serviço Social que ocorreram no processo de avanço da crítica à tendência tradicional e ao conservadorismo da profissão; a crítica orientadora da ruptura com essa tendência e da construção da alternativa que vincula o Serviço Social aos interesses das classes trabalhadoras, em efetivo compromisso com a necessidade histórica de emancipação dessas classes. Essa perspectiva de vinculação é, do meu ponto de vista, o principal legado do Movimento de Reconceituação e do marxismo ao Serviço Social no continente.

Em um primeiro momento, a penetração do marxismo no Serviço Social ocorre em uma apropriação lenta em razão mesmo da *cultura religiosa conservadora* construída através de uma formação orientada por currículos elementares e pelo pragmatismo da filantropia e do assistencialismo que demandavam o exercício profissional; mas avançando rapidamente no processo de construção da hegemonia da alternativa crítica, orientada pela teoria marxista,[27] com aprofundamento da cons-

---

25. Ver, entre outras obras, a de Marini (2000, p. 105) e a de Fernandes (1973).

26. Só a título de exemplo, cito duas referências desses intelectuais no continente: Mariategui (1976), no Peru, com *Siete ensayos de interpretación de la realidad peruana*, publicado por primeira vez em 1928; e Prado Jr. (2012) no Brasil, com *Evolução política no Brasil*, publicado por primeira vez em 1933, uma obra que se destaca no primeiro ciclo dos estudos marxistas da história de nosso país, quando o materialismo histórico era então ainda incipiente, mas coincidia com a fundação do Partido Comunista do Brasil, em 1922. Ver também Konder (1991).

27. Trata-se de uma busca que, necessariamente, não foi alcançada em todos os países ou só foi alcançada em alguns, como no caso do Brasil. Só uma pesquisa sistemática poderá oferecer os elementos de análise desse processo nos diferentes países.

ciência dos profissionais sobre a contradição que essa alternativa implica em relação às demandas concretas das forças dominantes e empregadoras para o exercício profissional na sociedade capitalista. Essa teoria começa a ser aprofundada, mais sistematicamente, com as publicações do CELATS, em particular a revista *Acción Crítica*, com larga distribuição entre os profissionais de Serviço Social no continente; mas também a partir da academia, das universidades e no Brasil, em particular, com os cursos de pós-graduação.[28] A penetração e o avanço do marxismo no Serviço Social têm, assim, a marca do "marxismo acadêmico"[29] e é fundamental na *formação da consciência crítica e de uma nova cultura* entre os(as) assistentes sociais na América Latina. Uma formação que expôs e expõe, permanentemente, os profissionais ao "momento da crítica e da consciência" que, como diz Gramsci (1999, p. 93):

> [...] coloca um problema: é preferível "pensar" sem disto ter consciência crítica, de uma maneira desagregada e ocasional, isto é, "participar"

---

28. No primeiro momento, sob a forte influência da fenomenologia e da modernização conservadora, expressando os rumos que sob a ditadura militar, no Brasil, o Serviço Social assumiu no período que se seguiu à deflagração do Movimento de Reconceituação no continente; mas já avançando a penetração do pensamento marxista entre os pós-graduandos que retomavam o legado do chamado "Método BH", uma experiência de "Serviço Social Reconceitualizado" (Lima e Rodriguez, 1977, p. 26), realizada na Escola de Serviço Social da Universidade Católica de Minas Gerais, em Belo Horizonte, entre 1972-1975, e sobre a qual vale ver análises como as de Netto (1991, p. 266); esses alunos passaram a participar de cursos sobre Marx e o marxismo, até em nível de graduação, no que cabe um destaque à influência da professora Miriam Limoeiro junto aos pós-graduandos do curso de mestrado em Serviço Social da PUC-RJ, além de se vincularem a movimentos e lutas concretas por transformações radicais no Brasil e no mundo. Esses movimentos — desde 1º de outubro de 1949, quando Mao Tsé-Tung proclamou na praça Tian'anmen a fundação da República Popular Chinesa — ofereceram as bases do maoismo como corrente de pensamento e ação revolucionária. Influenciaram a constituição de toda uma parte da história que, segundo Regis e Coccia (1979), "é pouco ou mal conhecida também pela geração de 68, a qual ainda assim teve na China um dos principais pontos de referência". Influenciaram também em grande escala os movimentos revolucionários da América Latina, e, em consequência, o pensamento intelectual de esquerda. Daí que parte das primeiras obras e experiências de influência marxista no Serviço Social Latino-Americano e com expressão no Brasil tem a marca e profunda influência do pensamento de Mao Tsé-Tung. É o caso, por exemplo, do livro de Boris Alexis Lima traduzido e amplamente difundido no Brasil. E também da conhecida experiência de Belo Horizonte, o conhecido método BH (Lopes, 1998, p. 3).

29. Sobre o marxismo acadêmico ver, entre outros: Hobsbawm (1983, p. 38) e Netto (1991, p. 111).

de uma concepção de mundo "imposta" mecanicamente pelo ambiente exterior, ou seja, por um dos muitos grupos sociais nos quais todos estão automaticamente envolvidos desde sua entrada no mundo consciente [...], ou é preferível elaborar a própria concepção do mundo de uma maneira consciente e crítica e, portanto, em ligação com este trabalho do próprio cérebro, escolher a própria esfera de atividade, participar ativamente na produção da história do mundo, ser guia de si mesmo e não mais aceitar do exterior, passiva e servilmente, a marca da própria personalidade?

Como todas as forças sociais, portanto, os(as) profissionais de Serviço Social estão permanentemente desafiados(as) pela própria crítica, no cotidiano da prática profissional, diante das escolhas das concepções de mundo que se impõem e se repõem em um movimento dialético, no confronto com as condições objetivas do exercício da profissão; condições essas determinadas e regidas pelas condições objetivas das sociedades capitalistas de desenvolvimento desigual e combinado,[30] que nos países latino-americanos se expressam na exacerbada desigualdade histórica.

O processo de aproximação e apropriação da teoria crítica marxista e do pensamento de Marx no Serviço Social foi, portanto, determinado pela necessidade da avaliação dessa realidade; e avançou, passando pelo pensamento de Althusser, Gramsci, Lukács, Lefebvre e inúmeros outros importantes pensadores marxistas que a complexidade dos objetos e temáticas de estudos e de intervenção foi colocando com o aprofundamento da apreensão da teoria e das análises desses objetos e da prática profissional, em particular o pensamento de Marx. Esse avanço, entretanto, não foi nem é mecânico nem homogêneo, seja no que se refere à própria alternativa crítica, seja, sobretudo, no que diz respeito às alternativas de concepções teóricas e de mundo postas à escolha pelas relações de classes nos diferentes países do continente.

---

30. Sobre a teoria do desenvolvimento desigual e combinado desenvolvida por Trotsky, ver Löwy (2012, p. 53).

A organização acadêmico-política como mediação na construção da alternativa crítica na América Latina e o Serviço Social brasileiro: da ALAESS-ALAETS/ CELATS à ALAEITS

O objetivo aqui é registrar o significado histórico da organização acadêmico-política do Serviço Social, na América Latina, como uma das mediações[31] centrais na construção da alternativa crítica na profissão no continente, aí se destacando o protagonismo do Serviço Social brasileiro da ALAESS-ALAETS[32]/CELATS à ALAEITS como instituições articuladoras desse tipo de organização no Serviço Social, nas quais o Serviço Social do Brasil teve participação destacada de direção. Desde o Projeto de Serviço Social do Instituto de Solidaridad Internacional (ISI), a base da criação do CELATS teve a brasileira Consuelo Quiroga como diretora acadêmica e, com a criação do CELATS, ela foi a primeira diretora, seguida pela também brasileira Leila Lima.

Não pretendo, nem é possível neste capítulo, fazer uma análise da complexidade desse eixo temático que, para tanto, exigiria uma pesquisa cuidadosa de recuperação histórica; apenas aponto alguns elementos indicativos para estudos e análises. Parto de uma periodização necessária que considera dois períodos: o primeiro, compreende a constituição da ALAESS, depois denominada ALAETS, e do CELATS; o segundo abrange a crise da ALAETS/CELATS e a criação da ALAEITS. Cabe destacar que o fato de me centrar nas organizações ALAESS-ALAETS/CELATS e ALAEITS não significa perder de vista outras formas e vias de articulação e organização dos assistentes sociais na história de sua conformação

---

31. Tenho presente as análises sobre essa categoria no pensamento de Marx e no pensamento marxista, destacadamente, as análises desenvolvidas por Mészáros (2002) com atenção às mediações de segunda e de primeira ordem que, por si sós, exigem um artigo específico, situando as instituições de organização acadêmico-política do Serviço Social nessas análises.

32. Sobre o movimento de criação da ALAETS ver Seno Cornely (2004, p. 51), Manuel Manrique Castro (1987, p. 155) e Lorena Molina M. (2004).

acadêmico-política no continente: esta profissão tem uma longa história de articulação internacional, constituída, inicialmente, a partir do projeto da Igreja e, em seu desenvolvimento, sob a égide do pan-americanismo, como bem analisa Castro (1987, p. 128). Não cabe agora tratar dessas ou de outras formas de articulação, até pela extensão do capítulo, mas é necessário ter presente a existência delas para bem dimensionar o significado da ALAESS-ALAETS e do CELATS no marco do Movimento de Reconceituação do Serviço Social na América Latina; e contribuir para pensar as perspectivas e os desafios da organização acadêmico-política do Serviço Social no continente, a partir da Asociación Latinoamericana de Enseñanza e Investigación en Trabajo Social (ALAEITS) no jogo de forças em confronto na América Latina, considerada em sua totalidade e nas particularidades dos diferentes países.

A constituição da ALAESS-ALAETS e do CELATS

A criação da ALAESS, em 1965, em Lima, Peru, ainda que no mesmo ano de deflagração do Movimento de Reconceituação do Serviço Social na América Latina, ocorre no interior do V Congresso Pan-americano de Serviço Social e em articulação com os processos organizativos e de formação profissional do pan-americanismo. Recorde-se de que a deflagração desse movimento, como citado anteriormente, ocorre no âmbito da realização, em Porto Alegre, em 1965, do I Seminário de Serviço Social Face às Mudanças Sociais na América Latina, quando se abre um espaço de debate latino-americano crítico sobre o Serviço Social no continente ao imperialismo norte-americano.

O processo de ruptura da ALAESS com o pan-americanismo e o fechamento do ciclo dos congressos pan-americanos de Serviço Social da Organização dos Estados Americanos (OEA),[33] segundo Cornely

---

33. Esses congressos tiveram início em 1945, sendo o primeiro realizado no Chile. Todo o processo pode ser visto em Castro (1987, p. 154).

(2004), têm início em 1971, com a eleição de Luiz Araneda para presidente da ALAESS. Mas só se consolidam de fato a partir da assembleia seguinte, realizada na Costa Rica, em 1974. Essa assembleia elege a mexicana Beatriz de la Veja como presidente, além de uma junta diretiva que rompe totalmente com a tutela americana (idem, ibidem, p. 54), dessa forma, o programa da ALAESS passou a ampliar a participação dos estudantes. É o período da fundação do CELATS, constituindo-se então como organismo acadêmico de ALAESS, com a passagem do projeto de Serviço Social do ISI para a ALAESS. Essa passagem foi registrada no documento base de fundação do CELATS, "Formación del Centro Latinoamericano de Trabajo Social. Conclusiones del Encuentro ISI-ALAETS", que, segundo Lima (1984, p. 16), foi elaborado pelos chilenos Diego Palma e Tereza Quiroz e o colombiano Juan Mojica.

Embora no documento conste a denominação ALAETS, a mudança da denominação de ALAESS para ALAETS só ocorreu na assembleia realizada na República Dominicana, em 1977, oportunidade em que também foi revisto o Estatuto. No novo Estatuto, a ALAETS foi aberta para a participação de todas as escolas e à participação de estudantes. O presidente eleito nessa assembleia, o brasileiro Seno Cornely,[34] promoveu uma ampla mobilização das escolas de Serviço Social no continente para se filiarem à ALAETS.[35] Segundo Lima (1984, p. 15):

> Con el ánimo de asumir una nueva concepción del Trabajo Social, en setiembre de 1977 ALAESS cambia de denominación, pasando a ser ALAETS, bajo la comprensión vigente entre algunos profesionales de que el concepto Trabajo Social era más amplio que el de Servicio Social.[36]

---

34. Ver CORNELY, Seno. *Temporalis*, n. 7, p. 50, 2003.

35. Seno Cornely, pelo menos nos escritos a que tive acesso, não faz referência à mudança da denominação de Serviço Social para Trabalho Social e, sobretudo, porque no Brasil não se fez a alteração, nem mesmo o debate; uma orientação da mesma assembleia que o elegeu presidente e mudou o nome da associação de ALAESS para ALAETS.

36. Preferi aqui colocar o texto em espanhol para evitar dúvidas, a partir da tradução, em torno de uma interpretação corrente de que a denominação é apenas questão de língua e que, portanto, *Trabajo Social* é *Serviço Social*, em português; e *Serviço Social* é *Trabajo Social*, em espanhol. E assim, de fato, ficou estabelecido, inclusive porque no Brasil, o único país de língua

A mudança ocorre em um momento em que o CELATS já exercia uma significativa influência na ALAETS. Em sua estruturação, implementação e consolidação, o CELATS que contou com a participação de duas brasileiras em sua direção, primeiro, Consuelo Quiroga e em seguida Leila Lima,[37] assume um profundo protagonismo no Serviço Social em todo o continente latino-americano. Com sustentação financeira da Fundação Konrad Adenauer,[38] estrutura física excelente, um corpo de funcionários administrativos, uma equipe de pesquisadores e uma direção de alto nível acadêmico, intelectual e ideológico, essa instituição teve todas as condições para impulsionar uma programação acadêmica dirigida a todo o continente e desenvolvida através de áreas temáticas: área de investigação; área de capacitação continuada; área de investigação-ação ou modelos práticos; e área de comunicação.

Essas instituições, ALAETS e CELATS, com origens diferentes, mas sob o impulso do Movimento de Reconceituação do Serviço Social na América Latina, participaram, efetivamente, da construção de um novo patamar na profissão no continente: nas relações internacionais do Serviço Social latino-americano, consolidando o rompimento com o pan-americanismo, e construindo uma nova concepção na articulação latino-americana. De modo particular, destacou-se o CELATS com seu

---

portuguesa do continente latino-americano, o Serviço Social não fez o debate nem assumiu a proposta. O livro *A questão da transformação e o trabalho social. Uma análise gramsciana*, de Alba Pinho de Carvalho, publicado pela Cortez Editora em 1983, expressou a tendência de outros países do continente, assumindo a nova denominação. Embora tenha sido uma obra importante, que alcançou repercussão nacional, não potencializou o debate no meio profissional, particularmente, nas instituições de organização acadêmico-política da profissão, como a ABESS, atual ABEPSS.

37. É provável que a forte experiência do chamado "Método BH" tenha sido uma referência importante para que as duas brasileiras assumissem os cargos de direção citados. Ambas participaram da experiência desde a concepção e elaboração da proposta. Ver depoimento de Leila Lima no Seminário Nacional Congresso da Virada 30 anos (2012, p. 77).

38. A Fundação Konrad Adenauer (KAS) é uma fundação alemã vinculada ao Partido União Democrata Cristã da Alemanha (CDU). O nome vem do cofundador do partido CDU e primeiro chanceler alemão, Konrad Adenauer (1876-1967) que "aglutinou as tradições sociais, cristãs, conservadores e liberais". Disponível em: <http://www.kas.de/brasilien/pt/about/>. Acesso em: 10 fev. 2016.

projeto acadêmico-político,[39] assentado em condições objetivas e subjetivas profundamente favoráveis. A articulação do Serviço Social na América Latina ganhou um sentido estratégico, buscando a articulação orgânica da academia com a organização política dos assistentes sociais; e, nesse sentido, trouxe para a direção da instituição representantes da formação profissional e dos chamados "grêmios" ou organização de profissionais da prática interventiva. Por essa via, Luiza Erundina, uma das dirigentes da massa de profissionais do Serviço Social no Brasil, com atuação destacada no movimento de organização nacional dos assistentes sociais e no Congresso da chamada *virada*, participou do Conselho Diretivo do CELATS; este, eleito na Assembleia da ALAETS realizada em São Paulo, em 1980, quando foi eleita a boliviana, Eddy Jimenez, para a presidência. Recorde-se de que, nesse ano, São Paulo estava no clima da irrupção operária na retomada das greves de caráter massivo (Frederico, 1991, p. 11) a partir do ABC paulista, das mobilizações populares, das comunidades eclesiais de base; e o Serviço Social intensamente inserido nesse movimento acabara de realizar o III Congresso de Assistentes Sociais, o chamado Congresso da *virada*, e avançava na organização política desses profissionais, através da Associação Nacional das Assistentes Sociais (ANAS).[40] A conjuntura nacional, portanto, agitada pelas lutas sociais e as greves operárias, deflagradas no final da década de 1970, era favorável e instigante para os debates e os embates nessa profissão sobre a urgente necessidade de avanço da formação acadêmica-profissional e do exercício profissional, em consonância com as lutas que ocorriam no país e com a perspectiva de uma alternativa econômica e política que essas lutas apontavam.

Assim, respaldadas no processo político-organizativo brasileiro, as duas instituições nacionais de organização do Serviço Social no Brasil — Associação Brasileira de Ensino em Serviço Social — ABESS (atual

---

39. Ver LIMA, Leila. Una parte de la historia del Trabajo Social: seis años en el CELATS. *Nuevos Cuadernos CELATS*, Lima, CELATS, 1984.

40. Sobre o III Congresso e a Associação Nacional das Assistentes Sociais (ANAS) ver Abramides e Cabral (1995, p. 169). Ver também os "depoimentos históricos" feito na "Mesa de Depoimentos Históricos: a chama em meu peito ainda queima, saiba! Nada foi em vão", durante o Seminário Nacional, 30 anos Congresso da Virada (2012, p. 39).

Associação Brasileira de Ensino e Pesquisa em Serviço Social — ABEPSS) e ANAS (extinta, em 1989)[41] — foram chamadas a participar dos eventos seguintes, promovidos por ALAETS/CELATS: o IX Seminário Latino-Americano e a assembleia da ALAETS, realizados no México, em 1983. Aí chegaram sem uma proposta política ou eleitoral para ALAETS/CELATS, mas suas representantes, Regina Marconi, pela ANAS, e Josefa Batista Lopes, pela ABESS, foram chamadas a participar da chapa que teve Nídia Zuñiga Castillo da Nicarágua candidata a presidente. É importante destacar que havia uma expectativa dos movimentos revolucionários internacionais (dos quais a Nicarágua era, naquele momento, a mais importante referência na América Latina) em relação ao apoio do Brasil.

A indicação para a candidatura e eleição foi feita à representação da ABESS, como representação acadêmica, cabendo-lhe o cargo de vice-presidente. E deu-se com base em um processo desencadeado pelas forças políticas que se articularam a partir de outros países, tendo a Nicarágua à frente, todas animadas pelo forte movimento que vivia o Serviço Social no Brasil naquele momento, e o interesse da chapa de que a "representação gremial" fosse também para a Nicarágua. Também é importante registrar que a articulação coordenada pela delegação da Nicarágua expressava, em grande medida, uma demanda do governo sandinista (à época carecendo ampliar seu apoio internacional em face do avanço da ofensiva dos "contra"[42]). Para o governo, era importante aprofundar os laços com os movimentos combativos do Brasil e de todo o mundo. Daí que todas as instituições no país eram orientadas a disputar espaços nas instituições internacionais.

Realizada a eleição no retorno ao Brasil, a vice-presidência foi assumida como responsabilidade do movimento nacional do Serviço Social brasileiro que deveria envolver, em uma dinâmica unitária: a ABESS, a ANAS (presentes e comprometidas com o processo desenvolvido no México), a organização nacional dos estudantes e o Conselho Federal de Serviço Social (CFESS) a serem convocados.

---

41. Sobre a extinção da ANAS, ver Abramides e Cabral (1995, p. 207).

42. Grupo de oposição à Revolução Sandinista, desde o início incentivado e apoiado pelos Estados Unidos da América.

Entendeu-se, a partir daí, que era urgente o encaminhamento, no Brasil, do debate em torno da questão latino-americana e dos organismos de organização da categoria no continente. A atuação da vice-presidência no país foi coletiva e desenvolvida por um conjunto de entidades nacionais, destacadamente ABESS e ANAS, na mobilização dos profissionais de Serviço Social em relação à questão da América Latina, apontando a articulação em torno da ALAETS e do CELATS, orientada pela perspectiva da alternativa crítica no Serviço Social, em construção no continente, em um movimento intenso nos diversos países que contou com a presença e a direção dessas instituições.[43]

Tratava-se de um debate difícil que, à época, as escolas não assumiam efetivamente. Todavia, as instituições de organização do movimento dos assistentes sociais, mediante a constituição de uma articulação sistemática para as questões da América Latina, lograram introduzir e fazê-lo avançar nos eventos regionais e nacionais da categoria. Essa articulação, além de coordenar os debates, convocou e realizou um encontro nacional, em Salvador, Bahia, preparatório ao X Seminário Latino-americano de 1986, realizado em Medellín. Esse encontro, que contou com a participação de estudiosos da questão latino-americana e das relações internacionais, produziu um debate acadêmico-político importante, em grande parte registrado nos *Cadernos ABESS*, n. 2, sobre as relações internacionais e o Serviço Social brasileiro. A propósito da discussão sobre a questão latino-americana no Serviço Social, Emir Sader lembrou-se de uma tese segundo a qual o Brasil

---

43. Esse apoio foi amplo com grande expressão no processo acadêmico e no processo organizativo dos profissionais. No acadêmico, destacam-se: a contribuição na ampliação do acervo bibliográfico, que influenciou significativamente na formulação do pensamento crítico na profissão, e o apoio à realização de pesquisas e a iniciativa da pós-graduação a partir de Honduras. No primeiro aspecto, cabe lembrar o papel desempenhado pela revista *Acción Crítica* no primeiro momento de sua publicação; e na pesquisa deve ser citada a pesquisa sobre a história da profissão em alguns países do continente da qual resultou, por exemplo, as clássicas obras de Iamamoto e Carvalho (2008); e Castro (1987). No tocante ao processo organizativo, o CELATS desempenhou uma forte presença nos países onde a organização político-profissional dos assistentes sociais mais avançou; também neste aspecto, o Brasil é um importante exemplo pela presença desse organismo em apoio à organização da ANAS e na organização da "virada" do III Congresso de Assistentes Sociais, realizado em 1979 (ver Abramides e Cabral, 1995).

"sempre esteve de costas para a América Latina e virado para a Europa".[44] Ou seja, historicamente, o Brasil como Estado-nação pouco tem se envolvido com a temática e a problemática latino-americana.[45] Nesse sentido, o encontro de Salvador representou uma síntese dos esforços que vinham sendo empreendidos e, ao mesmo tempo, um significativo avanço em relação ao debate do tema, sendo que a agenda, além de incluir a questão latino-americana, incluiu também a perspectiva de participação do Brasil nas eleições, agora para a presidência da ALAETS e, por consequência, do conselho diretivo CELATS, com a indicação das mesmas forças políticas articuladas no México. Tinha-se aí, portanto, uma demanda político-eleitoral ao lado da questão acadêmica que apresentava a exigência da criação de mecanismos sólidos e permanentes capazes de garantir o debate sobre a questão internacional — e nela as especificidades da América Latina — e sobre a formação profissional em Serviço Social no continente.

Ao contrário do ocorrido no Seminário do México, o Brasil chegou em Medellín com uma delegação bem articulada em torno de um projeto acadêmico-político eleitoral, coordenada pelas presidentes da ANAS, Beatriz Abramides, e da ABESS, Eugênia Célia Raizer. A eleição ocorreu em um alto nível de tensão porque duas chapas se enfrentaram, sendo que a chapa oponente tinha como candidato a presidente um membro da organização do evento na Colômbia. A chapa com o Brasil na presidência, assumida por Josefa Batista Lopes, foi vitoriosa.

Na presidência, ao lado das atividades de abrangência continental, a partir da direção das duas instituições, ALAETS/CELATS,[46] havia

---

44. Ver SADER, Emir. Estado e movimentos sociais na América Latina. *Cadernos ABESS*, São Paulo: Cortez, n. 2, 1988.

45. A história recente vem apontando uma pequena mudança, com as lutas contra a criação da Área de Livre Comércio das Américas (ALCA), derrotada no Brasil pela mobilização popular que realizou até um plebiscito; e também pela política externa do governo do PT na presidência da República, assumida por Luiz Inácio Lula da Silva, em 2003, com viés latino-americanista e orientada para as relações Sul-Sul.

46. Aproveito a oportunidade para agradecer às companheiras e aos companheiros assistentes sociais latino-americanos, e em particular as brasileiras e os brasileiros, que me propiciaram a oportunidade de viver uma das minhas mais importantes experiências no Serviço Social, no encontro com "as veias abertas da América Latina" e com minha latino-americanidade. Agradeço

a responsabilidade com o movimento interno no Brasil, desafiado a avançar em relação ao período anterior. Um trabalho que foi facilitado pela direção das presidentes, à época, da ANAS,[47] Beatriz Abramides, e da ABESS, Eugênia Célia Raizer. Nesse sentido, cabe destacar três eixos de iniciativas, duas delas envolvendo as instituições nacionais de organização dos assistentes sociais no país, quais sejam: (a) a constituição do que se chamou Articulação das Entidades de Serviço Social para as questões latino-americanas; (b) o esforço de inclusão sistemática das questões latino-americanas no debate nacional, a partir dos eventos nacionais, regionais e locais. A terceira foi uma experiência restrita, porque de iniciativa de uma unidade de ensino: trata-se da introdução da matéria "Questão Social e Relações Internacionais" como disciplina obrigatória — tendo como um dos eixos centrais a América Latina — no currículo do curso de Serviço Social da Universidade Federal do Maranhão, onde a presidente exercia a docência.

Em nível continental, a gestão foi marcada por dois fortes e tensos movimentos: (1) o avanço do debate, já colocado desde a gestão anterior, sobre a perspectiva de perda do financiamento da Fundação Konrad Adenauer para o CELATS e a tentativa de reverter ou adiar a suspensão; (2) o debate sobre "Serviço Social Alternativo" no âmbito de uma pesquisa realizada pelo CELATS, com ampla repercussão no Serviço Social brasileiro, a partir de dois seminários sobre o Projeto Pedagógico em Serviço Social: um nacional, brasileiro, e um latino-americano, reunindo representantes de vários países, ambos realizados em Natal[48] em outubro de 1988. Nesses seminários, foi dada a conhecer a crítica feita por Marilda Vilela Iamamoto e José Paulo Netto, através do texto "'Serviço Social Alternativo: elementos para a sua problematização" (Iamamoto, 1992, p. 131). Embora não seja

---

a contribuição e dedicação dos funcionários da equipe acadêmica e, em particular, das Diretoras do CELATS, no período em que fui presidente: a chilena, Teresa Quiroz, a Teresita; e a peruana, Margarita Rozas, companheiras de uma viagem desafiadora.

47. Sobre esse processo e a participação da ANAS, ver Abramides e Cabral (1995, p. 169).

48. A cidade de Natal (RN) à época sediava a executiva da ABEPSS, que tinha como presidente Justina Iva de Araújo Silva.

aqui o espaço nem o momento de travar o debate, destaco que ele poderia ter sido indicativo e incentivador para avanços de pesquisas e análises sobre a *alternativa como categoria*,[49] de relevância histórica para além do Serviço Social, mas foi abortado em seu nascedouro. Continua, portanto, em aberto, com a possibilidade de recolocação da polêmica em novas bases entre os pesquisadores do Serviço Social e seus profissionais.

DA CRISE DA ALAETS/CELATS À CRIAÇÃO DA ALAEITS

O debate sobre a perda do financiamento da Fundação Konrad Adenauer para o CELATS aprofundou-se na gestão da presidente Lorena Molina, da Costa Rica, eleita no XI Seminário Latino-americano, realizado em Quito, Equador, em 1989; e, em seguida, houve até a suspensão efetiva e a instalação da profunda crise que pôs fim ao CELATS como instituição continental e sua transformação em uma instituição nacional do Peru. Pouco se discutiu, porém, a relação do corte do financiamento e o reposicionamento da Fundação Konrad Adenauer como órgão vinculado ao Partido da Democracia Cristã Alemã, no contexto histórico de reordenamento dos países do capitalismo central, como a Alemanha, no pós-queda do muro de Berlim em 1989. Com a derrocada total da União das Repúblicas Socialistas Soviéticas (URSS) e da experiência do chamado socialismo real, ocorreu o avanço do conservadorismo com ascensão da chamada "nova

---

49. Não só Lukács, mas também Mészaros, Gramsci e Florestan (aqui destaco só as principais referências dos meus estudos) oferecem elementos para um debate profícuo capaz de contribuir para o amadurecimento dos intelectuais do Serviço Social na construção e no desenvolvimento de uma polêmica sobre o tema. Entre eles, destaco Lukács por sua explícita apreensão da *alternativa como categoria*. Segundo ele: "A alternativa, que também é um ato de consciência, é, pois, a *categoria mediadora* com cuja ajuda o espelhamento da realidade se torna veículo do pôr de um ente" (Lukács, 2013, p. 73; grifos nossos). É exemplar e instrutiva a polêmica que Mészáros abre com Lukács em seu livro *Para além do capital* (Mészáros, 2002, p. 84, 205 e 347) em relação à *alternativa*.

direita" (Cueva, 1989, p. 19), enfim, o avanço da contrarrevolução mundial. Como muitos estudos já demonstram, esse contexto expressa um movimento amplo e complexo de transformações profundas com a flexibilização[50] das relações de produção e trabalho, sob a chancela da ideologia neoliberal em expansão no "globo terrestre", desde a vitória eleitoral de Margaret Thatcher na Inglaterra, em 1979. E, nesse movimento, perde força a organização política dos trabalhadores, em todo o mundo, e avança na América Latina a estratégia das ONGs que passaram a receber atenção especial dos órgãos de financiamento internacional, como a Konrad Adenauer e outras da Alemanha e de outros países. Conclui-se, portanto, o processo de esgotamento do projeto ALAETS/CELATS nos termos propostos desde o Movimento de Reconceituação do Serviço Social na América Latina no qual o financiamento é um aspecto importante, mas não o único. É necessário ter presente o avanço acadêmico e político da profissão no continente com inserção nas universidades, que esvaziou também o projeto acadêmico do CELATS. Uma análise mais rigorosa desse esgotamento continua em aberto para pesquisas sistemáticas no Serviço Social latino-americano.

Nesse processo o Serviço Social brasileiro, através da ABEPSS, foi um importante aliado no debate sobre a crise que a perda do financiamento provocou no CELATS e na ALAETS, destacadamente as gestões presididas por Marieta Koik (1998-2000), Jussara Maria Rosa Mendes (2003-2004) e Ana Elizabete Mota (2005-2006), no movimento que resulta na organização da instituição que sucedeu à ALAETS: a Asociación Latinoamericana de Enseñanza e Investigación en Trabajo Social (ALAEITS).

O debate realizado em Porto Alegre, em 2003, no Seminário Latino-americano,[51] promovido pela ABEPSS, na gestão presidida por

---

50. Ver Harvey (1989, p. 135).

51. A ABEPSS dedicou um número especial da revista *Temporalis* que "contempla o processo de construção da memória da articulação político-acadêmica do Serviço Social na América Latina, por meio de depoimentos e análises dos sujeitos que fizeram esta história" (Executiva Nacional da ABEPSS, 2004, p. 4).

Jussara Maria Rosa Mendes (2003-2004), é uma importante referência do esforço e da contribuição dessa instituição de organização acadêmico-política no Brasil para a superação da crise da ALAETS/CELATS e seu impacto na articulação do Serviço Social na América Latina. Em decorrência desse movimento, Jussara Mendes participou na "Junta Reorganizadora de la Asociación Latinoamericana de Escuelas de Trabajo Social — ALAETS" e deu uma significativa contribuição ao processo que pôs fim à ALAETS e ao CELATS nos termos até então constituídos e em funcionamento; mas assegurando a perspectiva de articulação do Serviço Social na América Latina a partir da constituição de um novo ente.

A gestão seguinte da ABEPSS, presidida por Ana Elizabete Mota (2005-2006), avança no debate pensando a questão latino-americana no âmbito de relações e intercâmbios internacionais. Nesse aspecto, considerou as exigências de intercâmbio internacional que avançavam no Brasil, particularmente em relação aos programas de pós-graduação. Desse avanço no debate, a ABEPSS criou o Grupo de Trabalho (GT) de Relações Internacionais e produziu mudanças em sua própria estrutura e organização interna, criando a Coordenação de Relações Internacionais, sustentada no texto "Notas para pensar a política de articulação internacional da ABEPSS na gestão 2005/2006: a prioridade estratégica da articulação latino-americana" (Lopes, 2006).[52]

A influência do debate realizado no Brasil sobre a concepção da instituição de organização acadêmico-política do Serviço Social, a ABEPSS, expressou-se na denominação e pode-se ver aí uma relação interessante com ALAETS/CELATS. Enquanto o movimento de criação do Centro de Documentação e Pesquisa em Política Social e Serviço Social (CEDEPSS), na ABESS, na gestão presidida por Eugênia Célia Raizer (1985-1987), pautou-se na estrutura ALAETS/CELATS, a partir de então a ALAEITS expressa o movimento ocorrido na ABESS de assegurar a unidade orgânica de ensino e pesquisa através de uma única

---

52. O texto foi elaborado no âmbito do GT de Relações Internacionais da ABEPSS, por Josefa Batista Lopes, membro do referido GT, e passou pela discussão e aprovação da diretoria.

instituição: ABESS/CDEPSS, em suas funções, organicamente articuladas, na Associação Brasileira de Ensino e Pesquisa em Serviço Social (ABEPSS); a ALAEITS propõe-se a expressar essa unidade.

A Asociación Latinoamericana de Enseñanza e Investigación en Trabajo Social (ALAEITS) foi fundada em Santiago do Chile, em 2006, contando com um forte protagonismo da delegação brasileira, coordenada pela presidente da ABEPSS, em articulação com a "Junta Reorganizadora de la Asociación Latinoamericana de Escuelas de Trabajo Social — ALAETS". Na mesma assembleia de criação aprovação dos Estatutos, também foi eleita a brasileira Ana Elizabete Mota como primeira presidente de uma diretoria executiva continental, mas integrada por pessoas do mesmo país. Compuseram a executiva no Brasil: Beatriz Abramides, como secretária; Carlos Montaño, como tesoureiro; e Elaine Bering, como suplente de presidente; e, em apoio continental na América Latina, a diretoria contou com os representantes indicados pelos países, conforme o Estatuto. Com amplo respaldo na articulação e organização da ABEPSS, coube à diretoria a responsabilidade de implantar a ALAEITS e coordenar a preparação e realização do XIX Seminario Latinoamericano de Escuelas de Trabajo Social, que deu sequência aos seminários realizados pela ALAETS. Previsto antes para o México, por dificuldades no país para a realização, o seminário foi realizado em Guayaquil, Equador, com o tema "El Trabajo Social en la coyuntura latinoamericana: desafíos para su formación, articulación y acción profesional", contando com o apoio dos grupos históricos na articulação latino-americana daquele país, tendo à frente Patrícia Quintero.

Considerações finais

Nas considerações finais deste capítulo, começo por destacar a questão do imperialismo, ressaltando sua atualidade, como indicado na introdução, um dos eixos de questões postas pelo Movimento de

Reconceituação do Serviço Social na América Latina, na perspectiva da construção da alternativa crítica na profissão; e acrescento agora, na *sustentação* dessa perspectiva no Serviço Social nas condições objetivas atuais. Se por um lado o Serviço Social na América Latina avançou e superou sua relação de dependência teórica, e, na alternativa crítica, travou a luta ideológica em torno da concepção de Serviço Social e sua mediação nas relações de classes, por outro, o imperialismo consolidou-se, expandiu-se e as condições objetivas de sustentação da alternativa crítica tornaram-se mais complexas com a derrocada das referências revolucionárias no mundo.

E nesse sentido, ao completar 100 anos neste ano de 2016, o livro de Lênin (1979)[53] ainda é atual, fundamental, e tem muito a dizer à luta dos povos por soberania, contra o imperialismo na sua expressão contemporânea; e à luta por emancipação, como uma *necessidade histórica* das classes trabalhadoras, exploradas, dominadas, humilhadas. E muito a dizer, em particular, ao movimento de articulação internacional do Serviço Social, orientado pelo que considero o mais importante dos legados do movimento à profissão no continente: a vinculação dos profissionais aos interesses dessas classes, em efetivo compromisso com a *necessidade histórica* de emancipação e, nessa perspectiva, enfrentando, cotidianamente, os desafios da contradição posta ao exercício profissional, sobretudo em sua dimensão interventiva, mas também nas demais dimensões do Serviço Social. Evidentemente, 100 anos depois da publicação da obra de Lênin, torna-se necessária a atualização das análises, considerando os movimentos concretos do desenvolvimento do capitalismo e sua expansão por todo o "globo terrestre" na chamada globalização, sob a hegemonia do capital financeiro. E muitas análises vêm avançando nesse sentido, por exemplo, David Harvey, em *O novo imperialismo* (2003) e Boron, em *Império & imperialismo* (2002), e Farias (2013), em *O modo estatal global, crítica da governança planetária*.

---

53. Escrito em 1916 e publicado pela primeira vez em meados de 1917, foi traduzido e teve a primeira edição publicada no Brasil em 1979 pela Global.

Com essa referência, impõe-se a necessidade de uma clara visão crítica sobre o significado e as tendências das relações internacionais do Serviço Social no Brasil, destacando a especificidade latino-americana; e, nesse aspecto, a necessidade de uma estratégia de longo prazo para a articulação com o Serviço Social no continente e em relação à ALAEITS. Assim, é importante ter presente as diferentes formas e vias de articulação internacionais, realizadas por uma ampla rede de organismos mundiais, continentais, nacionais, estaduais e locais que envolvem profissionais e estudantes. Cabe destaque à via em expansão no país com incentivo dos organismos de apoio à pesquisa e à pós-graduação que hoje fazem exigência em torno da articulação internacional. É uma via que vem sendo trilhada sem a mediação das instituições de organização nacional ou continental, específicas de Serviço Social, mas das unidades de ensino. A realidade é desafiadora para as instituições de organização e articulação do Serviço Social como instituições de mediação da alternativa crítica na profissão. Elas são fundamentais, mas as exigências para que respondam de modo adequado e crítico às necessidades atuais de articulação são cada vez mais complexas: seja pelas condições de elevado nível de desenvolvimento acadêmico da profissão no continente, e em particular no Brasil, desde a deflagração do Movimento de Reconceituação; seja pelas condições atuais de avanço do conservadorismo no continente e em todo o mundo, destacando-se nesse aspecto o *cerco* à Revolução Cubana, uma importante referência do início do Movimento de Reconceituação do Serviço Social na América Latina. Sabendo-se, evidentemente, que esse avanço não se dá sem resistência das classes oprimidas e progressistas, como as que vêm se expressando em todas as partes do mundo e, em particular no Brasil, onde já se abre um novo ciclo de lutas de massa, desde as chamadas "jornadas de junho".[54]

---

54. Entre as várias referências, ver: Vainer et al. (2013) e Harvey et al. (2012).

REFERÊNCIAS BIBLIOGRÁFICAS

ABRAMIDES, Maria Beatriz; CABRAL, Socorro. *O novo sindicalismo e o Serviço Social*. São Paulo: Cortez, 1995.

ABREU, Marina Maciel; CARDOSO, Franci Gomes; LOPES, Josefa Batista. O caráter pedagógico da intervenção profissional e sua relação com as lutas populares. In: ABRAMIDES, Maria Beatriz; DURIGUETT, Maria Lúcia (Orgs.). *Movimentos sociais e Serviço Social*: uma relação necessária. São Paulo: Cortez, 2014.

ALAYÓN, Norberto (Org.). *Trabajo social*: a 40 años de la reconceptualización. Buenos Aires: Espacio Editorial, 2005.

ALVES, Maria Helena. *Estado e oposição no Brasil*. Petrópolis: Vozes, 1984.

BORON, Atilio. Reformas del Estado en América Latina: sus consecuencias sobre la inclusión social y la participación democrática. *Temporalis*, n. 7, p. 6-39, 2003.

_____. *Estado, capitalismo e democracia na América Latina*. Rio de Janeiro: Paz e Terra, 1994.

_____. *Império. Imperialismo*: uma leitura crítica de Michael Hardt e Antoni Negri. Buenos Aires: CLACSO, 2002.

CASTRO, Manuel Manrique. *História do Serviço Social na América Latina*. São Paulo: Cortez/CELATS, 1987.

CORNELY, Seno Antonio. História da organização político-acadêmica do Serviço Social na América Latina. *Temporalis*, Porto Alegre, ABEPSS, ano 4, n. 7, 2004.

CUEVAS, Agustín. A guinada conservadora. In: _____ (Org.). *Tempos conservadores*. São Paulo: Hucitec, 1989.

_____. *El desarrollo del capitalismo en America Latina*. México: Siglo Veintiuno, 1990

FALEIROS, Vicente de Paula. Reconceptualización: acción política y teoria dialética. *Acción Crítica*, Lima, n. 8, 1980.

FARIAS, Flávio. *O modo estatal global*: crítica da governança planetária. São Paulo: Xamã, 2013.

FERNANDES, Florestan. *Capitalismo dependente e classes sociais na América Latina*. Rio de Janeiro: Zahar, 1973.

_____. *A revolução burguesa no Brasil*. Rio de Janeiro: Guanabara, 1987.

FREDERICO, Celso. *A esquerda e o movimento operário*: 1964-1984. A reconstrução. Belo Horizonte: Oficina do Livro, 1991. v. 3.

GALEANO, Eduardo. *As veias abertas da América Latina*. Rio de Janeiro: Paz e Terra, 2002.

GIORDANI, Igino. Apresentação. *Rerum Novarum*. Carta Encíclica de Sua Santidade o Papa Leão XIII sobre a Condição dos Operários. São Paulo: Paulinas, 2000.

GRAMSCI, Antonio. *Cadernos do cárcere*. Introdução ao estudo da filosofia. A filosofia de Benedito Croce. Rio de Janeiro: Civilização Brasileira, 1999. v. 1.

_____. *Cadernos do cárcere*. Maquiavel. Notas sobre Estado e política. Rio de Janeiro: Civilização Brasileira, 2000. v. 3.

HARVEY, David. *A condição pós-moderna*. São Paulo: Loyola, 1992.

_____. *O novo imperialismo*. São Paulo: Loyola, 2003.

_____ et al. *Occupy. Movimentos de protesto que tomaram as ruas*. São Paulo: Boitempo/Carta Maior, 2012.

HOBSBAWM, Eric (Org.). *História do marxismo. O marxismo hoje*. Rio de Janeiro: Paz e Terra, 1983.

IAMAMOTO, Marilda; CARVALHO, Raul de. *Relações sociais e Serviço Social no Brasil*. Esboço de uma interpretação histórico-metodológica. São Paulo/Lima: Cortez/CELATS, 1982.

_____; NETTO, José Paulo. "Serviço Social alternativo": elementos para a sua problematização. In: _____. *Renovação e conservadorismo no Serviço Social*: ensaios críticos. São Paulo: Cortez, 1992.

KONDER, Leandro. *Intelectuais brasileiros & marxismo*. Belo Horizonte: Oficina de Livros, 1991.

LÊNIN, V. *Imperialismo, fase superior do capitalismo*. São Paulo: Global, 1979.

LIMA, Boris Alex. *Contribuição à metodologia do Serviço Social*. Belo Horizonte: Interlivros, 1975.

LIMA, Leila. Marchas y contramarchas del trabajo social: repasando la reconceptualización. *Acción Crítica*, Lima, n. 6, 1979.

_____. Una parte de la historia del Trabajo Social. Seis años en el CELATS. *Nuevos Cuadernos CELATS*, Lima, CELATS, n. 2, 1984.

_____. Mesa de depoimentos históricos: a chama em meu peito ainda queima, saiba! Nada foi em vão. In: SEMINÁRIO NACIONAL, CONGRESSO DA VIRADA, 30 ANOS. Brasília, CFESS, 2012.

_____; IAMAMOTO, Marilda; CARVALHO, Raul de. Encuentro Nacional de Capacitación. *Acción Crítica*, Lima, 1979.

_____; RODRIGUEZ, Roberto. Metodologismo: estalido de uma época. *Acción Crítica*, Lima, n. 2, 1977.

LOPES, Josefa Batista. *Projeto de institucionalização do Grupo de Estudo, Pesquisa e Debates em Serviço Social e Movimento Social (GSERMS)*. Apresentado ao Departamento de Serviço Social — DESES/UFMA, São Luís, 1997.

_____. *O Serviço Social na América Latina*: nas malhas da modernização conservadora e do projeto alternativo de sociedade. Tese (Doutorado) — Pontifícia Universidade Católica, São Paulo, 1998.

_____. *Notas para pensar a política de articulação internacional da ABEPSS na gestão 2005/2006*: a prioridade estratégica da articulação latino-americana. Recife: Gestão ABEPSS 2005/2006, 2006. (Texto impresso.)

_____. História da organização político-acadêmica do Serviço Social na América Latina: significado e perspectivas da ALAETS e do CELATS para a organização dos assistentes sociais no Brasil. *Temporalis*, Porto Alegre: ABEPSS, ano 4, n. 7, 2004.

LÖWY, Michel. *Marxismo e teologia da libertação*. São Paulo: Cortez, 1991.

_____. A teoria do desenvolvimento desigual e combinado. In: COUTINHO, Joana Aparecida; LOPES, Josefa Batista (Orgs.). *Crise do capital, lutas sociais e políticas públicas*. São Paulo: Xamã, 2012.

LUKÁCS, György. *Para uma ontologia do ser social II*. São Paulo: Boitempo, 2013.

MARIATEGUI, José Carlos. *Siete ensayos de interpretación de la realidad peruana*. Barcelona: Editorial Crítica, 1976.

MARINI, Ruy Mauro. *A dialética da dependência*. Petrópolis/Buenos Aires: Vozes/CLACSO, 2000.

MARX, Karl. *O 18 Brumário e cartas a Kugelmann*. Rio de Janeiro: Paz e Terra 1974.

_____; ENGELS, Friedrich. *Manifesto do Partido Comunista*. Petrópolis: Vozes, 1988.

MÉSZÁROS, István. *Para além do capital*. São Paulo: Boitempo, 2002.

_____. Kant, Hegel, Marx: a necessidade histórica e o ponto de vista da economia política. In: _____. *Filosofia, ideologia e ciência social*. São Paulo: Boitempo, 2008.

MOLINA, Maria Lorena M. (Org.). *Contribuciones al debate sobre el futuro de ALAETS/CELATS*. Costa Rica, 2004. (Texto impresso.)

NETTO, José Paulo. La crítica conservadora a la reconceptualización. *Acción Crítica*, Lima, n. 9, 1981.

_____. *Ditadura e Serviço Social*: uma análise do Serviço Social no Brasil pós-64. São Paulo: Cortez, 1991.

_____. A reconceituação: ainda viva, 40 anos depois. In: ALAYÓN, Norberto (Org.). *Trabajo social*: a 40 años de la reconceptualización. Buenos Aires: Espacio Editorial, 2005.

PARODI, Jorge. Hacia una reconceptualización en la "Reconceptualización: una nota adicional". *Acción Crítica*, Lima, n. 4, 1978.

PEIXOTO, Fernando (Org.). *Encontro de intelectuais pela soberania dos povos de nossa América*. São Paulo: Hucitec, 1982.

PRADO JR., Caio. *Evolução política no Brasil*. São Paulo: Companhia das Letras, 2012.

VAINER, Carlos et al. *Cidades rebeldes*: passe livre e as manifestações que tomaram as ruas do Brasil. São Paulo: Boitempo/Carta Maior, 2013.

Capítulo 13

Revista *Serviço Social & Sociedade* e os 80 anos do Serviço Social brasileiro:
a marca da renovação

MARIA CARMELITA YAZBEK
MARIA LÚCIA MARTINELLI
MARIANGELA B. WANDERLEY
RAQUEL RAICHELIS

À Myriam Veras Baptista, nossa homenagem como principal idealizadora da revista Serviço Social & Sociedade.

INTRODUÇÃO

Em 2016, comemoramos 80 anos do Serviço Social brasileiro. De acordo com o Conselho Federal de Serviço Social (CFESS), somos o maior colégio profissional da América Latina, com mais de 160 mil assistentes sociais, e o segundo do mundo, logo depois do norte-}--americano. Construímo-nos com coragem e com a colaboração de muitas gerações.

O objetivo deste capítulo é apresentar algumas reflexões sobre o papel da revista *Serviço Social & Sociedade*, que chega a seu número 126, na construção da profissão no Brasil, em estreita e permanente interlocução com o desenvolvimento histórico do Serviço Social, a partir da compreensão de que o fundamento das profissões é a realidade social. Assim, partimos do pressuposto de que a profissão de Serviço Social só pode ser entendida no movimento histórico das classes sociais na sociedade, como produto de relações sociais, de ações recíprocas dos homens entre si, no complexo processo de reprodução social da vida (cf. Iamamoto, 1982; Yazbek, Martinelli e Raichelis, 2008). É com essa compreensão que também situamos a gênese e o desenvolvimento da revista.

Contexto que dá origem à revista *Serviço Social & Sociedade* e os caminhos percorridos

A revista *Serviço Social & Sociedade* veio a público em 1979 em um contexto de grande efervescência social e política. O reaparecimento das lutas operárias no cenário político brasileiro, com as greves metalúrgicas no ABC paulista a partir de 1978, criou as bases para uma inflexão na luta contra a ditadura civil-militar. Era um momento de rearticulação dos movimentos populares sociais de creches, moradia e saúde nas periferias das grandes cidades, quando "novos personagens entraram em cena", parafraseando Eder Sader em seu conhecido livro do mesmo nome publicado em 1988. Momento de resistência política, de múltiplos embates, de lutas clandestinas, de retomada de entidades fechadas no período militar e de movimentos em que os trabalhadores enfrentavam a ditadura lutando contra a opressão e o arbítrio. Foi, portanto, nos marcos de ascensão do movimento político dos trabalhadores e da luta da sociedade brasileira contra a ditadura que os/as assistentes sociais se posicionaram coletivamente, por meio de suas entidades representativas, em face do contexto político, econômico e social do país, em uma conjuntura de acirramento político contra a ditadura civil-militar.

Para a profissão de Serviço Social, 1979 foi o ano da "virada", de realização do III Congresso Brasileiro de Assistentes Sociais, pouco antes da decretação da anistia no Brasil e do III Encontro Nacional de Entidades Sindicais que cria a CENEAS (Comissão Executiva Nacional de Entidades Sindicais de Assistência Social). Nesse cenário de lutas, assistentes sociais brasileiros repudiam o conservadorismo da profissão e tornam público seu compromisso com a classe trabalhadora, com a renovação e com a democracia na perspectiva da socialização do poder político, da riqueza e da cultura. Nessa conjuntura emblemática, a profissão assume a reorganização política das suas entidades representativas em todo o Brasil, a exemplo da Associação Profissional de Assistentes Sociais de São Paulo (APASSP), vinculando-se às lutas classistas e colocando-se no rumo da construção de um projeto profissional de ruptura. Configurou-se, assim, a possibilidade histórica de a categoria de assistentes sociais assumir-se como sujeito coletivo na cena política brasileira, em aliança com os demais protagonistas da "virada democrática" no país.

Nesse contexto, em setembro de 1979, antes mesmo da realização do "Congresso da Virada", é publicado o primeiro número da revista *Serviço Social & Sociedade*, cuja trajetória caminhará em consonância com a história da profissão, suas lutas e avanços, preservando e difundindo sua memória, sua cultura e seu projeto profissional.

A revista nasceu do diálogo mantido entre a Cortez Editora e um grupo de assistentes sociais, professores/as da PUC-SP, liderado pela professora Myriam Veras Baptista, a quem prestamos nossa homenagem neste capítulo.

Até aquele período, o mercado editorial brasileiro na área de Serviço Social era acanhado, com publicações de textos de circulação restrita e traduções de livros em sua maioria norte-americanos, inspirados em autores representativos do Serviço Social *clássico*, nos termos de Netto (1981). As publicações latino-americanas das editoras Ecro, Humanitas e do CELATS durante os *anos de chumbo* tinham sua entrada no país controlada e circulação restrita aos meios acadêmicos. Em relação aos periódicos, a única revista de importância nacional — *Debates Sociais* — publicada pelo CBCISS (Centro Brasileiro de Cooperação e Intercâmbio de Serviços Sociais), desde 1965, expressava a hegemonia conservadora no Serviço Social, refuncionalizada pela perspectiva modernizadora-tecnocrática voltada para a instrumentalização técnica de assistentes sociais em resposta às demandas do mercado de trabalho. Vivia-se, portanto, um contexto em que publicar livros e revistas na área configurava-se um desafio político de largo alcance.

Silva (2009, p. 601), em ampla pesquisa realizada em 99 números da revista publicados em três décadas (1979-2009), observa que até o final da década de 1960 a bibliografia do Serviço Social brasileiro publicada por autores nacionais era escassa e se vinculava mais ao campo doutrinário que científico. Por isso, pondera que a criação da revista abriu um importante canal para a veiculação de artigos dos pesquisadores da área, cujas produções eram oriundas dos mestrados e posteriormente dos doutorados que se iniciavam no período.

No curso da década de 1980, o Serviço Social brasileiro vai amadurecendo seu projeto profissional de ruptura com o conservadorismo, expressando o leque de tendências políticas críticas à ordem burguesa que ganham legitimidade para expressar-se mais abertamente.

Netto (1996, p. 111; grifo nosso), ao referir-se à ambiência profissional do período, observa:

> É correto afirmar-se que, ao final dos anos oitenta, a categoria profissional refletia o largo espectro das tendências ideopolíticas que tensionam e animam a vida social brasileira. Numa palavra, democratizou-se a relação no interior da categoria e legitimou-se o direito à diferença ideopolítica. Nunca será exagerada a significação dessa

conquista, num corpo profissional e que o *doutrinarismo* católico inseriu, originariamente, uma refinada e duradoura intolerância.

A revista vai acompanhar a democratização e o amadurecimento intelectual e ideopolítico do Serviço Social, constituindo ao longo das décadas seguintes um importante veículo da produção teórica brasileira, impulsionada pelos programas de pós-graduação que se multiplicam na área e estimulam a constituição de intelectuais especialmente dedicados ao ensino e à pesquisa, nas diferentes regiões do país, panorama inédito em uma área reconhecida pelas dimensões interventiva e executiva. Ao mesmo tempo, é partícipe e indutora dos processos de diferenciação social experimentados pela profissão em que se destacam a *laicização* e o *pluralismo*.

A laicização é expressão da renovação do Serviço Social brasileiro a partir da erosão do Serviço Social "tradicional", impulsionada pelas novas demandas sociais e contradições abertas pela modernização conservadora instaurada pelo ciclo ditatorial no país (cf. Netto, 1990). A reorganização do Estado capitalista, sob a égide dos monopólios e de suas respostas ao agravamento da *questão social* por meio das políticas sociais, cria novas exigências para o trabalho institucional e para a formação profissional. Trata-se de um cenário de ampliação e nacionalização do mercado de trabalho, universalização do assalariamento, mudanças no perfil do alunado oriundo agora das camadas urbanas assalariadas, incorporação do Serviço Social ao espaço acadêmico e à universidade pública, interlocução com as ciências sociais e com novas teorias sociais. Dinâmica profissional que revela a insuficiência do *doutrinarismo* católico para processar as novas requisições profissionais e que estimulará, de um lado, a refuncionalização neopositivista do Serviço Social e, de outro, a aproximação do Serviço Social com o marxismo que, a partir desse momento, mesmo com todos os equívocos dessa relação inicial, irá polarizar o debate profissional, quebrando a hegemonia conservadora que prevalecia até então.

É, portanto, nesse contexto de diferenciação interna do meio profissional e de interlocução acadêmica mais ampla que se instaura o pluralismo no Serviço Social, estimulador do debate e das polêmicas teórico-metodológicas presentes na categoria, em um movimento que busca sintonizar o Serviço Social com temas e demandas que afetam a vida da classe trabalhadora e os rumos da *questão social*.

O significado da criação da revista *Serviço Social & Sociedade* só ganha inteligibilidade se situado na teia de contradições e tensões dessa conjuntura mais ampla da sociedade brasileira e do Serviço Social. A própria composição do seu primeiro conselho editorial é expressão inequívoca do pluralismo como expressão da convivência e respeito às diferenciações políticas dos sujeitos num momento de deslocamentos hegemônicos na disputa de projetos profissionais. Reafirmando a clássica análise de Coutinho (1991, p. 11), "um pluralismo que se articule com hegemonia, respeitando as diversidades e alimentando-se dessas diversidades". Disputa que no âmbito epistemológico e do pensamento social, ainda segundo o mesmo autor, envolve o enfrentamento do ecletismo ou relativismo tornando-se absolutamente necessário o debate de ideias, o confronto entre as diferentes posições teóricas, a busca da "verdade" que significa o esforço de fazer com que a teoria se aproxime o mais possível do real.

Assim, a revista buscou assumir-se desde as origens como um espaço de debate plural e democrático, que pudesse expressar o confrontamento e a livre manifestação de ideias e posições existentes na categoria profissional, como expõe o editorial do primeiro número lançado em setembro de 1979, do qual extraímos o seguinte trecho:

> Assim nasceu a revista: da esperança de alguns, do esforço de outros e sobretudo da cooperação de todos aqueles que acreditam no esforço coletivo como forma de atingir objetivos. Trata-se de uma revista pluralista, aberta, crítica, geradora do debate, fundamentada mesmo no exercício democrático da liberdade [...]. Desencadear um amplo processo de reflexão e de debate dentro da categoria profissional sobre questões básicas do Serviço Social, contribuir para o fortalecimento da categoria profissional incentivando a reflexão, a crítica e o confrontamento de posições, são também objetivos buscados por *Serviço Social & Sociedade*.

Desde o início, a revista definiu como público prioritário o amplo espectro de assistentes sociais e profissionais de áreas afins, alcançando também professores, graduandos, pós-graduandos e pesquisadores, abrindo-se para o diálogo com outras áreas de conhecimento e repercutindo também o pensamento de suas entidades representativas. Nessa direção, estabeleceu como direcionamento de seu projeto editorial, que se mantém vivo até os dias atuais, conferir visibilidade à produção acadêmica e profissional de assistentes sociais e pesquisadores das ciências sociais e políticas, contribuindo para o debate e o aprofundamento crítico da teoria social, nos marcos da direção estratégica que fundamenta o projeto ético-político profissional do Serviço Social (denominação posterior ao assim chamado *projeto de ruptura*), em estreito diálogo com a realidade brasileira e latino-americana.

Aqui se destaca o compromisso sempre presente de tratar temas e demandas profissionais dos diferentes espaços sócio-ocupacionais em que atuam os/as assistentes sociais, problematizando seus fundamentos a partir de uma perspectiva que contribua para a compreensão teórico-critica de seu significado e possibilidades de enfrentamento, fortalecendo valores que alimentem a cultura profissional radicalmente democrática e emancipatória. Uma releitura dos "olhos de capa" e eixos temáticos da série histórica que atravessa as diferentes décadas pode testemunhar essa pulsação da revista com o movimento histórico da sociedade e da profissão, em alguns momentos antecipando e prospectando tendências e polêmicas. Entre elas cabe destacar, pela significação que assumiu na época, o memorável debate travado nas páginas da revista entre Helena Iracy Junqueira e José Paulo Netto acerca do Movimento de Reconceituação do Serviço Social na América Latina.[1]

Desde o primeiro número da revista, havia a preocupação de que fosse também um veículo de informação sobre eventos importantes da categoria profissional, e dele constava a informação sobre o IX Seminário Latino-americano de Serviço Social, recém-realizado na Venezue-

---

1. Referimo-nos aos artigos de Junqueira: "Quase duas décadas de reconceituação do Serviço Social — uma abordagem critica", e de Netto: "A crítica conservadora à reconceptualização", publicados, respectivamente, nos números 4 de 1980 e 5 de 1981.

la em 1979. No decorrer de sua trajetória, seções foram criadas e recriadas de modo a responder a expectativas e necessidades dos seus leitores, captadas pelo conselho editorial. Para exemplificar, destacamos a seção Trocando em Miúdos, onde foram publicados verbetes referentes a conceitos ou categorias teóricas assinados por autores de reconhecido domínio nas temáticas; Canal Aberto, espaço criado para fomentar o diálogo entre a editora e os leitores; e a seção Informe-se, com o objetivo de comunicar eventos e datas comemorativas relevantes. Além destas foram sendo introduzidas e integram a estrutura da revista até o presente momento as seções móveis que são veiculadas de acordo com a composição de cada número: Expressões do Pensamento Social, Comunicação de Pesquisa, Depoimento, Entrevista, Homenagem, Polêmicas, Registro, Relato de Experiência, Resenha e Temas para Debate.

O primeiro conselho editorial da revista teve representação acadêmica com a prevalência de professores da PUC-SP. Tal fato se explica pela conjuntura da época em que a revista foi criada, quando havia um vazio teórico na produção nacional e a PUC-SP — que criara naquela década o primeiro mestrado em Serviço Social do Brasil e se preparava para inaugurar seu doutorado — mobilizava-se para a construção e disseminação do conhecimento que vinha sendo elaborado na área. Buscou, então, agregar um grupo de professores que pudesse levar adiante um projeto de revista de âmbito nacional que refletisse sobre os desafios do Serviço Social em face do momento histórico, numa parceria com a Cortez Editora que, como já foi dito, abraçou esse desafio.[2]

Já no seu sétimo número (dezembro de 1981), a revista apresentou seu primeiro conselho de colaboradores constituído por docentes dos vários estados brasileiros. O objetivo era a sua disseminação por meio desses divulgadores em seus estados, bem como o incentivo à produção de artigos de autores de várias regiões do país.

---

2. Tal compromisso, que mobilizou um grupo de professores da PUC-SP com a criação da revista *Serviço Social & Sociedade* e que se estende até o presente, representado pelas autoras deste capítulo, explica a nosso ver as razões pelas quais a PUC-SP não tenha optado por criar um periódico próprio.

Em curto período, a revista ganhou a contribuição de intelectuais, profissionais e professores de diferentes instituições de ensino superior, contando inclusive com a ampliação de seu conselho editorial, que passou a incorporar nomes expressivos nacionais e do exterior.

Em seu número 50 (abril de 1996), registra-se importante atualização do regimento do conselho editorial no que se refere a atribuições e competências, dinâmica de renovação de seus membros, processo de avaliação de artigos, dentre outros, e é anunciada a criação do grupo de colaboradores composto por um representante de cada unidade de ensino de Serviço Social do país (47 docentes), com o objetivo de somar esforços para captar e disseminar a produção teórica da área, de modo que fosse a mais ampla e representativa. Na impossibilidade de a editora contar em seu conselho com vários membros de outros estados (por questões financeiras e operacionais), constituía-se assim um importante elo da revista com cada unidade de ensino, ao mesmo tempo que também eram divulgados os livros da área enviados aos colaboradores assim que publicados pela Cortez. Ao grupo de colaboradores nacionais juntaram-se os internacionais, docentes de universidades latino-americanas (Argentina, Colômbia, Costa Rica, Guatemala, México, Paraguai, Porto Rico, Uruguai, Venezuela) e europeias (Portugal e Espanha).

Um passo significativo que certamente marcou nova etapa para o periódico foi a sua indexação em base de dados internacional, o que demandou a ampliação e a diversificação do corpo editorial. Foi constituído, então, o conselho ampliado integrado por membros de vários estados brasileiros e colaboradores internacionais.

A indexação da revista pelo *Scielo* em 2010, cujo primeiro número desta nova fase (n. 105) foi publicado em março de 2011, exigiu do conselho editorial um intenso processo de reorganização e adaptações frente às inúmeras exigências apresentadas na época e renovadas em 2015. Além disso, está demandando a internalização pela Cortez Editora do impacto financeiro decorrente da queda das assinaturas em função do acesso aberto pela internet, situação que mobiliza no momento todos os sujeitos comprometidos em garantir sua continuidade.

A classificação pela Capes no Estrato A1 (o mais alto) no Sistema Qualis Periódicos da Capes/MEC vem consolidar o seu reconhecimento acadêmico na área do Serviço Social, renovar o desafio de manter o alto nível de qualidade alcançado e continuar ocupando um lugar de destaque no cenário editorial em nível nacional, como vem fazendo há quase quatro décadas ininterruptamente.

Marcos e marcas da revista *Serviço Social & Sociedade*: quase quatro décadas de história comprometida com a profissão

Alguns números da revista representam marcos que deixaram rastros relevantes e que nos ajudam a entender seu papel e sua importância, expressando também a contribuição da Cortez Editora aos avanços da direção estratégica do projeto profissional do Serviço Social brasileiro. Merecem especial destaque as mesas-redondas promovidas pelo próprio conselho editorial, bem como aquelas que marcaram momentos significativos na trajetória da revista e, especialmente, da própria sociedade brasileira.

Tomando por referência os primeiros dez anos da revista, de 1979 a 1989, podemos afirmar que foi um período de maturação, de consolidação de um espaço crítico, reflexivo, articulador da produção teórica dos assistentes sociais e de áreas correlatas.

É, também, uma década da maior importância para o Serviço Social brasileiro, pois é exatamente quando assume o marxismo como referência analítica, tornando hegemônica no país a abordagem da profissão como componente da organização da sociedade, inserida na dinâmica das relações socais e participando do processo contraditório de reprodução dessas relações.

Desde seu nascedouro, a revista expressa a preocupação de manter uma permanente interlocução com a história, de dialogar com os rumos da conjuntura econômica, política e cultural e contribuir para seu desvendamento crítico por meio de destacados analistas e pesquisadores, abrindo também espaço para lideranças populares e entidades representativas.

Contemporânea que foi, em sua gênese, do importante movimento de renovação do Serviço Social, contribuiu e vem contribuindo sistematicamente com o desenvolvimento acadêmico e profissional dele, bem como de áreas afins. A sensibilidade com as questões presentes na sociedade naquele momento histórico fez com que a revista assumisse um protagonismo em relação a temáticas relevantes presentes no debate social e profissional da época.

Exemplo significativo é a mesa-redonda sobre a história do Serviço Social no Brasil, realizada em 22 de novembro de 1982 na reitoria da Pontifícia Universidade Católica de São Paulo, contando com a participação de notáveis pioneiros da profissão: Francisco de Paula Ferreira, Helena Iracy Junqueira, José Pinheiro Cortez e Nadir Gouvêa Kfouri. Organizada como parte das comemorações dos 50 anos do Serviço Social no Brasil, com vista à publicação na revista de número 12 de agosto de 1983, a mesa ensejou posteriormente um rico debate entre os conselheiros: Aldaíza de Oliveira Sposati, Luiza Erundina de Souza, Maria Carmelita Yazbek, Mário da Costa Barbosa, Myriam Veras Baptista, Raquel Raichelis e Sérgio Fuhrmann. No seu editorial, essa fecunda contribuição está devidamente registrada, a partir dos eixos que a caracterizaram: (1) a história do Serviço Social e o Serviço Social na história; (2) a prática da assistência na história do Serviço Social.

Desnecessário dizer o quanto essas questões fecundaram importantes debates na profissão e o quanto permanecem atuais e presentes nos diferentes fóruns acadêmicos, científicos e organizativos da categoria profissional. Com todo o cuidado exigido, é possível afirmar que aí estão presentes as raízes seminais do novo currículo para o curso de Serviço Social que viria a ser implantado na década seguinte.

Em abril de 1989, ao completar dez anos de circulação ininterrupta por todo o território nacional, já constituindo um significativo espaço propulsor do debate e da produção teórica, em edição comemorativa de uma década de sua existência nova mesa-redonda é realizada com os membros do conselho, com o objetivo de revisitar a sua trajetória histórica e identificar momentos mais significativos, em estreita articulação com a dinâmica societária e profissional.

Cabe registrar as palavras do editor, José Xavier Cortez, nas páginas iniciais da revista número 30 (1989, p. 1):

> Estamos conscientes de que os dez anos da revista *Serviço Social & Sociedade* significam uma contribuição concreta ao debate e à transformação que vêm ocorrendo na sociedade com a participação efetiva do assistente social.

Ressalta ainda o editor o crescimento das publicações na área, constituindo um acervo razoável de obras publicadas, além do reconhecimento do papel pioneiro da Cortez Editora, a primeira a acreditar no potencial teórico do Serviço Social, publicando suas primeiras dissertações de mestrado, e a investir e acreditar num trabalho comprometido com as lutas sociais, revelando suas contradições e conflitos para a construção de uma sociedade democrática.

Com efeito, estamos nos referindo a uma década fundamental na história do país, pois a sociedade começava a se reorganizar politicamente. É um novo contexto político, de protagonismo dos movimentos sociais, dos partidos políticos. No âmbito da própria categoria profissional, o campo da esquerda adquire visibilidade, alinhando-se com as lutas mais gerais do povo brasileiro.

Cumprindo sua vocação inicial de pluralismo e abertura para o debate, a revista abriu um amplo espaço de manifestação para o assistente social brasileiro e também para o latino-americano, o que representou uma conquista das mais importantes em termos de fortalecimento da categoria profissional.

Vale ressaltar que a aproximação com a América Latina se fortaleceu muito nesse período, especialmente com seus organismos acadêmicos mais representativos, como o Centro Latino-americano de Trabalho Social (CELATS), instituindo-se aí uma parceria de longa duração que se estendeu também para algumas universidades, em uma fase de expansão da pós-graduação no Brasil, o que favorecia em muito esse nível de intercâmbio.

Dessa parceria, ampliada também para os fóruns organizativos da categoria profissional, nasce a proposta original de construção da coleção Biblioteca Latino-americana de Serviço Social, que iria se concretizar na década seguinte, marcando a presença da produção teórica brasileira em todo o continente.

No âmbito acadêmico, é indispensável ressaltar que é nesse período que se estreitam as relações entre a Pontifícia Universidade Católica de São Paulo e a Universidade Nacional de La Plata, na Argentina, com vista à implantação de um curso de pós-graduação em Serviço Social. Um primeiro passo nesse sentido foram os trâmites realizados junto às autoridades educacionais argentinas para o reconhecimento do grau acadêmico-científico do Serviço Social, possibilitando que os assistentes sociais se inserissem na carreira de docentes e pesquisadores. Em outubro de 1995, celebra-se o convênio entre as universidades iniciando-se então o curso de pós-graduação, o que permitiu a consolidação de novas bases identitárias, embora não homogêneas, para o Serviço Social argentino e particularmente para a Escola de Serviço Social que, em 2005, adquire novo *status* acadêmico passando ao nível de faculdade.

A Cortez Editora participou de todos esses momentos, colaborando com o enriquecimento do acervo da biblioteca da universidade e com sua presença nos principais eventos realizados no período, tendo ainda acolhido e publicado a produção acadêmica decorrente dessa pós-graduação. Outro resultado muito concreto foi o intercâmbio estabelecido com os docentes e pesquisadores argentinos que participam ainda hoje dos conselhos editoriais e científicos da revista.

Ao longo dos anos 1980, a Pontifícia Universidade Católica de São Paulo já mantinha acordo de intercâmbio com Portugal, especialmente

Lisboa, Porto e Coimbra, o que possibilitou a reaproximação do Serviço Social brasileiro com o português e a presença de assistentes sociais portugueses no número comemorativo dos dez anos da revista.

Esse acordo, vigente no período de 1986 a 2004, teve uma importância crucial na história do Serviço Social português, pois exerceu um papel decisivo para o reconhecimento do grau acadêmico de nível superior para o curso de Serviço Social. Contribuiu ainda decisivamente para a regulamentação da profissão e para a inserção de professores e pesquisadores na carreira científica portuguesa.

Assim, além de formar os primeiros mestres e doutores em Serviço Social, o convênio, realizado com a intermediação das agências de pesquisa e fomento do Brasil e de Portugal, permitiu que fossem institucionalizados os cursos de pós-graduação em Serviço Social nos institutos de Lisboa, Porto e Coimbra, além de incentivar a criação do Centro Português de Investigação e História do Trabalho Social.

Como ocorreu com o curso da Argentina, também aqui a Cortez teve uma significativa presença, acolhendo a produção dos primeiros mestres e doutores e criando intensos laços de intercâmbio que perduram até hoje, seja através das publicações na revista e/ou livros da editora, ou da participação em seus conselhos editoriais e científicos. Vale menção à mesa-redonda organizada pelas profas. Myriam V. Baptista e Maria Lúcia Martinelli na Universidade Nacional de La Plata, publicada na revista n. 51, de agosto de 1996. Outro destaque a ser dado em relação a esse intercâmbio é que, a partir dele, a editora marca sua aproximação com os países africanos de língua portuguesa, que será intensificada nas décadas seguintes.

Revisitando esse período, pode-se afirmar que a revista, sempre atenta ao seu compromisso com os avanços do Serviço Social, cumpriu seu objetivo estratégico de contribuir para o adensamento teórico e político das bases fundantes do Projeto Ético-Político profissional, bem como para o reconhecimento do caráter público e da dimensão ética do trabalho do assistente social.

A revista número 50, publicada em abril de 1996, com o "olho de capa" *O Serviço Social no Século XXI*, obteve grande acolhida do público leitor, constituindo um marco pela importância dos artigos que veiculou, além de inaugurar a presença da nova assessoria editorial da área de Serviço Social, com a contratação da assistente social Elizabete Borgianni, a quem também homenageamos neste capítulo, pela relevância de sua contribuição profissional e política para os avanços não apenas da revista, mas também do conjunto das publicações da área.

Nesse número está publicada nova mesa-redonda promovida pelo conselho editorial, que teve como temática os caminhos da profissão e o Serviço Social no século XXI. O debate foi marcado pela expressão da complexidade da conjuntura naquele momento, das transformações no mundo do trabalho e das contradições presentes na discussão das políticas sociais, da política de assistência social de modo particular, que envolveram complexas dinâmicas societárias, ao mesmo tempo políticas e profissionais.

Destacavam os debatedores, com veemência, a necessidade de conferir a esses movimentos organicidade política e profissional, ao mesmo tempo que era preciso contribuir para instrumentalizar criticamente a prática profissional e política. Reafirmou-se a luta pelos direitos sociais, a questão do compromisso com a qualidade dos serviços sociais públicos, a defesa da democracia, com destaque para a conduta ética do profissional, recolocando a questão dos valores no Serviço Social. Mais uma vez, os embates presentes na categoria profissional se expressaram no confronto de posições entre os próprios membros do conselho, que não se furtaram a expor suas divergências e convergências próprias do debate plural que caracterizava a sua convivência.

É interessante notar que estávamos na metade da década de 1990 e a revista abriu importante espaço para veiculação de artigos que expressavam o debate e as polêmicas envolvendo a política de assistência social. É desse período a realização da I Conferência Nacional de Assistência Social, quando o Serviço Social foi chamado a se posicionar como protagonista inserido criticamente nesse processo. Vivia-se um momento de avanço expressivo do projeto neoliberal, demandando da categoria profissional novas respostas e mobilização coletiva.

Cabe ainda uma última menção à revista número 100, pela importância dessa edição comemorativa dos 30 anos de sua existência, juntamente com os 30 anos do "Congresso da Virada", marcando a viagem de volta às origens, mas agora com a distância crítica necessária para a acurada reflexão não apenas sobre o seu significado histórico, mas também sobre seus rebatimentos posteriores e o legado às futuras gerações profissionais. Destaca-se nova mesa-redonda realizada em 28 de agosto de 2009 nas dependências da PUC-SP, também registrada em DVD que circulou como anexo ao periódico, com a presença de professores e pesquisadores de várias regiões do Brasil e entidades da categoria, permitindo trazer a memória de momentos marcantes da história do Serviço Social brasileiro, com destaque para o "Congresso da Virada", do qual a revista é inseparável.

Esse mesmo número traz o artigo de Maria Ozanira da Silva e Silva sobre os "Trinta anos da revista *Serviço & Social e Sociedade*: contribuições para a construção e o desenvolvimento do Serviço Social no Brasil", que resultou de ampla pesquisa desenvolvida nos números publicados durante três décadas desde a sua criação. O objetivo foi o de "situar a revista e o Serviço Social no processo histórico da construção da sociedade brasileira, ambos, revista e profissão, se gestando e se desenvolvendo no âmbito das relações sociais" (Silva e Silva, 2009, p. 600). O levantamento realizado computou um total de 925 publicações envolvendo as diferentes seções, com um importante crescimento no período de 2000-2009, além da desconcentração da autoria dos artigos na mesma década, evidenciando "o caráter democrático e plural da revista *Serviço Social & Sociedade* por oportunizar a divulgação do conhecimento produzido sobre o Serviço Social brasileiro para além da academia" (idem, ibidem, p. 606).

A análise sobre as temáticas publicadas pela revista demonstrou sua sintonia com as expressões da *questão social* e as demandas profissionais e políticas do Serviço Social e da sociedade brasileira, reafirmando compromissos com as necessidades sociais da classe trabalhadora articuladas ao projeto profissional e ao projeto emancipatório que o fundamenta. Temas voltados à construção teórico-metodológica, técnico-operativa e ideopolítica do projeto profissional e um conjunto de reflexões sobre as relações do Serviço Social com as políticas públicas e seus usuários compareceram em inúmeras edições, com distintas abordagens e autorias. São análises entrelaçadas com o movimento estrutural e conjuntural da sociedade brasileira, com destaque para o Estado, globalização e neoliberalismo, e com dinâmicas relacionadas à reestruturação produtiva, transformações no mundo do trabalho, violência e pobreza, fundamentais para o desvelamento crítico dos desafios enfrentados pelo trabalho profissional nos diferentes espaços sócio-ocupacionais. O balanço realizado pela referida pesquisa evidenciou que temas relativos às transformações societárias no campo da economia, da cultura e da ideologia foram amplamente tratados em face do imperativo de se repensar o Projeto Ético-Político profissional, reafirmando sua base teórica centrada na tradição marxista, sem excluir o debate com outras matrizes teóricas.

A REVISTA *SERVIÇO SOCIAL & SOCIEDADE* NOS MARCOS DO NEOLIBERALISMO EM CRISE: PROJEÇÕES FUTURISTAS

Reafirmando o significado da revista *Serviço Social & Sociedade* no cenário editorial da profissão, não é demais ratificar que se trata do único periódico de circulação nacional na área com veiculação ininterrupta e regular desde 1979, mantendo-se como um dos mais importantes canais de consulta obrigatória de docentes e estudantes, de pesquisadores e profissionais que buscam sintonizar-se com o debate dos grandes temas nacionais e internacionais que incidem no Serviço Social e nas ciências humanas e sociais. O dado novo é que no momento presente a categoria profissional pode contar não apenas com essa histórica revista, mas também com um conjunto amplo e diversificado de periódicos de qualificação crescente, o que torna o cenário editorial do Serviço Social brasileiro mais rico, diverso e plural, mas, ao mesmo tempo, mais competitivo, rebatendo nas estruturas de manutenção de uma revista publicada por uma editora comercial, como é o caso da *Serviço Social & Sociedade,* que se ressente da crise que invade o mercado editorial brasileiro em geral.

Os caminhos da revista seguirão em um cenário cada vez mais complexo e, de certa forma, nebuloso para a sociedade e para o Serviço Social. A *questão social* vem assumindo novas configurações e expressões em um mundo globalizado pelo capital financeiro, pelos interesses das grandes corporações, das mídias, do conhecimento planetarizado, saturado, instrumentalizado e a serviço do grande capital.

São tempos difíceis, de mudanças, de paradoxos. Tempos de avanço do ideário conservador burguês. Tempos em que referências culturais e simbólicas que tornavam o mundo reconhecível são colocadas em xeque. Processos que interferem nas múltiplas dimensões da vida, na esfera da cultura, da sociabilidade e da comunicação, construindo o que alguns denominam "identidade global", homogeneizando comportamentos, hábitos de consumo, preferências, valores.

É cada vez mais evidente que diferentes projetos sociopolíticos da profissão ampliarão seu confronto. O projeto neoconservador, valendo-se de novas roupagens, focalizará cada vez mais análises e ações, apelando para a microintervenção, para as relações interpessoais, para respostas imediatas às demandas do mercado de trabalho. Processos que se desconectados de análises sobre a dinâmica das relações capitalistas na sociedade brasileira poderão conduzir a uma desqualificação da direção social estratégica do projeto profissional, levando "água para o moinho do conservadorismo", nas palavras de Netto (1996, p. 118).

Como vimos analisando ao longo deste capítulo, dado o entrelaçamento entre os rumos da profissão e os caminhos da revista, sem dúvida esse cenário coloca muitos desafios para que esse periódico permaneça contribuindo para o desvelamento dos processos societários que fundam a hegemonia do grande capital e rebatem nas novas manifestações da *questão social,* no espaço de reestruturação das políticas sociais públicas, no crescimento do terceiro setor, em processos e dinâmicas que trazem para a profissão temáticas emergentes e novos (e históricos) sujeitos sociais.

O desafio maior da revista consiste, portanto, em ela permanecer ativa nos debates e embates da profissão, renovando a legitimidade conquistada junto ao seu público leitor e atraindo novos leitores, mantendo o compromisso com o desenvolvimento intelectual e cultural da categoria profissional na perspectiva acumulada pela direção social do Projeto Ético-Político, sem descuidar do contingente de assistentes sociais que, na atualidade, encontra-se cada vez mais subsumido aos constrangimentos do mercado de trabalho, precarizado e intensificado. Para tanto, é fundamental o aprofundamento analítico de dimensões não explicitadas da crise contemporânea e das suas consequências objetivando, como afirma Iamamoto (1982), decifrar as lógicas do capitalismo contemporâneo e as dimensões éticas, políticas, culturais de uma sociedade em mudança acelerada.

Ainda, impõem-se à revista a ampliação da interlocução internacional, a aproximação cada vez mais sólida com os centros de formação e pesquisa, a sintonia fina com o enfrentamento dos dilemas do trabalho profissional para continuar firmando-se como um espaço vivo de produção teórico-crítico aberto às novas questões que interpelam a realidade profissional e acadêmica, buscando perfilar-se junto ao movimento coletivo de resistência à contra-hegemonia neoliberal em crise.

Sem pretender minimizar a magnitude dos desafios a serem enfrentados, animamo-nos a certeza de que as contradições e a negatividade desencadeadas pelo movimento social constituem o fermento necessário para as rupturas, que por sua vez não se fazem sem disputas e resistências de sujeitos coletivos. Em tal contexto, espaços de difusão do pensamento social comprometido com um projeto societário emancipatório e igualitário, como a revista *Serviço Social & Sociedade*, certamente são estratégicos, precisam ser não apenas preservados como continuamente renovados contribuindo para o adensamento de um conhecimento solidamente fundamentado na teoria crítica sobre o Serviço Social e a sociedade brasileira.

REFERÊNCIAS BIBLIOGRÁFICAS

COUTINHO, Carlos Nelson. Pluralismo: dimensões teóricas e políticas. *Cadernos ABESS*, São Paulo: Cortez, n. 4, p. 5-17, 1991.

EDITORIAL. *Serviço Social & Sociedade*. São Paulo: Cortez, n. 1, p. 3, 1979.

IAMAMOTO, Marilda V. *Relações sociais e Serviço Social no Brasil*: esboço de uma interpretação histórico-sociológica da profissão. São Paulo: Cortez, 1982.

NETTO, José Paulo. *Capitalismo monopolista e Serviço Social*. São Paulo: Cortez, 1981a.

_____. A crítica conservadora à reconceptualização. *Serviço Social & Sociedade*, São Paulo: Cortez, n. 5, p. 59-75, 1981b.

_____. *Ditadura e Serviço Social*: uma análise do Serviço Social pós-64. São Paulo: Cortez, 1990.

_____. Transformações societárias e Serviço Social: notas para uma análise prospectiva da profissão no Brasil. *Serviço Social & Sociedade*, São Paulo: Cortez, n. 50, p. 87-132, 1996.

NOTA DO EDITOR. *Serviço Social & Sociedade*, São Paulo: Cortez, n. 30, p. 1, 1989.

SILVA, Maria Ozanira da Silva e. Trinta anos da revista *Serviço Social & Sociedade*: contribuições para a construção e o desenvolvimento do Serviço Social no Brasil. *Serviço Social & Sociedade*, São Paulo: Cortez, n. 100, p. 599-649, 2009.

YAZBEK, Maria Carmelita; MARTINELLI, Maria Lúcia; RAICHELIS, Raquel. O Serviço Social brasileiro em movimento: fortalecendo a profissão na defesa de direitos. *Serviço Social & Sociedade*, São Paulo: Cortez, n. 95, número especial, p. 5-32, 2008.

Capítulo 14

Serviço Social português e Serviço Social brasileiro:
50 anos de contribuições históricas

ALCINA MARTINS
MARIA ROSA TOMÉ

Para Myriam Veras Baptista, in memoriam, nossa professora e amiga.

INTRODUÇÃO

Começamos por agradecer o honroso convite que nos foi dirigido pela professora Maria Liduína de Oliveira e Silva, assessora editorial da área de Serviço Social da Cortez Editora, para participar na publicação "80 anos do Serviço Social brasileiro, 70 anos da ABEPSS e 20 anos das Diretrizes Curriculares da ABEPSS" com uma reflexão sobre a contribuição do Serviço Social brasileiro para o Serviço Social português.

A nossa participação tem por objetivo estabelecer uma aproximação ao estudo das relações entre os dois países, nomeadamente no nível da formação acadêmica e da investigação em Serviço Social.

Faz-se uma análise alusiva aos 50 anos de contribuições históricas em diferentes conjunturas sociopolíticas (ditadura, Revolução de Abril de 1974, regime democrático liberal e as atuais orientações neoliberais e políticas de austeridade) que, ao equacionarem diferentes projetos societais abriram caminho para diferentes projetos profissionais. Assistentes sociais brasileiras(os) são chamadas(os) a contribuir a partir de 1965, primeiro para modernizar a formação e depois para a qualificação acadêmica de assistentes sociais portugueses. Não obstante a regressividade imposta pelo neoliberalismo, austeridade e Processo de Bolonha, o Serviço Social brasileiro, nas suas múltiplas tendências, constitui uma referência incontornável no Serviço Social português.

A complexidade da abordagem do tema merece outros aprofundamentos que não cabem no presente trabalho. Deixamos o desafio para que outras investigações deem conta dos diferentes significados que estas relações incorporam, nomeadamente por referência ao contexto sócio-histórico e às diferentes tendências críticas do Serviço Social brasileiro.

Em breves palavras, apresentamos o Serviço Social português. É uma profissão com 80 anos de existência e, até 2013, contava com 18.771 diplomados (DGEES 2015; Martins e Tomé, 2015). Tem formação superior reconhecida há mais de 50 anos, grau acadêmico de licenciatura, mestre e doutor, respectivamente em 1989, 1995 e 2003. O ensino público só passou a oferecer esta formação de forma regular no início do século XXI. A Fundação para a Ciência e Tecnologia (FCT) reconhece e apoia em 1999 o Centro Português de Investigação em História e Trabalho Social (CPIHTS), primeira Unidade de Investigação e Desenvolvimento (I&D) e, em 2014, legitima o Serviço Social no domínio da investigação como subárea da Sociologia.

A organização profissional inicia-se em 1950, com o Sindicato de Assistentes Sociais, Educadoras Familiares e outras profissionais de Serviço Social, integrado na estrutura corporativa do Estado Novo.

Depois da Revolução de 1974 foi criada a Associação de Profissionais de Serviço Social (APSS). Com a obtenção da licenciatura conquista-se a inserção profissional dos assistentes sociais na carreira técnica superior de Serviço Social na administração pública, central e local. Concomitantemente, dá-se início ao debate para a constituição da Ordem dos Assistentes Sociais (APSS, 2015).

Ao longo de todos estes processos, o Serviço Social brasileiro deu contributos fundamentais para os avanços do Serviço Social português.

I — Contribuições do Serviço Social brasileiro na formação graduada e pós-graduada: da perspectiva modernizadora à qualificação académica e à investigação em Serviço Social em Portugal

A institucionalização da formação em Serviço Social em Portugal tem lugar a partir de 1935. Inicialmente com a duração de três anos e, a partir de 1948, com quatro (Martins, 2010a, p. 209), foi criada em instituições de ensino privado, vinculadas ao Patriarcado de Lisboa, à Junta da Província da Beira Litoral (órgão de administração pública, de âmbito regional) e à Diocese do Porto. Cativo do conservadorismo e doutrinarismo alimentado pela Doutrina Social da Igreja e desígnios do Estado Novo que perdurou durante a ditadura,[1] o Serviço Social alicerçou-se em valores de defesa da família, de recristianização da

---

1. O regime político ditatorial (1926-1974) alicerçou-se "na rejeição dos valores demoliberais, nas relações com a Igreja Católica, o seu principal aliado, no corporativismo, apresentado como uma terceira via alternativa ao liberalismo e ao socialismo, que eliminaria os conflitos entre classes sociais e asseguraria, em contrapartida, a colaboração entre diferentes grupos de interesse através da harmonização e da concertação no seio das corporações; no conservadorismo que enaltece os valores da tradição, ordem e estabilidade e paternalismo, com tradução na divisa

sociedade, nacionalistas e corporativistas. Coexistiu com uma universidade sem faculdades de ciências sociais, não obstante a permeabilidade da formação às influências do pensamento positivista, primeiro da ciência social de Frédéric Le Play e dos seus continuadores (Martins, 2010a) e, posteriormente, das ciências sociais de feição funcionalista. Em 1961, era um dos poucos cursos do ensino superior privado, cuja preparação profissional integrava conhecimentos das ciências sociais.

Por outro lado, no contexto internacional, o protagonismo econômico, político e científico mundial dos EUA e o alargamento do sistema universitário nas várias latitudes promovem um desenvolvimento das ciências sociais de feição positivista e funcionalista, com forte influência na modernização da formação conservadora em Serviço Social. O Conselho Econômico e Social da ONU, assessorado pelas Conferências Internacionais de Serviço Social, pela União Católica Internacional de Serviço Social (UCISS) e pelo Comitê Internacional de Escolas de Serviço Social, emana em 1950, com diretrizes para o ensino das questões socioeconômicas, psicológicas e sistematizações técnico-metodológicas do Serviço Social dos Estados Unidos (*social case work, social group work* e organização comunitária). Estas orientações atribuem um falso caráter de neutralidade ao Serviço Social, que se repercute em Portugal e que conflituou com o entendimento político que o Estado Novo atribuiu às assistentes sociais — "dirigentes idôneas [...], ao mesmo tempo conscientes e ativas cooperadoras da revolução nacional" (Martins, 2011, p. 196).

Assim, as novas diretrizes serão "filtradas", ao nível internacional, pela UCISS e, em Portugal, pelo patriarcado de Lisboa, restantes entidades instituidoras das escolas e pelo sindicato. É um padre belga com formação especializada nos Estados Unidos que, a pedido do Sindicato e por indicação da ONU, vem ministrar para as assistentes sociais cursos de *case work*, supervisão e psicologia aplicada ao Serviço Social (Martins, 2010b). Por outro lado, em finais de 1950, o fundador da

---

'Deus, Pátria e Família'" (Martins, 2011, p. 193). Veja-se ainda Gomes Canotilho (2000), Medina (2000), Barreto (2000) e Lopes (1999).

grupanálise em Portugal introduz na formação "noções básicas da teoria psicanalítica [...], processos dinâmicos de grupo [...] que alteram a compreensão estática dos fenômenos" (Cortesão, 1963, p. 5-6). A diretora e um grupo de docentes do Instituto de Serviço Social de Lisboa que desenvolveram estas orientações (autônomas em relação ao poder da Igreja e do Estado) geraram uma crise institucional, vindo a ser demitidos e pondo fim à influência da psicanálise neste Instituto.

É na resposta a esta crise que assistentes sociais brasileiras são chamadas a integrar a alternativa proposta pela Igreja Católica, mas já de feição tecnicista e modernizadora.

1. Primeiras contribuições do Serviço Social brasileiro para a modernização tecnocrática do Serviço Social português

Orientações de outra natureza fazem-se sentir face às mudanças ocorridas no plano internacional, que remetem o país para o desenvolvimentismo, com repercussões na formação dos assistentes sociais.

As políticas internacionais do pós-Segunda Guerra e a adesão do Estado Novo à EFTA abriram a política econômica ao capital estrangeiro sendo reforçada a necessidade de planejamento econômico, traçados Planos de Fomento e promovida a industrialização. A esta inversão na política da autarcia da ditadura contrapõe-se a Questão Colonial. Na administração colonial, o desenvolvimento comunitário e o Serviço Social são peças da engrenagem de manutenção do colonialismo, contribuindo para uma expressão portuguesa do desenvolvimentismo.

Foram desenvolvidas reformas da proteção social da saúde e assistência para a dinamização e integração no processo de desenvolvimento econômico e social capitalista. Estas orientações vão determinar um novo perfil formativo e profissional. Torna-se necessário uma formação qualificada, com conhecimentos científicos do social, para se tornarem intervenientes, dinamizadores e integradores no processo de desenvolvimento econômico-social. Colocam-se assim novas exigências aos diplomados em Serviço Social para assumirem novas funções.

As relações do desenvolvimento comunitário com o planejamento econômico-social, a política social, nomeadamente o Estatuto da Saúde e Assistência e a criação de serviços na Direção-Geral de Assistência conferem novos significados à profissão e a necessidade de se criarem cursos de pós-graduação para assistentes sociais serem administradores, planificadores, pesquisadores, professores e supervisores no campo do Serviço Social.

Assim, foram criados em 1967 no ISSL e no Instituto Superior de Ciências Sociais e Políticas Ultramarinas (ISCSPU)[2] cursos complementares de Serviço Social, com a duração de dois anos.

Não existindo uma resposta em Portugal para fazer face às necessidades da formação graduada e pós-graduada, o Instituto de Lisboa, com o apoio financeiro da Fundação Calouste Gulbenkian, vai encontrar no Serviço Social brasileiro uma alternativa à anterior orientação da psicanálise, capaz de responder às exigências conjunturais. Recorre assim a assistentes sociais com perfil adequado às exigências de modernização técnico-metodológica do Serviço Social português.

Vieram de universidades católicas — Pontifícia Universidade Católica do Rio Grande do Sul e do Rio de Janeiro — três professoras de Serviço Social, com formação pós-graduada em Serviço Social em universidades nos Estados Unidos nas áreas da supervisão, planificação, desenvolvimento comunitário e trabalho com grupos. Desenvolviam ainda funções de assessoria técnica em Organização Social da Comunidade e em Planificação Social nas Nações Unidas e pertenciam a organizações internacionais de Serviço Social (Conselho da UCISS) e, no Brasil, a órgãos dirigentes da Associação Brasileira de Escolas de

---

2. No Centro de Estudos de Serviço Social e Desenvolvimento Comunitário da Junta de Investigação do Ultramar, a funcionar junto do ISCSPU são autorizados cursos de Serviço Social e o curso complementar de Serviço Social, por despacho ministerial de 1964 e 1967, sendo extintos em 1969 pelo ministro da educação José Hermano Saraiva. Previa-se, para o seu funcionamento, que o Centro mantivesse estreita colaboração com centros e Institutos de Serviço Social nas colônias (Martins, 2010b).

Serviço Social Região Sul e do Sindicato de Assistentes Sociais de Porto Alegre.

Assim, em 1965 vieram para a docência das disciplinas de "Serviço Social de Comunidades", "Técnicas de Grupo", "Serviço Social de Família" e "Supervisão" e, em 1967, lecionaram nos Cursos pós-graduados de Administração de Serviços Sociais, Prática da Supervisão em Serviço Social e Serviço Social de Casos com enfoque familiar e no Curso Complementar de Serviço Social. Esta colaboração mantém-se até 1970 na docência, na supervisão de assistentes sociais que participavam na orientação de estagiárias e na produção de artigos para o *Boletim do Instituto de Serviço Social*. Colaboraram também com os Institutos de Serviço Social do Porto e de Coimbra, na assessoria a assistentes sociais que desenvolviam trabalho comunitário e dando pareceres no nível da planificação, da coordenação e da administração de serviços (Martins e Carrara, 2014).

2. O movimento de reconceptualização do Serviço Social latino-americano: aproximações à tradição crítica no Serviço Social português

Algumas assistentes sociais portuguesas formadas nestes cursos complementares e que desenvolviam trabalho profissional em projetos de desenvolvimento comunitário e/ou trabalhavam em empresas envolveram-se, entre outros, em movimentos de oposição católica, nas cooperativas culturais, em ações de resistência à ditadura, nas Vigílias pela Paz, na oposição democrática, na Comissão Nacional de Socorros aos Presos Políticos e no movimento sindical a favor da adesão do Sindicato Nacional de Profissionais de Serviço Social à ação coletiva e política (Martins, 2003, 2010b). Concomitantemente a este processo de politização, fazem uma aproximação a correntes do pensamento crítico, através da pedagogia de Paulo Freire, do diálogo entre o cristianismo e o marxismo e das primeiras produções do movimento de reconceptualização latino-americano. Estas relações contribuíram para afirmar o Serviço Social como profissão e para dar uma maior atenção à produção proveniente do Brasil, divulgada pela revista *Debates Sociais* do Centro Brasileiro de Cooperação e Intercâmbio de Serviços Sociais (CBCISS), como os *Documentos de Araxá* e *de Teresópolis*.

De mencionar ainda a colaboração entre o CBCISS e o Conselho Português de Cooperação e Intercâmbio de Serviços Sociais (CPCISS), na organização do *Colóquio luso-brasileiro sobre desenvolvimento integrado*, realizado em agosto de 1972, em Lisboa. No entanto, era escassa a bibliografia que chegava a Portugal fugindo ao controle da censura (Martins, 2010b, Martins e Carrara, 2014).

Como diz Tavares (2013, p. 9), "o diálogo entre setores do Serviço Social e a tradição marxista inicia-se na década de 1960, no interior de um movimento social", tendo em Portugal maior expressão nos anos 1970, sobretudo na conjuntura revolucionária.

A revolução de 25 de Abril de 1974 pôs termo à censura, à polícia política e à ditadura, mudando radicalmente a sociedade portuguesa. Finda a guerra colonial, as colônias africanas tornaram-se independentes, deu-se a reforma agrária, lutou-se pelo trabalho para todos, pelo aumento dos salários, pelo direito à segurança social, habitação, saúde e educação (Varela, 2014). Neste contexto, há uma abertura à tradição marxista que se faz repercutir também na formação e na profissão de Serviço Social. Professores, estudantes e assistentes sociais vindos da resistência à ditadura e das lutas sindicais envolvem-se em ações e lutas coletivas pelos direitos sociais e são protagonistas do movimento pelo direito ao ensino público em Serviço Social e pela integração dos institutos nas universidades.

Vários autores da reconceptualização do Serviço Social latino-americano vieram a Portugal, nomeadamente Herman Kruse (que veio ainda antes da queda da ditadura), Natalio Kisnerman, Ezequiel Ander Egg e outros. Amplia-se a divulgação das ciências sociais e da produção crítica, bem como obras do Serviço Social brasileiro, nomeadamente de Vicente de Paula Faleiros e do denominado método BH, da Universidade Católica de Belo Horizonte, que passaram a integrar e a constituir referência na formação nas diferentes escolas de Serviço Social.

As tendências da reconceptualização, nomeadamente o método de Belo Horizonte e a perspectiva marxista, trouxeram um questionamento ao conservadorismo e à perspectiva da neutralidade veiculada pelo metodologismo norte-americano e pelas ciências sociais de feição positivista, e alicerçaram a consciência da dimensão política da profissão.

Portugal constitui-se, entretanto, em país de exílio para os perseguidos pelas ditaduras latino-americanas. O professor José Paulo Netto veio para Portugal como exilado político e foi acolhido pelo Instituto Superior de Serviço Social de Lisboa (ISSSL), em 1977. Traz à formação contributos da tradição marxiana, de Engels, Lukács e tendências do movimento de reconceptualização, realizando encontros associados ao processo de dinamização e constituição da APSS em vários pontos do país. No nível da organização da categoria profissional, a Comissão Pró-Associação recebe o seu estímulo, incentivo e colaboração. Em 1977 e 1978, contribuiu com cursos e ações de formação para atualização dos assistentes sociais, promoveu a assinatura da revista *Cadernos* da APSS, bem como a adesão dos profissionais a essa organização.

A partir de finais da década, no confronto com estas orientações, o conservadorismo e as tendências de modernização técnico-metodológica do Serviço Social são reatualizados com a perspectiva do desenvolvimentismo e do cientificismo no Serviço Social, alicerçado na "interdisciplinaridade das ciências sociais", processo em consonância com as alterações ocorridas entretanto no contexto sociopolítico português. Os eventos profissionais realizados em Lisboa, em 1979 e 1980, Dias de Estudo — *Portugal hoje, que Serviço Social?* — e Encontro Luso-Brasileiro de Serviço Social promovidos respectivamente pela Cáritas e pela Faculdade de Serviço Social do Rio de Janeiro são reveladores destas orientações.

No primeiro, encontramos uma recusa expressa às tendências críticas do movimento de reconceptualização e do marxismo, remetendo para a necessidade da construção de um "modelo teórico" (Caritas Portuguesa, 1979, p. 9).

No segundo, foi possível identificar duas orientações para o Serviço Social, entre a "ciência" e a "ajuda". Luísa Silva afirma em 1980 que a "reformulação da profissão" tem início com as "questões teóricas do estudo do método", à época, considerada preocupação muito recente e "como não podia deixar de ser, se valeu da experiência do movimento da reconceptualização do Serviço Social na América Latina". Procurou na ciência a "busca para o seu próprio caminho" e entendeu o Serviço Social como uma "prática científica" (Silva, 1980, p. 8). Por outro lado, segundo Braga, assistentes sociais a trabalhar em empresas consideravam que "o campo das relações sociais [...] está dia a dia a ser posto em causa". A "dificuldade em tratar problemas humanos" era visível nas atitudes profissionais de "desistência, desânimo e, em muitos casos, de saneamento provocado pelos próprios colegas, de líderes espontâneos a nível sindical, comissões de trabalhadores ou atividades afins" (Braga, 1980, p. 29). Para enfrentar a situação, consideravam que "estabelecer uma boa relação é indispensável à perfeição e à essência da ajuda a prestar ao cliente" (idem, p. 29).

3. O processo de qualificação acadêmica do Serviço Social português e os contributos decisivos da PUC-SP

A criação do Conselho Permanente de Concertação Social (1984), a configuração do Estado Social e a integração de Portugal na Comunidade Econômica Europeia promovem um pacto para controle da conflitualidade social, incrementando políticas públicas já de feição neoliberal (Varela, 2014; Varela, 2012).

A gestão do financiamento europeu para o desenvolvimento de infraestruturas e modernização do país exige a procura de profissionais qualificados, nomeadamente técnicos superiores. Como a formação em Serviço Social não foi integrada no ensino universitário público, continuou a ser atribuído um diploma profissional sem grau académico (então prerrogativa das universidades), os assistentes sociais confrontaram-se com a reforma da administração pública de 1979. Esta criou duas carreiras profissionais: a técnica para os titulares do grau de bacharelato e a técnica superior que exigia o grau de licenciatura. Os assistentes sociais perderam, assim, o acesso à carreira técnica superior e a lugares de chefia e direção que tinham anteriormente. As décadas de 1980 e 1990 vão então ficar marcadas pelas lutas pela qualificação académica e profissional do Serviço Social (Negreiros, 1999a).

O grau académico de licenciatura foi finalmente reconhecido em 1989 e, em 1991, foi criada a carreira Técnica Superior de Serviço Social (TSSS) na administração pública, permitindo o desenvolvimento qualificado da profissão e, consequentemente, a procura de formação pós-graduada em Serviço Social. Dois processos vão, no entanto, coexistir com orientações contraditórias: um que é protagonizado pelos Institutos de Serviço Social e que prossegue com a luta pela qualificação académica e profissional e o outro, que privilegia as regras do mercado associado ao processo de crescimento do ensino superior privado, com prejuízo para o processo da expansão qualificada em curso. Até 2000 proliferaram novos cursos de Serviço Social em Instituições de Ensino Superior (IES). Aos três institutos fundadores (Lisboa, Porto e Coimbra) acrescentaram-se mais seis cursos, no ensino universitário privado e concordatário (Martins e Tomé, 2015).

Retomando a questão académica, a partir de 1985 o ISSSL implementou um planos de estudos com cinco anos com o objetivo de reconhecimento da licenciatura, que veio a ser apoiado pelas estruturas académicas, associações de estudantes e organizações da categoria profissional: a APSS e o Sindicato Nacional dos Técnicos de Serviço Social (Negreiros, 1999b).

O processo durou quatro anos e resultou de uma luta empenhada contra a proposta ministerial de conferir a este plano o grau de bacharel. A estratégia definida implicou a qualificação académica dos docentes de Serviço Social, tendo o ISSSL contado com a cooperação científica da Pontifícia Universidade Católica de São Paulo (PUC-SP), instituição pioneira na criação de cursos de pós-graduação (1972) e doutoramento em Serviço Social (1980) no Brasil.

O Decreto-lei n. 100-B/85 fixou as regras de funcionamento dos cursos do ensino superior particular e cooperativo existentes, o seu reconhecimento e a fiscalização da sua atividade, bem como as disposições que devem orientar a criação e o funcionamento de novos estabelecimentos desta natureza. Os Institutos de Serviço Social foram assim confrontados com questões relativas à qualificação e à carreira do pessoal docente e à obrigatoriedade da existência de um órgão de gestão científica e pedagógica. Este diploma legal, segundo Negreiros, "tornou urgente a necessidade da formação de docentes com titulações em mestrado e doutoramento" (ISSSL, 1986, p. 100).

Não existindo em Portugal a possibilidade de pós-graduação em Serviço Social, foi feito um levantamento dos cursos existentes na Europa, América do Norte e Brasil. Na Europa só a Suécia apresentava um programa de doutoramento, mas ainda em fase inicial. Nos Estados Unidos, Canadá e Brasil estava consolidada a formação pós-graduada, mas o ISSSL recorreu ao Brasil "pelo desenvolvimento que o Serviço Social atingiu nesse país e por afinidades de natureza linguística e cultural" e à PUC-SP, à época "única universidade brasileira que faz doutoramentos em Serviço Social e tem reconhecida credibilidade científica" (ISSSL, 1986, p. 100). Segundo Rodrigues e Andrade (2009, p. 750), o professor José Paulo Netto viria a ter uma "interferência fundamental" neste processo.

A PUC-SP vem assim a assinar, em 1986, um protocolo de cooperação e intercâmbio com o ISSSL para cursos de mestrado e doutoramento em Serviço Social. Esta universidade, por um lado, reconhece a formação de base do ISSSL como licenciatura (a aguardar ainda acreditação por parte do Ministério da Educação) e, por outro, corresponsabiliza-se cientificamente pela sua legitimação, destacando um grupo de professores para o curso de mestrado iniciado em 1987 (Rodrigues e Andrade, 2009) e assegurando a participação de um professor doutorado em Serviço Social no Conselho Científico do ISSSL.

Inscrito na cooperação internacional pelas agências de financiamento à investigação de ambos os países (CNPq e JNICT), o curso, com a duração mínima de três anos, foi coordenado pela representante do programa de pós-graduação em Serviço Social da PUC-SP, professora Myriam Veras Baptista, e pela representante do ISSSL, professora Maria Augusta Negreiros (ISSSL, 1985, p. 88-89), e foi frequentado por vinte assistentes sociais, três dos quais obtiveram bolsa de estudo pela JNICT (PUC-SP, 2009). Mais dois cursos de mestrado foram reeditados no ISSSL e em 1991 foi criado o primeiro no ISSSP, no âmbito do protocolo celebrado com a PUC-SP em 1988. Vieram do Programa de Estudos Pós-Graduados em Serviço Social os professores: Myriam Veras Baptista, Maria do Carmo Brandt Carvalho, Úrsula Karsh, Aldaíza Sposati, José Paulo Netto, Maria Lúcia Carvalho da Silva e Suzana Aparecida da Rocha Medeiros.

Em 1995 foi reconhecido o grau de mestre em Serviço Social pelo Ministério da Educação, sendo os cursos assumidos majoritariamente por professores portugueses, incluindo uma doutora em Serviço Social já titulada pela PUC-SP, contando ainda com a participação dos professores Carmelita Yazbek, Myriam Veras Baptista, Aldaíza Sposati, Vicente de Paula Faleiros e Maria Lúcia Barroco, nos ISSS de Lisboa e Porto e, a partir de 2000, no Instituto Superior Miguel Torga (ISMT), anteriormente designado Instituto Superior de Serviço Social de Coimbra (ISSSC).

O primeiro programa de doutoramento em Serviço Social da PUC-SP/ISSSL foi criado em 1997, no âmbito do convênio de cooperação científica entre CAPES/MEC e o ICCTI (Instituto de Cooperação Científica e Tecnológica Internacional), vigente até 2001 (PUC-SP, 2009). Entre 1993 e 2007, formaram-se na PUC-SP 11 doutores portugueses.

Há que registrar ainda o contributo do Serviço Social brasileiro no processo de avaliação externa dos cursos de Serviço Social e na participação em júris de concurso para professor-associado no ISSSL. No âmbito da Comissão Nacional de Avaliação do Ensino Superior (CNAVES) da Fundação das Universidades Portuguesas, a Comissão de Avaliação Externa dos cursos de Ação Social do Ensino Superior

Universitário (de um total nove cursos, sete eram de Serviço Social) contou com cinco doutores formados pela PUC-SP, com o presidente do CPIHTS e com dois doutores de Serviço Social do programa de pós-graduação da PUC-SP (CNAVES, 2006, p. 161-162). Conforme Martins e Carrara (2014), a integração de assistentes sociais portugueses na CNAVES é já uma resultante da qualificação dos recursos humanos para a docência e investigação em Serviço Social.

II — Investigação e produção de conhecimento em Serviço Social e as relações Portugal/Brasil

O Programa de Cooperação e Intercâmbio estabelecido entre a PUC-SP e o ISSSL desenvolveu-se, fundamentalmente, "no domínio do ensino e da pesquisa" (ISSSL, 1986, p. 100) com, entre outros, os seguintes objetivos: "intensificar a publicação em língua portuguesa da produção científica do Serviço Social", o "desenvolvimento de pesquisa conjunta sobre a construção do conhecimento do Serviço Social na Europa e especificamente em Portugal" (ISSSL, 1985 p. 88 e 92) e, no âmbito do curso de mestrado, "desenvolver atividades de investigação científica em Serviço Social" e "promover a constituição de núcleos de pesquisa de temas significativos capazes de reunir dados, reformular problemas e estimular a aglutinação das investigações de professores e mestrandos" (ISSSL, 1986, p. 105).

1 — Núcleos, centros de investigação e o Serviço Social como domínio científico

Em 1987, os mestrandos do primeiro curso foram desafiados para o estudo da construção do conhecimento do Serviço Social em Portugal proposto pela professora Myriam Veras Baptista, responsável pela disciplina "História e Tendências Teóricas do Serviço Social". Um grupo de mestrandos pretendeu dar continuidade a este processo, criando o "Núcleo de Investigação em História do Serviço Social Português" com o projeto coletivo "A construção do conhecimento do Serviço Social Português", na perspectiva do estruturalismo genético. Deste projeto resultaram vários trabalhos acadêmicos (tese de doutoramento e dissertações de mestrado), comunicações e outros que trouxeram contributos à análise do Serviço Social, da sua gênese aos anos 1970 (Martins, 2008).

A investigação histórica colocou-se como área de investimento estratégico do Núcleo que, em 1993, se constituiu em associação científica de Serviço Social e das Ciências Sociais, o Centro Português de Investigação em História e Trabalho Social (CPIHTS) (*Diário da República*, III Série de 29 set. 1993). A equipe de investigadores integrou a primeira doutorada portuguesa em Serviço Social, assistentes sociais em processo de qualificação (mestrado e doutoramento), investigadores de outras áreas como Filosofia, Sociologia e Economia, e professores e colaboradores de países europeus, dos Estados Unidos, do Brasil e de outros países da América Latina. Contou com investigadores doutorados em Serviço Social da PUC-SP e da UFRJ, alguns dos quais integraram a Comissão de Aconselhamento Científico.

Foi pioneiro na divulgação da produção do conhecimento em Serviço Social com a edição de teses de doutoramento, dissertações de mestrado, trabalhos finais de curso de licenciatura, edição de atas de jornadas e seminários internacionais por ele organizados e livros de autores de referência internacional. Publicou de forma regular ensaios dos investigadores, produziu edições luso-brasileiras (CPIHTS e Veras Editora) e criou em 1995 a revista internacional *Estudos & Documentos*, séries I e II, que passou a publicação electrônica no sítio: <http://www.cpihts.com/>.

Credenciado como Unidade de Investigação & Desenvolvimento (I&D) pela FCT em 1999, o CPIHTS foi inscrito na área de Sociologia, Antropologia, Demografia e Geografia e foi avaliado por dois painéis internacionais de "História" e de "Sociologia, Antropologia, Demografia e Geografia", que reconheceram a cooperação desenvolvida no nível nacional e internacional, os projetos e as publicações (Henríquez, 2000, p. 14-5). A área de Serviço Social era apoiada, mas não reconhecida como domínio científico.

Em 2001, foi celebrado um protocolo de cooperação e intercâmbio com a PUC-SP e constituiu-se em instituição de acolhimento de doutorandos em Serviço Social de universidades brasileiras e de bolsistas da CAPES, a realizar estágios de pesquisa no exterior. A coordenadora científica do CPIHTS, titulada com doutoramento e pós-doutoramento na PUC-SP (1999), co-orientou seis doutorandos da UFRJ e da PUC-SP entre 1998 e 2006.

Por outro lado, a PUC-SP publicou em dois volumes (*Estudos do Serviço Social Brasil e Portugal* — Karsh et al., 2001, 2005),os resultados do projeto "Configurações da questão social: repercussões nas políticas sociais e no processo de trabalho do Serviço Social brasileiro e português".

No contexto do crescente número de cursos de licenciatura e mestrado, do reconhecimento dos cursos de doutoramento em Serviço Social, entre 2003 e 2007 foram criados novos centros de investigação, respectivamente: o Centro de Investigação em Serviço Social e Estudos Interdisciplinares (CISSEI) do ISSSL; o Centro de Investigação em Serviço Social no Espaço Lusófono (CISSEL) da Universidade Lusófona de Humanidades e Tecnologias; o Centro de Investigação em Ciências do Serviço Social (CICSS) (ISSSP); o Centro de Estudos de Serviço Social e Sociologia (CESSS) da Faculdade de Ciências Humanas da Universidade Católica Portuguesa; e o Centro Lusíada de Investigação em Serviço Social e Intervenção Social (CLISSIS), em 2007, da Universidade Lusíada de Lisboa. Estes últimos candidataram-se a financiamento da FCT para I&D para o triênio 2007/2010.

Não obstante o apoio financeiro concedido, o CPIHTS tomou posição pública junto à FCT, em 2001, em prol do reconhecimento do Serviço Social como domínio científico autônomo (CPIHTS, 2001). A área só vem a ser contemplada na Classificação de Domínios

Científicos e Tecnológicos, como subárea da sociologia, em 2007. A FCT legitima esta determinação passados sete anos e apenas para efeito de concurso de bolsas: individuais, de doutoramento, de doutoramento em empresas e de pós-doutoramento (Martins e Tomé, 2015).

Assim, corroboramos com Branco (2008, p. 59), quando afirma "o caráter tardio da organização da investigação em Serviço Social em centros de estudo", particularmente dos que foram criados em instituições universitárias.

Encontramos ainda assistentes sociais investigadores associados a vários centros e Unidades de Investigação (I&D) de diversas áreas das ciências humanas e sociais. Neste contexto foi criado em 2013 o projeto "Investigação, formação e trabalho em Serviço Social em Portugal e no Brasil", inscrito no Centro de Estudos da População, Economia e Sociedade (CEPESE), por investigadores do ISMT, da UFRJ e da UFOP.

2 — Formação, investigação e produção de conhecimento

Como temos vindo a analisar, as contribuições do Serviço Social brasileiro foram cruciais, fundamentalmente entre a segunda metade de 1980 e os primeiros anos do século XXI, tanto para o crescimento e desenvolvimento acadêmico do Serviço Social português (Martins, Tomé e Carrara, 2015), como para a investigação entendida como componente da profissão e área de conhecimento.

Paralelamente, a partir do século XXI a formação em Serviço Social é criada no ensino público, universitário e politécnico, enquadrada no processo de (contra)reforma do ensino superior e norteada pelas diretrizes da Declaração de Bolonha e da mercantilização do ensino. A matriz e as orientações subjacentes à sua inserção no ensino público são, em grande parte, fruto, por um lado, da falta de procura e saída profissional de alguns cursos e, por outro, de recursos humanos e acadêmicos das ciências humanas e sociais excedentários, que vêm a ser reconvertidos para a estruturação e criação de cursos de Serviço Social.

O ensino público não dispunha de mestres e doutores nem de unidades de Investigação e Desenvolvimento (I&D) na área específica, fragilizando assim o processo de qualificação e investigação acadêmica anteriormente construído (Martins e Tomé, 2015).

A reforma de ensino superior imposta pelo Processo de Bolonha exigiu que todas as IES procedessem à reestruturação dos seus planos de estudo (licenciatura, mestrado e doutoramento). Para os cursos de Serviço Social, tal reforma implicou a transformação da licenciatura creditada desde 1989 na criação do 1º e 2º ciclos de estudos (licenciatura e mestrado), reduzidos a um total de cinco anos de formação (Martins e Tomé, 2008). A adequação a Bolonha, a partir de 2006/2007, constituiu-se em processo regressivo relativamente aos avanços acadêmicos e profissionais conquistados pelo Serviço Social português (Martins e Tomé, 2015), remetendo as IES para a internacionalização da formação, privilegiadamente com países europeus. O Serviço Social português amplia e diversifica, assim, as suas relações.

Relativamente ao Brasil, estas mantêm-se e articulam-se com as atuais tendências e estratégias que os governos e organismos internacionais põem à internacionalização do ensino superior (Martins & Carrara, 2014). Com a política de mobilidade no e para o espaço europeu, Portugal é "porta de entrada" de estudantes e investigadores brasileiros, com o estatuto de bolsistas da CAPES ou CNPq, contribuindo para diversificar o sistema de relações Portugal/Brasil.

Assim, por um lado, professores, investigadores e representantes de organizações, tais como a ABEPSS, CFESS, ALAEITS, têm vindo a dirigir seminários, a participar em colóquios e seminários internacionais, em aulas abertas, na apresentação de livros e outros eventos de natureza científica no ISMT (Martins, 2013), nas IES e nos Congressos Nacionais de Serviço Social, organizados pela APSS. Particularmente no ISMT, entre 2001 e 2016, registra-se uma intensa contribuição concretizada na docência de disciplinas, integração em júris de provas públicas de mestrado e participação em eventos científicos. No âmbito da disseminação do conhecimento, refira-se à publicação de artigos, comunicações, capítulos de livros de autores brasileiros e portugueses de Serviço Social em revistas especializadas de ambos os países e, igualmente, a sua integração nos conselhos editoriais, alargados e internacionais.

Na última década, investigadores brasileiros em processo de pós-doutoramento em Serviço Social vieram para Portugal e, no ISMT, intensificaram e viabilizaram a integração de mestrandos e professores portugueses em projetos de investigação e na produção de conhecimento conjunta de artigos e comunicações em eventos nacionais e internacionais. Possibilitaram também a organização de grupos e redes de investigação com projetos comuns no espaço ibérico e latino-americano, com tradução na organização de simpósios e participações em congressos internacionais no Brasil, em Portugal e na Espanha, bem como publicações conjuntas. O último evento realizado foi o Seminário Internacional Serviço Social Portugal/Brasil no Século XXI: Formação, Exercício e Organização da Categoria, organizado por duas instituições portuguesas (ISCTE-IUL e ISMT), em parceria com duas universidades brasileiras (UFRJ e UFJF).

Conclusão

O legado histórico mais significativo de 50 anos de relações do Serviço Social brasileiro com o português foi o contributo para a qualificação acadêmica, para a investigação e produção do conhecimento de assistentes sociais portugueses. Foi crucial para que o Serviço Social português, então alicerçado numa organização coletiva que lutava por um projeto de qualificação profissional e empenhado nas respostas às questões colocadas pelo Estado social, atingisse um patamar cimeiro na Europa.

O processo de mercantilização do ensino superior e a reforma de Bolonha provocaram um embate neste processo, reconfigurando o perfil formativo e profissional para objetivos norteados pela lógica do mercado e redirecionando as relações acadêmicas e de investigação, privilegiadamente, para o espaço europeu.

Não obstante as diretrizes dominantes, o diálogo com o Serviço Social brasileiro continua ativo, produtivo e associado a várias tendências. O estreitamento das relações possibilita um melhor e mais aprofundado conhecimento do Serviço Social, no e para o enfrentamento aos desafios hoje colocados pelas politicas de austeridade. O forte impacto que se faz sentir na profissão, na formação e na investigação, torna premente o desencadear de estratégias que reforcem a categoria nestes tempos adversos.

REFERÊNCIAS BIBLIOGRÁFICAS

APSS. *Ordem dos(as) assistentes sociais*, 2015. Disponível em: <http://www.apross.pt/questões-profissionais/ordem-dos-assistentes-sociais/>. Acesso em: 15 jan. 2016.

BARRETO, A. Salazar. Antônio de Oliveira: o após-guerra. In: _____; MÔNICA, Filomena (Coords.). *Dicionário de história de Portugal*. Lisboa: Livraria Figueirinhas, 2000. v. 9.

BRAGA, M. Luísa Oliveira et al. Comunicação sobre intervenção do Serviço Social na empresa: IV — Especificidade do Serviço Social em empresa. In: ENCONTRO LUSO-BRASILEIRO DE SERVIÇO SOCIAL, Lisboa, fev, 1980, p. 28-30.

BRANCO, F. A investigação em Serviço Social em Portugal: trajectórias e perspectivas. *Locus Soci@l*, revista de Serviço Social, Política Social & Sociedade, Centro de Estudos de Serviço Social e Sociologia da UCP, n. 1, p. 47-63, 2008.

CÁRITAS PORTUGUESA. *Portugal hoje, que Serviço Social?* Dias de Estudo, 7, 8 e 9 maio e 2, 3 e 4 jul. 1979.

COLÓQUIO LUSO-BRASILEIRO SOBRE DESENVOLVIMENTO INTEGRADO, 1., *Anais...*, Lisboa, ago. 1972.

CONSELHO NACIONAL DE AVALIAÇÃO DO ENSINO SUPERIOR (CNAVES). *Avaliação. Contributos para a reformulação*. Coimbra: Almedina, 2006.

CORTESÃO, L. E. "Psicoterapia e Psicoterapeutas", separata do *Jornal do Médico*, v. LI, n. 1.073, p. 791-99, 1963.

CPIHTS. Carta aberta sobre a investigação em Serviço Social. *Observatório*, 2001. Disponível em: <http://www.cpihts.com/>. Acesso em: 10 jan. 2016.

DGEEC. *Diplomados em estabelecimentos de ensino superior — 2012/13*, 2015.

DIÁRIO DA REPÚBLICA, III Série, n. 229, 29 set. 1993.

FCT. Bolsas Individuais 2014. Bolsas de doutoramento, de doutoramento em empresas e bolsas de pós-doutoramento, 2015.

GOMES CANOTILHO, J. Regime político. In: _____; MÔNICA, Filomena (Coords.). *Dicionário de história de Portugal*. Lisboa: Livraria Figueirinhas, 2000. v. 9, p. 227.

HENRÍQUEZ, B. Alfredo. 1999: trabalhadores sociais comprometidos com o seu futuro. *Estudos & Documentos*, CPIHTS, n. 4-5, 2000.

ISSSL. 1º mestrado em Serviço Social. *Intervenção Social*, n. 4, p. 99-107, 1986.

_____. Programa de Cooperação e Intercâmbio entre a Pontifícia Universidade Católica de São Paulo e o Instituto Superior de Serviço Social de Lisboa. *Intervenção Social*, n. 2-3, p. 87-92, 1985.

KARSH, Ú. (Org.). *Estudos do Serviço Social Brasil e Portugal*. São Paulo: EDUC, 2005. v. II.

_____ et al. (Orgs.). *Estudos do Serviço Social Brasil e Portugal*, I. São Paulo, EDUC, 2001. v. I.

LOPES, J. Silva. Organização corporativa. In: BARRETO, Antonio; MÔNICA, Filomena (Coords.). *Dicionário de história de Portugal*. Lisboa: Livraria Figueirinhas, 1999. v. 8.

MAGALHÃES, A. *A identidade do ensino superior*: política, conhecimento e educação numa época de transição. Lisboa: Fundação Calouste Gulbenkian/Fundação para a Ciência e a Tecnologia, 2004.

MARTINS, A. Investigação em Serviço Social: perspectivas atuais. In: HENRÍQUEZ, B. A.; FARINHA, M. A. (Org.). *Serviço Social*: unidade na diversidade. Encontro com a Identidade Profissional. I Congresso Nacional de Serviço Social. Lisboa: Associação dos Profissionais de Serviço Social, 2003. p. 50-61.

_____. Investigação em Serviço Social no Portugal contemporâneo: paradoxos e desafios. *Locus Soci@l*, revista de Serviço Social, Política Social & Sociedade, Centro de Estudos de Serviço Social e Sociologia da UCP, n. 1, p. 32-47, 2008.

_____. *Gênese, emergência e institucionalização do Serviço Social português*. 2. ed. Beja: Encadernação Progresso, 2010a.

_____. A formação em Serviço Social na ditadura em Portugal: doutrinarismo, metodologismo e aproximação crítica. In: SEMINÁRIO INTERNACIONAL SERVIÇO SOCIAL ENTRE O PASSADO E O FUTURO, AS EXIGÊNCIAS DO PRESENTE, 1., Universidade Lusófona de Humanidades e Tecnologia, 29 maio, 1 e 2 jun. 2010b.

_____. 70 anos de formação em Serviço Social em tempos de ditadura e democracia: da Escola Normal Social ao Instituto Superior Miguel Torga. *Temporalis*, Brasília, ano IX, n. 18, p. 187-213, jul./dez. 2011.

_____. *Internacionalização e disseminação do conhecimento*. Tese (Mestrado em Serviço Social) — Instituto Superior Miguel Torga — I (2001-2013), Coimbra, ISMT, 2013. Disponível em: <http://www.ismt.pt/pt-files/publicacoes/MSS_internalizacao_do_conhecimento_2001-2013.pdf>. Acesso em: 20 dez. 2015.

_____; CARRARA, V. Serviço Social português e brasileiro em diálogo: internacionalização da formação profissional. *Em Pauta*, Rio de Janeiro, UERJ, n. 33, v. 12, p. 205-227, 2014.

_____; TOMÉ, R. Formação contemporânea do Serviço Social em Portugal. *Em Pauta*, Rio de Janeiro: Ed. da UERJ, n. 21, p. 153-69, 2008.

MARTINS, A.; TOMÉ, R. Regressividade no Serviço Social português: impactos de Bolonha e da austeridade na formação e no trabalho. In: SIMPÓSIO OS IMPACTOS DA LÓGICA MERCANTIL NA FORMAÇÃO EM SERVIÇO SOCIAL: AS PARTICULARIDADES ENTRE PORTUGAL, ESPANHA E BRASIL, 6.; CONFERÊNCIA IBÉRICA DE SOCIOLOGIA DA EDUCAÇÃO, A EDUCAÇÃO NA EUROPA DO SUL, 1., Constrangimentos e desafios em tempos incertos, organizado pela seção temática de Sociologia da Educação da Associação Portuguesa de Sociologia e a Associación de Sociología de la Educación e realizada em Lisboa, de 9 a 11 de julho de 2015.

_____; _____; CARRARA, V. A emigração dos assistentes sociais portugueses: faces do trabalho e do desemprego em tempos de crise e austeridade. *Serviço Social & Sociedade*, São Paulo, n. 121, p. 95-124, jan./mar. 2015.

MEDINA, J. *Ideologia e mentalidade do "Estado Novo" salazarista*: história do pensamento filosófico português. Lisboa: Editorial Caminho, 2000. (O século XX; t. 2, v. V.)

NEGREIROS, M. A. Qualificação acadêmica e profissionalização do Serviço Social: o caso português. In: _____ et al. *Serviço Social, profissão e identidade, que trajetória?* Lisboa/São Paulo: Edição de Autores/Veras Editora, 1999a. p. 13-44.

_____. *Serviço Social uma profissão em movimento*: a dinâmica acadêmico-profissional no Portugal pós-74. Tese (Doutorado em Serviço Social) — Pontifícia Universidade Católica, São Paulo, 1999b.

OCDE. *Manual de Frascati*. Proposta de práticas exemplares para inquéritos sobre investigação e desenvolvimento experimental. Coimbra: Gráfica de Coimbra, 2007.

PONTIFÍCIA UNIVERSIDADE CATÓLICA DE SÃO PAULO (PUC-SP). Programa de Estudos de Pós-Graduação em Serviço Social. Campi Avançado do Mestrado em Serviço Social da PUC-SP em Portugal. Documento da PUC-SP. São Paulo, 2009.

RIBEIRO, M. Fernanda et al. Comunicação sobre intervenção do Serviço Social na empresa. In: ENCONTRO LUSO-BRASILEIRO DE SERVIÇO SOCIAL, Lisboa, fev. 1980.

RODRIGUES, F.; ANDRADE, M. Intercâmbio e produção de conhecimentos. Brasil e Portugal... em tempos de viragem. *Serviço Social & Sociedade*, São Paulo: Cortez, n. 100, p. 749-71, out./dez. 2009.

SILVA, Luísa F. Nota prévia a uma abordagem metodológica do Serviço Social em Portugal. In: ENCONTRO LUSO-BRASILEIRO DE SERVIÇO SOCIAL, Lisboa, fev. 1980.

TAVARES, M. A. Marx, marxismos e Serviço Social. *Katálysis*, Florianópolis, v. 16, n. 1, p. 9-11, jan./jun. 2013.

VARELA, R. (Coord.). *Revolução ou transição?* História e memória da Revolução dos Cravos. Lisboa: Bertrand, 2012.

_____. *História do povo na Revolução Portuguesa 1974-75*. Lisboa: Bertrand, 2014.

SOBRE OS AUTORES

Alcina Martins
Assistente social, professora-associada e coordenadora do mestrado em Serviço Social do Instituto Superior Miguel Torga (ISMT), em Coimbra, Portugal. Doutora em Serviço Social com pós-doutoramento na Pontifícia Universidade Católica de São Paulo. Investigadora do CEPESE/Porto, Portugal. <alcina_martins@sapo.pt>

Ana Elizabete Mota
Doutora em Serviço Social pela PUC-SP e professora titular do Departamento de Serviço Social da UFPE. <bmota@elogica.com.br>

Andrea Almeida Torres
Assistente social, mestre e doutora em Serviço Social, professora do curso de Serviço Social da Universidade Federal de São Paulo — UNIFESP/BS. Coordenadora do Grupo de Estudos, Pesquisa e Extensão em Sistema Punitivo, Justiça Criminal e Direitos Humanos — GEPEX.dh. <andreaalmeidatorres@hotmail.com>

Cláudia Mônica dos Santos
Professora-associada II da Faculdade de Serviço Social da Universidade Federal de Juiz de Fora (UFJF). Doutora em Serviço Social pela ESS/UFRJ e pós-doutorada no Instituto Superior Miguel Torga, em Coimbra, Portugal. Vice-coordenadora do PPGSS/UFJF, membro do grupo de pesquisa: Serviço Social, Movimentos Sociais e Políticas Públicas. <cmonicasantos@gmail.com>

Elaine Rossetti Behring

Professora da Faculdade de Serviço Social/Departamento de Política Social e Programa de Pós-graduação em Serviço Social da UERJ. Mestre em Política Social pela mesma instituição. Doutora em Serviço Social pela UFRJ e pós-doutora em Ciência Política pelo CSU/CRESPA — Universidade de Paris 8. <elan.rosbeh@uol.com.br>

Franci Gomes Cardoso

Assistente social, doutora em Serviço Social (PUC/SP), professora de Serviço Social no Departamento de Serviço Social da UFMA, durante 32 anos (1971--2003). Está aposentada, mas vinculada ao Programa de Pós-graduação em Políticas Públicas da Universidade Federal do Maranhão, na condição de professora do quadro permanente. Pesquisadora bolsista de produtividade em pesquisa do CNPq durante 13 anos (2000/2013); pós-doutorado no programa de Pós-graduação da UERJ, no grupo de pesquisa coordenado pela professora Maria Inês Bravo e sob sua orientação. <cardosofranci@uol.com.br>

Ivanete Boschetti

Professora do Departamento de Serviço Social e Programa de Pós-graduação em Política Social da UnB. Mestre em Política Social pela UnB. Doutora e pós-doutora em Sociologia pela EHESS/Paris. <ivanete@unb.br>

Josefa Batista Lopes

Assistente social, doutora em Serviço Social (PUC/SP), professora de Serviço Social no Departamento de Serviço Social da UFMA, durante 41 anos (1971-2012). Está aposentada, mas vinculada ao Programa de Pós-graduação em Políticas Pública; pesquisadora de produtividade em pesquisa do CNPq. <josefablopes@uol.com.br>

José Paulo Netto

Professor emérito da Escola de Serviço Social da Universidade Federal do Rio de Janeiro (UFRJ), autor de larga bibliografia, incluindo títulos especificamente referidos ao Serviço Social.

Katia Marro

Assistente social, professora da Universidade Federal Fluminense, *campus* universitário de Rio das Ostras. <katiamarro@gmail.com>

María Carmelita Yazbek
Assistente social, doutora em Serviço Social, professora do Programa de Estudos Pós-graduados em Serviço Social da PUC-SP. Membro do Conselho Editorial da revista *Serviço Social & Sociedade* desde sua criação. <mcyaz@uol.com.br>

María Liduína de Oliveira e Silva
Mestre e doutora em Serviço Social, professora do curso de Serviço Social da Universidade Federal de São Paulo e assessora editorial da área de Serviço Social da Cortez Editora. <liduina90@gmail.com>

María Lúcia Duriguetto
Assistente social, professora da Faculdade de Serviço Social da Universidade Federal de Juiz de Fora. Bolsista CNPq. <maluduriguetto@gmail.com>

María Lúcia Martinelli
Assistente social, doutora em Serviço Social, professora do Programa de Estudos Pós-graduados em Serviço Social da PUC-SP. Membro do Conselho Editorial da revista *Serviço Social & Sociedade* desde sua criação. <mlmartinelli@terra.com.br>

Mariangela B. Wanderley
Assistente social, doutora em Serviço Social, professora do Programa de Estudos Pós-graduados em Serviço Social da PUC-SP. Membro do Conselho Editorial da revista *Serviço Social & Sociedade* desde sua criação. <mariangela.belfiore@gmail.com>

María Rosa Tomé
Assistente social, professora auxiliar do programa do mestrado e da licenciatura em Serviço Social do ISMT/Coimbra, Portugal. Doutora em Letras, especialidade História Contemporânea da Universidade de Coimbra. Doutoranda em Serviço Social no ISCTE-IUL e bolsista da FCT. Investigadora integrada do CEPESE/Porto, Portugal, e colaboradora do CIES-IUL. <rosa_tome@hotmail.com>

Marina Maciel Abreu
Assistente social, professora aposentada vinculada ao Programa de Pós-graduação em Políticas Públicas da UFMA, doutora em Serviço Social. Pesquisadora bolsista do CNPq. <maciel.m@uol.com.br>

Ney Luiz Teixeira de Almeida

Assistente social formado pela UERJ. Mestre e doutor em Educação pela UFF. Professor adjunto da Faculdade de Serviço Social da Universidade do Estado do Rio de Janeiro. <neylta@hotmail.com>

Priscila Fernanda Gonçalves Cardoso

Assistente social, mestre e doutora em Serviço Social, professora do curso de Serviço Social da Universidade Federal de São Paulo — UNIFESP/BS. Coordenadora do Núcleo de Estudos, Pesquisa e Extensão sobre Ética e Trabalho Profissional (NEPETP). Autora do livro *Ética e projetos profissionais: os diferentes caminhos do serviço social no Brasil*. <pfcardoso@superig.com.br>

Raquel Raichelis

Assistente social, doutora em Serviço Social, professora do Programa de Estudos Pós-graduados em Serviço Social da PUC-SP. Membro do Conselho Editorial da revista *Serviço Social & Sociedade* desde sua criação. <raichelis@uol.com.br>

Sâmya Rodrigues Ramos

Assistente social, mestre e doutora em Serviço Social, professora dos cursos de graduação e de pós-graduação da Universidade do Estado do Rio Grande do Norte (UERN). <samyarr@uol.com.br>

Silvana Mara de Morais dos Santos

Assistente social, mestre e doutora em Serviço Social, professora dos cursos de graduação e de pós-graduação da Universidade Federal do Rio Grande do Norte (UFRN). <silufrn@gmail.com>

Yolanda Guerra

Mestre e doutora em Serviço Social, professora-associada da Escola de Serviço Social da UFRJ, coordenadora do Núcleo de Estudos e Pesquisas sobre os Fundamentos do Serviço Social na Contemporaneidade (NEFSSC/UFRJ) e pesquisadora do CNPq. <yguerra1@terra.com.br>